国家社会科学基金重点项目阶段性成果

庆祝新中国成立60周年百种重点图书

60

# 新中国经济发展60年

## (1949—2009)

邹东涛　欧阳日辉　等著

人民出版社

## 撰稿人员及分工：

序　　　邹东涛

总　论　邹东涛　欧阳日辉

第一章　兰日旭

第二章　汤翠　欧阳日辉

第三章　宋媛　欧阳日辉

第四章　欧阳日辉　宋媛

第五章　欧阳日辉　高姗

第六章　高姗　李俭

第七章　欧阳日辉　高姗

第八章　高姗　周葛子

第九章　周葛子

第十章　李永权

第十一章　李永权　周葛子

第十二章　欧阳日辉　李佳

第十三章　马骁　李佳

第十四章　欧阳日辉　李佳　马骁

第十五章　欧阳日辉　陈钰

第十六章　蒋旭东

第十七章　蒋旭东　李永权

后　记　欧阳日辉

# 序

2009年10月1日是中华人民共和国成立60周年纪念日，首都北京将举行隆重热烈的庆祝活动。随着经济的发展，北京城市交通拥挤堵塞状况日益严重，人们对交通管制总抱有几分怨气。2009年9月7日凌晨，天安门和长安街部分区域实行交通管制，天安门广场举行了包括阅兵、群众游行和背景表演等内容的国庆庆祝大会首场联合演练。对于这次交通管制，人们不仅没有什么怨气，反而心情都十分激动，提前感受到了热烈喜庆、欢乐祥和的节日气氛。

镜头回到60年前，开国大典见证伟大历史瞬间的那一刻。1949年10月1日下午3点（公元20世纪农历己丑年癸酉月甲子日申时），毛泽东在北京天安门城楼上向全世界庄严宣告：中华人民共和国中央人民政府成立了。新中国的诞生，标志中国历史从此掀开了崭新的一页，无论是支持新中国的人还是反对新中国的人，或欣喜或悲哀，但都不约而同地形成了一个共识：沉睡了百余年的东方雄狮苏醒了，站起来了，百年来中国人民受西方列强蹂躏和屈辱的历史一去不复返了。

1950年10月3日晚上，来京参加庆祝新中国成立一周年盛典的各民族和各界代表聚集在中南海怀仁堂，观看来自全国各地少数民族庆祝国庆的文艺汇演。毛泽东观看演出时心情很激动，兴致勃勃地对坐在前排的柳亚子说："这样的盛况，亚子先生为什么不填词以志盛？我来和。"应毛泽东的提议，柳亚子即席赋《浣溪沙》一阕："火树银花不夜天，弟兄姊妹舞翩跹，歌声唱彻月儿圆①。不是一人能领导，

① 词中"月儿圆"是指"新疆哈萨克族民间歌舞有《圆月》一歌云"。

那容百族共骈阗？良宵盛会喜空前！”并附言：“十月三日之夕怀仁堂观西南各民族文工团、新疆文工团、吉林延边文工团、内蒙古文工团联合演出歌舞晚会，毛主席命填是阕，用纪大团结之盛况云尔！”

第二天，毛泽东就写出了《浣溪沙·和柳亚子先生》：“长夜难明赤县天，百年魔怪舞翩跹，人民五亿不团圆。一唱雄鸡天下白，万方乐奏有于阗，诗人兴会更无前。”并附言：“一九五〇年国庆观剧，柳亚子先生即席赋《浣溪沙》，因步其韵奉和。”毛泽东写好这首词后，又用宣纸抄好，致送柳亚子。

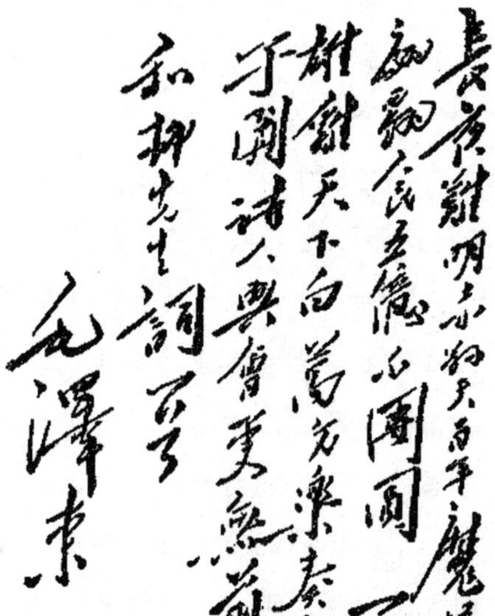

《毛诗·大序》云：“诗者，志之所至也。在心为志，发言为诗。”毛泽东写给柳亚子的和诗开头三句写旧中国的黑暗，就如漫漫长夜。自1840年中英鸦片战争起，外国资本主义和帝国主义侵略者及其走狗在中国横行霸道，好似群魔乱舞。从那时起到1949年全国解放，已有一百多年的时间。老百姓家破人亡、流离失所，没有大团圆的日子。

“一唱雄鸡天下白”，毛泽东用天亮来比喻人民的解放。在中国共产党的领导下，祖国的面貌发生了巨大的变化。1950年，除西藏以外中国大陆已经全部解放，各族人民获得了新生。中央人民政府先后没收了全部官僚资本及帝国主义在中国的资产，掌握了国家的经济命脉。在广大的农村，土地改革正在有计划有步骤地进行，摧毁了绵延数千年的封建土地所有制。在1950年6月召开的中共七届三中全会上，毛泽东发出"为争取国家财政经济状况的基本好转而斗争"的号召，全国各族人民积极响应，为建设繁荣富强的新中国而奋斗。在这样的背景下，万方乐奏，参加演出的民族文工团有来自新疆的①。此情此景，诗人相会，你唱我和，兴致空前。

为什么60年前新中国成立能得到全国各族人民的拥护？因为旧中国长期的战乱，民不聊生；反动统治把人民逼到了绝路，只有革命才能求得解放。中国共产党领导人民闹革命，实现了人民当家做主。新中国诞生之后最基本的任务是什么？对于"一穷二白"的中国来说，摆在第一位的任务是经济建设。

具有革命浪漫主义气质的毛泽东以他的豪情、伟岸和潇洒，带领全国各族人民进行社会主义革命和社会主义建设，完成了我国历史上最深刻最伟大的社会变革。全国各族人民有步骤地实现从新民主主义到社会主义的转变，迅速恢复了国民经济并开展了有计划的经济建设，在全国绝大部分地区基本上完成了对生产资料私有制的社会主义改造。社会主义改造基本完成以后，中国共产党领导全国各族人民开始转入全面的大规模的社会主义建设。

从长期领导革命战争的革命党一下子转向领导经济建设的执政党，面对这一切新事物，有新鲜、有决心、有豪迈、有胆识，也可能有生疏、有莽撞、有蛮干、有失误。在经济建设过程中，我国出现了政治斗争和政治运动过于频繁、阶级斗争扩大化、所有制改革过于激进、

---

① 词中"于阗"，汉代西域36国之一，1959年改名和田，位于新疆维吾尔自治区西南部，当地人民以能歌善舞著名，这里借指新疆文工团所表演的音乐歌舞节目。

经济建设急躁冒进等问题和严重错误，特别是“文化大革命”期间国民经济“两起三落”，致使国民经济曾经遭受严重的挫折和损失。总的来说，前30年的经济除少数年头大幅度滑落，大部分时间都在不断增长，仍然取得了很大的成就。

历史翻开了新的一页。31年前，中国人民毅然放弃了“以阶级斗争为纲”的口号，重新确立了“解放思想、实事求是”的思想路线，作出了把工作重点转移到社会主义现代化建设上来的战略决策，决然地作出了“不改革就没有出路”的历史性抉择。波澜壮阔的中国改革画卷从广大农村开始，在建立社会主义市场经济的实践中艰难探索，求真务实，讲求实效。经历了“计划经济为主，市场调节为辅”，“有计划的商品经济”，“国家调节市场，市场引导企业”，最后确定了建立社会主义市场经济体制的经济体制改革目标。

我们对于中国经济现代化、中国经济体制改革、中国发展方式的认识，在不断发展、不断深入、不断成熟，从来没有停止过探索的步伐。根据1993年11月中共十四届三中全会通过的《中共中央关于建立社会主义市场经济体制若干问题的决定》中勾画的社会主义市场经济体制的基本框架，我们制定了继续深化改革的总体蓝图，经济体制改革进入全局性整体推进的新阶段。经历了姓“资”姓“社”、姓“公”姓“私”的争议，1997年中共十五大明确提出，公有制为主体、多种所有制共同发展是我国社会主义初级阶段的一项基本经济制度，股份制是现代企业的一种资本组织形式，资本主义可以用，社会主义也可以用。

继2002年11月中共十六大提出全面建设小康社会的奋斗目标和建成完善的社会主义市场经济体制的战略部署后，2003年10月，中共十六届三中全会审议通过《中共中央关于完善社会主义市场经济体制若干问题的决定》，明确提出完善社会主义市场经济体制的目标、任务、指导思想和原则。以此为起点，经济体制改革踏上建成完善的社会主义市场经济体制的新征程。

2007年10月，中共十七大对实现国民经济又好又快发展作出了重要部署，提出“要在加快转变经济发展方式、完善社会主义市场经济体制方面取得重大进展。要大力推进经济结构战略性调整，更加注重提高自主创新能力、提高节能环保水平、提高经济整体素质和国际竞争力。要深化对社会主义市场经济规律的认识，从制度上更好发挥市场在资源配置中的基础性作用，形成有利于科学发展的宏观调控体系”①。

新中国成立60年以来，社会生产力得到空前解放和发展。1952年，中国的国内生产总值仅为679亿元，到1978年达到3624亿元，2008年则已达300670亿元。如今，中国一周内创造的财富超过30年前一整年创造的财富，一天内创造的财富就超过60年前一整年创造的财富。2008年，中国的国内生产总值已位居世界第3位，相当于美国的30.9%，日本的89.4%。毛泽东在20世纪50年代提出的“超英赶美”的口号，经历了几十年的努力终于部分实现了。也许再有20~30年，超过美国的梦想也会成为现实。“中国奇迹”引发了“中国经济增长之谜”的探索，继而又产生了“北京共识”的著名理论及其巨大影响。在纪念中华人民共和国成立60周年之际，中国的发展道路和发展模式的讨论正在世界范围内形成热潮。

孔子曰：“三十而立，四十而不惑，五十而知天命，六十而耳顺，七十而从心所欲，不逾矩。”新中国30岁之际，走上改革开放的“而立”之道，使中国经济连续30年持续高速增长。40岁之际，面对一次大的政治风波和随后的东欧剧变及苏联解体的考验而“不惑”，成功地实现了国家在统一、稳定和长治久安中推进经济持续高速增长。50岁之后而“知天命”，陆续提出了“完善社会主义市场经济体制”、“科学发展观”、“加强党的执政能力建设”、“构建社会主义和谐社会”、“全面建设小

---

① 胡锦涛：《高举中国特色社会主义伟大旗帜　为夺取全面建设小康社会新胜利而奋斗——在中国共产党第十七次全国代表大会上的报告（2007年10月15日）》，载《人民日报》2007年10月25日第1版。

康社会”等一系列更高层次的建设任务。60岁“耳顺”之际，能够“闻其言而知微旨”，“所闻不逆于耳”，不堵言、也不轻信言。一个人或者一个国家，当有了“耳顺”，再迈向“从心所欲，不逾矩”，就是必然的了。

站在新的历史起点上，中国将再扬改革开放的风帆，再创发展繁荣的新辉煌。“我们的伟大目标是，到我们党成立100年时建成惠及十几亿人口的更高水平的小康社会，到新中国成立100年时基本实现现代化，建成富强民主文明和谐的社会主义现代化国家。只要我们不动摇、不懈怠、不折腾，坚定不移地推进改革开放，坚定不移地走中国特色社会主义道路，就一定能够胜利实现这一宏伟蓝图和奋斗目标。”①

在庆祝中国人民共和国成立60周年的喜庆日子里，作为共和国同龄人的我，心情别样激动，澎湃中填词一阕：

**卜算子·中华人民共和国花甲庆典**

方庆三十年，
又喜花甲到。
盛世人民共和国，
火树银花耀。

古老中华龙，
崛起复兴道。
待到建国百年时，
华表昂天笑。

邹东涛

2009年9月8日

① 胡锦涛：《在纪念党的十一届三中全会召开30周年大会上的讲话（2008年12月18日）》，载《人民日报》2008年12月19日第1版。

# 目　录

## 第三篇　动荡发展时期的中国经济（1958～1978年）

# 总论　中国经济的发展道路

六十一甲子，弹指一挥间。中华人民共和国（本书简称“新中国”）60年的历史，是一部探索中国特色社会主义道路与中国经济发展模式而不懈奋斗的历史，是一部为实现中国工业化、现代化和人民生活富裕而奋发图强的历史，是一部坚定维护国家主权、领土完整和民族尊严的历史。60年新中国史与5000年的中国历史相比虽是短暂的，但其影响重大而深远，它改变了一个民族的历史命运，决定了一个国家的前途未来。

新中国成立以后，“沉睡的巨人”走出了一条独特的发展道路。中国经济的变革与发展是前无古人的事业，没有现成方案可遵循、没有现成理论可采用，在探索中前进的道路经历曲折是不可避免的。在这段激荡豪迈而又波澜壮阔的历史进程中，中国经济变革与发展的无数不可思议的奇迹和生动事迹，时常激起中华民族和中国人民持久的心灵回荡。

## 一、中国经济发展的“路线图”与阶段划分

中国为拥有五千年文明而自豪，我们的祖先以民富国强的姿态屹立于世界东方。中国占据世界最大经济体的位置长达2000年之久，直到19世纪90年代被美国取代。经历了两次鸦片战争、太平天国起义、甲午中日战争、八国联军入侵、辛亥革命、军阀割据、北伐战争、抗日战争、解放战争等大规模的外国入侵和内战之后，新中国继承了一穷二白的历史遗产。新中国成立初期，中国与世界其他国家形成强烈的反差，1952年中

国在世界GDP中所占的比重从1820年的三分之一降到了二十分之一，实际人均收入从世界平均水平的90%降到了平均水平的四分之一。①

新中国的建立为实现现代化奠定了崭新的制度基础，但前无古人的社会主义事业在实践中经历了艰辛而曲折的探索。将新中国60年国民经济史分期是一件很难的事情，难在确立一个合理的分期标准。赵德馨先生曾提出分期标准是，“整个社会经济史应以生产方式为划分历史时期的根据（标准）”；“在一个社会经济形态内部，以国民经济变化的重要表现作为分期标准”②。此外，政治事件和特殊“政治运动”的频繁外部冲击，也是中国经济发展进程中的一个显著特征。

循着制度变革、经济增长变化和重大外部冲击等发展线索，按照国民经济发展的阶段性特征，新中国的经济发展历程，大致可以以1978年召开的“中共十一届三中全会”为分界，在制度上和增长表现上经历了两个截然不同的时期（第一个层次分期）：新中国成立到1978年的计划经济时期（新中国成立后29年）；1978年底开始的改革开放时期（改革开放31年）。在这两个大时期内，可以划分若干阶段（第二个层次分期）：1949～1978年这个时期，可分为1949～1957年和1958～1978年两个阶段；1979年以后这个时期，可分为1979～1991年、1992～2002年、2003年至今三个阶段。③ 这种“两个大时期”、“五个发展阶段”的分期，基本上反映了新中国60年经历的几个比较大的历史阶段，特别是政治领域和经济关系的重大变化。

---

① 与此同时，世界经济在1820～1952年期间取得了巨大的进步，世界生产提高了8倍以上，世界人均收入提高了3倍；美国人均收入提高了将近9倍，欧洲提高了4倍，日本提高了3倍以上。参见〔英〕安格斯·麦迪森著，武晓鹰、马德斌译：《中国经济的长期表现——公元960—2030年》，上海人民出版社2008年版，第4页。

② 赵德馨：《关于中国近代国民经济史的分期问题》，载《学术月刊》1960年第4期。

③ 吴承明、董辅礽、赵德馨、董志凯、武力、李克穆等学者都提出了时期划分。比如，赵德馨先生主编的《中华人民共和国经济史》中做了如下分期：在1949～1956年这个大阶段分为1949～1953年和1954～1956年两个小阶段，1957～1978年这个大阶段可分为1957～1966年和1967～1978年两个小阶段，1979年以后这个大阶段，分为1979～1984年、1985～1991年、1992年至今后某年等三个小阶段。参见赵德馨：《跟随论与沉淀论的统一——〈中华人民共和国经济史第五卷·后记〉》，载《中南财经大学学报》1998年第5期。

第一阶段，恢复发展时期的中国经济（1949～1957年）。新中国成立后，建立了国营经济领导下多种经济成分并存的新民主主义经济体制，中国共产党运用政治魄力和政治智慧，仅用三年的时间就奇迹般地在战争废墟上恢复了国民经济，并在此贫穷落后的基础上开始了大规模的经济建设。“一五”时期开展了以“156项工程”为中心的大规模工业建设，为我国基础工业体系奠定了重要的基础，大大缩短了中国与发达国家工业发展水平的距离。与此同时，模仿苏联模式，新民主主义经济形态改造为社会主义初级阶段经济形态，市场与计划相结合的经济体制改造为高度集中的计划经济体制。1956～1957年，总结经验和吸取苏联暴露的经济建设教训，中国经济政策的转变体现在对苏联模式的修改。1957年超额完成“一五”计划，国内生产总值达到1068亿元，比1952年增长了57.3%。

第二阶段，动荡发展时期的中国经济（1958～1978年）。1958～1966年，是全面进行经济建设的时期，是探索中国社会主义经济建设道路的时期，前几年是失误，后几年纠正和弥补失误。其间，虽然建成了一些项目，但成本极高。总的来说，1958～1978年的20年是实行计划经济体制的时期，从中国共产党带着社会主义改造的胜利和“一五”计划成功的喜悦开始，经历了“大跃进”和“文化大革命”，最后带着对“文化大革命”痛苦反思、对计划经济体制的困惑而结束。由于中苏关系恶化造成的外部冲击，“大跃进”、人民公社化运动和“文化大革命”等经济上的“冒进”和政治上的动荡造成的自我创伤，中国被隔离在当时日益繁荣的世界经济之外，与世界其他地区相比（尤其是欧洲和日本），尽管中国经济增长在加速，但仍然慢于世界总体经济的增长，经济发展表现令人不满意。

第三阶段，经济体制转型初期的中国经济（1979～1991年）。中国20年单一公有制和计划经济体制所经历的曲折、挫折、灾难、困惑，孕育着一场新的探索。改革从农村确立家庭联产承包责任制开始，乡镇企业“异军突起”，1984年全面转向城市的国有企业扩大自主权和“利改税”

改革；放弃了国家对外贸的垄断和闭关锁国政策，在沿海设立经济特区，开放沿海城市，建立海南经济特区和浦东开发区。1984年“六五”计划提前一年完成，成为新中国成立以来效益最好的五年计划。经济体制朝着中共十二届三中全会确定的“有计划的商品经济”转型，逐步摆脱传统的发展模式和经济体制的束缚。此后，国民经济经历了1986～1987年的调整，1988年价格“闯关”和1989～1991年治理整顿的曲折。

第四阶段，全面建立市场经济体制时期的中国经济（1992～2002年）。1992年，邓小平南方谈话和中共十四大的召开，统一了全党关于经济发展和改革开放方面的认识，明确了改革的目标是“建立社会主义市场经济体制”。正确决策调动了全国人民的积极性，经历了价格体制改革、商品流通体制改革、金融体制改革、国有企业改革等一系列重大的改革实践，逐渐打破了计划经济体制的僵局，市场化程度不断提高。2002年，中国已初步建立了市场经济体制，政府对企业和个人等微观经济主体的干预程度大大减弱，市场成为资源配置的基本手段。社会主义市场经济体制推动中国经济社会进入高速发展的快车道，1995年实现了GDP总量比1980年翻两番，2000年实现了人均GDP比1980年翻两番。

第五阶段，完善市场经济体制时期的中国经济（2003年至今）。在新时期、新阶段，中国顺应国内外形势发展变化，抓住重要的战略机遇期，完善社会主义市场经济体制。我们以转变政府职能为核心，着力推进行政管理体制改革；取消农业税、牧业税和农业特产税；国有企业改革向纵深推进，依法加强对私有财产的保护，促进各种所有制经济平等竞争、相互促进；健全公共财政体制，加快推进国有商业银行股份制改革，实行有管理的浮动汇率制度，逐步扩大企业投资自主权；进一步健全商品市场，发展要素市场，加快重要资源价格的市场化步伐。到2008年，我国GDP总量达到300670亿元人民币以上（超过4.4万亿美元），成为世界第三大经济体，人均GDP超过3000美元。

## 二、中国经济发展战略选择与六次改革发展契机

艰辛孕育着发展，探索推动着创新。近年来，很多人在强调中国经济改革高度成功时，在批评目前改革出现的种种问题时，往往用毛泽东时代来否定邓小平时代的改革，即用新中国的前30年来否定其后30年。对于共和国60年来的整体历史，必须寻求一种新的整体性视野和整体性论述，需要重新认识中国改革成功与毛泽东时代的联系和连续性，重新认识共和国经济发展60年。① 60年社会主义经济发展道路的探索是一个整体，经济体制经历了新民主主义经济体制—计划经济体制—有计划的商品经济体制—社会主义市场经济体制的发展路径，说明前30年和后30年存在统一性和一脉相承的特点，是一个否定之否定过程。

新中国成立之后，第一代领导集体的重大经济决策尊重历史的延续性，选择了适合国情的经济体制和经济运行机制。新中国在没收官僚资本、废除封建土地制度和保护民族工商业的基础上，建立起以国营经济为主导的多种经济成分并存、计划与市场相结合的新民主主义经济体制。中国的工业基础十分薄弱，基于国际竞争角度考虑、国家政治和经济环境的制约、工业化积累方式的约束②，以毛泽东为核心的新中国第一代领导人被迫选择了实行进口替代和压缩消费的重工业优先发展战略，以此带动整个工业化进程，实现经济快速发展的建设方针。

计划经济体制是重工业优先发展战略的体制保障。不顾资源的约束而推行超越发展阶段的重工业优先发展战略，是一种“赶超战略”。为了实

① 甘阳：《中国道路：三十年与六十年》，载《读书》2007年第6期。
② 林毅夫、蔡昉、李周：《中国的奇迹：发展战略与经济改革（增订版）》，上海三联书店、上海人民出版社1999年第2版，第30～31页。

施这种以发展没有自生能力的产业为目标的赶超战略，需要一套不同于市场调节机制的宏观政策环境、资源配置制度和微观经营机制，以便使资源的配置有利于重工业的发展。随着1953年开始大规模经济建设，中国走上快速推进工业化和向苏联模式学习的社会主义经济过渡的道路。到1956年，中国基本完成了对农业、手工业和资本主义工商业的社会主义改造，建立了全民所有制和劳动者集体所有制的社会主义经济制度，形成了扭曲产品和要素价格的宏观经济环境、高度集中的资源计划配置制度和毫无自主权的微观经营机制。

改革开放之前，我国社会主义建设经历了艰辛的探索和曲折的道路，既取得了伟大成就，也遭受过重大挫折。这种曲折，除了客观因素、决策失误外，更重要的是发展模式和体制机制上存在一些重大问题。优先发展重工业战略，造成经济结构失衡，不利于吸收劳动力就业，与人民生活密切相关的轻工业和服务业发展长期滞后，人民生活长期得不到改善；集权型的指令性计划经济体制，导致微观经济活力和宏观资源配置效率逐步衰减，扭曲产品和生产要素价格；"一大二公"的农村集体经济，严重束缚农民生产积极性，农业和农村经济发展缓慢，农民收入长期得不到提高；城乡分割体制固化了我国城乡二元结构，人为地阻碍了工业化进程吸收农业劳动力、推进城镇化和农业现代化、缩小城乡差距的积极作用。

新中国60年经济史证明，经济发展战略和包括所有制结构、体制结构、产业结构等在内的经济制度与发展模式是可以选择的。针对发展战略和经济体制存在的问题，新中国60年发展历程中，曾经有过6次改革和发展的历史契机。

第一次改革和发展的历史契机——1956年中共"八大"前后。1956年，中国开始探索经济体制改革道路的早期尝试。1956年9月，中共八大决议指出当前的主要任务是要"把我国尽快地从落后的农业国变为先进的工业国"；在优先发展重工业的同时，根据原料、资金的可能和市场的需要，积极发展轻工业；社会主义的统一市场应当以国家市场为主体，同时附有在一定范围内的国家领导下的自由市场，作为国家市场的补充；社会主义经济的主体是实行集中经营的，但是也需要有一定范围的分散经营作为补充；必须使国家建设和人民生活改善这两个方面得到适当的结合；等等。①

在整个1956年和1957年的大部分时间里，着重点仍放在向苏联学习，但是“以一种摒弃苏联实践的落后面的有高度选择性的方式去学习”②，开始逐步摆脱苏联模式的影响，探寻符合中国国情的经济建设和体制变革。此后，农业合作社内增加自留地，实行包工、包产等生产责任制；允许企业实行一定程度的自由选购和自由推销；进行了以下放企业管理权为中心的试验。当时，中央部管企业有88%下放给地方，中央直属企业的工业产值占全国工业总产值的比重从1957年的39.7%下降到1958年的13.8%。③由于受“反‘反冒进’”和“反右”运动的影响，在“总路线”、“大跃进”和“人民公社”的旗号下，第一次改革和发展的历史契机走上了充满政治理想的“大跃进”歧途④，最后以大倒退的结局收场。

第二次改革和发展的历史契机——1961～1962年的“八字方针”。1960年7～8月，北戴河会议研究国内经济调整问题，开始转向纠正“大跃进”的错误；9月30日，中央批转了经周恩来审定的国家计委党组报告中首次提出的“调整、巩固、充实、提高”的“八字方针”。1961年8～9月的庐山会议，中央决定“必须毫不动摇地切实地贯彻执行调整、巩固、充实、提高的方针”，在此后3年内执行这个方针“必须以调整为中心”。1962年1～2月“七千人大会”总结了“大跃进”的经验教训，1962年2月中南海“西楼会议”标志国民经济进入全面调整时期。

1961～1962年期间，中央颁布了“农业六十条”、“工业七十条”、“手工业三十五条”、“财经六条”、“商业四十条”等，逐步使在“大跃

---

① 《中国共产党第八次全国代表大会关于政治报告的决议》，载《人民日报》1956年9月28日。

② 〔美〕R. 麦克法夸尔、费正清编：《剑桥中华人民共和国史·上卷·革命的兴起：1949—1965》，中国社会科学出版社1990年版，第116页。

③ 赵德馨主编：《中华人民共和国经济史（1949—1966）》，河南人民出版社1989年版，第532页。

④ 1958年采取“大跃进”策略是多种力量推动的结果。其中重要的原因是，发展中的困境和对苏联模式的不满，促使领导人把“大跃进”设想为摆脱苏联模式束缚的一条出路。

进”中受到破坏的国民经济恢复了元气。中国再次面临经济改革的历史契机。但是，由于毛泽东对“修正主义”和“资本主义复辟”的担忧，批判“单干风”（指包产到户）、“翻案风”和“黑暗风”（指对当时严重困难形势作充分估计的观点），直到发动打倒所谓“走资本主义道路的当权派”的“文化大革命”，中国失去了一次最容易为大多数人接受的改革和发展的历史契机①。

第三次改革和发展的历史契机——1975年邓小平主持工作后进行经济整顿。“文化大革命”对经济的影响程度要低于“大跃进”，经济缓慢增长的主要原因是长期遵循独特的发展战略以及由此战略产生的计划和管理效率低下。重工业优先发展战略在“政治挂帅”的背景下发展到了极致，仍然保持了“一五”期间形成的封闭的经济体制，“三五”计划（1966～1970年）经历了以“吃穿用”为中心、到以“吃穿用”加“三线建设”为中心、再到以“备战”为中心的转变。

1971年林彪事件后，周恩来主持了两年经济调整工作。1973年，邓小平在毛泽东、周恩来支持下复出，我国开始经济整顿，经济管理权限开始部分下放。1975年初，邓小平在毛泽东的支持下实际主持经济整顿工作后，进行了一系列拨乱反正的经济调整。邓小平的复出和“整顿”又给了中国改革和发展的一次历史契机。但是，毛泽东不能容忍邓小平否定“文化大革命”，在“批邓、反击右倾翻案风”运动中，复出不久的邓小平在1975年11月下旬起停止主持中央工作②，导致了这次历史契机的丧失。

第四次改革和发展的历史契机——1978年中共十一届三中全会。1976年十年“文化大革命”结束后，对经济体制弊病和发展模式的反思，

① 武力：《中华人民共和国50年经济发展与制度变革论析》，载《当代中国史研究》1999年第5～6期。

② 1975年11月2日，毛泽东在听取毛远新几次歪曲情况、攻击邓小平的汇报后说：“有两种态度：一是对文化大革命不满意。二是要算账，算文化大革命的账。”此后，根据毛泽东的意见，政治局部分委员几次开会，对邓小平作了错误的批评，并且停止了他的大部分工作，让他“专管外事”。“四人帮”把各项整顿工作诬蔑为“复辟”，各项整顿文件被当做“毒草”加以批判，各级经济管理部门被冲击和改组。

对“左”的教条主义的反感，国内外经济、科技和生活水平的强烈对比，对实现四个现代化（1964 年 12 月提出）和改善生活的美好愿望，汇聚成为全社会的创新冲动，成为制度变革最基础的动力。当时，华国锋等仍要求贯彻执行依照苏联模式对重工业进行高投资的“十年计划”（1976～1985 年），1978 年 2 月通过了《1976 年至 1985 年发展国民经济 10 年规划纲要（草案）》。1977～1978 年，经济工作急于求成，出现大量引入外国资金、设备和技术的“洋跃进”，国民经济比例关系进一步失调。

1978 年 12 月 18 日至 22 日，中共十一届三中全会根据中央工作会议的讨论，作出了把全党工作的着重点和全国人民的注意力转移到社会主义现代化建设上来的战略决策，提出对我国权力过于集中的经济管理体制和经营管理方法进行改革，并且在自力更生的基础上积极发展同世界各国平等互利的经济合作，提高农业产量和人民生活水平。全党和全国人民在以邓小平为核心的中央领导集体的领导下，抓住了这次历史契机，实行改革开放，集中力量进行社会主义现代化建设，放弃了重工业优先发展战略，开始走上了建设有中国特色社会主义的新道路。

第五次改革和发展的历史契机——1992 年邓小平南方谈话和中共十四大召开。改革开放事业远非一帆风顺，前行的每一步都充满艰辛，伴随着思想的撞击与升华，带着制度变迁的阵痛、曲折与辉煌。受治理整顿、“六四风波”和苏联东欧剧变的影响，中国的改革开放因计划与市场、姓“资”姓“社”的观念束缚而彷徨。经过三年的紧缩、调整和经济衰退之后，1992 年新春，邓小平南方谈话拨开迷雾，人们摆脱姓“资”姓“社”的争论，中国大地又焕发出了改革和发展的新生机。第三代领导集体抓住这个历史契机，确立了社会主义市场经济体制目标，加快了改革开放和发展的步伐。

第六次改革和发展的历史契机——2003 年提出完善社会主义市场经济体制。步入新世纪，全面建设小康社会、开创中国特色社会主义事业新局面的新要求，国内外环境的新变化，使我国经济发展和改革面临前所未有的挑战和千载难逢的机遇。经过 25 年的实践和探索，中国初步建立起社会主义市场经济体制，波澜壮阔的中国经济体制改革又处在新的起点上。中华民族再次抓住了历史契机，中共十六届三中全会审议通过了《中共中央关于完善社会主义市场经济体制若干问题的决定》，经济体制改革向纵深地带挺进，中国市场化改革进程不断加快。

总而言之，1957～1978年间，我们丧失了一些发展机遇，耽误了发展。1978年中共十一届三中全会以后，中国成功实现经济体制转型，发展战略逐步由重工业优先发展战略转变为出口导向型发展战略，目前正朝着内需拉动型的均衡协调发展战略过渡，成功开辟了中国特色社会主义道路。改革开放以后，由于中华民族抓住了一些发展契机，经济和社会发展取得了令世人瞩目的成就。

## 三、中国经济发展的“之”字形道路

1949～2009年，中国经济60年总体呈现螺旋型上升趋势，见图0.1。就经济增长速度而言，是快速—缓慢—快速；就经济波动而言，是高位平缓—低位剧烈—高位平缓；就经济增长质量而言，是好—差—好；就所有制而言，是多种所有制并存—单一公有所有制—多种所有制并存；就经济体制而言，是市场经济—计划经济—市场经济加计划—市场经济；就产业结构比例而言，是比较协调—严重失调—比较协调—统筹协调；就人民生活状况改善速度而言，是快—慢—快。①

从60年的整体来看，中国经济增长速度很快，但有明显的阶段性。

1949～1952年是国民经济的恢复时期，中国经济以相对较快的速度恢复到历史最高水平。这个时期，社会总产值增长82.2%，年均递增

① 赵德馨先生在论述共和国经济50年时，提出中国经济50年明显表现为一个“之”字形发展道路。笔者认为，共和国经济60年仍然是“之”字形发展道路的延续。参见赵德馨：《中国经济50年发展的路径、阶段与基本经验》，载《中国经济史研究》2000年第1期。

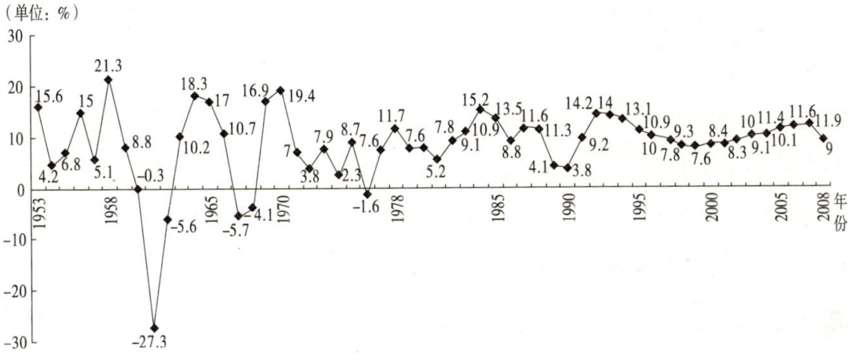


图 0.1　1953～2008 年中国 GDP 增长率

注：2009 年 1 月 14 日，国家统计局调整了 2007 年中国 GDP，最终核实数据为 GDP 257306 亿元，比上年增长 13.0%。新华网：《我国 2007 年 GDP 增速最终核实为 13.0%》，2009－1－14。

（资料来源：国家统计局：《2008 年国民经济和社会发展统计公报》；《中国统计年鉴—2008》，中国统计出版社 2008 年版，第 40 页；《新中国五十五年统计资料汇编》，中国统计出版社 2005 年版，第 113～114 页）

22.81%；工业生产总值 1952 年比 1949 年增长 144.9%，年均增长 34.8%；1952 年工业在工农业产值中的比重上升为 41.5%；1952 年农业总产值达 483.9 亿元，比 1949 年增长 48.5%，年均增长 14.1%；整个国内市场欣欣向荣，1952 年商品零售总额达 276.8 亿元，进出口贸易总额达 64.6 亿元。[①] 1949～1952 年，国民收入增长 64.5%，年均递增 18.05%；人均国民收入 1952 年比 1949 年增长 54.5%，年均递增 15.7%；国家财政收入 1952 年比 1950 年增长 181.7%，年均递增 67.85%；[②] 职工平均工资提高了 70%，农民收入比 1949 年增长 30% 以上。新中国的诞生和三年恢复时期的成就为即将开始的经济发展奠定了基础。

1956 年提前完成“一五”计划，相比于 1949 年，工农业总产值增长

① 苏星：《新中国经济史（修订本）》，中共中央党校出版社 2007 年版，第 137～139、142 页。

② 吴承明、董志凯主编：《中华人民共和国经济史·第一卷（1949—1952）》，中国财经出版社 2001 年版，第 16～17 页。

了176%，年均增长率达15.7%；国民收入增长了148.3%，年均增长率达21.19%。“一五”期间，中国社会总产值年均增长11.3%，工农业总产值年均增长10.9%，国民收入年均增长8.9%，是1953～1980年5个五年计划中增长最快、效益最好的时期，也快于世界其他国家（尤其是发展中国家）2.5%左右的增长率。1957年，工业总产值达783.9亿元，比1952年增长128.4%，平均每年增长18.3%；在工农业总产值中，工业总产值所占的比重由1952年的41.5%提高到1957年的56.5%；农业总产值1957年比1952年增长24.7%，年均增长4.5%；粮食总产量3700亿斤，比1952年增长20%；1953～1957年，新建铁路6652公里，新修公路152841公里；商品零售总额从1952年的276.8亿元增至1957年的474.2亿元，增长71.3%；1957年进出口贸易总额比1952年增长62%。①

1958～1978年，中国经历了波及全国的反右斗争、“大跃进”和人民公社运动，经历了三年困难时期、经济调整过程、中苏关系恶化等严峻局面，经历了“文化大革命”十年内乱，经济大上大下剧烈波动，但经济建设仍然取得了十分显著的成就。1958～1965年、1966～1978年，我国工农业总产值年均增长分别为6%和8.5%。从1957年年底到1978年年底，按可比价格计算，社会总产值增长3.25倍，工农业总产值增长3.64倍，国民收入增长1.96倍，工业总产值增长5.99倍，农业总产值增长0.84倍；1958～1980年，全国基本建设新增固定资产4339.39亿元，是“一五”时期新增固定资产的8.82倍。② 相对而言，1958～1978年，在新中国经济史上是增长速度较慢的一个时期，也慢于世界总体经济增长。

1958～1978年，中国经济结构继续转变，1956年中国工业总产值第一次超过了农业总产值。农业总产值在GDP中的比重持续下降，从1958年的34.1%下降到1978年的28.1%，下降了6个百分点。工业总产值在GDP中

① 国家统计局编：《伟大的十年：中华人民共和国经济和文化建设成就的统计》，人民出版社1959年版，第16～18、60、63、100、146、155页。

② 武力：《中华人民共和国50年经济发展与制度变革论析》，载《当代中国史研究》1999年第5～6期。

的比重持续上升，从1958年的31.7%上升到1978年的44.3%。1978年工业总产值和农业总产值分别为1607亿元和1018.4亿元，工业总产值超过农业总产值57.8%。①

人口增长过快是这个时期社会经济发展的重要特点。从1957年年底到1961年年底，4年内全国总人口仅增加1206万人，年平均增长率仅为6.66‰，是新中国成立以来人口增长最低的阶段。1962年以后，全国出现了一次空前的补偿性生育高潮，1963年达到顶峰，全国人口增长率高达33.33‰，当年人口比上年增加1877万。1964～1973年，全国人口增长率一直维持在20‰～30‰之间。直到1973年，党和政府将人口发展正式列入国家计划，切实抓紧计划生育工作，才使人口增长率逐渐下降到1978年的12‰。到1978年年底，全国总人口由1957年年底的64653万人增加到96259万人，20年里人口增加了近50%。②

表0.1　1952～1978年中国经济增长基本指标

（单位:%）

| 时间 | 社会总产值 | 工农业总产值 | 国民收入 | 积累率 |
|---|---|---|---|---|
| “一五”期间 | 11.3 | 10.9 | 8.9 | 24.1 |
| “二五”期间 | -0.4 | 0.6 | -3.1 | 30.8 |
| 1963～1965 | 15.5 | 15.7 | 14.7 | 22.7 |
| “三五”期间 | 9.3 | 9.6 | 8.3 | 26.3 |
| “四五”期间 | 7.3 | 7.8 | 5.5 | 33.0 |
| 1976～1978 | 8.1 | 8.0 | 5.6 | 33.5 |
| 1952～1978 | 7.9 | 8.2 | 6.0 | 29.5 |

（资料来源：《国民收入统计资料汇编（1949—1985）》，中国统计出版社1987年版，第2、45～46页）

改革开放前的29年，同样是伟大的29年。在西方封锁、中苏交恶的

---

① 国家统计局国民经济综合统计司编：《新中国五十年统计资料汇编》，中国统计出版社1999年版，第3页。

② 国家统计局国民经济综合统计司编：《新中国五十年统计资料汇编》，中国统计出版社1999年版，第1页。

国际环境中，依靠增加投入和牺牲消费，中国经济仍然取得了很大成就，基本建立了独立的比较完整的工业体系和国民经济体系，在国防工业、尖端科学方面取得了巨大进展，在改善基础设施、缩小沿海与内地差距等方面取得很大成绩。中国统计数据显示，1952～1978年，中国GDP年均增长达到6.68%，人均GDP年均增长仍达到4.5%，工业年均增长速度达12.86%。麦迪森估计，1952～1978年，中国GDP增长了3倍，人均实际产出增长了82%，劳动生产率增长了58%，人均收入提高了80%，资本存量年均增长了7.7%。[①] 1978年，全国工业企业达到34.84万个，工业总产值4067亿元，全民所有制企业的固定资产达到3200亿元，相当于旧中国近百年积累起来的工业固定资产的25倍。

1949～1978年的29年中，在以毛泽东为核心的第一代领导集体领导下所建立起来的社会主义制度和取得的一系列社会经济发展的成就，为改革开放以后的发展和成就奠定了政治基础和物质技术基础。没有前29年经济建设的基础和对社会主义道路的探索，1978年之后的改革开放就成了无源之水，不可能在此后短短的30年间取得举世瞩目的成就。正是经历了改革开放前29年的探索，经历了其中的成功与失误，才孕育了后来的改革开放和中国特色社会主义道路。

1978年以后，中国经济快速增长。这个时期是从前29年奠定的经济基础和经济制度上起步发展的，虽然前进的起点比较高，但继续受着传统的发展模式和经济体制的束缚，又刚刚从“文化大革命”的灾难中走出来，中国经济发展和体制改革经历了酝酿准备、正式起步、体制摩擦、整顿徘徊、高速发展、健康协调发展的过程。在此期间，出现了3个高速增长的时期：1982～1988年，年均增长11.48%；1991～1997年，年均增长11.53%；2002～2008年，年均增长10.44%。1989～1991年，中国进行治理整顿，出现了经济体制改革的徘徊，1989年和1990年是改革开放以

---

① 〔英〕安格斯·麦迪森著，武晓鹰、马德斌译：《中国经济的长期表现——公元960—2030年》，上海人民出版社2008年版，第5、55页。

后经济增长最慢的两个年份，年增长率分别为4.1%、3.8%。

1979～2009年，面对错综复杂、不断变化的国际国内环境，中国成功实现经济转型，综合国力和国际影响力实现了由弱到强的巨大转变，实现了从封闭半封闭到全方位开放的历史转折，中国进入一百年来发展最好最快的时期，中国经济社会的面貌从此发生了历史性的变化。

初步建立充满活力的社会主义市场经济体制。所有制结构不断完善，以公有制为主体、多种所有制经济共同发展的基本经济制度已经确立，市场经济的微观基础逐步形成。现代市场体系初步形成，市场配置资源的基础性作用显著增强。政府职能转变取得积极进展，以间接调控为主的宏观调控体系逐步完善。收入分配和社会保障制度建设不断加强。对外开放的体制机制不断完善，全方位、宽领域、多层次的对外开放格局已经形成。

综合国力显著增强。在实现"三步走"伟大战略目标的进程中，国民经济实现快速增长，社会生产力得到前所未有的大解放。1978～2008年，我国GDP从3624亿元增长到300670亿元；财政收入从1132亿元增长到6.13万亿元；外贸进出口总额从206亿美元增长到25616亿美元；年末外汇储备从1.67亿美元增长到19460亿美元。1979～2008年，中国GDP年均实际增长9.77%，不仅明显高于1953～1978年年均6.1%的速度，而且也大大高于同期世界经济年均3.0%的速度①。人均国民收入成倍增加，由1978年的190美元上升到2007年的2360美元，扣除价格因素，2007年比1978年增长近10倍，年均增长8.6%。② 按照世界银行的

① 世界上许多国家和地区都曾经历过经济的高速增长，如日本战后的经济高速增长期是19年，年均增长9.2%；新加坡的经济高速增长期是20年，年均增长9.9%；中国香港的经济高速增长期是21年，年均增长8.7%；中国台湾的经济高速增长期是26年，年均增长9.5%；韩国的经济高速增长期是30年，年均增长8.5%。

② 为了改善GDP估计的国际可比性和历史可比性，麦迪森重新调整了中国的国民核算账户。经麦迪森调整后的数据显示，1978～2003年，中国人均GDP增长率6.6%，同期印度的人均GDP增长率为3.3%、日本为2.1%、韩国为5.6%、新加坡为4.2%、中国香港为3.9%、中国台湾为4.7%、英国为2.1%、美国为1.8%、法国为1.6%、德国为1.4%、俄罗斯为－0.6%。参见〔英〕安格斯·麦迪森著，武晓鹰、马德斌译：《中国经济的长期表现——公元960—2030年》，上海人民出版社2008年版，第59页。

划分标准[①]，我国已经由低收入国家跃升为世界中等偏下收入国家行列。我国从一个经济发展起点低、人口基数庞大的低收入国家迈向了中等偏下收入国家，确实是一个了不起的成绩，创造了经济发展的"中国奇迹"。

经济总量居世界位次稳步提升。经济总量的加速扩张大大缩小了我国与世界主要发达国家的差距。2007年，我国国内生产总值居世界的位次由1978年第10位上升到第4位，仅次于美国、日本和德国。根据国际货币基金组织统计，折合成美元，2007年我国国内生产总值为32801亿美元，相当于美国的23.7%，日本的74.9%，德国的99.5%，分别比1978年提高17.2、59.7和78.9个百分点。与此同时，经济总量占世界经济的份额也有明显上升，1978年为1.8%，2007年提高到6.0%。[②] 根据国际货币基金组织2009年4月份的最新数据显示，2008年我国国内生产总值为44016.1亿美元，超过德国，位居世界第3位，相当于美国的30.9%，日本的89.4%。[③] 据麦迪森估计，1978～2003年，中国的GDP增长将近7倍，年均增长率7.9%；人均实际收入提高将近5倍，年均增长率6.6%；在世界总收入中所占的份额提高了3倍，在世界贸易中所占的份额增长超过了7倍；中国在2003年已经成为世界第二大经济体，经济总量显著超过了日本，在极大程度上超过了俄罗斯。[④] 此外，我国外贸进出口总额居世界第三位，外商直接投资居世界第二位，国家外汇储备居世界第一位，谷类、肉类、棉花等主要农产品，钢铁、煤炭以及电视机、电脑等主要工业品产量均居世界首位。

---

① 根据2006年世界银行国家分类标准的数据，人均国民收入≤875美元为低收入国家，人均国民收入在876～3465美元区间为中低收入国家，人均国民收入在3466～10725美元区间为中高收入国家，人均国民收入＞10726美元为高收入国家。人均国民收入排位靠前的国家多为小国，2007年全世界人均收入最高的国家是卢森堡，其人均年收入达到43940美元，美国以37610美元位居第四，中国香港以25430美元排名第十五。

② 国家统计局：《大改革　大开放　大发展——改革开放30年我国经济社会发展成就系列报告之一》，国家统计局网站，2008－10－27。

③ International Monetary Fund, *World Economic Outlook Database*, April 2009, Website: http://www.imf.org/external/pubs/ft/weo/2009/01/weodata/weoselco.aspx?g=2001&sg=All+countries.

④〔英〕安格斯·麦迪森著，武晓鹰、马德斌译：《中国经济的长期表现——公元960—2030年》，上海人民出版社2008年版，第55～57页。

表 0.2　1890～2003 年中国在世界地缘政治中的地位

| 年份 | 1820 | 1890 | 1913 | 1952 | 1978 | 2003 |
|---|---|---|---|---|---|---|
| 占世界 GDP 的比重（%） | 32.9 | 13.2 | 8.8 | 4.6 | 4.9 | 15.1 |
| 占世界人口的比重（%） | 36.6 | 26.2 | 24.4 | 22.5 | 22.3 | 20.5 |
| 同世界平均水平相比的人均 GDP（世界 =100） | 90.0 | 50.3 | 41.7 | 23.8 | 22.1 | 73.7 |
| 在世界各国 GDP 的排名 | 1 | 2 | 3 | 3 | 4 | 2 |
| 占世界出口额的比重（%） | — | 1.7 | 1.6 | 1.0 | 0.8 | 5.9 |

（资料来源：〔英〕安格斯·麦迪森著，武晓鹰、马德斌译：《中国经济的长期表现——公元 960—2030 年》，上海人民出版社 2008 年版，第 57 页）

成功实现了从封闭半封闭到全方位开放的历史转折。中共十一届三中全会后，中国确立了对外开放的基本国策，实现了从封闭半封闭经济到全方位开放的伟大历史转折，形成了从沿海到沿江沿边、从东部到中西部区域梯次开放的格局。对外贸易规模不断扩大，2007 年我国进出口贸易总额从 1978 年的 206 亿美元猛增到 21737 亿美元，增长了 104 倍。2008 年货物进出口总额 25616 亿美元，比上年增长 17.8%。1994 年以来进出口贸易均保持顺差，1995 年贸易顺差达到 167 亿美元，2005 年达到 1020 亿美元，2008 年达到 2955 亿美元。对外贸易的国际竞争力明显增强，出口商品结构进一步优化，机电产品和高新技术产品所占比重逐步提高，对美国、日本、欧盟等主要贸易伙伴的出口持续增加，在新兴市场的出口份额有所扩大。利用外资发展迅速，1983 年我国吸收外商直接投资仅 9.16 亿美元，2008 年实际使用外商直接投资金额 924 亿美元。我国在世界贸易中的位次不断提升，改革开放初期位居第 32 位，2004～2008 年稳居第 3 位。①

① 国家统计局：《从封闭半封闭到全方位开放的伟大历史转折——改革开放 30 年我国经济社会发展成就系列报告之二》，国家统计局网站，2008－10－28；《2008 年国民经济和社会发展统计公报》，国家统计局网站，2009－2－26。

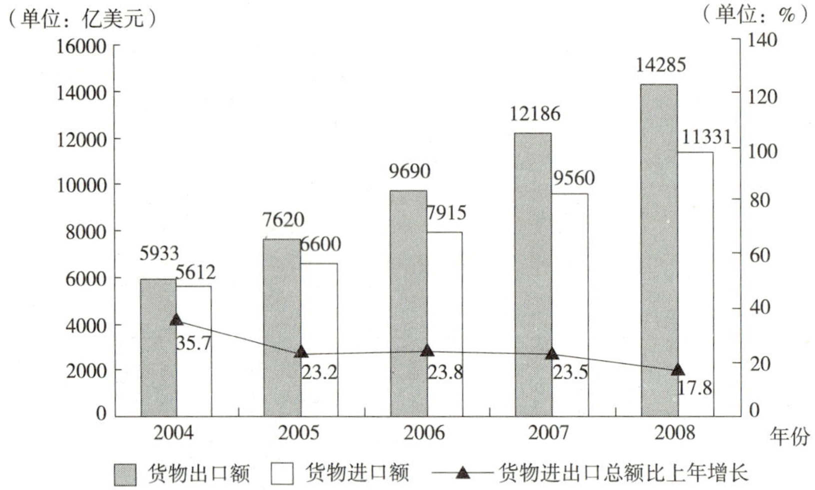


图0.2　2004~2008年货物进出口总额及其增长速度
（资料来源：《2008年国民经济和社会发展统计公报》，国家统计局网站，2009-2-26）

## 四、中国人民生活水平从恢复、徘徊到快速提高

提高城乡居民的物质和文化生活水平和生活质量，既是发展经济的出发点、根本目的和归宿，也是推动经济发展的内在动力。发展必须以人为本，发展必须为了人民，依靠人民发展，让人民共享发展成果。这是社会主义的本质要求。

新中国成立前人民苦不堪言，有一首民谣真实地反映道："昼夜难分暗无光，兵梳匪篦苦难当，心惊胆战何时了，癞痢头加坐板疮。"中国劳动人民为什么很穷困，他们的生活水平为什么很低呢？工业化水平低，外国侵略者和中国的封建地主、官僚、买办阶级在中国的长期统治，是造成中国劳动人民生活水平很低并且过着穷困、痛苦和被侮辱生活的两个基本原因。

人民生活水平与经济增长速度和质量密切相关。新中国成立以后，随着经济发展，生活水平和质量有了一定的改善。

1949～1952 年，随着工农业生产的恢复和发展，我国劳动人民的物质和文化水平也得到了明显的改善和提高。新中国成立后，人民政府在财政、商业、银行等方面采取了强有力的措施，消除了旧中国长期存在的恶性通货膨胀，使全国物价迅速稳定下来。1952 年，全国职工人数已达 1580.4 万人，较 1949 年增加了 780 万人；全国职工平均工资比 1949 年提高了 70% 左右，全国国营企业职工工资比 1949 年增加了 60%～120%。[①] 土地改革使全国 3 亿无地和少地农民无偿地获得了 7 亿亩土地和其他生产资料，免除了每年向地主交纳的约 3500 万吨粮食的地租。1952 年农民收入比 1949 年增加 30% 以上。到 1952 年，享受劳动保险的职工达 330 万人，享受公费医疗的人数达 400 万人。1950～1952 年，新建住宅面积为 1462 万平方米，部分职工的居住条件有所改善。文化教育卫生事业得到发展。1952 年，高等学校在校学生已达 19.1 万人，中等专业学校在校学生 63.6 万人，普通中学在校学生 249 万人，小学生 5110 万人，分别比解放前最高年份增加 3.6 万人、25.3 万人、99.4 万人、2742 万人。[②] 其中，工农和工农子弟受教育的人数大量增加。

1953～1957 年，人民生活在 1949～1952 年的基础上有了新的改善，人民生活水平提高较快。1949 年年末，国家机关、公私企业和事业共有职工大约 800 万人，1957 年年末增加到 2450.6 万人；1957 年全民所有制单位职工平均工资由 1952 年的 446 元增加到 637 元，增长 42.8%；和 1952 年相比，1957 年农民收入增长 27.9%。此外，1957 年，国家机关文教部门中享受公费医疗的职工达 657.2 万人，比 1952 年的 400 万人增加

① 郭瑞楚：《恢复时期的中国经济》，三联书店 1953 年版，第 105～106 页。

② 国家统计局编：《伟大的十年：中华人民共和国经济和文化建设成就的统计》，人民出版社 1959 年版，第 187、192～194、170 页。

了64.3%以上；享受劳动保险的职工达1150万人，比1952年的330万人增加了248.5%；到1957年，国家为职工建筑的住宅面积达10916万平方米，全国职工人均4.45平方米；1952～1958年，国家用于增加职工收入的工资附加费、奖金基金、房租补贴和交通费补贴等开支共达141亿元。①

全国平均消费额由1952年的167.7元增长到1956年的199.8元。农民人均购买力，由1950年的16.5元增长到1956年的35.5元；农民人均实物消费额，由1952年的72.8元增长到1956年的84.2元，增长11.6%；农村每一人口平均消费粮食，由1949年330斤增加到1956年的488斤，增长47.9%。② 1958年，我国城镇职工职工人均消费额为227元（按1957年物价计算），比1936年提高了62%左右，比1952年提高了35%左右。1957年，高等学校在校学生已达44.1万人，中等专业学校在校学生77.8万人，普通中学在校学生628.1万人，小学生6427.9万人；从1949年到1957年，全国扫除文盲2797.1万人。③ 城乡的环境卫生和个人卫生已经有了显著改善，几种对人民危害最大的疾病，例如鼠疫、霍乱、天花等，已经基本上得到控制。

1958～1978年，居民物质文化生活水平处于徘徊、停滞状态，经济增长给社会带来的福利水平很低。由于从1953年起长期实行重工业优先发展战略，为了给重工业建设筹集资金，国家实行以牺牲当前消费为手段的高积累政策。经济结构失调，粮食总产量增长缓慢，主要轻工业产品和农副产品严重短缺，粮食、食用油、糖和棉布等基本生活必需品长期凭票定量供应。1958～1960年，是新中国成立以来人民生活最困难的三年。市场上商品特别是农副产品奇缺，供应普遍紧张；口粮标准过低，多数人

---

① 国家统计局编：《伟大的十年：中华人民共和国经济和文化建设成就的统计》，人民出版社1959年版，第159、187～194页。

②《我国劳动人民生活普遍提高——驳右派分子所谓“今不如昔”的谬论》，载《人民日报》1957年10月7日第3版。

③ 国家统计局编：《伟大的十年：中华人民共和国经济和文化建设成就的统计》，人民出版社1959年版，第188、170～171、176页。

吃不饱；加上长期的紧张劳动和疾病流行，出现了大量的非正常死亡，有人估计死亡人数共达1700万人①。

1957～1978年22年间，全民所有制单位职工名义工资由637元增加到644元，仅增加7元。就实际工资而言，1978年仅为1957年的85.2%，22年间减少了14.8%。这22年间，农民家庭平均每年纯收入由72.95元增加到133.57元，年均仅增加2.9%。这22年间，居民消费水平共提高47.5%，平均每年仅增长1.8%。若就实际消费量而言，全国平均每人每年消费的主要消费品，1978年与1957年相比，除猪肉与食糖略有增加外，粮食由203.06公斤降到195.46公斤，食用植物油由2.42公斤降到1.60公斤，牛羊肉由1.11公斤降到0.75公斤，家禽由0.50公斤降到0.44公斤，水产品由4.34公斤降到3.42公斤。② 1957～1978年，人民居住条件恶化。1978年城镇居民的人均居住面积仅为4.2平方米，低于1957年的4.45平方米。农村居民平均每人使用房屋面积，1978年为8.1平方米，与1957年相比没有增加。城镇就业形势严峻，20世纪70年代末，城市待业人口约为2000万，其中包括10年间累积的1000多万返城知识青年。

改革开放以来，随着我国经济的快速增长，居民收入的大幅提高，城乡居民生活水平连续跨越几个台阶，1979年至1991年是摆脱贫困、解决温饱、迈向总体小康阶段；1992年至2000年为实现总体小康阶段；2001年至2009年是向全面建设小康社会扎实迈进阶段。据测算，2007年我国全面建设小康社会指数为72.9，比2000年提高了13.6个百分点，平均每年增加1.93个百分点，按此发展趋势，到2020年完全可以实现全面建设小康社会的奋斗目标。③

---

① 李成瑞：《“大跃进”引起的人口变动》，载《中共党史研究》1997年第2期。

② 赵德馨：《中国经济50年发展的路径、阶段与基本经验》，载《中国经济史研究》2000年第1期。

③ 国家统计局：《城乡居民生活从贫困向全面小康迈进——改革开放30年我国经济社会发展成就系列报告之五》，http://www.stats.gov.cn/tjfx/ztfx/jnggkf30n/t20081031_402513470.htm。本小节后文关于城乡居民生活的数据都来源于此。

城乡居民收入水平和富裕程度显著提高。1979~2008年，中国城乡居民收入大幅提高。1978年，我国农村居民人均纯收入只有133.6元，到2007年达4140.4元，比1978年增长近30倍，年均增长12.6%，扣除价格因素，实际年均增长7.1%；1978年，我国城镇居民人均可支配收入为343.4元，到2007年达13785.8元，比1978年增长39倍多，年均增长13.6%，扣除价格因素，实际年均增长7.2%。2008年，农村居民人均纯收入4761元，扣除价格上涨因素，比上年实际增长8.0%；城镇居民人均可支配收入15781元，比上年实际增长8.4%。城乡居民拥有的财富呈现快速增长趋势。2008年年底，城乡居民人民币储蓄存款余额达221503亿元，比1978年年底的211亿元增长1048.8倍。2007年，城镇居民人均财产性收入348.5元，比1990年增长21.3倍；财产性收入的增长使其占家庭总收入的比重也开始提高，由1990年的1.0%提高到2007年的2.3%。

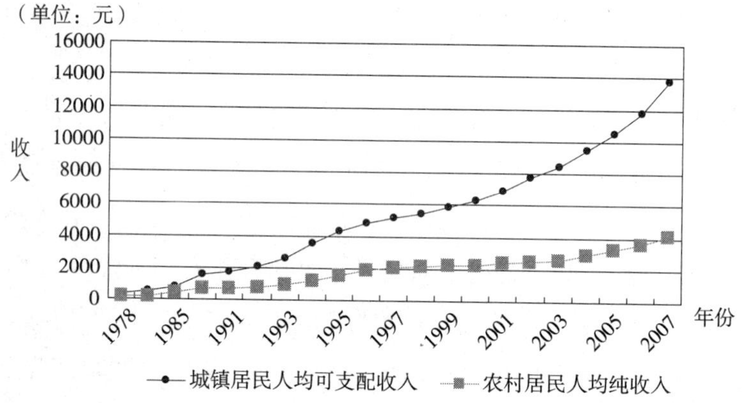


图0.3　1978~2007年我国居民家庭人均可支配收入

（资料来源：《中国统计年鉴—2008》及国家统计局网站，http://www.stats.gov.cn/tjsj/ndsj/2007/indexch.htm）

城乡居民消费结构和生活质量明显改善。2007年，农村居民人均生活消费支出为3224元，比1978年的116元增长26.8倍，扣除价格因素，年均增长6.4%；城镇居民人均消费支出9997元，比1978年增长31.1倍，扣除价格因素，年均增长6.4%。反映居民家庭富裕程度的恩格尔系数（食品支出占消费总支出的比重）显著下降，城镇居民家庭由57.5%下降到36.3%，农村居民家庭由67.7%下降到43.1%。发展和享受型消费比重不断上升，耐用消费品从“老三件”到“新三件”不断升级；城乡居民的衣着需求从“穿暖”向“穿美”转变，从“一衣多季”向“一季多衣”转变，从“请裁缝做衣”到“上商场购衣”转变；实现教育、文化、旅游、娱乐等多层次消费转变。居住条件和居住环境极大改善，农村居民人均住房使用面积由1978年的8.1平方米增加到2007年的31.6平方米；2007年城镇居民人均居住面积达22.6平方米，比1978年的4.2平方米增长4.4倍。

覆盖城乡的社会保障体系逐步建立和完善。2008年就业人员达77480万人，比1978年增加37328万人，城镇登记失业率长期保持在稳定状态，实现了数以亿计的农村富余劳动力向非农产业转移。2000年我国城市居民最低生活保障人数为402.6万人，到2008年覆盖人数达2334万人。2007年最低收入5%的城镇困难群体转移性收入为920元，其中，养老金收入为520元，占转移性收入的60.0%；社会救济收入153元，占转移性收入的16.6%。农村居民生活从普遍贫困到整体解决了温饱。2000年我国农村居民最低生活保障人数为300.2万人，2008年达4291万人，覆盖人数迅速增加。2007年年末，全国农村绝对贫困人口为1479万人，比1978年的2.5亿减少2.3亿多人，年均脱贫800多万人。2007年初步解决温饱但还不稳定的农村低收入人口为2841万人，比2000年的6213万人减少3372万人。按2008年农村贫困标准1196元测算，2008年年末农村贫困人口为4007万人。2008年年末，全国参加城镇基本养老保险人数为21891万人，参加城镇基本医疗保险的人数31822万人，参加城镇医疗保险的农民工4266万人，参加失业保险的人数12400万人，参加工伤保险的人数13787万人，参加生育保险的人数9254万人。2008年年末，2729个县（市、区）开展了新型农村合作医疗工作，新型农村合作医疗参合率91.5%。①

快速的经济发展促进了教育、科技、文化和体育事业进步。我国已经普及了九年制义务教育，初中升高中的升学率由1980年的45.9%提高到2006年的75.7%。2008年，普通高等学校在校学生2021万人，比1978年增加1935.4万人。改革开放以来累计毕业普通本专科毕业生3009万人，研究生176万人。我国自主研发的“嫦娥一号”绕月飞行成功，“神舟”系列航天飞船成功发射。“神舟七号”载人航天飞行的圆满成功，标志着我国成为世界上第三个独立掌握空间出舱技术的国家，是我国空间技术发展具有里程碑意义的重大突破。2008年，北京成功举办了第29届奥运会。据统计，1978～2007年，我国运动员共获得世界冠军2137项，占新中国成立以来总数的99%；创超世界纪录1001次，占新中国成立以来总数的85%。2008年奥运会，中国夺得51枚金牌，居金牌榜榜首。全民健身运动蓬勃发展。

## 五、中国经济发展的主要经验和普适性

面对中国经济崛起，曾有学者发问：“有谁能够预言，迄今为止人口最多的一个大国如此迅速崛起?”国际观察家也纷纷找寻“中国奇迹的秘密”。

### （一）新中国经济60年发展的主要经验

新中国60年的发展道路是极其艰难曲折又极其辉煌的，有惨痛的教训，也有成功的喜悦；付出了巨大的代价，也取得了举世瞩目的成就。新中国60年历程的成功经验内容极其丰富，我们仅从经济发展的视角加以

① 人力资源社会保障部、国家统计局：《2008年度人力资源和社会保障事业发展统计公报》，国家统计局网站，2009－5－19。

总结。

**1. 从社会制度层面来看，社会主义制度的建立和完善是新中国经济大发展的制度基石和起点**

1949年之前的中国经济为什么长期落后而且与世界平均水平越拉越大？因为帝国主义侵略不断强化、国内阶级矛盾不断深化和长期战乱，不仅仅是严重影响、更是直接破坏了中国生产力的发展。

中华人民共和国的成立，结束了自1840年以来的半封建、半殖民地的旧中国历史，推翻了帝国主义、封建主义和官僚资本主义三座大山，结束了连续几十年的战乱，中国进入了一个全新的、和平建设的社会主义新中国时代，这必然极大地激发全国人民建设社会主义新中国的积极性。

新中国成立之后，中国共产党实行的新民主主义政策，轰轰烈烈搞土改，解决了中国几千年来大多数农民没有和缺少土地、农村阶级矛盾尖锐、农业生产发展缓慢这个大问题，极大地促进了农业生产的发展。土改之后，继之实施了“社会主义过渡时期的总路线”，对农业、手工业和资本主义工商业进行社会主义改造。

新中国建立初期社会主义过渡时期总路线的实施，一是逐步实行了资源配置的全面计划化，而资源配置的市场机制逐步退出。二是对劳动者生产积极性“双重激励”：政治激励与物质激励。改朝换代的社会主义新中国对于劳动人民来说，即有生活水平提高的物质激励，也有新中国当家做主的主人翁精神的政治激励。在这“双重激励”中，物质激励是基础，政治激励是主导。“双重激励”使大家“建设新中国”的积极性普遍高涨，很快促进了新中国国民经济的恢复和快速增长。这就是新中国20世纪50年代前中期经济快速发展的真实记录。

**2. 从资源配置的基础来看，以社会主义市场经济体制为目标的经济体制改革，为经济持续高速发展提供了持久的体制动力**

新中国60年经济发展的历史清楚地表明，前29年是在大起大落的波动中发展的，而后31年的发展则是持续高速增长。其基本原因就是我国从1978年中共十一届三中全会拉开了经济体制改革的帷幕，以社会主义市场经济体制为目标的改革，为经济持续高速发展提供了经久不息的体制动力。尽管社会主义市场经济体制的改革目标是邓小平视察南方谈话促成的中共十四大正式提出的，但实际上自1978年开启的改革，或清或蒙、或明或暗、或快或慢、或多或少总是向着市场化的方向迈进的。例如，改革早期的放开农贸市场和农村家庭联产承包责任制，国有企业承包经营和颁发奖金等，都是资源配置的市场化调整，不过那个时候“市场”还属于洪水猛兽般的资本主义政治概念而已。整个31年的改革，都是向着市场化方向挺进的过程，而1992年10月中共十四大对于“社会主义市场经济体制”，与其说是“提出”，不如说是一次重要的思想解放，撕去了羞羞答答姓“资”姓“社”的面纱，堂堂正正地承认了市场对资源配置的基础性作用而已。

如果从新中国的60年看改革，自20世纪50年代中期至70年代，根据各个时期经济体制存在的弊端，也进行过多次调整和改革。尽管那些改革是在资源计划配置基础上，主要着眼于调整中央和地方、条条和块块的管理权限，与1978年以后的资源配置市场化改革不可同日而语，但一定程度上解决了当时存在的问题，在一定时期内促进了经济发展。因此，资源配置市场化的经济体制改革总是促进经济发展的持久动力。①

以上两点从中国改朝换代建立社会主义制度和资源配置市场化的经济体制改革来分析新中国60年经济发展的基本经验表明，前者与后者虽然具有密切联系，但又不是同一个层面的问题。社会主义制度虽然有着旧的剥削制度不可比拟的优越性，但这种优越性不可能自发地发挥出来。剥削制度的消灭、社会主义制度的建立，只为社会主义优越性的发挥提供了可能性，而要把可能性转变为现实性，就必须使经济体制合理化。

经济体制合理化的核心有两大问题：一是资源配置的基础方式，二是劳动者积极性激励的基础方式。在中国这样一个经济基础十分薄弱、人民

---

① 邹东涛曾在《我国计划经济体制形成、演变和改革的历史回顾及其经验教训》一文中研究了这个问题，载《经济改革》1985年创刊号，收入作者《中国经济体制创新》（上卷），人民出版社2003年版。

生活水平十分低下、社会尚处于一盘散沙的状态下改朝换代建立社会主义新中国，开始建立强有力的计划经济体制，实行政治激励和物质激励的“双重激励”而以政治激励为主导的激励机制，对于改朝换代新中国初期条件下国民经济的恢复和在较短时期内超常规发展，是必要的，也是必需的。而一旦新中国新社会的建立和经济发展走向长期、常态和正轨，资源配置方式单一的计划调节就会逐步失灵，激励机制的过强政治化则会逐步衰弱。

这就是说，长期的、常规的和自动发挥积极作用的资源配置基础方式只能是市场机制，长期的、常规的和自动发挥积极作用的激励机制，主要应该是物质激励。以经济利益为导向的、社会主义市场经济体制为目标的经济体制改革，正好是解决了“资源配置基础”和“劳动者积极性激励基础”这两个核心问题。这就是说，新中国以社会主义市场经济体制为目标的经济体制改革，为经济持续高速发展提供了持久的体制动力。

**3. 国家独立、统一和社会的长期稳定，是中国经济持续高速发展的充分必要条件**

中国是一个多民族的大国，无论中国历史还是世界历史都证明，大国要能够发挥大国效应和大国优势，实现长期经济增长和崛起，第一，必须高度统一，而不能分裂，也不能名义上统一而实际上是诸侯经济；第二，必须独立自主、自力更生，自立于世界民族之林，而不能成为其他强国的附庸；第三，社会必须长期稳定，而不能动乱。

这三条都是充分必要条件，缺一不可。理由非常简单，如果中国不统一，改革免谈，发展也不可能；如果中国不独立，改革免谈，发展也不可能；如果中国社会不稳定，改革免谈，发展也不可能。那么，还有什么“改革开放和经济持续高速增长的伟大成就”呢？

回顾新中国60年的历程，确保了自己的长期统一、独立，这固然是确保中国经济发展的前提，但如果国内什么时候政治、社会不稳定，经济发展就会出现挫折和波动。例如，“文化大革命”的十年动乱，经济发展就受到严重影响。“六四”风波后，就出现了经济发展的三年低迷。正因为如此，国家有时候不得不把“稳定”放在压倒一切的地位。

那么，确保中国长期统一、独立、稳定的基本因素是什么？

中国自古就是一个大国，凡大国都有其独特的统一、独立、稳定的发展道路。秦朝结束东周春秋战国的战乱，再度统一中国之后，在西汉以来的大多数时间里，中国大势，久分为次，久合为主，在“经济分权＋政治集权＋儒家伦理＋政权开放”① 这四位一体的治理结构下，基本成功地维持了国家的统一、独立和稳定，在经济持续发展的基础上，中华文明和文明古国世代相传。新中国成立以后，四位一体的治理结构仍然被第一代领导集体作为基本有效的大国治理结构。

社会心理学和发展经济学的研究也表明，经济发展水平较低的国家，特别是大国在走向发达国家的历程中，客观上需要一个强有力的政府在前面引导，这对国民的团结奋斗具有心理上的强化和凝聚作用。

中国半个多世纪以来，历史地形成了中国共产党在中国的领导地位。在这个过程中，中国共产党有过这样或那样的失误甚至严重错误，正因为如此，国内外都一直或明或暗、或强或弱地存在着不同声音，把以坚持中国共产党领导为核心的“四项基本原则”看做某种“紧箍咒”。但中国共产党不断地总结历史经验，不断调整和改进执政方式，增强党的执政能力，坚持以人为本，加强民主制度和法制建设，完善社会主义市场经济体制，构建社会主义和谐社会，逐步形成了中国特色的“刚柔相济”的领导方式，已经成为维护中国长期独立、统一和稳定的坚强政治力量。

**4. 坚持生产力标准和社会主义初级阶段理论，经济决策不可盲目跟着政治风向跑**

“社会主义革命的目的是为了解放生产力。”② 无论是新中国成立之初的“三大运动”（土地改革、镇压反革命和抗美援朝），还是国民经济恢复

① 钱穆等学者认为，中国古代的政治制度中政权是向民众开放的，皇帝和贵族没有完全垄断政治权力，考试和选举两项制度在政府和社会之间打通一条路，普通百姓可以通过这些渠道进入到统治阶层。参见钱穆：《中国历代政治得失》，生活·读书·新知三联书店2005年版。

②《毛泽东文集》第7卷，人民出版社1999年版，第1页。

之后的对农业、资本主义工商业和手工业的“三大改造”，都是为了促进国民经济的恢复和发展，始终服从和服务于经济建设这个中心，所以，广大人民群众对运动和改造的积极性很高，不仅运动和改造取得了显著的效果，而且国民经济得到了较快发展。

《论十大关系》和中共八大的核心与实质，是要解决以经济建设为中心和如何以经济建设为中心的问题。新中国成立后的第一次党代会，即1956年9月召开的中共第八次全国代表大会，虽然没有明确提出社会主义初级阶段理论，但刚刚进入社会主义社会的新中国不言而喻是社会主义初级阶段，并正确分析了这个阶段的主要矛盾和根本任务：社会主义改造已经取得决定性的胜利，“我们国内的主要矛盾，已经是人民对于建立先进的工业国的要求同落后的农业国的现实之间的矛盾，已经是人民对于经济文化迅速发展的需要同当前经济文化不能满足人民需要的状况之间的矛盾。这一矛盾的实质，在我国社会主义制度已经建立的情况下，也就是先进的社会主义制度同落后的社会生产力之间的矛盾。党和全国人民的当前的主要任务，就是要集中力量来解决这个矛盾，把我国尽快地从落后的农业国变为先进的工业国”。“由于社会主义革命已经基本上完成，国家的主要任务已经由解放生产力变为保护和发展生产力。”① 为此，大会作出了党和国家的工作重点必须转移到社会主义建设上来的重大战略决策。

然而，“大跃进”把国民经济搞得“筋疲力尽”，1960年仍不顾当时面临的严重挫折，清楚地显示了经济决策盲目跟着政治风向走带来的恶果。② 后来，由于“以阶级斗争为纲”的“左”的指导思想的滋生，严重冲击了经济建设，虽然“以经济建设为中心”的指导思想并没有被取消，即便是在十年“文化大革命”中，也强调“抓革命，促生产”和“把国民经济搞上去”，但我国的经济发展遭受了巨大的损失，没有取得本来应该取得的更大成就。历史经验表明，经济决策跟着政治风向跑，大

---

①《中国共产党第八次全国代表大会关于政治报告的决议》，《人民日报》1956年9月28日。
② 薄一波：《若干重大决策与事件的回顾（修订本）》（下卷），人民出版社1997年版，第1313页。

上大下地“折腾”，只能带来国民经济的损失。

1978年，中共十一届三中全会在思想上、理论上实现了拨乱反正，恢复了实事求是的思想路线，果断停止使用“以阶级斗争为纲”的口号，再次强调生产力水平落后的国情，确立“以经济建设为中心”的指导思想，此后，我国坚持改革开放31年不偏离。

1981年6月中共十一届六中全会通过的《关于建国以来党的若干历史问题的决议》，首次提出了“我们的社会主义制度还是处在初级的阶段”。随着改革全面展开，对于社会主义初级阶段问题的认识逐步深化，1987年中共十三大、1997年中共十五大、2007年中共十七大，继续全面深入论述了中国共产党在社会主义初级阶段的基本路线、建设的基本纲领、阶段性特征，形成了社会主义初级阶段理论。

坚持生产力标准理论、社会主义初级阶段理论和以经济建设为中心的理论，对我国经济持续高速增长，在指导思想上起到了方向盘和主心骨作用。

**5. 国内改革与对外开放的相互配合与推进**

回顾历史，中国的落后恰恰与历史上长期的闭关锁国有关。新中国成立之初，西方世界与新中国在政治上、意识形态上全面对立，对新中国实行全面封锁。20世纪50年代，中国被迫对外封闭状况比新中国成立之前更为严重。

进入20世纪60年代，由于中苏关系的交恶，中国进一步被迫从全球视野开拓自己的国际空间。同时，国际社会也越来越认识到，不能把一个世界上最古老的、占世界人口四分之一的中国长期排斥在国际社会之外。1971年10月恢复了中华人民共和国在联合国的一切合法权利，1972年2月美国总统尼克松访华，1974年2月毛泽东提出划分“三个世界”理论。随后，中国陆续与一大批国家建立外交关系，目前中国已经成为世界上不可忽视的重要政治大国。

中国在经济体制、贸易、教育和文化方面的全面开放，还是1978年拉开经济体制改革帷幕之后。在改革的指导思想上，中国把改革和开放看做一个不可分割的整体，相继在国内开设了5个经济特区、14个对外开放城市和上海浦东、天津滨海两个新区。香港、澳门的回归，海峡两岸关系的解冻和扩大交流，中国加入世界贸易组织等，都从各个方面大力推进了中国的对外开放。中国迅速全面融入全球化浪潮，全面利用全球资源，对外贸易飞速增长，成为世界上最重要的贸易大国之一。

在某些情况下，对外开放比国内改革更加重要，因为有的时候当国内某个方面的改革推不动时，对外开放则对国内改革起着“倒逼”作用。国内改革与对外开放相互依存，通过国内改革，创造对外开放的条件和环境，提升了对外开放的广度和深度；通过对外开放，积极参与全球化进程，可以借鉴国外发达市场经济的有益经验，充分利用国际资本和国外市场，反过来又促进国内改革。中国的对外开放，成为中国经济持续快速稳定增长的动力源。

**6. 正确处理改革和发展中的利益关系**

1956年，毛泽东在《论十大关系》中初步总结了我国社会主义建设的经验时就提出，在国家、生产单位和生产者个人的关系问题上，三者的利益必须兼顾，不能只顾一头，既要提倡艰苦奋斗，又要关心群众生活；在中央和地方的关系问题上，要在巩固中央统一领导的前提下，扩大地方的权力，让地方办更多的事情，发挥中央和地方两个积极性。①

改革开放之后，中央政府把制定经济发展政策的权力下放到了地方政府，使得地方的经济政策能够较好地适应现实的需要。在财政制度上，地方政府拥有分享财政收入的权利，从而为地方政府制定有利于经济发展的政策提供了激励。渐进改革过程中，中国将改革对于既得利益的损害降到最低的程度，从而避免了改革推进的阻力。高度重视、妥善处理改革发展稳定的关系，恰当选择关系人民群众利益的改革措施出台的力度和时机，努力把改革的力度、发展的速度和社会可承受的程度统一起来。发展为改善人民生活服务，实行适合生产力发展水平的富民政策。始终坚持注重改

---

① 毛泽东：《毛泽东著作选读》（下册），人民出版社1986年版，第726～731页。

革程序和效果的公平公正，注重以最广大人民的根本利益作为改革的基点和决策的依据，从解决人民群众最关心、利益最直接、最现实的问题入手，努力使改革兼顾到各方面利益，使人民群众共享改革的成果。老百姓在改革中得到了实惠，逐步分享了改革成果，成为支持经济体制改革的坚强后盾。

**7. 中国宏观调控体系不断臻于完善和成熟**

调控，顾名思义，就是调整和控制。宏观调控是社会主义市场经济的题中应有之义。市场经济活动是一个永不休止的变量系统，宏观调控则永远没有终点，任何国家的宏观调控都是一个永远的长期任务：经济波动→宏观调控→经济再波动→再进行宏观调控→……这个过程永远不会完结。在这个过程，会存在着方方面面利益主体的博弈，其中“中央与地方的博弈”是我国所有博弈关系中最重要的内容。但这种博弈又不是要“谁战胜谁”，也不是要“战”成平局，更不是两败俱伤，而是要建立起一种科学的调控和协商机制，使各个方面的利益都有所增进，实现全社会的共赢。

新中国60年来，特别是改革开放31年来，我国在宏观调控市场积累了丰富的实践经验，理论方面也更加成熟：第一，把治理性调控和预防性调控有机结合起来；第二，实施宏观调控“组合拳”，即经济手段、行政手段和法律手段相结合，紧缩和扩张相结合，供给管理和需求管理相结合，总量调控和结构调控相结合，不搞“一刀切”；第三，把宏观调控政策的战略转型和发展政策的战略转变结合起来；第四，把加强和改善宏观调控与深化经济体制改革结合起来。

中国宏观调控体系不断臻于完善和成熟，是中国经济持续快速健康发展的重要条件。

### （二）中国发展道路具有“普适性”吗？

经济发展模式的选择，在于所选模式是否有生命力，能否给人们带来经济实惠，从而为人们所接受并长期存在下去。新中国成立之初，中国共产党人选择的是自己创造的、在革命根据地行之有效的（试验过的）新民主主义经济模式。1952～1953年选择并在1957～1978年成为现实生活的是苏联模式（传统社会主义模式）。新中国成立初期的新民主主义经济模式，带来经济增长速度快、质量好，国民经济迅速恢复并得到发展。1957～1978年实行苏联模式，中国经济发展相对其他国家较慢，也是新中国成立之后60年中发展最慢的时期。

1978年以后，中国选择的是社会主义市场经济模式，是对新民主主义经济模式的肯定和对1957～1978年模式的否定。社会主义市场经济模式是在总结新民主主义经济模式成功经验和1957～1978年苏联模式失败教训的基础上创造的。某种意义上说，1978年以后的经济发展模式，是对新民主主义经济模式的肯定与继承，是对1957～1978年苏联模式的否定和批判。1978年以后的经济体制改革，在本质上就是在既定历史事实（如对生产资料私有制社会主义改造的完成和社会生产力的发展等）的前提下，否定1957～1978年的不合中国国情的模式，重新肯定新中国成立初期的合乎中国国情的模式。①

2004年5月11日，乔舒亚·库珀·雷默（Josha Cooper Ramo）在英国著名的思想库"伦敦外交政策中心"发表了一篇题为《北京共识》的论文。这篇文章全面总结了中国20多年改革开放的经验，对其中的经济和社会改革成就作了认真细致的理性思考与分析。在雷默那里，"中国模式"是"北京共识"的一部分，即关于经济的部分。雷默的论文发表后，顿如一石激起千层浪，中国经济奇迹及其背后的"北京共识"、"中国模式"一时成为世界瞩目的焦点。②

雷默指出，中国正开辟出一条通往发展的新道路，这条道路是建立在创新、积聚非对称性力量、实现以人为本的发展和注重个人权利和责任的平衡基础之上。雷默提出，"北京共识"展示了三条基本原理：其一，把创新的价值重新定位的创新主导增长模式，创新和技术可以驱使某些领域

① 赵德馨：《中国经济50年发展的路径、阶段与基本经验》，载《中国经济史研究》2000年第1期。

② 黄平、崔之元主编：《中国与全球化：华盛顿共识还是北京共识》，社会科学文献出版社2005年版；俞可平等主编：《中国模式与"北京共识"：超越"华盛顿共识"》，社会科学文献出版社2006年版。

发生超高速变化，从而使国家高速运转，以消除改革造成的问题，减少改革中的摩擦损失；其二，超越了人均国内生产总值这样的衡量尺度，重点放在改善人民生活质量，这是化解和处理发展过程中社会矛盾的唯一途径；其三，使用影响力把想要踩踏自己脚趾的霸权大国挪开，这是十分重要的安全理论。

雷默认为，“北京共识”给世界带来了希望，建立在包括创新、不对称性、对平等的关注、对有关公民权利与义务的新思想的探索等“北京共识”基础上的中国经验，对于发展中国家“有着极大的吸引力”和“典范作用”。一些主流经济学家都认为，中国改革与发展的道路选择应该作为一种成功的典范，为世界上大多数后发展国家学习和借鉴。既然改革中国家的传统经济体制及其弊端都是相同的，改革的道路也应该是相通的。所以，中国改革的经验对于其他改革中国家应具有普遍意义而不是独特的。

实际上，中国经验或“中国模式”之所以引人注目，最根本的原因就在于，中国从本国实际出发而走出的一条独立自主的发展之路。中国的渐进式改革道路首先是中国的特殊国情的产物，是中国人自己的创造，是特殊的经济结构、政治结构和特殊的历史文化传统，以及特殊的改革路线乃至于领导集团的特殊偏好的产物。经济社会发展模式具有历史的继承性和关联性，是动态的、不断发展变化的，“中国模式”同样存在一个继承和创新的过程。中国经验是开放的、包容的，还不成熟，也没有定型，并处在不断变化和发展之中，它尊重其他的经验选择，不是作为西方经验的对立面而存在，它也不强调自己的普适性。

“世界上没有放之四海而皆准的发展道路和发展模式，也没有一成不变的发展道路和发展模式。”① 中国的模式值得发展中国家认真学习、总结和借鉴，然后结合本国国情充分发挥，但应该注意，中国的模式并不是完全可以照搬的经验教训。正如许多学者指出的那样：中国的模式实际上

① 胡锦涛：《在纪念党的十一届三中全会召开30周年大会上的讲话》，载《人民日报》2008年12月19日第1版。

并不容易仿效，中国模式的最大意义就在于不照抄照搬外来经验，而是与本国实际情况结合的产物。新中国成立初期的新民主主义经济模式和1978年以来的带来经济迅速发展的社会主义市场经济模式，都是中国共产党人在中国土地上创造的特有的符合国情的发展模式，1957～1978年经济长期缓慢发展的传统社会主义模式是从苏联学来的①，其间中央与地方的计划管理权限几经调整。如果其他国家把中国发展道路和发展模式当作放之四海而皆准的真理加以机械模仿，就会犯机械主义乃至教条主义的致命错误。

中国不想输入什么"模式"，也不想输出什么"模式"。我们只是埋头老老实实力求把中国自己的事情做好。即便是对赞扬和学习"北京共识"的国家，我们也要提个醒：一定要摸透自己的国情，切不要简单"拷贝"照搬，就像世界上没有两片完全相同的树叶一样，也没有两个完全同样的国家经济发展道路。如果要说中国经济发展有可以借鉴的经验，那就是坚持独立自主，适合本国的发展模式就是最好的发展模式；要想发展国家经济，必须停止听信西方，要尊重本国历史和传统，激发自己的潜能和合理利用国内外资源，依靠自己民族的自信、努力和决心。

## 六、科学发展观视野下中国经济的未来

中国崛起势不可挡，崛起的基础和基本动力是经济增长。今日之中

① 1957～1978年间中国经济发展相对缓慢的原因还有很多，计划经济体制是其中重要的因素。其实，1958～1961年和1966～1970年间中国的计划经济体制不如苏联那么集中，中央计划体制因"大跃进"和"文化大革命"受到冲击；1971～1976年间也经历了行政分权政策的震荡过程。除"一五"初期及三年调整期之外，大部分时期，地方的计划权限还比较大，地方企业（包括国营和集体企业）计划外的经济活动是通过自主的横向交换实现，这就在计划管理体系中掺入了"准市场"因素。所以，中国的计划经济并不完全同于苏联的计划经济，中国改革的初始条件也有异于苏东国家。

国，不论城市和乡村，都在发生着日新月异的变化。随着改革开放的深入，中国经济增长出现了迷人的强劲势头。未来，以民族复兴为己任的中国共产党将再铸辉煌，为这个古老而年轻的国度带来新的奇迹。在全球化的大潮中，中国经济的未来图景正如北京成功举办的第29届奥运会开幕式的画卷一样徐徐展开。

从新中国60年历史看，我们处在继往开来的一个新的历史节点上，面临着国家盈利模式的重大转型。1949～1978年我国经济发展战略以优先发展重工业为起点，先后经历了赶超战略、均衡发展战略以及备战战略三次大转折。这个时期经济建设的主旋律是偏重发展重工业。1978年中共十一届三中全会确立了“经济建设”的中心地位，1992年邓小平南方谈话及其后召开的中共十四大，揭开了“市场经济”的序幕。60年发展历程中，依靠要素投入和出口需求驱动，曾经有效地支持了中国经济的高速增长。但是，这种战略是一种不平衡的发展战略，因而是不可持续的。中国必须尽早实现向平衡发展的经济发展战略过渡。

随着经济的进一步发展，要素投入驱动出现了三大挑战：由于大量土地和自然资源的投入，造成资源短缺和环境破坏；由于资本要素的超常投入，引致投资和消费的失衡；劳动力开始出现短缺，劳动力素质不高。中国经济的高速增长能否持续下去？面对外界对中国经济增长的重重迷雾①，2002年中共十六大以来，中共中央继承和发展党的三代中央领导集体关于发展的重要思想，提出了科学发展观。“科学发展观，第一要义是发展，核心是以人为本，基本要求是全面协调可持续，根本方法是统筹兼顾。”中华民族的伟大复兴站在了新的历史起点上。

2008年是真正考验大智慧的挑战年。从国内经济和调控看，处于经济热冷周期性交汇，是本轮高速增长五年来“最困难的一年”，调控力度

① 中国经济在世界经济格局中一枝独秀，同时也给世人呈现出一个巨大的迷局。21世纪以来，对中国经济增长持怀疑和悲观态度的言论层出不穷，“中国崩溃论”曾经嚣尘四起。经济学界、国际主流媒体和外交战略学界对中国崛起进行了深入研究和讨论，详见本力主编：《崛起?! 中国未来10年经济发展的两种可能》，社会科学文献出版社2007年版。

大、应对措施频繁，遭遇了地震等自然灾害；从外部冲击看，遭遇百年一遇的金融海啸，无论是从全球流动性过剩到流动性通缩，还是能源价格暴涨暴跌，或是全球主要经济体步入衰退边缘，国际经济形势经历了冰火两重天的走势，全球经济跌宕起伏。

受金融危机的影响，世界经济可能面临较长时间的衰退。在百年一遇的金融海啸中，保增长、扩内需、调结构、促改革、惠民生的改革措施，给中国发展战略的由外向内的重大调整和转变提供了难得的机遇：一是外延型经济增长向内涵型经济增长的转变；二是由出口导向型发展战略向内需拉动型发展战略转变；三是由主要依赖国际资本向培育壮大本土资本转变。①

当前，尽管我们应该对经济下滑风险的可能性时刻保持警觉，但关注重点应更多地放在经济增长的战略转型和结构调整方面。一要扩大消费需求，使经济增长从相对不稳定的出口和投资驱动型转化为以消费为基础的更稳定的增长方式。短期内中国经济增长还得靠投资，中长期必须依靠调整需求结构，增强消费的贡献。就业、医疗卫生、教育、住房、社会保障、储蓄率、收入分配、资源要素价格和汇率制度安排等，都要围绕培育消费增长方式这个结构调整服务。二要调整产业结构，促进产业转型升级，从低附加值的制造部门逐步向高附加值制造部门和生产服务部门转型。从长远的角度看，中国经济的增长最终取决于技术进步和制度创新。加大中国企业的技术改造，坚定技术创新发展之路，不断引进消化吸收国外成熟的先进技术，在发展中缩短中国与国外的技术差距。未来中国经济的增长更需要良好的制度，以保证技术和资源得到最有效的利用和配置。

未来几年将会是中国经济转型或过渡的关键时期。我们能否在未来的几年内实现全面改革的新突破和完成发展战略转型，对于深入贯彻落实科学发展观、实现全面小康社会的目标极为重要。我们拥有巨大潜力的市场、大量的劳动力资源、强有力的政府、不断完善的政策和制度、勤劳聪

① 张茉楠：《三大战略转型凸显中国经济新拐点》，载《上海证券报》2008年12月30日。

明的人民，我们积累了丰富的发展经验、善于吸取传统文化的精华和人类文明的优秀成果，我们坚持市场化取向改革并让市场不断发挥更大的作用。在新时期新阶段，我们有信心实现由发展大国向经济强国的历史性转变，落实科学发展观，促进社会和谐发展，全面建设小康社会，完成中华民族伟大复兴的历史使命。

# 第一篇

## 中华人民共和国建立时的经济状况

（1949年前）

中华民族具有5000多年的悠久历史。在漫长的历史长河中，我国各族人民团结奋斗、自强不息，开发了祖国的锦绣河山，创造了灿烂的中华文明，为人类文明进步作出了不可磨灭的巨大贡献。鸦片战争以后，由于西方列强的侵略和封建统治的腐朽，中国逐步沦为半殖民地半封建社会，国家积贫积弱，社会战乱不已，人民生灵涂炭。[①] 新中国成立之前，我们的经济基础极其薄弱。“中国的工业和农业在国民经济中的比重，就全国范围来说，在抗日战争以前，大约是现代性的工业占百分之十左右，农业和手工业占百分之九十左右。”[②]经过八年抗战、三年解放战争，原先存在的一点现代性的工业也遭遇战争破坏，留下的仅是一个满目疮痍的烂摊子，一穷二白，百废待兴。

---

① 胡锦涛：《在纪念党的十一届三中全会召开30周年大会上的讲话》，载《人民日报》2008年12月19日第1版。

② 《毛泽东选集》第4卷，人民出版社1991年版，第1430页。

# 第一章

# 新中国成立时的基本国情

中国是一个以“地大物博、人口众多、历史悠久”著称于世的大国。古代中国有着辉煌的历史，经济总量、人均量等多个指标中都曾领先于世界，只是到1700年之后，人均量才被西方国家所赶上和超越，而经济总量则到鸦片战争之后才为英国等西方国家超越。据麦迪森的估计，公元1000年，中国、西欧GDP总量占据世界GDP总量的比例分别为26.2%、10.8%；鸦片战争前夕，中国、西欧的比例分别为32.9%、23.6%；而到新中国建立之初，中国的比例则下降到了4.5%，西欧和美国的比例迅速上升到26.3%、27.3%。[①] 新中国建立之时，我们不但要面对一个“一穷二白”的经济底子，而且还得面临连年战争所导致的物价飞涨、恶性通货膨胀和严重的财政困难局面。除此之外，我们还得面对一个恶劣的国内政治、军事形势和险恶的国际环境。

---

① Angus Maddison, “World Population, GDP and Per Capita GDP, 1—2003AD”, August 2007, http://www.ggdc.net/maddison.

## 第一节　新中国成立时的经济环境

马克思曾经说过，“人们自己创造自己的历史，但是他们并不能随心所欲地创造，并不是在他们自己选定的条件下创造，而是在直接碰到的、既定的、从过去继承下来的条件下创造”①。新中国也是从旧中国中脱胎而来，其经济建设是在旧中国经济基础上起步的。要正确认识新中国经济发展的历史规律，就必须对旧中国的经济底子和新中国成立初期的社会经济环境有个清楚、客观的认识。

### 一、薄弱的经济基础

进入近代以前中国的辉煌，可以说中国曾凭借国内经济实力和“朝贡—互市”体系，在很长的时间内构建了一个以中央权力遍及强弱为核心的国际中心地位，引领世界的发展。后来，随着国内人地关系比例失调、西方世界的兴起等因素的影响，中国逐渐在西方工业化为核心的国际中心中丧失远东的中心地位，而沦为西方世界的边缘化角色，成为世界市场中发达工业国家的机制品倾销地和原材料的来源地。相应的，我国社会也由独立自主的国家变成一个半殖民地、半封建社会。在此过程中，我国内部也从社会各个方面展开了寻找救国、强国道路的努力。经过一个多世纪的多方面艰难探索，我国终于在共产党的领导下找到了马列主义与中国实际相结合的社会主义出路。

新中国成立之初，毛泽东曾用“一穷二白”的字眼来形容旧中国的经济基础，“穷”就是没有多少工业，农业也不发达；“白”就是一张白纸，文化水平、科学水平都不高。这点，毛泽东在新中国成立前夕的中国

① 《马克思恩格斯选集》第1卷，人民出版社1972年版，第603页。

共产党第七届中央委员会第二次全体会议上的报告中抓住了新中国经济底子的核心，而具体到农业、工业、贸易、科技、文化教育等方面的状况，则受长期战争的影响破坏更多，基本可以用“满目疮痍、百业待兴，整个经济基本处于瘫痪状态”的词语来形容。

（一）农业基础落后

旧中国虽然在很长的时间内曾在世界上处于首屈一指的农业大国地位，与农业相关的灌溉、耕作工具等技术一直领先于世界，但是它的生产关系、生产方式却十分落后，生产效率极其低下。一直到新中国成立前，封建生产关系仍然在全国绝大部分地区占据主导地位。

据 1927 年国民党中央执行委员会发布的土地委员会报告估计，无地少地（10 亩以下）的农民占据农村人口的 75%，土地仅仅占有 6%；而占农村人口 14% 的地主、富农却占有 81% 的土地。① 到新中国成立之初，周恩来在全国政协一届三次会议上的政治报告中指出，“占人口 5% 左右的地主占有土地 40% ~80%，而占人口 50% ~60% 的贫农和雇农只占有土地 4% ~15%”。

由此说明，当时全国的土地关系并没有发生质的变化，还是维持以前的封建制土地关系。生产方式几乎完全停留在传统的个体手工劳动阶段，很少机械化作业，电力、农药、化肥等使用极其有限，绝大部分地区还维持在自给自足的自然经济状况，刀耕火种式的靠天吃饭。这点，我们可以从近代中国经济发展时期的农田投资中看出，如表 1.1 所示。

尽管近代农业投资呈增长趋势，但对农业的投入是极其有限的，并且主要集中在沿海通商口岸的周边地区及开发较晚的东北和一些边疆地区，广大内地基本还是以手工个体劳动为主，一家一户式的生产，所以，农业生产在这样的状况下很难获得改善。这样，必然影响到农业亩产量的提高。事实上，受到长期战争的破坏，到新中国建立前夕，农业产量不但没有提高，反而呈现出下降的趋势，如图 1.1 所示。

---

① 董辅礽主编：《中华人民共和国经济史》（上卷），经济科学出版社 1999 年版，第 7 页。

表1.1　1887～1936年每亩农田的投资

（单位：元）

| 年份 | 投资额 | 年份 | 投资额 |
|---|---|---|---|
| 1887 | 0.38 | 1932 | 2.12 |
| 1907 | 1.99 | 1933 | 1.77 |
| 1922 | 2.06 | 1934 | 1.59 |
| 1927 | 2.20 | 1935 | 1.79 |
| 1931 | 2.15 | 1936 | 2.34 |

（资料来源：张东刚：《总需求的变动趋势与近代中国的经济发展》，高等教育出版社1997年版，第143页）

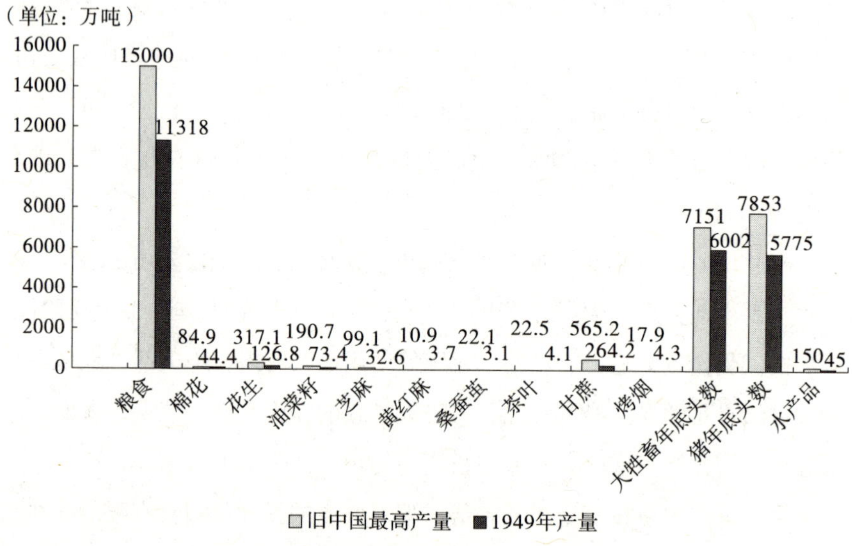


图1.1　1949年主要农产品产量与旧中国最高年产量比较图

（资料来源：根据《中国统计年鉴—1983》，中国统计出版社1983年版，第158～164、177～178、181、185页数据绘制而成）

从图1.1可以看出，旧中国的农业是十分落后的，粮食最高产量才15000万吨，棉花84.9万吨，而到1949年，受到长期战争破坏的影响，基本呈现一派江河日下之势，不但与民众关系最密切的粮食、棉花的产量比历史最好年份分别减少了四分之一和近一半，而且当时其他主要的农产品产量也急剧下降，像茶叶、蚕桑等曾经扬威国际的产品产量，下降了80%以上。此时，农村地区除继续遭遇封建剥削和帝国主义农产品倾销之苦外，还要受到国民党政府田赋征实、征购、征借和其他种类繁多的苛捐杂税的剥削，承担抓兵抓丁的任务。到解放前，农村广大地区完全呈现出一种破产趋势，农民生活在水深火热之中。

### （二）工业基础薄弱

中国的传统工业曾领先于世界，像丝绸、瓷器、茶叶等手工产品一度引起了西方世界的狂热，在17～18世纪对欧洲的影响，英国《世界杂志》上曾有过明确的记载："现在的风气，一切都变为中国式或中国化了。椅、桌、炉橱、镜框，甚至最平常的用具，无一不受中国的影响。"①而以此为基础的产业到明朝中后期以来在国内也曾引致了资本主义的萌芽，只是受到种种因素的影响和约束，没有完成向近代工业的过渡。

鸦片战争爆发之后，中国独立发展的社会秩序被打破，原先的手工工业等开始发生分化，除很小的一部分适应时代潮流而生存下来之外，绝大多数都衰落下去。之后，西方的一些近代工业进入中国，逐步控制了中国的轻重工业，同时中国的现代工业经过100多年的畸形发展，到解放前夕，现代工业的规模还很小、产量非常低，只占到整个国民生产总值的10%。即使就这些工业产量来说，还受到战争的影响，1949年主要工业产品产量与历史上最高产量相比还下降了很多，如图1.2所示。

现代工业生产遭受战火的破坏，生产能力、产量急剧下降，到新中国建立之际，各种主要工业品指标都低于历史上的最高水平。第一，工业技术水平极其低下，大多从事一些修理和装配。1954年6月，毛泽东在中央人民政府委员会上谈到发展重工业的必要性和重要性时，形象地感叹："现在我们能造什么？能造桌子椅子，能造茶碗茶壶，能种粮食，还能磨成面粉，还能造纸，但是，一辆汽车、一架飞机、一辆坦克、一辆拖拉机

① 转引自方重：《十八世纪的英国文学与中国》，载《文哲季刊》第2卷，第1号。

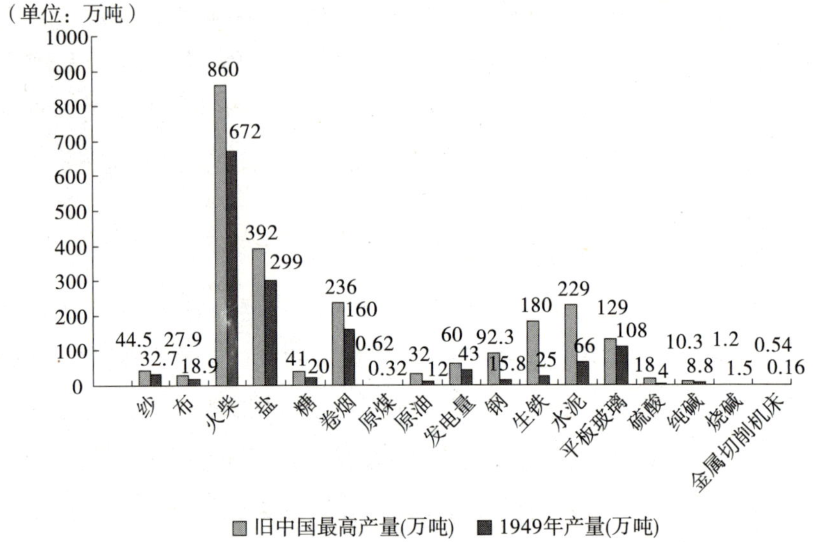


图1.2　1949年主要工业产品产量与旧中国历史上最高产量比较图
（资料来源：依据《中国统计年鉴—1983》，中国统计出版社1983年版，第242～248、279页；《伟大的十年》，人民出版社1959年版，第92页数据绘制而成）

都不能造。”① 第二，工业布局也很不合理。在新中国建立前，70%的工业集中于占国土面积12%的沿海地区，内地除了武汉、重庆等极少数沿江城市外，广大内地，尤其是边疆少数民族聚集地区，几乎没有现代化工业，如1936年，关内工业产值的94%是由上海、青岛、广州、天津、南京等极少数城市提供的。第三，工业基础极其薄弱。90%的县城没有电力供应，火车、轮船、汽车等现代运输工具要在沿海、沿江或大中城市中才能见到，县城以下的地方交通运输连胶皮轮的车辆都很罕见，一般都是些千百年来一直使用的牛马车、人力车，而最穷的地方和人家连这样的车子也没有，就是靠肩扛人挑。而占国土面积45%的西北和内蒙古，其工业产值仅占全国总量的3%；占国土面积23%的西南地区，工业产值也仅占

① 《毛泽东文集》第6卷，人民出版社1999年版，第329页。

全国总量的6%。①

当时，中国工业生产与其他国家相比还落后很多。不但远远落后于美国等发达国家水平，而且与印度等欠发达国家也存在一定差距。我们可以通过1949年中国主要工业产品产量与美、印的比较窥见一斑，如表1.2所示。

表1.2　1949年中国主要工业产品产量与美国、印度比较

| 产品名称 | 单位 | 中国 | | 美国 | | 印度 | |
|---|---|---|---|---|---|---|---|
| | | 产量 | % | 产量 | 为中国倍数 | 产量 | 为中国倍数 |
| 纱 | 万吨 | 32.7 | 100 | 171 | 5.23 | 62 | 1.90 |
| 布 | 亿米 | 18.9 | 100 | 76.8 | 4.05 | 34.6 | 1.83 |
| 盐 | 万吨 | 299 | 100 | 1413 | 4.73 | 202 | 0.68 |
| 糖 | 万吨 | 20 | 100 | 199 | 9.95 | 118 | 5.9 |
| 卷烟 | 万箱 | 160 | 100 | 770 | 4.81 | 44 | 0.28 |
| 原煤 | 万吨 | 0.32 | 100 | 4.36 | 13.63 | 0.32 | 1 |
| 原油 | 万吨 | 12 | 100 | 24892 | 2074.33 | 25 | 2.08 |
| 发电量 | 亿度 | 43 | 100 | 3451 | 80.26 | 49 | 1.14 |
| 钢 | 万吨 | 15.8 | 100 | 7074 | 447.72 | 137 | 8.67 |
| 生铁 | 万吨 | 25 | 100 | 4982 | 199.28 | 164 | 5.56 |
| 水泥 | 万吨 | 66 | 100 | 3594 | 54.45 | 214 | 3.24 |
| 硫酸 | 万吨 | 4.0 | 100 | 1037 | 259.25 | 10 | 2.5 |
| 纯碱 | 万吨 | 8.8 | 100 | 355 | 40.34 | 1.8 | 0.20 |
| 烧碱 | 万吨 | 1.5 | 100 | 202 | 134.67 | 0.6 | 0.40 |
| 金属切削机床 | 万台 | 0.16 | 100 | 11.6 | 7.25 | — | — |

（资料来源：依据《中国统计年鉴—1983》，中国统计出版社1983年版，第279、242～248页；《国外经济统计资料（1949—1978）》，中国统计出版社1981年，第81～145页数据编制而成）

从表1.2来看，不仅所有品种产量低于美国同期的几倍、几十倍、几

① 汪海波：《新中国工业经济史》，经济科学出版社1994年版，第61页。

百倍、甚至2000多倍，而且大多数品种的产量（如钢材、水泥、发电量、石油、布、食糖等）也低于印度同期水平，这些数字充分反映出了新中国建立之初工业生产水平仍处在幼稚的阶段①。而且，即使在如此之低的现代工业生产产量中，工业结构还呈现畸形发展状态。生产资料的生产比重很低，消费资料的生产比重则很大。例如，1933年，在工业总产值中，消费资料工业产值占70%以上，生产资料工业产值不到30%。② 到1949年，上述结构并没有发生大的变化，当年生产资料生产产值占比重为26.4%，消费资料生产产值则占到73.6%。③

（三）其他经济状况

旧中国在经历长期的辉煌之后，鸦片战争以降，中国的国民生产总值、人均生产总值都从领先于世界转为世界上最穷的国家行列。按照联合国亚太事务委员会的统计，1949年中国的人均国民收入只有27美元，不仅不足印度57美元的一半，也远远低于当时整个亚洲44美元的人均收入。④ 旧中国的贫穷落后，再加上连年战争，人民生活陷入水深火热之中。1949年，城市中失业人数约有400万人，农村灾民约4000万人。

对外贸易方面，中国与外国的经济交往，尤其与欧洲各国的贸易曾在鸦片战争以前的很长一段时期内处于顺差地位，但在鸦片战争爆发以后，特别是从1876年开始到新中国建立的这一段时间内，除了1948年之外，其余年份都处于逆差，并且贸易条件也呈现出日益恶化的趋势。中国与国外贸易的产品从单一的茶、丝、瓷器等少数品种，迅速扩展到了各种农产品。贸易结构上，进口以机制品为主，出口以农、矿产品为主的进出口商品结构一直没有发生根本性变化。如此贸易状况，使中国有限的外汇也消耗在消费品上，极大地延缓了中国现代化的进程。

现代基础设施存量不足，运输邮电事业落后。经过旧中国近一个世纪

① 汪敬虞：《中国资本主义的发展和不发展》，中国财经出版社2002年版，第415～424页。
② 巫宝三主编：《中国国民所得》（上册），中华书局1947年版，第54页。
③《中国统计年鉴—1983》，中国统计出版社1983年版，第217页。
④ 陈争平、兰日旭：《中国近现代经济史教程》，清华大学出版社2009年版，第186页。

的发展，到1949年新中国成立时，中国的铁路里程总长度也不过才2.18万公里，在福建、贵州、甘肃、宁夏、青海、新疆和西藏等省区还根本不通铁路，内河通航里程7.36万公里，公路8.07万公里。而且，有限的这些基础设施，也长期受到战争的摧残，公路桥梁、车辆设备以及车辆设施等都遭到了极其严重的破坏，当时能够真正使用的很少。水利设施长期失修，极大降低了社会抵御自然灾害的能力。城市市政设施薄弱，加上长期战争破坏，绝大部分破烂不堪，难以维持城市经济社会的最基本运行。

此外，旧中国的教育文化卫生水平极端低下，全国80%以上的人口是文盲，学龄儿童入学率只有不到20%左右。学校稀少，且分布不均，中学基本上设置在县城以上的城镇，农村地区极少。据统计，1949年全国各级学校在校学生总数为2577.8万人，占全国总人口的4.76%，如表1.3所示。

表1.3　1949年全国大中小学在校学生数

| | 学生人数（万人） | 同龄入学率（%） | 占总人口比率（%） |
|---|---|---|---|
| 小学（1～6年级） | 2439 | | 4.50 |
| 中学（7～12年级） | 126.8 | 25.0 | 0.23 |
| 大学 | 11.7 | 3.0 | 0.002 |
| 合计 | 2577.5 | 0.3 | 4.76 |

（资料来源：《中国人口统计年鉴（1997）》，中国经济出版社1997年版，第404页）

总而言之，1949年3月5日，毛泽东在中共七届二中全会的报告中对新中国面临的经济情况表述得非常清楚：第一，中国已经有大约百分之十左右的现代性的工业经济，这是进步的，这是和古代不同的；第二，中国还有大约百分之九十左右的分散的个体的农业经济和手工业经济，这是落后的，这是和古代没有多大区别的，我们还有百分之九十左右的经济生活停留在古代；第三，中国的现代性工业的产值虽然还只占国民经济总产值的百分之十左右，但是它却极为集中，最大的和最主要的资本是集中在帝国主义者及其走狗中国官僚资产阶级的手里；第四，中国的私人资本主义工业，占了现代性工业中的第二位，它是一个不可忽视的力量；第五，占国民经济总产值百分之九十的分散的个体的农业经济和手工业经济，是可能和必须谨慎地、逐步地而又积极地引导它们向着现代化和集体化的方向发展的，任其自流的观点是错误的；第六，人民共和国的国民经济的恢复和发展，没有对外贸易的统制政策是不可能的；第七，中国的经济遗产是落后的，但是中国人民是勇敢而勤劳的，中国人民革命的胜利和人民共和国的建立，中国共产党的领导，加上世界各国工人阶级的援助，其中主要的是苏联的援助，中国经济建设的速度将不是很慢而可能是相当地快的，中国的兴盛是可以计日程功的。对于中国经济复兴的悲观论点，没有任何的根据。①

## 二、落后的经济制度

近代以前，中国曾是一个独立自主的封建社会国家。在这个国家内，尽管长期以自然经济为主，但商品经济也获得了很大发展，到明中后期，在古老的中国社会内部已经孕育着资本主义的某些因素。这些因素虽然还很微小，但它已经表明中国社会开始朝向资本主义方向发展了。毛泽东曾指出，“如果没有外国资本主义的入侵，我国也将缓慢地发展到资本主义社会”②。随着西方世界的兴起，中国却日益走向了闭关锁国的状态，到1840年鸦片战争爆发，封闭的状况被打破。在随后的100多年中，中国被迫与西方列强签订了一千多个不平等条约，由此导致了近代的条约框架替代了早期中国的“朝贡—互市”体系，标志着中国由独立自主的社会向半殖民地半封建社会转化。

伴随中国社会性质的转化，中国的经济结构和制度也发生了根本性的变化。在广袤的领土上，中国广大的内陆地区仍然保持了封建剥削的经济基础，地主经济、农民和手工业个体经济占据着主导性地位，然而在沿海

① 毛泽东：《在中国共产党第七届中央委员会第二次全体会议上的报告》，载《毛泽东选集》第4卷，人民出版社1991年版，第1430～1433页。

②《毛泽东选集》第2卷，人民出版社1991年版，第626页。

开放口岸和沿江地区则萌生出了现代经济制度：一方面，西方列强在中国逐步建立起一个囊括工业、商业、金融等各个经济领域的帝国主义经济；另一方面，国内原先的经济基础也发生动摇，到19世纪70年代，自然经济开始瓦解，城乡商品经济有了很大发展，在此基础上出现了新的资本主义经济。

帝国主义凭借在华特权，通过贷款给中国政府、设立金融机构，“垄断了中国的金融和财政。因此，它们就不但在商品竞争上压倒了中国的民族资本主义，而且在金融上、财政上扼住了中国的咽喉”[①]。据吴承明统计，在1936年现代产业的投资中，外国资本占到全国总数的约70%，国内资本仅占到约30%。具体来说，外国资本在现代工矿业和运输业中约占71.6%，在钢铁、石油工业中占95%，在采煤、电力工业中占75%，在纺织业中占60%，在食品工业中占50%。[②] 而在国内资本中，官僚资本又占统治地位。以1946年为例，官僚资本约占全国工业资本的66%，占全国工矿、交通运输业固定资产的80%，全国钢铁产量的90%，发电量的67%，以及全部石油和有色金属的生产。[③]

国内资本主义经济部分，则在发展的过程中可以区分为民间资本主义经济和官僚资本主义经济。官僚资本主义经济通过政治权力，利用超经济的手段，在剥削、掠夺人民并损害民间资产阶级利益的基础上迅速发展起来，尤其是在抗战胜利之后，经过接收日伪财产，官僚资本迅速膨胀起来。1946年的中国工业资本中，官僚资本占据80%的份额。[④] 民间资本主义经济则受到帝国主义经济、封建经济和官僚资本主义经济的约束，一直无法成为社会生产的主要形式，其资本额即使到1936年也占不到全国投资总额的10%，实力十分弱小，抗战爆发之后其实力越来越弱，趋向破产境地。

---

① 《毛泽东选集》第2卷，人民出版社1991年版，第629页。

② 吴承明：《帝国主义在旧中国的投资》，人民出版社1956年版，第56、98、100、105页。

③ 周太和主编：《当代中国的经济体制改革》，中国社会科学院出版社1984年版。

④ 陈真：《中国近代工业史资料》（第4辑），三联书店1961年版，第56页。

自鸦片战争爆发之后，我国各族人民不断掀起反对帝国主义及其走狗的革命斗争，寻找救国、富民的道路。

政治上，如魏源、林则徐，展开“睁眼看世界”以实现“师夷长技以制夷”的目标；第二次鸦片战争后，则以曾国藩、李鸿章、左宗棠、张之洞等人为代表，企图通过“求强”、“求富”的洋务活动达到振兴的目的；中日战争后，以梁启超、康有为等人为代表则从制度层面上力求学习西方，建立君主立宪制度，达到富国强兵的目的；以孙中山等人为代表，力求借助革命的手段，实现民主共和。

经济上，逐渐认识到从农业向工业转化的重要性，展开以工业化为核心的现代化道路探索。而伴随工业化的展开，我国的经济制度也由自然经济和封建生产关系为主转化为半殖民地半封建的社会经济关系。由此，一方面，现代工农业有所发展，但近代部分如上所述大多为外国资本所垄断，国内部分为官僚资本所控制，民族资本始终无法成为国民经济中占主导地位的经济成分；另一方面，新民主主义经济也在各革命根据地萌芽，到新中国成立前夕，则通过没收官僚资本、管制与征用帝国主义在华企业等逐渐发展壮大起来。到1949年，社会主义国营工业在全国工业总产值中所占比重为26.2%，在全国大工业总产值中所占比重为41.3%，其固定资产占全部工业企业固定资产的比重为80.7%。国营经济已经拥有全国电力产量的58%，原煤产量的68%，生铁产量的92%，钢产量的97%，水泥产量的68%，棉纱产量的49%，近代化的交通运输事业、金融事业也大部分掌握在国营企业手中。①

总的来说，新中国建立之际，新中国政府不但面对农业落后、工业基础薄弱、文教卫生水平低下、基础设施破坏殆尽等“一穷二白”的经济底子，而且还得面临长期战争造成的工业萎缩、农业凋敝、物质奇缺等经济问题。当时，放眼全国，到处是一片衰落破败的景象，以致有人将这种景象概括为八个字：满目疮痍，哀鸿遍野。如此薄弱的经济底子和恶劣的

① 国家统计局编：《我国的国民经济建设和人民生活》，统计出版社1958年版，第7～8页。

经济环境无疑给新生政权恢复经济、稳定民心和局势造成了严重的困难，而且也给中共执政能力带来一次重大考验。

## 第二节　新中国面临严峻的国内外形势

新中国建立之初，不但面对险恶的经济环境和薄弱的经济基础，而且还面临着严峻的国内和国外社会环境，极大地加重了新生政权的经济恢复和发展的困难。

### 一、严峻的国内形势

新中国成立之初，受战争影响，1949～1950年间曾先后爆发四次大规模的通货膨胀；与此同时，国民党残余势力与地方恶霸还采取种种措施干扰、破坏新生的共和国政权，政治、军事形势异常严峻。

（一）严峻的经济形势

新中国建立之初，除了原有的经济基础薄弱、遭战火破坏外，还面临着物价飞涨、通货膨胀严重和国家财政困难等严峻的经济形势。

**1. 恶性通货膨胀**

全国解放前夕，国民经济形势严峻，困难重重。在国民党政府的统治下，长期滥发纸币，通货恶性膨胀，物价不断飞涨，城市中私人投机资本兴风作浪，哄抬物价。仅在1937年6月到1949年5月间，在国民党政府的统治下，法币的通货膨胀达1400亿倍，物价上涨了85000多亿倍。为此，美国的一个新闻记者曾做过一个形象的比喻：

1937年，100元法币购买2头牛

1945年，100元法币购买2个鸡蛋

1946年，100元法币购买1/6块肥皂

1947年，100元法币只能购买1个煤球

1948年，100元法币只能购买1/500两大米

1949年，100元法币只能购买1/50亿两大米

物价如此快速地上涨，以至于有人形容，假如你下馆子吃饭，第一碗饭是一种价格，等你吃第二碗饭的时候又是一种价格。而当人们上街购物时，则不得不携带大捆大捆的法币出门（如图1.3所示），到解放战争后期，甚至出现了纸的价格超过了货币面值的价格，很多人家干脆把法币拿来装贴房子。新中国建立前夕和新中国成立之初，受到历史惯性和军事活动尚未结束等因素影响，全国还先后刮起四次物价暴涨之风。物价暴涨严重威胁着广大人民的生活，破坏了整个国民经济的正常运转，加剧了整个财政经济的困难。

当然，造成上述物价飞涨，出现恶性通货膨胀的因素很多，大致上可以归结为如下几点：

图1.3　旧中国通货膨胀的情景

第一，国民党政府滥发法币、投机倒把盛行导致的。自从1937年抗日战争爆发以来，受日本侵入势力的深入和外界的逐步割裂，面临军费的日益膨胀、缺乏外界援助和财政税收的分割等因素影响，国民政府不得不依靠发行法币来弥补财政亏空。1945年抗日战争胜利后，国民政府很快挑起了内战，导致原本财政困难的局面更趋紧张，赤字大增，因而不得不进一步依赖增发钞票来弥补财政赤字，结果进一步加剧了通货膨胀的局势。

随着国内战争规模的扩

大，通货膨胀的局势也日益严重。这样，在全国各地逐步产生了一大批谋求暴利、操纵市场的投机商人。他们利用国家财政困难、城市物资供应紧张的机会，囤积居奇，哄抬物价，牟取暴利。他们以大米价格带头，纱布跟进，推波助澜，造成物价居高不下，以至于民间流传着一句口头禅：工不如商，商不如囤，囤不如投机。庞大的投机大军在天津、上海、武汉、广州等几大重要城市不断掀起投机风潮，而官僚资本则依靠特权从中渔利，社会闲散资金追逐暴利。在大一些的城市中，大宗交易多用黄金、银元，或以物易物。炒买炒卖黄金、美元和银元的情况也十分严重，结果引起金银价格暴涨。金银价格暴涨又反过来带动了一般物价的上涨。

第二，生产下降，交通阻塞，物资供应缺乏。到1949年新中国成立之际，国民经济已经到了全面崩溃的边缘。如前所述，1949年工业产量与历史上最高年产量相比，煤为52.4%、铁为14.0%、钢为17.1%、纱为73.7%，等等；农业方面，1949年的粮食产量比历史上最高年产量下降了近四分之一，棉花下降了近一半，农具损坏殆尽，水利损失严重，以致连年受灾。1949年全国农田受灾面积1.2亿亩，灾民4000余万，其中重灾区占2800万亩，有700万灾民亟待救济。① 此外，生产停滞，国内交通运输处于瘫痪状态，由此发展到了城乡物资交流滞塞局面，更进一步拉升了物价。

除此之外，国家财政困难也在一定程度上加剧了物价的上涨。

**2. 国家财政极度困难**

1949年是中国人民解放战争在全国范围内取得决定性胜利的一年，但也是全国财政状况最困难的一年，当时国家财政收入只有相当小米303亿斤，而财政支出却达570亿斤②。这样，在1949年新中国成立之际，人民政府的财政状况是极其困难的，在财政支出中有2/3的赤字不得不靠增发纸币来弥补。而这样做的结果，一方面尽管满足了解放战争的军事、恢

① 国家统计局编：《伟大的十年》，人民出版社1959年版，第92页。

② 孙健：《中华人民共和国经济史（1949—90年代初）》，中国人民大学出版社1996年版，第60页。

复生产的需要，另一方面则不可避免地加剧了物价上涨的局面。

当然，造成上述国家财政困难的因素有很多：第一，新中国建立之初全国尚未全部解放，人民革命战争还在继续进行，军费开支仍占财政支出的重要部分（1949年占一半左右）；第二，人民政府还对国民党政府遗留下来的几百万军政人员采取全部包下来的政策，这样，连同我们自己的军政人员大约有900余万人；第三，交通、工矿企业也需要重点恢复，众多失业人口亟待救济；第四，新生人民政权尚无统一的税收政策和税收系统，所解放的地区也还没有完全连接起来，各解放区的财政收支等基本还各自为政，各自发行货币，这些也加重了财政的紊乱。在这些综合因素的作用下，就使得国家财政开支巨大，而国家收入则由于国民党政府造成的财政经济极端混乱状态，一时难以恢复，因而收入有限。

（二）严峻的政治和军事形势

在中华人民共和国宣布成立的时候，我们还要面对严峻的政治、军事形势。

军事上，除了台湾等沿海岛屿之外，中国北方已经是“解放区的天”，但中国南方的天空还没有晴朗。国民党反动势力仍有100多万军队，占据了广东、广西、四川、贵州、云南、西康等省的全部和陕西、湖北、湖南、福建等省的一部分地区。同时，国民党反动派还依靠美帝国主义的支持，妄图依靠以广州为中心的华南地区、重庆为中心的西南地区和沿海一些岛屿进行负隅顽抗，等待时机，卷土重来。

在新解放的地区，国民党在溃逃时还遗留下大批残余力量，他们或溃散成匪、或潜伏为匪，在各自的势力范围内打起所谓“救国军”、“自卫军”、“保民军”等旗号，破坏基层政权，杀害共产党派驻在各地的干部以及当地群众，破坏城乡交通，烧毁房屋，抢掠财产，无恶不作。分布在全国各地的地主恶霸势力也利用不稳的局势，大肆活动，鱼肉百姓、称霸一方。

在农村，以土豪劣绅为代表的地主恶霸势力，严重干扰土地改革活动的推进，阻挠地方基层政权的建立；在城市，部分资本家、包工头、把头、帮头之类的恶霸分子则大搞破坏活动，危及人民群众的生活、生产秩序和生命安全。更为严重的是，国民党残余势力与恶霸势力相勾结，以土匪游击战争的方式同人民政权进行形式多样的斗争、破坏活动，严重危及新生的共和国的命运。

政治上，中国共产党还在抗日战争期间就提出了建立新民主主义社会的建国设想，到抗战胜利前夕进一步重申建立民主联合政府的主张。该构想虽然很快获得了中国民主同盟等民主势力的响应，但遭遇了实力强大的国民党方面的反对。抗战胜利以后，中国共产党继续坚持上述主张，并在重庆谈判中更进一步提出召开“政治协商会议”等问题。然而，中国共产党的主张还是遭到了国民党等顽固势力的强烈反对，他们采取了明显不利于人民群众的改革，不久之后更是挑起了内战，将中国重新推入战争的深渊。

伴随中国人民解放军在军事上的节节胜利，共产党在政治上也开展“第二条战线”运动，力图彻底让民主党派、民主人士放弃对国民党反动势力的妄想，否定曾一度大力宣传的“中间路线”，使各民主党派、民主人士、人民团体和海外侨胞投入到新中国的筹备活动之中。当然，不甘心失败的国民党反动势力处处阻挠、甚至暗杀上述开明人士进入解放区，参与政治协商会议和建立共和国的筹备工作。

如此严峻的政治、军事形势，再加上险恶的经济环境，使国民党人和部分资本家、地主普遍认为，中国共产党虽然可以在军事上能够获取斗争上的胜利，但在经济上无法取得同样的效果，如此形势给新生政权带来严峻考验。这样，对新生的共和国政府来说，除了要在军事上继续解放仍留在国民党反动势力盘亘的地区外，新生政权还要在解放的地区与敌特势力作斗争，尤其是要跟资本家、地主进行经济斗争。当时，没有撤离的资本家还在各大城市，特别是天津、上海等地，囤积居奇，妄图借助经济手段打垮新生的共产党政权。上海的大资本家嘲笑说：“共产党是军事一百分，政治八十分，财经打零分。”① 还有些资本家则公开宣称“共产党马上得天下，不能马上治天下”。这样，与资本家的经济斗争及军事、政治斗争相交织，极大地加重了新中国经济的恢复、发展工作的难度。

---

①《陈云文选》第2卷，人民出版社1995年版，第60页。

## 二、险恶的国际环境

在国际上，自第二次世界大战结束以来，以美国和苏联为首的两大势力集团分别形成了资本主义和社会主义两大阵营，展开彼此抗衡。以美国为首的西方资本主义集团为了保护帝国主义利益和担心苏联为首的民主势力的壮大，极力反对、阻挠各殖民地、半殖民地地区的民族、民主解放运动，大力支持所在国的封建反动势力镇压人民革命运动，甚至它们还直接派兵加以镇压。

1946年，英国首相丘吉尔发表“铁幕”演说，公开号召英国和美国结成同盟，以反对苏联“共产主义的威胁”；而美国在1947年也提出了援助西欧复兴的“马歇尔计划”，以及随后美国总统杜鲁门向国会提出“咨文”，即“杜鲁门主义”，对中国国内局势横加干涉，极力支持国民党打内战，力图从物质上帮助国民党消灭共产党。等到新中国建立，看到蒋介石国民党大势已去，美英则坚决与中国人民为敌，联合西方资本主义国家拒绝承认新中国，在政治上采取孤立，经济上封锁、禁运，军事上包围的方针，企图把新中国扼杀在摇篮之中。

以苏联为首的社会主义阵营则推行与美国为首的资本主义阵营完全相反的策略，大力支持各国的民族、民主解放运动和反帝反封建运动。随着中国人民解放战争的迅速推进，苏联向中国共产党伸出了友好之手，在政治上、军事上、经济上全面支持新中国政府。而当新中国建立之时，苏联等东欧社会主义阵营的国家则从政治上迅速承认新中国的国家地位①。同时，为了避免国际上处于孤立无援状态，中国共产党在新中国成立之前，毛泽东在渡黄河时就向斯大林提出访问莫斯科的愿望，只是受战局的变化影响而没有成行。没过多久，共产党派出了刘少奇为代表的高级访问团秘

① 在新中国成立一周年时，共有17个国家与中国建交，其中10个是社会主义阵营的国家，即苏联、保加利亚、匈牙利、朝鲜人民共和国、捷克斯洛伐克、波兰、蒙古、德意志民主共和国、阿尔巴尼亚、越南；而在其他7个国家（印度、瑞典、丹麦、缅甸、瑞士、印度尼西亚等）中，没有一个势力较强的西方发达国家。

密访问苏联，以争取苏联的支持和消除苏联对中国共产党的某些误解。同时，中国共产党也制定了与南京国民政府不同的“另起炉灶”、“打扫干净屋子再请客”的外交方针。中国共产党逐步采取与苏联靠近的策略，站到了社会主义阵营一边。

新中国建立之后，毛泽东、周恩来等党和国家领导人还在国家尚未稳固之际，便于1949年12月访问苏联，并与苏联签署了《中苏友好同盟条约》、《关于苏联将中东铁路及旅顺港设施归还给中国的协定》、《关于苏联政府贷款给中国政府的协定》等一批条约和协定。按照协定规定，“缔约国双方保证共同尽力采取一切必要的措施，以期制止日本或其他直接间接在侵略行为上与日本相勾结的任何国家之重新侵略与破坏和平”。从而为新中国的经济建设创造了一个相对有利的国际和平环境。

当然，党和国家领导人在与以苏联为核心的社会主义阵营修好的同时，也没有完全放弃与美、英、意、法等西方发达国家的联系，比较明显的是没有立即恢复对香港、澳门的主权，目的之一就是以此作为窗口跟西方世界进行交往；同时，积极展开与北欧、英国等国建立外交关系，以此避免在国际上树敌太多。后来，美国不顾一切地派遣军队侵入朝鲜半岛，并操纵联合国，组成联合国军，把战火迅速推进到我国边境；同时，美国还把第七舰队派驻台湾，阻止中国共产党解放台湾的战略试图。面对国际形势日益恶化的环境，中国共产党不得不调整在国际上的外交战略和国内的经济发展策略，即外交上采取了向以苏联为核心的社会主义阵营“一边倒”的策略、经济上在全面恢复国民经济的前提下确定优先发展重工业的政策。

总的来说，新中国建立之初的社会经济为什么会如此破败不堪呢？是由于帝国主义长期掠夺，国民党政府肆意搜刮和多年战争的严重破坏等多方面因素综合作用的结果。自从1840年英国侵略者利用船坚炮利敲开中国的国门以来，中国逐渐卷入了世界资本主义市场之中。英、法、美、日、俄、德等资本主义列强对我国从边疆、沿海到内地，肆无忌惮地疯狂掠夺，严重破坏了我国民族资本主义的正常发展环境。加之八年抗战、三年内战，国民党政府的长期搜刮，无不使国民经济的发展遭到极大的冲击和破坏。国民党政府统治中国20多年间，利用手中的权力，不顾人民的死活，大肆搜刮民脂民膏。战败逃亡时，还从大陆带走了黄金277万两，白银1520万两，美钞1537万元，使得薄弱的经济底子更加恶化，几乎走到了崩溃边缘。城市里，数百万失业的工人、手工业者流浪街头，无家可归；广大农村，需要救济的农民达4000多万，占全国人口近1/10。

如此严峻的经济形势，以致“美国国务卿马歇尔在一九四八年二月间向美国参众两院外交委员会的行政会议宣读的声明中，不得不承认美国不断倾注的大量援助，无法挽救中国的经济危机；并且断定‘中国缺乏原料和工业资源’，在最近的将来难于成为第一流强国。一九四九年八月间，继马歇尔担任国务卿的艾奇逊，在他致美国总统杜鲁门的信中，嘲笑了中国共产党关于‘解决人民的吃饭问题’的‘种种诺言’，预言在这个问题上中国的任何政府也不会得到成功”①。国内的一些资产阶级也认为共产党“军事内行，经济外行”。

毫无疑问，中国共产党能否在经济基础薄弱、严峻的国内外环境下迅速制止恶性通货膨胀，迅速稳定市场，恢复国民经济的生产，实现社会经济的安定与发展，是直接关系到新生政权能否站住脚的重大问题。1949年3月，中共七届二中全会确定党的工作重心必须由乡村转移到城市，城市工作必须以生产建设为中心；指出了中国由农业国转变为工业国、由新民主主义社会转变为社会主义社会的发展方向。在新解放区工矿企业大都遭到不同程度破坏，恢复生产面临严重困难的情况下，党要求全心全意依靠工人阶级，动员一切社会力量，为恢复生产而奋斗。

1949年6月，面对严峻的国内环境和险恶的国际环境，毛泽东在北平召开的新政治协商会议筹备会第一次全体会议的开幕典礼上庄严地宣布：“中国人民将会看见，中国的命运一经操在人民自己的手里，中国就

① 周恩来：《伟大的十年》，载《人民日报》1959年10月6日第2版。

将如太阳升起在东方那样，以自己的辉煌的光焰普照大地，迅速地荡涤反动政府留下来的污泥浊水，治好战争的创伤，建设起一个崭新的强盛的名副其实的中华人民民主共和国。”①

① 《毛泽东选集》第 4 卷，人民出版社 1991 年版，第 1467 页。

# 第二篇

## 恢复发展时期的中国经济

(1949 ~ 1957 年)

1949年10月1日，中华人民共和国成立。这是中国有史以来最伟大的事件，也是20世纪世界最伟大的事件之一。新中国建立之后，我国面临如何建设社会主义的问题。当时，我们不但没有成功经验可循，而且经典著作中也没有提出具体的方案可供借鉴。在革命取得全国胜利的前夜，中共七届二中全会规划了建设新中国的蓝图。“我们不但善于破坏一个旧世界，我们还将善于建设一个新世界。”①新中国成立使中国人民由人间地狱的奴隶一变而为掌握自己命运的大无畏的主人，广大工农劳动群众以翻身做主人的崭新面貌，在战争废墟上重建家园，恢复生产；通过对生产资料私有制的社会主义改造，形成了高度集中的计划经济体制，古老的中华大地初步建立起了社会主义的基本制度。

---

①《毛泽东选集》第4卷，人民出版社1991年版，第1439页。

# 第二章

# 国民经济的恢复与发展

1949 年新中国的成立，祖国母亲彻底摆脱了被压迫的境地，中国这头东方睡狮开始慢慢觉醒，但却步履维艰。1950 年 6 月，中共七届三中全会确定，争取在三年的时间内，实现国家财政经济状况的根本好转，为有计划的经济建设创造条件。中共采取了一系列措施，开展了波澜壮阔的土地改革、镇压反革命和抗美援朝“三大运动”①，为巩固新生的人民共和国进行了卓有成效的斗争，建立了强国家和弱市场相结合的新民主主义经济体制。到 1952 年，工农业主要产品产量大部分已经恢复或超过了历史最高水平，工农业生产总值比 1949 年增长 73.8%，平均每年增长 20%。②

---

① “三大运动”的动员范围之广和参加人员之多是史无前例的，但是，这些运动并没有脱离争取财政经济状况根本好转这个中心，而是始终服从和服务于这个中心。因此，不仅运动成效显著，而且促进了国民经济的迅速恢复和发展。

② 国家统计局编：《中国统计年鉴—1983》，中国统计出版社 1983 年版，第 16 页。

## 第一节　农业生产的恢复与发展

新中国的农业生产是在旧中国自给自足的封建土地所有制的基础上起步的。1949年与此前的最高年份相比，农业总产值降低了二成以上，其中，粮食产量下降了22%，大豆下降55%，棉花下降48%，大家禽数量下降16%，小家禽数量下降26%～32%。① 广大农民处于食不果腹、衣不蔽体的艰难处境中。恢复与发展农业生产，提高广大农民的生产积极性，成为人民政府的核心任务之一。

### 一、农业生产恢复与发展的概况

新中国成立，中华大地上呈现出万象更新的局面。在中国共产党和人民政府的正确领导下，经过广大农民兄弟的共同努力，用短短的3年时间，农业生产得到了迅速的恢复与发展，胜利地完成了恢复农业生产的任务。

**1. 农业总产值迅速增长**

1949年的农业生产总值为326亿元，从1949年到1952年间农业总产值逐年上升，到1952年农业生产总值已达到484亿元，比1949年增长48.5%（如图2.1所示）。

**2. 主要农产品产量显著提高**

由表2.1可以看出，粮食产量1952年是16392万吨，比1949年增长了44.8%，与历史最高水平比较，粮食总产量增加9.3%。棉花产量从1949年的44.4万吨增加到1952年的130.4万吨，增长193.4%，为历史最高年产量的153.6%。油料作物包括花生、油菜子、芝麻等生产也有所

① 国家统计局编：《我国的国民经济建设和人民生活》，统计出版社1958年版，第153页。

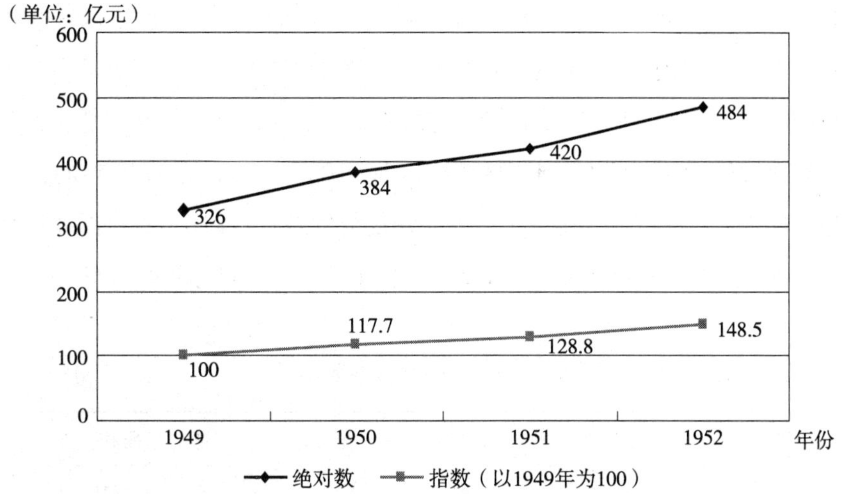


图 2.1　恢复时期各年的农业生产总值

（资料来源：国家统计局编：《中国统计年鉴—1983》，中国统计出版社 1983 年版，第 149 页）

恢复，但是却未达到历史最高水平。此外，麻类生产、糖料生产、茶叶生产及水果生产也得到了迅速的恢复和发展。

表 2.1　恢复时期全国主要农业产品产量

（单位：万吨）

| 年份 | 粮食产量 | 棉花产量 | 油料产量 | 黄红麻产量 | 糖料产量 | 茶叶产量 | 水果产量 |
|---|---|---|---|---|---|---|---|
| 1949 | 11318 | 44.4 | 256.4 | 1.9 | 283.3 | 4.1 | 120 |
| 1950 | 13213 | 69.2 | 297.2 | 4.0 | 337.8 | 6.5 | 132.5 |
| 1951 | 14369 | 103.1 | 362.0 | 12.5 | 498.9 | 7.9 | 156.4 |
| 1952 | 16392 | 130.4 | 419.3 | 15.3 | 759.5 | 8.2 | 244.3 |

（资料来源：《新中国五十年统计资料汇编》，中国统计出版社 1999 年版，根据 A30 页表编制）

### 3. 林牧副渔业也得到了迅速的恢复和发展

反映畜牧业发展的主要因素是牲畜头数，如表 2.2 所示，牲畜头数由

1949年6002万头增加到1952年的7646万头，3年中畜牧业的总产值增长42.1%。渔业生产也取得了骄人的成绩，全国水产品总量由1949年的44.8万吨增加到1952年的166.6万吨，增长271.8%，为历史最高年产量的111.3%。林业生产得到了迅速的恢复和发展，1949年全国造林面积只有90万亩，1952年全国造林面积达到1628.6万亩，为1949年的18.1倍。此外，农村副业也得到了有效的恢复与发展，3年间，农村副业产值从1949年的11.6亿元增加到1952年的18.3亿元，增长了57.8%。①

表2.2　恢复时期全国林牧渔业主要产品产量

| 年份 | 牲畜头数（万头） | 水产品总量（万吨） | 造林总面积（万亩） |
|---|---|---|---|
| 1949 | 6002 | 44.8 | 90 |
| 1950 | 6538 | 91.2 | 189.8 |
| 1951 | 7041 | 133.2 | 676.5 |
| 1952 | 7646 | 166.6 | 1628.6 |

（资料来源：《1949—1952中华人民共和国经济档案资料选编·农业卷》，社会科学文献出版社1991年版，第836、869、741页）

## 二、促进农业生产恢复与发展的原因

新中国成立的头3年里，在如此恶劣的基础条件下，我国的农业生产取得了如此巨大的成绩，主要是由于中国共产党和人民政府执行了一系列措施来促进农业生产的恢复与发展。

**1. 正确的政策导向**

（1）在全国范围内推行土地改革。旧中国土地一直被封建地主阶级长期霸占，广大劳动人民终年耕作却还是难以维持生计，再加上连年战事，百姓生活极为困苦。因此，进行土地改革，废除封建土地所有制，恢

① 《1949—1952中华人民共和国经济档案资料选编·农业卷》，社会科学文献出版社1991年版，第982页。

复与发展农业生产，就成为广大农民的迫切要求。

改革土地制度的根本目的是解放和促进长期被束缚的农业生产力，从而为恢复和发展国民经济奠定坚实的基础。正如刘少奇1950年6月在《关于土地改革问题的报告》中所指出："土地改革的基本目的，不是单纯地为了救济穷苦农民，而是为了要使农村生产力从地主阶级封建土地所有制的束缚之下获得解放，以便发展农业生产，为新中国的工业化开辟道路。"因此，"土地改革的这一个基本理由和基本目的，是着眼于生产的"。正因为如此，中国共产党和人民政府在制定有关土地改革的总路线和有关各项具体政策以至具体步骤时，都切实地紧密结合农村生产的发展这一核心问题，采取种种措施保障农业生产力的恢复和发展，并在土地改革完成时及时地转为发动广大农民投入新的农业生产。

实践证明，土地改革的成功，极大地解放了农业生产力，广大农民在自己的土地上从事生产，积极性极为高涨。"过去眼泪流在地主田里，现在汗水淌在自己田里。"总之，土地改革运动解放了农村生产力，使广大农民成为土地的主人，农民生产积极性空前提高，有力地促进了农业的恢复与发展。

（2）扶持农业生产。在恢复时期，人民政府通过发放大量的农业贷款，农民增添了各式农具、化肥等，解决了生产资料的短缺问题，提高了农业生产的效率。为了防止"谷贱伤农"的事情重现，人民政府制定了合理的价格政策，特别是制定了对农产品的合理的收购价格，解决了农民的后顾之忧，保证了农民出售产品的合理收益。此外，人民政府还通过税收政策、互助合作社、增产竞赛等方式来带动农民的生产积极性，确保农民的利益。

**2. 改进农业生产技术**

在调动农民生产积极性的同时，人民政府也积极推进农业生产技术的改进，建立农业科学研究所、农业实验场，培养了一批农业科研工作者，指导农业生产技术的改良。恢复时期，主要在农作物品种改良和良种推广、农作物病虫害的防治、土壤改良以及各种农作物的耕作技术和栽培技术的改良方面取得了很大的成效。像农作物品种改良和推广方面，水稻、小麦、玉米、棉花等主要农作物均通过生产技术的改良，亩产大大提高，才有农产品产量呈倍数地增长。此外，农作物病虫害对农业生产危害严重，通过病虫防治技术，明显减少损失。土壤改良、耕作技术和栽培技术的改良也增加了农作物单位面积产量，加速了农业生产的恢复与发展。

**3. 增加农业投入**

三年国民经济恢复时期，国家财政支出中用于农业生产的资金，随财政经济状况的好转，逐年有较大幅度的增长：1950年为2.74亿元，1951年上升为4.19亿元，1952年更上升为9.04亿元。1952年为1950年的329.9%。国家银行对农业生产贷款也逐年增加，1950年农业贷款为21241万元，1951年增加为40147万元，1952年更增加到101627万元，1952年为1950年的478.4%。① 除了国家财政投入、银行贷款以外，广大翻身农民对农业生产的投入有了更明显的增加。由于土地改革的实行，原来的佃农被免去沉重的地租负担，他们有可能将原来缴纳给地主的地租的一部分或全部投入农业生产。增加农业生产的投入主要表现在农田水利建设、开垦荒地、增施肥料、兴办国营农场、增值耕畜、增加农业生产动力以及增添新式农具等方面。

**4. 发展城乡交流，活跃农村市场**

活跃农村市场，促进农村生产发展。新中国成立初期，由于长期战争破坏，水陆交通梗阻，商品流通渠道不畅，农副土特产品购销脱节，严重影响农民发展农业生产的积极性。在交通不便的广大农村，常常发生谷贱伤农的现象。农民手中的农副产品卖不出去，就无法购置他们所需要的生产资料，从而无法增加对农业生产的投入。人民政府把发展城乡交流列为1951年财经工作第一项要点，努力恢复和改善交通运输条件，疏通和开辟商品流通渠道。

在普遍建立和发展国营商业的同时，在农村建立和发展供销合作社，

① 朱荣等主编：《当代中国的农业》，当代中国出版社1992年版，第55～56页。

开展农副土特产品购销业务。为了给滞销的农村土特产品开辟销路，召开县、省、以至大区级土特产品交流会议，举办以销售为主的土特产品购销会议，恢复和发展农村集市、庙会和骡马大会，组织农民开展短距离的物资交流，建立交易货栈和农民交易所、农民购销服务部，方便农民出售土特产品。由于采取了上述措施，扩大了农副土特产品购销量。三年中，农副土特产品采购额，从 1950 年的 80 亿元，增加到 1952 年的 129.7 亿元，增长 62.1%①，促进了农业生产的发展。

总之，在国民经济恢复时期农业生产的恢复与发展之中，在进行生产关系的改革以调动农民生产积极性的同时，比较重视对农业生产的投入和农业生产技术的改良，特别是重视市场对农业生产的调节作用，在大力发展城乡物资交流的同时，运用价格杠杆，充分发挥价值规律对农业生产的调节作用，因而使农业生产取得了出人意料的高速度的恢复与发展。

## 第二节　工业生产的恢复与发展

新中国成立之初，官僚资本处于垄断地位，工业产业结构畸形，工业区域分布严重失衡。因此，恢复与发展工业生产，掌握国家的工业命脉，是新中国恢复国民经济的重要任务之一。

### 一、恢复时期工业生产取得的成绩

1949～1952 年期间，我国在恢复与发展工业生产方面取得了巨大的成就。在中国共产党的正确领导下，依靠工人阶级和全国人民的努力，使原来预计最长需要 5 年的艰巨任务，只用 3 年的时间就超额完成了。

① 董志凯主编：《1949—1952 年中国经济分析》，中国社会科学出版社 1996 年版，第 270 页。

1. 工业总产值增幅显著

新中国成立之初，工业总产值为140亿元，1952年工业总产值为349亿，工业总产值净增加209亿元。工业恢复和发展速度惊人，1950年的工业总产值比1949年增长了36.4%，1951年比1950年增长38.2%，1952年比1951年增长32.2%。①

2. 主要工业产品产量大增

由表2.3可以看出，恢复时期主要工业产品产量大增，远超过新中国成立初期的生产水平，并且大多数工业产品也超过历史最高水平的产量。其中，钢产量和成品钢铁的增长速度最快，1952年的钢产量是1949年的8.44倍，远高于历史水平，并且以钢铁为原料的许多大型设备也能开始生产，钢铁产品种类大增；1952年的煤炭、原油的产量分别比1949年增

表2.3　恢复时期主要工业产品产量

| 主要工业产品 | 单位 | 1949年 | 1950年 | 1951年 | 1952年 | 1952年指数（1949年为100） |
|---|---|---|---|---|---|---|
| 原煤 | 亿吨 | 0.32 | 0.43 | 0.53 | 0.66 | 206.3 |
| 原油 | 万吨 | 12 | 20 | 31 | 44 | 366.7 |
| 发电量 | 亿千瓦时 | 43 | 46 | 57 | 73 | 169.8 |
| 纱 | 万吨 | 32.7 | 43.7 | 48.7 | 65.6 | 200.6 |
| 布 | 亿米 | 18.9 | 25.2 | 30.6 | 38.3 | 202.6 |
| 卷烟 | 万箱 | 160 | 185 | 200 | 265 | 165.6 |
| 糖 | 万吨 | 20 | 24 | 30 | 45 | 225.0 |
| 原盐 | 万吨 | 299 | 246 | 435 | 495 | 165.6 |
| 钢 | 万吨 | 16 | 61 | 90 | 135 | 843.8 |
| 生铁 | 万吨 | 25 | 98 | 145 | 193 | 772.0 |
| 成品钢材 | 万吨 | 13 | 37 | 67 | 106 | 815.4 |

（资料来源：《新中国五十年统计资料汇编》，中国统计出版社1999年版，第39～42页，根据表A35编制）

① 国家统计局国民经济综合统计司编：《新中国五十年统计资料汇编》，中国统计出版社1999年版，第36页。

加了1.1倍和2.7倍，保证了新中国的能源供应；电力行业生产能力也大大提高，1952年的发电量是1949年的1.7倍;通过更新设备,改建扩建生产基地,纺织工业增幅显著,恢复期纱和布增幅均超过1949年生产总量的2倍。

3. 工业技术水平进步

科学技术是第一生产力。工业技术的进步，为工业的恢复与发展带来了质的飞跃。恢复时期工业技术水平迅速提高，主要表现在两个方面：

工业基本建设方面。这一方面的技术突破，加快了基础设施建设的速度，尤其是促进了建筑业、手工业及交通运输业的发展。先进的技术主要有：苏长有先进砌砖法、谢万福木工流水作业法等。

工业生产方面。在钢铁行业中，提高工业技术水平后，原来需要依靠进口的产品可以自己生产了。至1952年，中国的钢铁企业不仅能够生产普通的钢铁产品，而且能够生产大型的生产设备以及机械工业急需的工具钢、薄钢片等。在电力行业中，推行了快速检修法、定期检修制度，调整了负荷，并推广了燃烧低质煤的经验，因此提高了设备利用率和供电能力，降低了发电成本。在造纸行业中，创造了稻草拌料浆法，使造纸工业的原料充足。

4. 工业经济效益大大提高

3年恢复期，由于实行了企业民主改革，建立了就业、保险等劳动合同，工人的生活条件得到了改善，生产积极性空前高涨，劳动生产率上升很快，尤其是国营企业，如表2.4所示。国家所有制独立核算工业企业会

表2.4　国营企业劳动生产率

| 年份 | 工人全年人均产值（元） | 指数（1949年为100） | 增长率（%） |
|---|---|---|---|
| 1949 | 4900 | 100.0 | — |
| 1950 | 6200 | 126.5 | 26.5 |
| 1951 | 7100 | 144.9 | 14.5 |
| 1952 | 7900 | 161.2 | 11.3 |

（资料来源：国家统计局编：《1949—1952年中华人民共和国经济档案资料选编·工业卷》，中国物资出版社1996年版，第807页）

员劳动生产率，1949年工人全年人均产值为4900元，1952年上升为7900元，增长了61.2%。

通过技术更新，生产设备利用率提高。1949～1952年，钢铁工业的大中型高炉利用系数由0.62吨/立方米·昼夜提高到1.02吨/立方米·昼夜，平炉利用系数由2.42吨/立方米·昼夜提高到4.78吨/立方米·昼夜；煤炭工业的大中型煤矿的回采率由63.1%增长到76%；电力工业的发电设备利用小时由2330小时增加到3800小时；纺织工业的棉纱每千锭的产量由16.6公斤增加到19.64公斤，棉布织机每台时产量由3.516米增加到3.988米。①

此外，工业生产的物质消耗率逐年下降，加上劳动生产率与生产设备的利用率均得到了提高，从而降低了工业产品的成本。如1952年国有企业可比产品成本比1951年下降了2.3%。由此可见，恢复时期工业经济效益是显著提高的。

## 二、工业生产恢复与发展的动力

为了改变新中国落后的工业面貌和地位，中共中央于1949年3月召开了七届二中全会，讨论了如何使中国的工业迅速恢复与发展的问题，提出了一系列具体的方针政策，使得遭受战争严重破坏的工业设施得到了迅速的恢复，大多数的工业产品都恢复甚至超过了历史最高水平，工业经济效益也大幅上升。新中国之所以能够在短短的3年时间里全面实现工业的恢复与发展，主要推动力在于：

### 1. 以国民经济为建设中心的正确政策导向

国民经济恢复时期，较好地贯彻了毛泽东在中共七届二中全会提出的把城乡生产事业的恢复与发展作为中心任务的战略方针，适当划分了国营经济、合作社经济与私营工商业的经营范围，正确地处理了生产（包括工业生产）这个中心任务同没收官僚资本主义企业、抗美援朝战争、“三反”

① 国家统计局编：《伟大的十年》，人民出版社1959年版，第97页。

和“五反”政治运动以及各项工作（包括党的组织、政权机关、群众团体的工作等）的关系。这就为恢复与发展工业和国民经济提供了基本保证。

**2. 现有的工业基础为促进工业恢复与发展提供了保障**

利用已有的工业基础来恢复与发展。受战争的影响，原有的工业设备利用率很低，工业恢复的首要问题是原料和市场。因此，工业发展以恢复和提高现有设备的利用率为主，新建为辅。朝鲜战争爆发后，由于财政紧张，国家更加强调这一方针。如中央人民政府政务院财政经济委员会制定的《1951 年国民经济计划》中规定：“必须根据国防及国民经济发展的需要，提高工业设备的利用率，增加工业生产，并注意调整公私比重。”紧接着，李富春于 1951 年 10 月在《关于明年工业、交通生产方针的报告》中再一次强调了“以发挥现有设备力量为主，以必要的新的建设为辅”的政策方针。

**3. 调整工业产业结构**

与以调整和恢复现有工业为主，有重点地进行建设的方针相适应，并且为了节约资金，国民经济恢复时期的工业基本建设以恢复、改建为主，新建为辅。为了贯彻这一方针政策，就必须结合中国工业的实际情况，调整产业结构。调整工业产业结构主要表现在两个方面：一是轻重工业比重的结构调整，一是工业的地域调整。

调整轻、重工业的比重。在国民经济恢复时期，为了改变旧中国畸形的工业结构，实现社会主义工业化，较好地处理了轻、重工业两个方面的关系。这突出表现在国家基本建设投资的分配上。1950～1952 年的 3 年中，重工业投资占 70% 以上，轻工业投资占 20% 以上。轻工业的这个投资比重超过了以后的许多计划时期。轻重工业的结构调整取得了实际效果。3 年恢复期，按当年价格计算，轻工业产值由 103 亿元增加到 225 亿元，重工业产值由 37 亿元增加到 124 亿元；按可比价格计算，二者分别增长了 1.15 倍和 2.3 倍。从图 2.2 可以看出，轻工业产值占工业总产值的比重由 73.6% 下降到 64.5%，重工业产值由 26.4% 上升到 35.5%。

调整工业地域的平衡。由图 2.3 可以看出，按 1952 年不变价格计算，

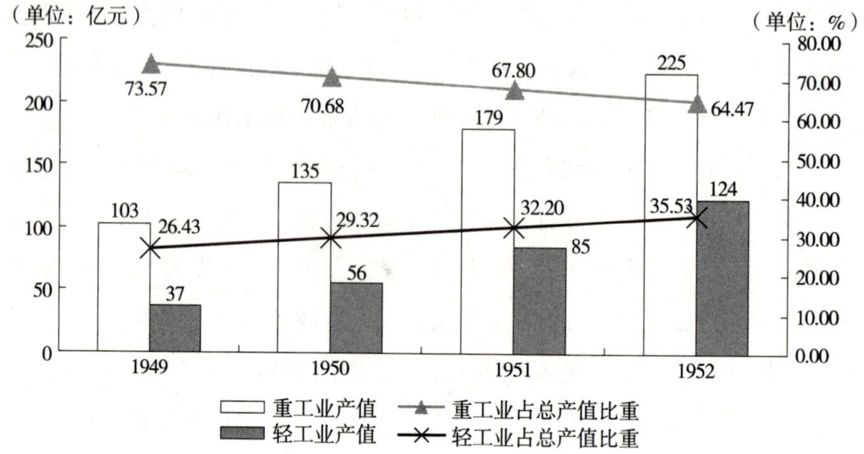


图 2.2　轻、重工业产值及比重

（资料来源：《中国工业经济年鉴—1995》，中国统计出版社 1995 年版，根据第 23 页编制；《中国统计摘要—1998》，中国统计出版社 1998 年版，根据第 100 页编制。本表为当年价格）

1949～1952 年期间，沿海工业产值由 100.2 亿元增加到 243.2 亿元，内地工业产值由 40 亿元增加到 100.1 亿元，二者分别增加了 1.43 倍和 1.5 倍。这个时期，沿海工业产值占工业总产值的比重由 71.5% 下降到 70.8%，内地工业产值由 28.5% 上升到 29.2%。

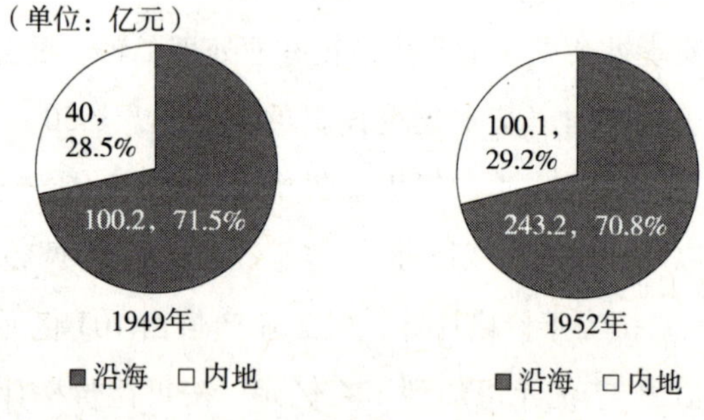


图 2.3　地域工业产值及比重

（资料来源：《中国工业经济统计资料（1949—1984）》，中国统计出版社 1985 年版，根据第 137 页编制；陈佳贵主编：《中国工业发展报告（1996）》，经济管理出版社 1996 年版，根据第 133 页编制）

4. **允许工业经济中多种经济成分的共同发展**

《共同纲领》制定的以国营经济为主、多种经济成分并存，共同发展的战略指导思想，在恢复时期得到了很好的贯彻实施。

（1）制定了以恢复发展国营工业为重点，兼顾其他工业的政策。在没收官僚资本主义的基础上建立了社会主义国家所有制工业，又通过民主改革和生产改革建立了社会主义企业管理制度。这就彻底地消灭了官僚资本主义的剥削关系，消除了残余的封建主义的压迫关系，确立了劳动者在国家和企业中的主人翁地位，初步实现了企业管理民主化和按劳分配的原则，解放了生产力，激发了广大职工的劳动积极性，开展了生产竞赛运动。这些都有力地推动了国营工业生产建设的发展，促进了工业生产的恢复与发展。

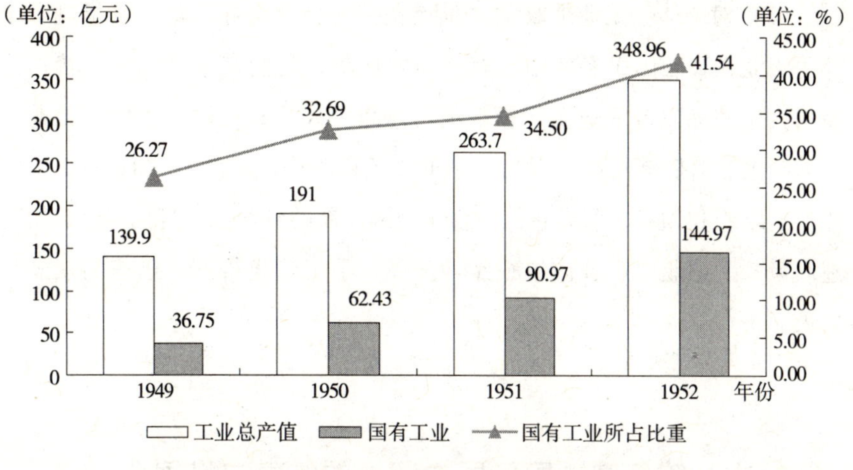


图 2.4　恢复时期国有工业的发展情况

（资料来源：汪海波：《中华人民共和国工业经济史 1949.10—1998》，山西经济出版社 1998 年版，根据第 903 页表编制）

从图 2.4 可以看出，1949～1952 年，国营工业的产值由 36.75 亿元增长到 144.97 亿元，增长了 2.9 倍。由于国营工业产值的增长速度较高，因而它在工业总产值的比重有了显著的上升，由 1949 年的 26.2% 上升到

1952年的41.5%。

（2）利用私营工业积极的一面，调整其服务方向，开拓城乡市场，刺激工业的发展。新中国成立后，由于国家统一和政治稳定，资本主义发展获得了近代以来最好的政治环境；同时，共产党人根据对资本主义实行利用、限制和改造的既定政策，1949～1950年对投机资本进行了打击，对正当的资本主义工商业进行扶植，1950～1952年对工商业政策的两次调整和整个国民经济的迅速恢复，促使资本主义经济在全国范围内有不同程度的发展。资本主义工业的总产值大约增长了54%，私营商业的零售额大约增长了20%，但与其他经济成分相比，比重却大大下降。在工业企业总产值中，资本主义工业（自产自销部分）占的比重，1949年为55.8%，1950年为36.9%，1951年为28.7%，1952年为17.1%。①

（3）对个体手工业采取了“重点扶持，合理引导”的正确措施。个体手工业在我国国民经济中占有相当的比重，它们在供给城乡（特别是乡村）消费品以及农业生产资料上占有重要作用；同时，个体手工业存在着分散、落后等性质。因此，党和国家采取了扶持重点，加强对手工业生产的组织和领导，引导它们向合作经济发展的政策。通过执行政府的上述政策，手工业生产合作组织蓬勃发展，手工业也得到了迅速的恢复与发展。

## 第三节　国际国内贸易的恢复与发展

解放战争取得胜利后，交通运输得到恢复，生产力得到提高，政治条件也发生了翻天覆地的变化，这些都为恢复贸易提供了有利的条件。因

① 周太和主编：《当代中国的经济体制改革》，中国社会科学出版社1984年版，第28页。

此，新中国建立初期，党和政府从流通领域入手，以大力开展内外贸易作为促进生产、恢复国民经济的中心环节。

## 一、对外贸易的恢复与发展

中华人民共和国成立后翻开了对外贸易历史新的一页。在国民经济恢复时期，新中国一方面反对西方国家的封锁和禁运，另一方面建立起独立自主的对外贸易体系，开展积极、灵活的外交、外贸，使对外贸易得到初步的恢复与发展。

**1. 恢复对外贸易的自主权并确立其基本原则**

中国具有对外通商和交流的悠久历史。鸦片战争后直到新中国成立前的一百余年的时间里，西方资本主义国家凭借其强大的军事力量，联合胁迫中国政府签订了一系列不平等条约，取得了在华活动的许多特权。在对外贸易方面，西方列强凭借各种特权，采取不平等交换的方式，不断扩大他们的商品输出和资本输出，形成中国进出口贸易长期逆差的局面，使中国丧失了对外贸易的自主权。

中华人民共和国成立后，人民政府为了维护国家主权，取消帝国主义在华特权，收回了对外贸易自主权。采取的具体措施：（1）收回海关管理权，建立人民海关；（2）制定独立自主的关税政策和税则税率，保护民族经济发展；（3）掌握进出口商品定价的自主权，支持国内生产；（4）取缔外商对进出口商品检验的垄断权，建立新的商检机构和商检制度。

确立了对外贸易的基本原则。1949 年 9 月通过的《共同纲领》规定：“中华人民共和国可在平等和互利的基础上，与各外国政府和人民恢复并发展通商贸易关系。”这是新中国开展对外贸易的基本原则。为了迅速恢复和发展国内生产，中国政府坚持以自力更生为主，同时尽量争取国际援助，充分重视建立并发展与各国的对外贸易关系，但是这种对外贸易关系必须建立在尊重主权、平等互利的基础上。此外，实行国家对对外贸易的统治，具体办法如实行进出口商品许可证制度、管制贸易外汇、实行对进出口管理的集中统一领导等。

**2. 建立以国营对外贸易为主导、多种贸易方式并存的国际贸易经营管理体系**

国民经济恢复时期，根据国家统制对外贸易的政策，对外贸易必须由国家统一掌握。按照“公私兼顾”的原则，对外贸易实行以国营经济领导下的多种经济成分并存的经营体制。为了达到统一掌握外贸的目的，1949年10月成立了对外贸易机构——中央贸易部，中央贸易部下设国外贸易司，统一管理全国的对外贸易工作。随着各城市的先后解放，在开放进出口贸易的口岸相继设置了对外贸易管理局及分局。到1952年8月，由于国内对外贸易事业发展需要，撤销中央贸易部，分别成立了对外贸易部和中央商业部，而对外贸易公司按照业务类型进行调整，重新成立了16个国营外贸专业总公司，像机械进口公司、五金电工进口公司、矿产公司、技术进口公司等。各总公司在各地设有分公司。这样，国营对外贸易的经营体系基本建立。

在确立了国营贸易的领导地位的同时，也积极发展私营进出口贸易、合作社对外贸易等其他的贸易形式。恢复时期，私营进出口贸易机构主要建立于各大城市，一般进出口商拥有较雄厚的资本和丰富的贸易关系，是对外贸易中的一支重要力量。在国民经济恢复时期，为了便于农业产品外销，扩大农副产品的输出，形成了合作社经营的对外贸易形式，但是占对外贸易的比重并不是太大。据海关统计，1952年在对资本主义国家的贸易经营额中，合作社经营的进出口值为4473.3万元，占当年对资本主义国家的对外贸易总值的3.62%。[①] 至恢复期末，对外贸易的经营管理体系已趋于成熟，对外贸易的恢复与发展的任务圆满完成了。

**3. 转移对外贸易的重心，采用灵活的贸易方式**

中华人民共和国成立时，中国政府向全世界宣告，愿在平等、互利及相互尊重领土主权等项原则的基础上，与任何外国建立外交关系。但是，

---

① 《1949—1952中华人民共和国经济档案资料选编·对外贸易卷》，经济管理出版社1994年版，第1071页。

以美国为首的帝国主义国家，仍然不甘心在中国的失败，对我国实行敌对政策，并支持蒋介石集团对沿海地区进行轰炸破坏，封锁禁运。针对这样的形势，中国共产党和人民政府不怕压力、不怕封锁，进行了艰苦的反封锁、反禁运斗争，主要采取转移贸易重心、改变贸易方式的方法来加以抵抗。

第一，把对外贸易的重点转向苏联和东欧人民民主国家。当时苏联给予我国巨大的援助，我国政府一方面主动地有步骤地改组国内出口物资的生产，以求逐渐适应这些国家的需要，另一方面具体地向这些国家提出今后数年内我国在工业器材与工业原料方面的要求，以便他们扩大生产，逐渐弥补在美国封锁下我国进出口物资的严重不足，保障供给。至1951年，我国对苏联及东欧国家的贸易额大幅度上升，出口贸易额占对外贸易总额的比重由1950年的25.9%扩大到61.9%①，同主要资本主义国家的贸易额则大幅度下降。

第二，利用西欧资本主义国家与美国的矛盾，开展对外贸易。美国步步加紧对我国实行封锁禁运，但西欧国家仍想同中国做生意。我国就利用这个矛盾，与西欧国家特别是与我国有外交关系的国家（瑞士、瑞典、丹麦等）发展贸易关系，并与外国民间贸易团体保持积极的接触。1952年4月，在莫斯科召开的国际经济会议上，中国代表曾与各国代表团进行谈判，先后与英、法、比、荷、瑞典、锡兰（1972年改称斯里兰卡）、印度尼西亚、巴基斯坦、芬兰、意大利10国签订贸易协议，累计协定贸易总额为2.23亿美元，其中与英国成交2000万英镑②。

第三，采用灵活的贸易方式，对资本主义国家的贸易从1951年起，改行易货制度。在坚持"先进后出"原则的前提下，中国采取了直接易货、记账易货、联销易货、对开信用证易货四种以货易货的贸易形式，并通过港澳积极开展转口贸易。通过改变贸易形式，既保证了中国获得自己所需的物资，也有利于解决那些缺少外汇国家的支付困难。

---

①《1949—1952中华人民共和国经济档案资料选编·对外贸易卷》，经济管理出版社1994年版，第1071页。

②《1949—1952中华人民共和国经济档案资料选编·对外贸易卷》，经济管理出版社1994年版，第1994页。

4. **进出口贸易总额增加**

由于及时调整了外贸政策，采取了灵活的外贸方针，新中国不仅战胜了帝国主义的封锁禁运，而且贸易额增加，进出口贸易总额增长。

1950～1952年，进出口贸易总额按人民币计算是逐年增长的。1950年的进出口总额为41.5亿元，已经超过了1931年以来的任何一年，扭转了1895年以来长期的、越来越严重的局面。1951年尽管遭受封锁禁运，但由于大力抢购及出口市场的开拓，进出口总额仍然大增，尤其是进口增长的幅度很大。3年中，出口总值占国民经济总产值的比重分别为3.55%、3.56%、3.28%，基本保持了与国民经济恢复和发展的同步。这3年，中国的出口额占世界出口总额的比重分别为0.91%、0.92%、1.02%①，也呈增长趋势。

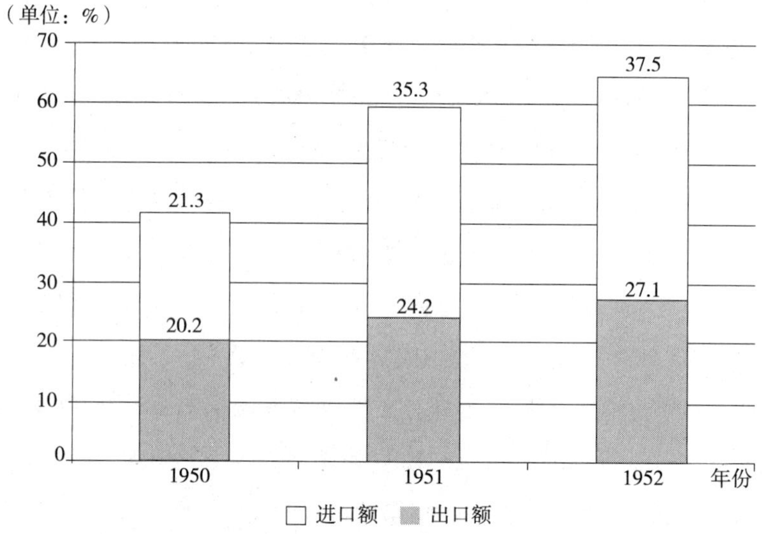


图2.5 1950～1952年进出口贸易总额

（资料来源：《1949～1952中华人民共和国经济档案资料选编·对外贸易卷》，经济管理出版社1994年版，第1022页）

① 《1949—1952中华人民共和国经济档案资料选编·对外贸易卷》，经济管理出版社1994年版，第1022页。

## 二、国内贸易的恢复与发展

新中国诞生前后，原有的城乡商品流通渠道和交换关系在战争中遭到了破坏，而新的流通渠道尚未建立起来，交通运输也极为不便，城乡交流滞塞。鉴于此，党和政府从流通领域入手，通过各种政策和措施，迅速恢复正常的市场秩序，促进商品流通，开展城乡交流，重建城乡流通渠道，并建立起以国营商业为核心的自主统一的国内市场，促进了国内贸易的恢复与发展。国内贸易的恢复在整个国民经济恢复中发挥了先导作用。

### 1. 国内商业管理体系的逐步完善

国民经济恢复时期，国内商业实行了国营经济领导下多种经济成分并存的体制。政府通过设立国营商业机构，统一全国的国营贸易。新中国成立之初，国营商业的来源主要有原解放区的公营商业、没收接管国民党政府和官僚资本的商业机构，在此基础上，建立并发展起全国的国营贸易机构。1950 年 3 月，根据统一的财经政策，变动了不分专业的一揽子的经营方式，在中央贸易部下设立全国性的国内贸易专业总公司，各专业总公司可在各大行政区设立区公司。1952 年 8 月，撤销了中央贸易部，国内贸易自此由中央商业部监管。

### 2. 国营贸易蓬勃发展

国民经济恢复时期，国营贸易得到了很大的发展。至 1952 年年底，中央商业部系统共有专业公司 12 个，机构 15821 个，人员 376949 人①，基本奠定了国内商业网的基础。由表 2.5 可以看出，3 年恢复期内，新增的国营商业企业为 23806 个，至 1952 年国营商业企业个数达到 31444 个，是 1950 年个数的 4.12 倍。1952 年和 1950 年相比，国营商业的零售总额增长了 306%，在商品批发总额中所占的比重，由 1950 年的 23.2% 增长

① 吴承明、董志凯主编：《中华人民共和国经济史·第一卷（1949—1952）》，中国财政经济出版社 2001 年版，第 638 页。

到1952年的60.5%。①

表2.5　国营商业企业发展数

（单位：个）

| 年份 | 1950 | 1951 | 1952 |
| --- | --- | --- | --- |
| 国营商业企业个数 | 7638 | 13443 | 31444 |
| 其中：批发企业 | 2572 | 5194 | 7837 |
| 零售企业 | 2794 | 3506 | 5708 |
| 其他企业 | 2272 | 4743 | 17899 |

（资料来源：吴承明、董志凯主编：《中华人民共和国经济史·第一卷（1949—1952）》，中国财政经济出版社2001年版，第639页）

### 3. 充分利用私营商业的积极作用

新中国成立初期，私营商业在不停地调整公私关系中维持了经营。国民经济恢复时期，私营商业的积极作用主要表现在两个方面：首先，私营商业有利于沟通城乡物资交流、活跃经济、恢复和发展生产。其次，利用私营商业的经营管理方法。私营商业多经营零售商业，具有分布面广、能直接接近消费者的特点，利用这一特点可以较容易地了解顾客的需求、获得经营经验等，对顾客也是十分方便。此外，私营商业的发展也可以增加大批就业者，促进就业。

新中国成立初期，私营商业在整个商业系统中占有很大比重，市场上的零售业务也主要由私营商业来承担。1950年，私营商业机构有402万个，资本额19.9亿元，销售额182.1亿元。② 1950年第一次调整工商业以后，1951年私营商业有所发展。由于1951年年底到1952年初的“三反”、“五反”运动，私营商业有所萎缩。到1952年年底，国家不得不进行第二次工商业调整。总体而言，国民经济恢复时期结束时，私营商业处于维持经营、略有发展的状态，然而，私人商业在全国商业批发额和零售

① 薛暮桥：《中国国民经济的社会主义改造》，人民出版社1959年版，第45～47页。

② 吴承明、董志凯主编：《中华人民共和国经济史·第一卷（1949—1952）》，中国财政经济出版社2001年版，第653页。

额的比重下降，分别从 1950 年的 76.1% 和 83.5% 下降到 1952 年的 36.3% 和 57.8%。[①]

**4. 开展城乡物资交流，活跃城乡经济**

开展城乡物资交流，沟通了全国各地区及城乡间的经济联系，扩展了商品流通渠道，增加了商品流通数量，活跃了城乡市场。大力发展城市消费合作社和农村供销合作社，到 1952 年，全国消费合作社有 2308 个、社员 975 万人、股金 1935 万元，全国共有基层供销合作社 32788 个、社员 13821 万人（占农户总数的 90% 以上）、股金 22433 万元。[②] 政府组织各级土产交流会、城乡物质交流会，发展农村集市贸易，恢复并利用原有商业路线、商业网和商业组织，城乡物资交流在一定程度上促进了国内商业的恢复与发展。据统计，供销合作社收购的农产品总量逐年增加，1949 年为 8509 万元，1950 年为 53868 万元，1951 年为 172687 万元，1952 年为 388292 万元，1952 年比 1949 年增长了 44.6 倍。[③]

## 第四节　财政经济的平衡发展

1949 年是解放战争在全国范围内取得决定性胜利的一年，也是全国财政经济状况最差的一年。当时的局面是生产衰败、物价波动、投机猖獗、国民经济全面崩溃。这种局面使整个国民经济的正常发展成为不可能，也严重影响了广大人民生活的稳定和改善。因此，打击投机资本，争夺市场领导权，统一财经工作，是确保财政经济平衡的条件，为国民经济

---

① 《1949—1952 中华人民共和国经济档案选编·工商体制卷》，中国社会科学出版社 1993 年版，第 983 页。

② 《1949—1952 中华人民共和国经济档案选编·商业卷》，中国物资出版社 1993 年版，第 329 页。

③ 《1949—1952 中华人民共和国经济档案选编·工商体制卷》，中国社会科学出版社 1993 年版，第 425 页。

的恢复与发展提供稳定经济环境。

## 一、争夺市场领导权

新中国成立之初，国民经济发展缓慢，支出浩大，收支严重失衡，财政十分困窘。在这种形势下，党和人民政府把统一财政经济、稳定物价、平衡财政作为工作的重心，并且号召全国人民争取用3年左右的时间，争取财政经济的根本好转。而打击投机资本，争夺市场领导权，作为促进财政经济平衡工作的第一阶段，主要从以下几个方面来实施。

**1. 加强金融管理与市场管理**

加强金融管理。主要是加强对私营金融业与外币的管理，打击金银和外币的投机。新中国成立前夕，法币贬值，信用丧失殆尽，黄金、银元、外币在许多城市成为流通手段与储存手段。新中国成立后，这种状况延续下来，影响人民币流通。金银、外币的投机往往是物价飞涨的诱因。人民政府公布了金银、外币管理办法，宣布禁止其流通。为减少人民损失，中国人民银行举办折实存款，收兑金银、外币。同时组织力量，打击银元、外币投机活动。上海查封此种投机活动的中心证券大楼。广州取缔专事金融投机的地下钱庄和街畔兑换店。在全国各地，取缔专门经营高利贷的地下钱庄。对一般私营行庄，打击其投机活动，引导其资本投向生产事业。国家逐步控制私营银行业务。这样，就清除了推动物价上涨的一个诱因，并为人民币扩大流通范围扫清了道路。

加强市场管理，严厉打击囤积居奇和投机倒把活动。普遍实行工商登记，企业未经核准不得擅自开业。严格管理市场交易，建立交易所，主要物资集中交易。运用行政力量管理市场价格，维护国营牌价的领导地位。

**2. 严惩投机主义者，稳定物价**

稳定物价，制止通货膨胀，是争取财政经济状况根本好转的先决条件。物价不稳定，城乡物资交流便难以恢复，工农业生产无法正常进行，人民生活也难以改善。物价大波动，造成国民经济的混乱，威胁人民生活，进一步加剧了财政的困难。稳定物价，打击投机资本，是新中国成立后在经济领域里的第一个战役，关系到社会主义国营经济能否对整个国民经济具有领导权。平抑飞涨的物价，制止多年来的投机，是一件艰难的事。

为了打击投机倒把、哄抬物价的活动，人民政府同时运用经济、行政、法律手段，以经济手段为主，以上海为主要战场，同投机资本家展开了大较量。针对投机资本家大搞金银美钞交易，各地党政部门及时发动群众，组织反银元、金钞投机的斗争，同时颁布了金银外币的管理办法，宣布禁止金银外币自由流通，并由中国人民银行举办折实存款，挂牌收兑金银外币。上海市委、市军管会于1949年6月10日上午一举查封了金融投机的大本营——上海证券大楼，拘留了一批投机分子，根据确凿证据，分情节轻重，进行不同处理，对为首的238人予以逮捕。另外，还严格取缔地下钱庄，禁止私营银行和钱庄为投机资本家吸收社会游资。在此战役中，武汉缉获银元投机首要分子200多人，广州取缔地下钱庄87家、金银兑换店377家。这次战役狠狠打击了金银外币的投机活动，基本上肃清了金融投机活动，为人民币顺利进入市场扫清了障碍。

取缔投机活动，对一般私营工商业的投机违法行为，由行政部门根据情节轻重，予以处理。对少数敌视人民、带头哄抬物价的投机资本家则依法制裁。如北京逮捕了“粮老虎”王振廷等16名奸商，极大地震慑了投机势力。

**3. 确立国营经济对市场的领导地位**

投机资本家囤积粮棉等生活必需品，造成了市场上空前的通货膨胀。1949年10月中旬，纱价开始剧烈波动，次年1月，粮价跟着上升，上海的粮食、棉纱、五金、化工等产品，每天涨价20%至30%，到11月25日，上海物价比10月下旬上涨3.26倍，其中棉纱上涨3.8倍，五金化工等工业原料上涨5到6倍。为此，政府经过仔细研究，通过国营商业控制主要商品，加强主要工农业产品的收购调运，迅速聚集物资，到1949年10月中旬，国营商业已掌握了商品粮的三分之一左右，煤炭供应量的70%，棉纱的30%，棉布的50%，食盐的66%。利用这个有利条件，以上海为战场，与投机资本展开了针锋相对的斗争。通过三年的抗争，充分显示了中国共产党和人民政府的威力，使广大人民对于恢复和发展国民经济充满了信心。在稳定物价的过程中，国营经济夺取了市场的领导权，为继续稳定物价创造了条件，为平衡财政提供了条件。

## 二、统一财经工作

统一财经工作是形势发展的要求。为了集中有限财力和物力，进行重点恢复和建设，调运物资以平抑市场物价；为了减少支出，杜绝浪费，争取财政收支平衡，必须统一全国财政经济工作。1949年冬，中共中央确定了全国财经工作实行统一管理的方针。在思想认识逐步统一的基础上，1950年2月，召开全国财经会议，就统一财经、紧缩编制、现金管理和物资平衡等问题进行讨论与部署。1950年3月，政务院发布了《关于统一国家财政经济工作的决定》。统一财经工作主要包括以下几个方面的内容：

**1. 实行全国财政工作的统一管理**

实行全国财政工作的统一管理，重点在于统一财政收入。地方除规定留用的部分外，均须按国家统一规定的税则、税率征收公粮、税收，按期解缴中央。国营企业须按时纳税，并将利润及折旧基金一部分，按其隶属关系如期分别交给中央或地方金库。以上收入，没有财政部的支拨命令，不得动支。财政支出方面，统一全国编制。各机关非经批准不得自行增添人员，编外及编余人员由全国编制委员会统一调剂使用。各项事业经费必须编制预算，经批准方能支拨。节约开支，区别轻重缓急，集中财力于军事上消灭残敌，经济上重点恢复。

**2. 统一国有物资的调度**

为了保证有限的国有物资能够合理分配使用，避免浪费，中央政府加强了对国有物资的统一管理和分配，决定建立统一的物资管理机构。1950年3月，成立了以陈云为主任的全国仓库物资清理委员会。各大行政区、省、市、县，军队系统各后勤部，各工厂各企业，均设仓库物资清理委员会。全国仓库物资清理委员会，集中清理库存物资，由中财委统一调拨库存物资，合理使用。

**3. 统一全国现金管理**

统一财经在金融方面最主要的措施是现金管理。统一现金管理，目的在于保证国家对资金的集中使用，调控通货流量，稳定金融和物价。中央人民政府指定中国人民银行为国家现金调度的总机构，代理国库。外汇牌价及外汇调度由人民银行统一管理。一切军队、机关、国营企业的现金除留若干近期使用外，一律存入国家银行。它们之间互相往来，使用转账支票进行结算。

**4. 统一全国的国营贸易工作**

在解放战争时期迅速发展起来的国营贸易公司，在各解放区起了保障供给和稳定市场的作用。但是，全国解放以后，其分散经营不能适应中央政府调控全国市场和统制外贸的要求，在1950年初财政收支尚未平衡、物价波动剧烈时期，尤其如此。1950年3月10日，政务院颁布《关于统一全国国营贸易实施办法的决定》，规定了国营贸易的经营规则及上下级关系，统一了全国的国营贸易工作。国营贸易的统一，对于加强中央政府的经济力量和调控市场的能力，起到了至关重要的作用。

**5. 统一财政收支，迅速接近平衡**

为解决财政赤字问题，1949年12月2日中央人民政府委员会第四次会议上，正式决定自1950年1月起发行1亿分人民胜利折实公债，以弥补一部分赤字。平衡财政收支重点在于统一财政收入，增加税源，加强税收征管，开源与节流同时进行。国民经济恢复时期，税收除批准征收的地方税外，所有关税、盐税、货物税、工商税的一切收入，均每日结算解缴中央金库；国营企业均须按时纳税，并将利润及折旧金的一部分，按企业隶属关系如期分别交中央和地方金库。支出方面，统一国家编制与供给标准，改变机构庞大，人浮于事，杜绝虚报冒领的现象。

## 三、财政经济状况的根本好转

经过财经工作的统一与调整，国家的财政收入大幅增加，1950年为

65.19亿元，1951年为133.14亿元，1952年为183.72亿元，1953年为222.86亿元。[①] 在战争第一、稳定物价第二的原则下，国家不失时机地进行了国民经济恢复所需要的重点建设。从实际收支情况看，除1950年支出略大于收入之外，1951年、1952年预算执行结果，收入都大于支出。预算从不平衡到平衡，执行结果从有轻微赤字到收入大于支出，充分说明共和国财政经济状况已经取得根本好转。[②]

财政收支的平衡促进了金融市场的稳定。由于实现现金管理，吸收公私存款，实行转账结算，同时发行公债回笼货币，调剂通货，流通中的货币量大大减少。据统计，天津私营行庄票据交换的次数，1950年1月每1元人民币流通52次之多，3月1日至20日流通降为8次。同年，上海3月份每1元人民币流通约15次，同1949年8月至9月每月流通30～45次相比，已大为降低；到4月上半月，每1元人民币流通尚不到4次，流通速度明显减缓。[③]

物价趋稳是财经状况健康的综合反映。由于财政赤字缩小，币值趋稳，投机资本无暴利可图，纷纷吐出囤积的物资。物价跌幅较大，市场一度出现市价低于牌价的现象，1950年3月时这种情况几乎遍及全国。中央政府乘机加强行政管理，实行价格平抑，使牌价与市价大体吻合，并有计划地投放一部分货币，适当收购物资，物价逐渐停止下跌。到6月，国家开始大规模调整工商业，物价逐步趋稳。7月以后，虽受朝鲜战争的影响，某些物品价格稍有波动，但人民生活必需品如粮食、纱布、燃料等价格仍是稳定的。北京、上海、天津等8大城市的零售物价指数如以1950年3月为100，1951年12月为94.6，1952年年底为93.7。[④]

---

① 财政部综合计划司编：《中国财政统计（1950—1991）》，科学出版社1992年版，第13页。

② 吴承明、董志凯主编：《中华人民共和国经济史·第一卷（1949—1952）》，中国财政经济出版社2001年版，第766页。

③《1949—1952中华人民共和国经济档案选编·综合卷》，中国城市经济社会出版社1996年版，第713～715页。

④ 吴承明、董志凯主编：《中华人民共和国经济史·第一卷（1949—1952）》，中国财政经济出版社2001年版，第347～348、766页。

新中国在帝国主义封锁禁运、国民党残余势力破坏捣乱、自然灾害十分严重的情况下，用了不到一年的时间就统一了全国财政经济工作，结束了抗日战争全面爆发以来连续 12 年的物价飞涨、市场波动的混乱局面。对于这个重大胜利，毛泽东评价它的意义“不下于淮海战役”①。

① 薄一波：《若干重大决策与事件的回顾（修订本）》（上卷），人民出版社 1997 年版，第 92 页。

# 第三章

# 过渡时期总路线和社会主义改造

早在新中国成立之初，对于新中国的走向，是继续走新民主主义道路，还是直接进入社会主义，党内外就存在过激烈的争论。按照1949年9月通过的《中国人民政治协商会议共同纲领》的规定，对生产资料私有制的社会主义改造，在新中国成立以后很快就开始进行了。1952年8月，毛泽东在中国人民政治协商会议第一届全国委员会常务委员会第三十八次会议上的《团结起来，划清敌我界限》报告中说："我们国家有前途，有希望。过去我们想，国民经济是否三年可以恢复。经过两年半的奋斗，现在国民经济已经恢复，而且已经开始有计划的建设了。"① 随着过渡时期总路线的提出和第一个五年建设计划的实施，对农业、手工业和资本主义工商业进行系统的社会主义改造，也在大力向前推进。

① 在国民经济恢复时期，我国在有些方面（如基本建设、工业）和地区（如东北），已经逐步实行计划管理。1951年2月18日，中共中央发出《政治局扩大会议决议要点》的党内通报，提出要确立"三年准备、十年计划经济建设"的思想，要求加紧五年计划的编制工作。

## 第一节　过渡时期总路线和“一五”计划

在中国实现社会主义，是中国共产党自创立时就确定的奋斗目标。但是，基于旧中国是一个经济文化十分落后的半殖民地半封建社会的基本国情，党确定实现社会主义必须分两步走，必须经过新民主主义革命才能转入社会主义革命。这是中国革命发展的必由之路。当时党中央认为：先经过一段新民主主义建设时期，再实行资本主义工商业的国有化和个体农业的集体化。

### 一、总路线是照耀我们各项工作的灯塔

随着新中国各项社会、政治、经济的改革和国民经济恢复的进展，中共中央根据国内外形势发展的需要，酝酿党在过渡时期的总路线。1952年9月，毛泽东在中共中央书记处会议上讲到，我们现在就要开始用十年到十五年的时间基本上完成向社会主义的过渡，而不是十年或者更长时间以后才开始过渡。

1953年6月，中共中央政治局正式讨论和制定了中国共产党在过渡时期的总路线。8月，毛泽东在一个批示中指出：“从中华人民共和国成立，到社会主义改造基本完成，这是一个过渡时期。党在这个过渡时期的总路线和总任务，是要在一个相当长的时期内，逐步实现国家的社会主义工业化，并逐步实现国家对农业、对手工业和对资本主义工商业的社会主义改造。这条总路线是照耀我们各项工作的灯塔，各项工作离开它，就要犯右倾或‘左’倾的错误。”① 1953年9月24日，中国人民政治协商会议全国委员会所发布的庆祝中华人民共和国成立四周年的口号，正式向全

①《毛泽东著作选读》（下册），人民出版社1986年版，第704页。

党、全民宣布了它的内容。12月，毛泽东在审定和修改中宣部关于党在过渡时期总路线的学习和宣传提纲时，再次写道："这条总路线是照耀我们各项工作的灯塔，各项工作离开它，就要犯右倾或'左'倾错误。"从此，"总路线是照耀我们各项工作的灯塔！""总路线万岁！"成了风行一时的口号，直到"大跃进"运动结束为止。

1954年2月10日，中共七届四中全会通过决议，正式批准了中央政治局提出的党在过渡时期的总路线。1954年9月15日至28日，第一届全国人民代表大会第一次会议通过了《中华人民共和国宪法》，以根本大法的形式，把中国共产党在过渡时期的总路线作为国家在过渡时期的总任务确定下来。

过渡时期的总路线是一条社会主义建设与社会主义改造同时并举的路线，被概括为"一化三改"、"一体两翼"。"一化"是逐步实现国家的社会主义工业化，这是主体；"三改"即逐步实现对农业、手工业和资本主义工商业的社会主义改造，这是"两翼"。工业化是社会主义改造的基础和目的；社会主义改造是工业化不可缺少的条件和手段。这两方面互相联系，互相促进，互相制约。

针对当时"一辆汽车、一架飞机、一辆坦克、一辆拖拉机都不能造"的情况，过渡时期总路线强调大力发展工业，特别是重工业，是符合当时中国实际的。经过三年国民经济的恢复和发展，当时我国国民经济各项指标已经达到或超过历史最高水平，但仍然是一个落后的农业国。同时，中国是一个人口众多的大国，面临着西方资本主义世界的经济封锁这样一个严峻的现实，为使年轻的人民共和国免遭扼杀的命运，必须加速包括国防工业在内的重工业生产建设的步伐。基于优先发展重工业的战略，"一五"计划在分配基本建设投资的时候，把重点放在工业上面，使工业部门的投资占各部门投资的58.2%。①

---

① 郭德宏主编：《历史的跨越——中华人民共和国国民经济和社会发展"一五"计划至"十一五"规划要览（1953—2010）》（上卷），中共党史出版社2006年版，第55页。

过渡时期总路线是建立在私有制已经阻碍了中国社会经济发展的认识的基础上的。因此，对于总路线的实质，1953 年10 月和11 月，毛泽东指出：“总路线也可以说就是解决所有制的问题”，“总路线就是逐步改变生产关系”①。之后，又进一步明确：“党在过渡时期的总路线的实质，就是使生产资料的社会主义所有制成为我国国家和社会的唯一的经济基础。”②当时，毛泽东估计这个过渡时期，大约需要十八年，即三年恢复时期(从中华人民共和国成立到1953 年)，加上三个五年计划。毛泽东认为中国大约在五十年到七十年的时间内，就是十个五年计划到十五个五年计划的时期内，可以建成一个强大的社会主义国家。

于是，社会主义改造的任务被摆在更加突出的位置上，成为过渡时期实际上的中心任务。过渡时期总路线的历史使命就是要在从中华人民共和国成立到社会主义改造基本完成的过渡时期内，完成对农业、手工业的合作化和私营工商业的社会主义改造，把资本家私有制、个体私有制改造成为社会主义的全民所有制和劳动人民的集体所有制，使社会主义公有制占统治地位。

## 二、“一五”计划：为实现过渡时期总任务而奋斗的纲领

第一个五年计划开始的时候，虽然我国的工业已经恢复并且超过历史上的最高水平，但是工业化的起点仍然很低，1952 年现代工业在我国工农业总产值中的比重只有26.7%，我国仍然是一个落后的农业国家。特别是经过抗美援朝战争和受复杂国际局势的影响，改变我国工业特别是重工业极端落后状况的客观要求显得更为紧迫。在这样的历史条件下，中国参照苏联的经验，选择了一条优先发展重工业的工业化道路。

### （一）“一五”计划的编制

对于刚刚取得全国政权尚缺乏建设经验而又处于世界工业化浪潮中的

① 《毛泽东文集》第6 卷，人民出版社1999 年版，第301、305 页。

② 中共中央党校中共党史教三室编：《中共党史学习文献简编》（社会主义革命时期），中共中央党校出版社1983 年版，第29 页。

中国共产党来说，第一次编制全国性的大规模建设计划，其难度是可想而知的。

1953～1957年发展国民经济的计划是中国的第一个五年计划。从1951年开始编制到1955年3月中国共产党的代表大会原则通过，“一五”计划边实施、边修改、边补充，历时4年，其间大的修改就有5次。陈云具体主持了这项工作。1955年4～5月，根据1955年3月中国共产党全国代表会议的决议，并吸收各省（市）和中央各部的意见，参考苏联顾问的建议后，对计划作了适当修改。7月30日，全国人大一届二次会议审议并正式通过“一五”计划。

为什么第一个五年计划已开始实行2年之后才编制出来？一是我国资源缺乏调查，统计资料也很少，多种经济成分同时并存，我们又没有编制长期计划的经验，建设工作的经验又很不够；二是1950～1953年抗美援朝战争的影响；三是苏联帮助我国建设的156个工业单位中的主要部分——第二批91个单位，到1953年5月才确定。缘于当时的主客观条件，“一五”计划只能一面进行建设，一面编制长期计划，在实施两年半后才定案，实施不到一年，便提前完成了。

（二）“一五”计划的主要内容

“一五”计划是以实现社会主义工业化为中心，根据党在过渡时期的总路线和总任务而制定的。“一五”计划的基本任务概括起来就是：集中主要力量进行以苏联帮助我国设计的156个建设单位为中心的、由限额以上的694个建设单位组成的工业建设，建立我国的社会主义工业化的初步基础；发展部分集体所有制的农业生产合作社，并发展手工业生产合作社，建立对农业和手工业的社会主义改造的初步基础；基本上把资本主义工商业分别纳入各种形式的国家资本主义的轨道，建立对私营工商业的社会主义改造的基础。具体指标是：工业总产值增长98.3%，平均每年增长14.7%；农业及副业总产值增长23.3%，平均每年增长4.3%。

“一五”计划的制订充分体现了计划工作认真、细致、谨慎、实事求是的原则和注重宏观经济综合平衡的特点。

1. **优先发展重工业和国民经济协调发展**

在投资结构上，“一五”计划的投资结构不是“百废俱兴”，而是经过反复权衡和深入讨论，中共中央作出了优先发展重工业的决策。五年基本建设的投资为427.4亿元，其分配如下：工业部门为248.5亿元，占58.2%；农业、林业和水利部门为32.6亿元，占7.6%；运输和邮电部门为82.1亿元，占19.2%；贸易、银行和物资储备部门为12.8亿元，占3%；文化、教育和卫生部门为30.8亿元，占7.2%；城市公用事业建设为16亿元，占3.7%；其他为4.6亿元，占1.1%。[①] 这样的投资结构突出了重工业与基础设施的地位，反映了新中国建立初期的经济发展和国内外环境的要求。

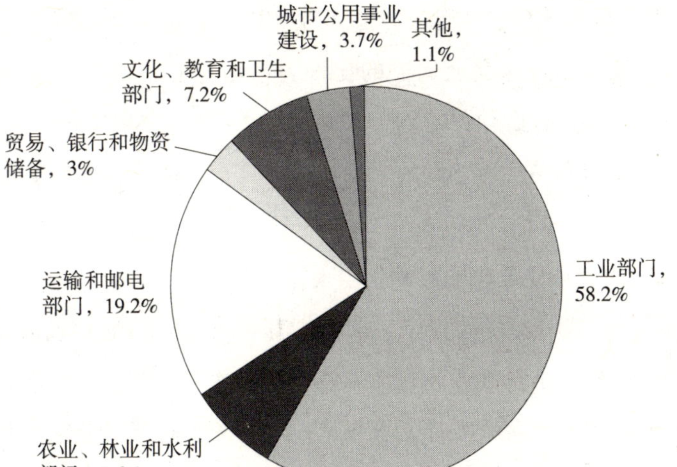


图3.1　第一个五年计划基本建设投资比例结构图

在建设投资规模上，既考虑需要，又考虑可能。“一五”计划开始编制时遇到一个很大的矛盾就是需要与可能的矛盾：计划安排的限额以上和

① 郭德宏主编：《历史的跨越——中华人民共和国国民经济和社会发展“一五”计划至“十一五”规划要览（1953—2010）》（上卷），中共党史出版社2006年版，第11页。

限额以下的项目有近万个，基建投资占了经济和文化教育事业总支出的55.8%，规模很大。针对这种情况，陈云指出：建设规模能否扩大，不单根据需要，还必须根据是否可能。① “一五”计划根据这一原则所安排的基本建设，尽管规模是巨大的，但大体上符合中国国情和国力，符合中国当时的经济状况和发展水平，从而进展比较顺利。

在工业布局问题上，注重了资源条件。我国原有工业的地区分布很不合理。据1952年的统计，沿海各省的工业产值占全国工业总产值的70%以上。“一五”计划对地区的分布作了比较合理的部署，一方面，合理利用东北、上海和其他沿海城市已有的工业基础，强调东北工业基地的改造；另一方面，尽可能地加强内地工业建设，将限额以上的工业建设单位中的大部分，分布在了中部、西部以及东北地区。

“一五”计划比较恰当地安排了工业和农业、重工业和轻工业、重工业各部门之间、工业与交通运输的比例关系。为了保证“一五”计划的顺利完成，陈云提出必须保持四个方面的平衡：财政收支平衡，外汇收支平衡，购买力与商品供应之间的平衡，电、煤、木材等若干种主要产品的供需平衡。②

**2. 计划的制订受苏联的影响相当大**

“一五”计划的制订过程中，从计划框架到主要内容以及发展思路，都在相当大的程度上参考了苏联计划体制运行的具体做法。周恩来曾带着计划草案专程到苏联向斯大林征求意见；米高扬曾向李富春通报了苏共中央和苏联国家计委对我国“一五”计划草案的意见，从经济发展速度、注重工业化、大力发展手工业和小工业、巩固人民币等方面提出了比较系统和具体的建议。③ 对于“一五”计划期间工业建设中心的156项大中型项目，苏联给予了全面的帮助，这对于我国大工业基础的奠定、科技队伍

① 郭德宏主编：《历史的跨越——中华人民共和国国民经济和社会发展“一五”计划至“十一五”规划要览（1953—2010）》（上卷），中共党史出版社2006年版，第19页。

② 苏星：《新中国经济史（修订本）》，中共中央党校出版社2007年版，第153～160页。

③ 李克穆：《中国宏观经济与宏观调控概说》，中国财政经济出版社2007年版，第49页。

的成长以及经济发展都起了很好的促进作用。

**3. 坚持自力更生为主、争取外援为辅的方针**

"一五"时期，国家财政收入共为1354.9亿元，国外贷款为36.4亿元，外债仅占总收入的2.7%。这个比例说明，主要依靠内部积累来取得经济建设所需资金。1952年8月制定的《中国经济状况和五年建设任务》草案中，明确提出资金积累的4个主要来源：（1）靠有计划地提高生产，降低成本，增加国营工商业的收入；（2）靠私人资本主义工商业的工商税收；（3）在改善农业生产条件下，增加农业税收入；（4）适当节约行政费用的支出。

## 第二节　农业的社会主义改造

新中国成立以前，土地问题是中国民主革命的中心问题。当民主革命大致结束的时候，新解放区土地改革的推行，不仅为了最后完成民主革命的任务，而且被当做对农业实行社会主义改造和国家实现工业化的必要环节。中国共产党和人民政府领导广大人民进行了土地制度史上前所未有的根本性革命，以农民土地所有制、社会主义集体土地所有制和社会主义国家土地所有制代替了封建社会和半殖民地半封建社会的封建土地所有制，谱写了中国历史土地制度的新篇章。

### 一、土地改革：农村生产关系的一场伟大变革

在进行抗美援朝战争的同时，根据中共七届三中全会的部署，从1950年冬到1953年春，中国共产党在新解放区占全国人口一多半的农村领导农民完成了土地制度的改革。广大新解放区开展的土地改革运动，是我国历史上规模最大的土地改革，是农村生产关系的一场伟大革命。

### （一）新解放区土地改革的开展和顺利完成

1950年6月，新中国成立将近一年了。而此时，全国尚有3亿农业人口的土地未实行土地改革。为贯彻七届三中全会精神，彻底摧毁封建土地制度，党和政府领导人民对封建制度发动了最猛烈的经济政治革命。

1950年6月14日，刘少奇在《关于土地改革问题的报告》中，对新解放区的土地改革工作作了具体说明。6月30日，中央人民政府政务院颁布了《中华人民共和国土地改革法》。法令明确规定全国范围内土地改革的基本目的是：废除地主阶级封建剥削的土地所有制，实行农民的土地所有制，借以解放农村生产力，发展农业生产，为新中国的工业化开辟道路；要在全国范围内彻底消除封建地主阶级，提高农民的政治地位，巩固工农联盟和人民政权。

图3.2 《中华人民共和国土地改革法》颁布

1950年的冬天，大规模的土地改革正式展开，参加土地改革的地区主要是华东、中南、西南、西北四大行政区。全国的土地改革采取了以点带面、点面结合的方法，根据条件成熟状况，有先有后，分期分批地进行。第一批于1950年冬季至1951年春季在1.28亿农业人口的地区进行。

第二批于1951年秋季至1952年春季在1.1亿农业人口的地区进行。第三批于1952年冬季至1953年春季在3000多万农业人口的地区进行。

新区土地改革，中央接受了历任中共中央中南局秘书长杜润生提出的"二步三段法"，即先搞减租反霸，后搞土地改革，土地改革又分两步（土地分配和土改复查）。

由于认真贯彻执行了《土地改革法》和有关法令，有领导、有计划、有步骤、有秩序地进行，经过3年多时间的工作，至1953年年底，全国新解放区的土地改革顺利完成。3亿无地、少地农民（包括老解放区农民在内）无偿地获得约7亿亩土地和大量生产资料，免除了过去每年向地主缴纳的约700亿斤粮食的超重地租，获得经济利益的农民约占农业人口的60%～70%。①

（二）历史性的胜利

这场"我国历史上规模最大的土地改革运动，是历次土地改革运动中进行得最顺利、搞得最好的一次"②，取得了巨大的成就。

**1. 彻底摧毁了封建土地制度**

全国土地改革的伟大胜利，彻底废除了统治中国近千年的地主封建剥削的土地制度，消灭了地主阶级的土地所有制，实现了农民土地所有制，从而进一步巩固了工农联盟。

从全国来看，占农村人口不到10%的地主和富农，土地改革前占有全部耕地70%以上，土改后下降为8%左右；而占农村人口90%以上的贫雇农和中农，土改前占有全部耕地面积30%以下，土改后则达到90%以上。③ 这说明，解决了旧中国农村土地占有关系极不合理的状况，地主封建剥削的土地所有制被消灭了，贫雇农的土地问题基本得到了解决。

---

① 国家统计局编：《伟大的十年》，人民出版社1959年版，第29页。
② 胡绳主编：《中国共产党的七十年》，中共党史出版社1991年版，第284页。
③ 国家统计局编：《伟大的十年》，人民出版社1959年版，第29页。

### 2. 促进了农业生产的发展

土地改革使农村生产力从地主阶级封建土地所有制的束缚下获得解放，农业生产得以发展。

在土地改革后，农民除了分得土地外，还分得了大量的生产资料和生活资料。包括耕畜296.74万头，农具3944万多件，房屋3785.86万间，粮食105.62多亿斤。[①] 根据对23省15432户农家的调查，土地改革结束时，各阶层平均每户占有主要生产资料的状况见表3.1。

表3.1　各阶层平均每户占有主要生产资料

| | 耕地（亩） | 耕畜（头） | 犁（部） | 水车（部） |
|---|---|---|---|---|
| 贫雇农 | 12.46 | 0.47 | 0.41 | 0.07 |
| 中农 | 19.01 | 0.91 | 0.74 | 0.13 |
| 富农 | 25.09 | 1.15 | 0.87 | 0.22 |
| 地主 | 12.16 | 0.23 | 0.23 | 0.04 |
| 其他 | 7.05 | — | — | — |

（资料来源：苏星：《土地改革以后，我国农村社会主义和资本主义两条道路的斗争》，载《经济研究》1965年第7期，第13页）

广大农民在自己的土地上自由地从事生产，生产积极性空前高涨，农业生产迅速得到恢复和发展，农业生产呈现了逐年上升的趋势。经过这次土改，农业总产值1952年比1949年增长了48.5%，年均增长14.1%，比战前历史最高水平1936年还高18.5%；粮食总产量1952年比1949年增长42.8%，年均增长12.6%。农民的生活水平也普遍提高。[②]

## 二、对农业的社会主义改造

新区土改刚刚结束，根据过渡时期总路线的基本精神，随即在全国范围内掀起了农业合作化运动。在中国建立社会主义制度的三大改造中，对

① 董志凯主编：《1949—1952年中国经济分析》，中国社会科学出版社1996年版，第80页。
② 郭熙保：《农业发展论》，武汉大学出版社1995年版，第292页。

农业的社会主义改造首当其冲，对资本主义工商业和手工业的改造起了重大的推动作用。这场伟大的变革，将中国广大农村的生产资料个体所有制改造为社会主义集体所有制，其影响是极为深远的。

（一）农业合作化之路

早在土地改革的过程中，中国共产党就在酝酿如何改造农村中的个体所有制的规划。农业生产合作社问题在1950年、1951年和1955年发生过三次争论。1951年围绕山西发展合作社问题的争论，是1950年春天围绕东北农村土改后出现新富农问题争论的继续。两次争论涉及的主要问题是土改完成后，要不要立即开始起步向社会主义过渡。在中共高层领导人中以围绕着山西农业合作化问题的争论为起点，最终确定分三个步骤来完成对农业的社会主义改造。[①]

图3.3　农民申请加入农业生产合作社

第一步是把分散的农民组织起来，成立互助组，实行小规模的生产

① 王新华、任军利：《从农业现代化看农业社会主义改造》，载《甘肃社会科学》2006年第3期。

合作，农户之间实行自愿互利。生产互助组的发展，对土改后农业生产的恢复起了重要的推动作用，也为农业改造准备了一定的条件。据国家统计局统计，1952年，互助组的产量一般比单干户要高出10%至30%。①

我国社会主义改造加速进行的转折点，是1955年夏党内开展的对所谓的“小脚女人走路”的批判②。早在1953年第一次全国农村工作会议上，中共中央农村工作部部长邓子恢和毛泽东在合作化速度上就存在不同意见。1955年5月，毛泽东察觉浙江收缩合作社问题后，警告邓子恢“不要重犯一九五三年大批解散合作社的错误，否则又要作检讨”。6月下旬起，邓子恢和毛泽东围绕农业生产合作社发展速度问题再次发生了争论。毛泽东把围绕这个问题的分歧，概括为“下马”与“上马”之争，大发展与小发展之争。

第二步在越来越多的农户参加互助组后，开始引导农民向初级社发展。这个阶段农业组织相对于第一阶段来看，农户数量要多、经营土地的规模要大，但土地仍归农民所有，只是土地入股分红。到1955年年底，全国已建立农业社194万多个，入社农户达到7500多万户，占全国农户总数的63.3%；到1956年春，入社农户已达到10668万户，占全国农户总数的90%。这表明我国农业生产的初级合作化已经完成。③

这一阶段，由于党内“左倾”思想的发展，出现了两次急躁冒进的倾向，中共中央连续两次反冒进。1955年3月，毛泽东还就全国农业合作社迅猛发展和部分地区的错误做法，与中央农村工作部负责人谈话，并将其总结为“方针是三字经，叫一曰停，二曰缩，三曰发”，即浙江、河北两省收缩一些，东北、华北一般停止发展，其他地区主要是新解放区适

① 董志凯主编：《1949—1952年中国经济分析》，中国社会科学出版社1996年版，第89页。
② 薄一波：《若干重大决策与事件的回顾（修订本）》（上卷），人民出版社1997年版，第337页。
③ 丛树海、张桁主编：《新中国经济发展史（1949—1998）》（上），上海财经大学出版社1999年版，第201页。

当发展一些，并强调“生产关系要适应生产力的发展，否则生产力会起来暴动”①。“停、缩、发”方针及有关政策的贯彻执行，使农村的紧张关系有所缓和。1955 年秋，据 12 个产稻谷的主要省份统计，每亩稻谷增产 10%；据 9 个产小麦的主要省份统计，每亩小麦增产 7%；据 8 个产大豆的主要省份统计，每亩大豆增产 19%；据 9 个产棉花的主要省份统计，每亩棉花增产 26%。②

图 3.4　农业合作化

第三步在初级社的基础上发展高级农业生产合作社。其特点是，农户的土地无代价转为集体所有，不再有土地分红，全社按照统一规划，实行集体劳动，统一经营，收入根据劳动量的多少进行分配。在阶级斗争和两条道路斗争的理论的指导下，农业合作化运动以异乎寻常的速度发展。到 1956 年 2 月，全国已有 87% 的农户加入了合作社，其中有 51% 的农户加

① 薄一波：《若干重大决策与事件的回顾（修订本）》（上卷），人民出版社 1997 年版，第 378—379 页。

② 国家统计局编：《我国的国民经济建设和人民生活》，统计出版社 1958 年版，第 182 页。

入了高级合作社。而到同年12月，全国加入合作社的农户达到96.3%，其中有87.8%的农户加入了高级社。① 高级社的建立，宣告我国农业社会主义改造基本完成。随着合作化高潮的到来，农村的富农经济被消灭了。对农业的社会主义改造只用了4年就奇迹般地完成，比原先的计划提前11年。

到1956年年底，基本上只剩下高级社一种形式，而这种形式在很大程度上是照搬苏联集体农庄的模式。这种否定分散的家庭经营、分配上采取平均主义的高级社，严重挫伤了劳动者的积极性，引起了广大社员的不满。1957年上半年全国许多地方发生了社员退社或要求退社的现象，有的地方甚至发展成为群众性的退社风潮，回到农民最熟悉的家庭单干老路上。

### （二）农业社会主义改造时期的巨大成就

新的经济制度彻底推翻了凭借土地私有而侵占他人劳动的基础，为每户农民发展提供了公平的起点。我国自近代以来积弱积贫的农业由此发生了根本变化。农业合作化的实现，促进了生产力的发展。农村中社会主义生产关系的建立激发了农民的生产积极性和创造性，广大农村出现了农业生产高潮。据统计，从1953～1957年，这五年中农村扩大耕地面积867万亩，新增灌溉面积21810万亩，水利投资26.7亿元。② 农业生产技术初步改进。1952～1956年，全国共推广使用化肥400多万吨，推广双轮单铧犁150多万件，推广使用农药28.5万吨。1956年，全国已建成拖拉机站326个，农业技术推广站14230个，畜牧兽医站2257个，民用牲畜配种站545个，新式农具站207个。③

探索了集体经济的经营管理模式和分配方式。引导农民走合作化的道路，把个体经济变为集体经济，从小生产变为大生产，是一场巨大的革命。党中央及其农村工作部在领导合作化运动的实践中，不断总结集体经

① 杜润生主编：《当代中国的农业合作制》（上册），当代中国出版社2002年版，第406页。
② 刘斌等编著：《中国三农问题报告》，中国发展出版社2004年版，第30页。
③ 董辅礽主编：《中华人民共和国经济史》（上卷），经济科学出版社1999年版，第164～165页。

济的经营管理方式，提出了以“包工包产”到组甚至到户的农业生产责任制，包括生产责任制和奖惩办法，并加以推广。“从而在组织上和制度上进一步巩固全社利益和社员个人利益的一致性”，并使生产责任制“尽可能从实际耕作段落的季节的包工制（小包工），逐步的过渡到实行常年的包工制（大包工）”① 等。到1957年间，党中央与农村工作部还进一步探索了合作社的规模和生产责任制等，落实自愿互利原则的机制和方法。②

为国家工业化的起步提供了重要条件。随着农业较快的增长，农业对工业建设和出口的贡献明显增大。1957年，以农产品为原料的轻工业产值达330.1亿元，比1952年增长70.6%，平均每年增长11.3%；农副产品及其加工品出口额占出口总额的比重保持在70%以上，“一五”计划期间又保持了连续5年的粮食净出口，5年共计净出口粮食997万吨，为国家创造了宝贵的外汇收入。同时，还为国家工业化建设积累了大量资金。这一时期，农民通过缴纳农业税累计向国家提供资金达150.68亿元，超过同期国家财政支援农业资金总额的51.3%。③

## 第三节　资本主义工商业的社会主义改造

农业互助合作运动的发展和粮食统购统销政策的实行，直接推动了资本主义工商业社会主义改造的进程。1953年9月，毛泽东在对民主党派和工商界部分代表谈话时说：“有了三年多的经验，已经可以肯定：经过

① 中华人民共和国国家农业委员会办公厅：《农业集体化重要文件汇编》（上册），中共中央党校出版社1981年版，第221～222、495页。

② 陈爱玉、唐筱霞：《论我国农业合作化道路的经验与启示》，载《世纪桥》2008年第4期。

③ 丛树海、张桁主编：《新中国经济发展史（1949～1998）》（上），上海财经大学出版社1999年版，第215页。

国家资本主义完成对私营工商业的社会主义改造，是较健全的方针和办法。”① 私营工业从低级国家资本主义形式（统购包销、加工订货）到高级国家资本主义形式（公私合营）发展的过程，事实上也是逐步改造其生产关系和逐步走向社会主义的过程。

## 一、民族资本主义工商业的调整

新民主主义革命在全国胜利和土地制度改革在全国完成以后，在资本主义企业和国家的各项经济政策之间，在它们和社会主义国营经济之间，在它们和本企业职工、全国各族人民之间，利益冲突越来越明显。打击投机倒把、调整和改组工商业、进行“五反”运动、工人监督生产、粮棉统购统销等一系列措施和步骤，必然地把原来落后、混乱、畸形发展、唯利是图的资本主义工商业逐步引上社会主义改造的道路。

### （一）对民族资本主义工商业的调整

1950年3月以后，由于因通货膨胀而形成的虚假购买力消失等原因，发生了商品滞销、工厂关门、商店歇业、职工失业增加的问题。据统计，1950年1月至4月，在14个城市中有2945家工厂倒闭，在16个城市中有9374家商店歇业。私营工业生产的产品，5月同1月相比，棉布减少38%，绸缎减少47%，卷烟减少59%，烧碱减少41%。② 以上海、北京、天津、武汉、广州、重庆、西安、济南、无锡、张家口十个大中城市为例，1950年第二季度私营工商业开业5903家，歇业12750家，歇业户多于开业户6847家。③ 不仅仅是歇多开少，而且还是歇大开小。正如当时天津百货业人士所说：“停业的是大楼，开业的是小摊。”民族资本主义工商业在生产和经营上遇到了新困难。

---

① 《毛泽东文集》第6卷，人民出版社1999年版，第291页。

② 李宗植、张润君编著：《中华人民共和国经济史（1949—1999）》，兰州大学出版社1999年版，第36～37页。

③ 中央工商行政管理局等编：《中国资本主义工商业的社会主义改造》，人民出版社1962年版，第113页。

在经济比例失调的条件下，中央下决心进行必要的调整。1950 年 6 月，中共七届三中全会着重研究了调整工商业的问题，明确提出了在统筹兼顾的方针下合理调整民族资本主义工商业的政策。毛泽东在会上特别强调不要“四面出击”。为了调整工商业，有关部门在六七月份先后召开了一系列全国性专门会议，研究本行业内的公私产销协调问题，帮助私营工商业克服和渡过困难。调整工商业主要包括三项内容：调整公私关系，调整劳资关系，调整产销关系。重点是调整公私关系，包括两个基本方面：一是调整公私工商业关系，一是调整税负。

人民政府主要采取了以下一些措施：

第一，对资本主义工业，政府在需要和可能的条件下，有组织地扩大加工订货、收购成品的数量，解决私营工业在原料、资金和产品销路等方面的困难，帮助它们维持生产。政府向私营工业企业加工订货，包括统购、包销、收购。1949 年，在全国私营工业产值中，加工、订货、包销、收购部分所占的比重仅为 11.5%，而 1950 年已达 27.3%。从占全国私营工业总产值近三分之一的棉纺业来看，1950 年下半年，为国家加工的部分已占其生产能力的 70% 以上。[①]

第二，对资本主义商业，政府主要采取了调整价格、调整经营范围和改进市场管理等措施，鼓励私商面向农村、面向城市居民，为活跃城乡物资交流服务。经过两个多月的价格调整，各地物价恢复到正常水平，这对于扭转商品滞销起到了显著的作用。政府制定了调整经营范围的原则，规定国营零售商店的经营品种以粮食、煤炭、纱布、食油、食盐、石油 6 种人民必需品为限，各地国营商业部门紧缩了一部分机构和减少了经营品种。合理划分公私商业各自的经营范围，对于实现国营商业的领导责任和发挥私人商业的积极作用，具有重要的意义。[②]

第三，政府在税收、公债、信贷等方面也采取了一些调整措施，以适

① 中央工商行政管理局等编：《中国资本主义工商业的社会主义改造》，人民出版社 1962 年版，第 113 页。

② 朱地：《陈云与建国后第一次经济调整》，载《马克思主义研究》1998 年第 1 期。

当减轻工商业者的负担，解决他们在资金周转中的困难。1950年6月，政务院财经委员会召开了包括工商界代表在内的各大行政区、各省区、各大中城市的税务局长会议，决定对税负进行调整，进一步简化了税种和税目，调整了税率，改进了征税的办法，对于纳税确有困难的私人企业，政府酌情予以减、免、缓。此外，政府还停止发行第二期公债，扩大对私营工商业的贷款，降低贷款利率等。这些信贷方面的调整措施，为解决私营工商业资金短缺的困难，起了雪中送炭的救助作用。

理顺了各种经济成分之间的关系，发挥了各种经济成分的积极作用，从而加快了恢复国民经济的步伐。据统计，1949年我国工农业总产值为466亿元，到1952年上升为827亿元，比1949年增长77%。1952年的主要工业产品产量，大都超过解放前的最高年产量；例如，钢为135万吨，比解放前最高年产量增长46.2%。生铁为193万吨，比解放前最高年产量增长7.1%；原煤为6649万吨，比解放前最高年产量增长7.4%；原油为43.6万吨，比解放前最高年产量增长35.7%；等等。①

对民族资本主义工商业的调整，初步奠定了我国五种经济成分并存、在社会主义国营经济领导下分工合作、各得其所的新民主主义的经济格局。1951年同1950年相比，全国私营工业户数增长11%，生产总值增长39%；私营商业户数增长11.9%，零售总额增长36.6%。1952年底，国有商业商品零售总额占全国商品零售总额的比重为33.4%，合作社商业占比重19.6%，私营、个体及其他经济成分的商业占46%，在全国范围内基本形成了公有制商业为主体、多种所有制商业共同发展的商业体系。②

### （二）"五反"斗争与第二次调整工商业

资本主义工商业调整并没有结束。由于调整工商业政策的贯彻执行，

① 朱地：《1950年调整工商业的历史作用》，载《理论探讨》1991年第4期。

② 胡绳主编：《中国共产党的七十年》，中共党史出版社1991年版，第291、292页。

民族资本主义获得了迅速的恢复。但是，进入1951年后，刚刚建立起来的新的经济秩序，受到了不法资本家的挑战。为了牟取暴利，不法资本家向国家机构内部派遣代理人，大肆进行行贿、偷税漏税、盗骗国家财产、偷工减料和盗窃国家经济情报的活动。据统计，北京、天津、上海等九大城市45万多家私营工商业中，不同程度犯有“五毒”行为的就有34万多户，占总户数的76%。[①]“五毒”行为严重地腐蚀了干部，破坏了抗美援朝和国家的经济建设。

面对这种严峻的形势，1951年12月，中共中央在党政机关工作人员中开展反对贪污、反对浪费、反对官僚主义的“三反”运动，强调必须把“三反”斗争看作像镇压反革命运动一样重要，要大张旗鼓地发动广大群众。1952年1月26日，中共中央发出在私营工商业者中开展一场声势浩大的反对行贿、反对偷税漏税、反对偷工减料、反对盗骗国家财产、反对盗窃国家经济情报的“五反”运动的指示。2月上旬，“五反”运动首先在全国各大城市展开，并很快掀起了高潮。

在运动中，中共中央及时地纠正了一些城市发生的逼供等偏向，并对具体方针和政策作出了明确的规定。斗争中，党和政府执行了“过去从宽，今后从严；多数从宽，少数从严；坦白从宽，抗拒从严；工业从宽，商业从严；普通商业从宽，投机商业从严”的政策。另外，根据私营工商业的表现，将他们分为守法户、基本守法户、半守法半违法户、严重违法户和完全违法户五类，并指出不得采用肉刑逼供方法。这样，打击了少数真正的顽固分子，促进了不法资本家的分化，也使绝大多数的私营工商业者放下包袱，保证斗争的健康发展。

1952年3月以后，“五反”运动转入定案处理阶段。根据对全国大城市工商户的审查和处理结果，守法户、基本守法户和半守法半违法户共占95%左右，严重违法户和完全违法户占5%。对于在运动高潮中曾经发生

---

① 汪海波：《中华人民共和国工业经济史（1949.10—1998）》，山西经济出版社1998年版，第53页。

的扩大化问题，在定案处理中也基本上得到纠正。1952年10月25日，中共中央批准了关于结束“五反”运动的报告，“五反”运动宣告胜利结束。

“五反”运动以疾风骤雨之势打击了不法资本家的“五毒”行为，对私营工商业抛弃旧社会的一些陋习、进行合法生产和经营起到了积极作用，维护了新的经济秩序；“五反”运动的胜利，巩固了工人阶级和社会主义国营经济的领导地位，在私营工商业中开始建立工人、店员监督生产和参与管理的制度，为对私营工商业实行社会主义改造创造了有利条件。

## 二、对资本主义工商业的社会主义改造

在国民经济恢复时期，对民族资本主义工商业强调实行利用和限制。利用和限制资本主义的过程，也就是改造资本主义的过程，虽然当时并没有充分意识到这一点。对资本主义工商业的社会主义改造全面展开，走出了一条从初级形式的国家资本主义到高级形式的国家资本主义的逐步过渡之路。国家资本主义成为改造资本主义工商业和逐步完成社会主义过渡的必经之路。1954年1月，中财委召开的扩展公私合营工业计划会议上指出，对民族资本主义工商业的社会主义改造，大体上分两个步骤进行：首先是从私人资本主义转变为国家资本主义，然后再从国家资本主义转变为社会主义经济。

### （一）初级形式的国家资本主义

国家资本主义的初级形式有收购、加工、订货、统购、包销5种。最早大量出现的国家资本主义是向私人加工、订货和收购产品。

“五反”运动也带来了影响社会经济发展的问题，一度出现物价下跌、商品销售不畅、贸易额下降、工人失业增加的现象。针对这些问题，1952年冬，各地根据中央的指示，又进行了一次调整工商业的工作。这次调整主要也是围绕调整公私关系、调整劳资关系和调整产销关系三方面进行的。很快，市场萧条局面得到扭转。

为了维持市场，国家扩大对私营工业的加工、订货及收购工作。统计

资料显示，1952年，加工、订货、统购、包销、收购的产值已从1949年占私营工业总产值的11.88%上升为56.04%；公私合营的工业企业有997户，产值占全国工业总产值的5%，资本额占公私合营和私营工业全部资本的24.5%。[①] 这就说明，私营工业的一半以上已经纳入了国家资本主义的初级形式，有将近四分之一的公私合营和私营工业资本跨入了国家资本主义的高级形式。

国民经济恢复时期，加工订货主要是作为恢复生产和国家掌握日用工业品的手段，作为调整工商业、加强国营经济的领导，促使资本主义经济改组的手段而发展起来的。随着国民经济的恢复与发展，对民族资本主义工商业改造的问题提上了日程。过渡时期总路线提出来后，国家开始对资本主义经济进行全面改造，有计划地扩展加工订货、统购包销的范围：由主要行业发展到一般行业，由大型企业发展到中小型企业，由大城市发展到中小城市。

1953年6月15日和19日，中央政治局两次召开会议，听取李维汉的《关于利用、限制和改组资本主义工商业的若干问题》的报告。时任毛泽东的政治秘书胡乔木提出把“改组”改为“改造”更为确切，毛泽东同意了胡乔木的提法。于是，从1949年3月中共七届二中全会提出对资本主义工商业“利用、限制”政策，发展到1953年6月政治局会议确定为“利用、限制、改造”。

1953年，国家规定，私营企业每年结算盈余，其利润分配为“四马分肥”。“四马”是指利润分配的四个方面：国家所得税、企业公积金、职工福利费、资方红利。分配的方法，是先缴纳所得税（一马），再按其余三方面进行分配（三马）。前三马占总利润的四分之三或比四分之三多一点，私营业主所得占四分之一（不超过四分之一）。总之，降低了私营业主的利润分成，从60%降到25%。

---

① 中央工商行政管理局等编：《中国资本主义工商业的社会主义改造》，人民出版社1962年版，第159、191页。

对资本主义工商业“利用、限制、改造”政策的实行，加工订货的数量增加、范围扩大，产品质量明显提高，私营工业自产自销的部分渐趋缩小，到1955年，加工订货产值已占到营业总产值的81.69%。[①]

表3.2　1953～1955年加工订货情况统计表

（单位：亿元）

| 年　　份 | 1953 | 1954 | 1955 |
|---|---|---|---|
| 全国私营工业总产值 | 131.09 | 103.41 | 72.66 |
| 加工、订货、统购、包销、收购价值 | 81.07 | 81.21 | 59.35 |
| 占总产值（%） | 61.84 | 78.53 | 81.69 |
| 自产自销价值 | 50.02 | 22.22 | 13.31 |
| 占总产值（%） | 38.16 | 21.47 | 18.31 |

注：1954年以后，由于许多私营工业企业已逐步转为公私合营，故加工订货产值增长不多或有所减少，但如扣除私营转为公司合营这一因素，1954年加工订货价值较1953年实际上升19.3%，1955年又较1954年上升1%。

（资料来源：李宗植、张润君编著：《中华人民共和国经济史（1949—1999）》，兰州大学出版社1999年版，第78页）

在商业方面，对批发商、进出口商和零售商采取了不同的改造形式。对私营批发商，1953年国家开始有计划地以国营商业代替私营批发商业。对粮食、食油和棉花实行了统购统销，对其他一些批发商，国家在已经控制了主要商品货源的前提下，分别采取了“留、转、包”三种不同的步骤和方式。通过以上形式，1954年，国营商业代替私营批发商业的工作基本完成，这就使私营零售商业不得不向国营商业进货，依存于国营商业。对私营进出口商进行社会主义改造的初级形式是委托经营和公私联营。对私营零售商，政府根据统筹兼顾的方针，采取了安排与改造相结合的政策，在步骤上采取了逐行逐业改造的办法。

1955年，社会主义商业在批发和零售方面都获得了很大的发展，逐

① 李宗植、张润君编著：《中华人民共和国经济史（1949—1999）》，兰州大学出版社1999年版，第78页。

渐占据统治地位，私营商业被大大削弱。1953～1955年，国营和合作社商业批发营业额占全国批发商业营业总额的比重由62.9%上升到94.8%，国营和合作社商业零售营业额占全国零售业营业总额的比重由49.4%上升到67.3%。同期，私营商业在批发和零售方面的营业额的比重，则分别由30.3%下降为4.4%和由50.3%下降为17.5%。[①] 国家资本主义的初级形式已经得到了普遍的发展。

（二）高级形式的国家资本主义

国家资本主义的高级形式是公私合营。全行业公私合营是对资本主义工商业进行社会主义改造的决定性阶段。

1954年1月，中央财政经济委员会提出关于有步骤地将资本主义工商业基本上改造为公私合营企业的意见。1954年9月20日，第一届全国人民代表大会第一次会议通过的《中华人民共和国宪法》第十条规定："国家对资本主义工商业采取利用、限制和改造的政策。国家通过国家行政机关的管理、国营经济的领导和工人群众的监督，利用资本主义工商业的有利于国计民生的积极作用，限制它们的不利于国计民生的消极作用，鼓励和指导它们转变为各种不同形式的国家资本主义经济，逐步以全民所有制代替资本家所有制。"

1954年9月，政务院第223次会议通过了《公私合营工业企业暂行条例》。当时，人们把大企业叫做苹果，把小企业叫做葡萄。《条例》颁布后，各大城市有计划地开展了扩展公私合营的工作，采取逐个企业合营的方式扩展公私合营，又称之为"吃苹果"式的合营。1954年12月，国务院"八办"和地方工业部联合召开第二次全国扩展公私合营计划会议。各地代表纷纷提意见说，中央吃光了"苹果"，不吃"葡萄"，把一大堆"葡萄"甩给地方，又小又烂，怎么办？会上又取得一项共识：把"葡萄"也收拾起来——进一步扩展公私合营。

毛泽东集中精力发动了农业合作化高潮之后，接着又发动了资本主义

① 国家统计局编：《我国的国民经济建设和人民生活》，统计出版社1958年版，第35页。

工商业全行业公私合营高潮。1955年10月27日和29日，毛泽东两次邀请全国工商界代表到中南海座谈。27日下午，第一次座谈会在中南海颐年堂召开，陈叔通、章乃器、李烛尘、黄长水、胡子昂、荣毅仁等应邀出席。座谈一直到晚上，毛泽东请大家共进晚餐，晚餐后继续座谈。29日下午，毛泽东又在中南海怀仁堂召集了一个有300人参加的大型座谈会，全国工商联执委会委员、在京的中共中央委员和候补委员、各人民团体以及政府各部门负责人等也参加了。两次谈话，都是劝告私营企业家安下心来，不要十五个吊桶七上八下，要认清社会发展规律，走社会主义道路，自己掌握自己的命运。

毛泽东的两次讲话极大地推动了形势发展。从1955年下半年到1956年，从个别企业公私合营逐步转为以全行业公私合营，按行业不分大、中、小企业同时合营，又称之“吃葡萄”式合营，形成了资本主义工商业社会主义改造的高潮。高潮首先从北京开始，之后是上海、天津，并发展到全国。面对全国各地的私营工商业者敲锣打鼓要求批准公私合营的形势，中央只好改变原来制定的在今后两年内分期分批实行全行业公私合营的计划，采取一次批准、全面合营、先收编、后改组的做法。

1956年1月25日，毛泽东在第六次最高国务会议上曾兴奋地说：“公私合营走得很快，这是没有预料到的。谁预料得到？现在又没有孔明，意料不到那么快。”① 到3月末，除西藏等少数民族地区外，全国资本主义工商业基本上实现了全行业公私合营。到1956年年底，占私营工业总产值99.6%的企业已经完成了所有制改造，主要形式是公私合营；占私营商业资本额93.3%的商店已经完成了所有制改造，其中公私合营部分占资本额的71.5%。② 与此同时，私营饮食业、服务业和运输业也基本上完成了社会主义改造。1956年，社会主义国营工业产值占工业总产

① 薄一波：《若干重大决策与事件的回顾（修订本）》（上卷），人民出版社1997年版，第423～424页。

② 中央工商行政管理局等编：《中国资本主义工商业的社会主义改造》，人民出版社1962年版，第220页。

值的67.5%，公私合营工业产值占32.5%，私人工业几乎全部消失。① 在商业、金融、外贸等部门，同样为高度集中的计划经济体制所控制。

在全行业公私合营后，对资本家的赎买由分配利润制度改为定息制度。1956 年年初，全行业公私合营高潮后，全国公私合营企业在这年上半年共发息 5757.1 万元，其中工业公司合营企业发息 4453.49 万元。②

图3.5　1956 年1 月15 日，工商界代表在天安门城楼上向毛泽东报告首都已实现全行业公私合营的喜讯　侯波摄

对资本主义工商业的社会主义改造是三大改造的重要组成部分，而全行业公私合营又是对资本主义工商业改造的决定性步骤。全行业公私合营促进了工业和整个国民经济的发展。全行业公私合营和定息政策的实行，又经过企业的改组、改革和公私共事关系的调整，公私合营企业的生产有了一定程度的扩大。1956 年公私合营工业企业的总产值较 1955 年这些企业的总产值增加了 32%。此外，公私合营商店、合作商店和合作小组的零售额，也比 1955 年这些企业的零售额增长了 15% 以上，表现了全行业公私合营的优越性。③

① 薛暮桥：《中国社会主义经济问题研究》，人民出版社 1979 年版，第 38 页。
② 汪海波：《中华人民共和国工业经济史（1949.10—1998）》，山西经济出版社 1998 年版，第 136 页。
③ 中央工商行政管理局等编：《中国资本主义工商业的社会主义改造》，人民出版社 1962 年版，第 234 ~240 页。

但是，在全行业公私合营的进程中，也有缺点和偏差。实事求是地清理这些缺点和偏差，是实事求是地评价全行业改造高潮的重要一环。毛泽东在一次新闻工作座谈会上就曾指出过：北京市锣鼓喧天“进入社会主义”，天安门开大会，彭真要我去，我去了。事先没有控制，发了信息。结果，全国都如此，“都进入社会主义”，不对。前前后后，参差不齐，才好。一下子都“进入社会主义”，遗留问题就多了。① 毕竟对资产阶级的多数人来说，还是在大势所趋的情况下不太勉强地交出了企业，他们的内心深处是心有余痛的。有的资本家白天敲锣打鼓，晚上回家抱头痛哭。总的来说，资本主义工业的社会主义改造时间过于急促、改造面过宽了，甚至把大量的原本属于个体劳动者或小资产阶级也列入了资本主义工商业的范畴，进行了全行业的公私合营，对于一部分原工商业者的使用和处理也不很适当。②

## 第四节　个体手工业的社会主义改造

个体手工业是以私有制和个体劳动为基础、从事商品生产的一种个体经济，在中国国民经济中占有一定的地位。手工业改造，涉及的行业广、数量多、就业面宽等，在过渡时期的国民经济建设中占有很重要的地位。到1952年，各种经济成分在国民收入中所占的比重分别是：国营经济19.1%、合作社经济1.5%、公私合营经济0.7%、个体经济71.8%、资本主义经济6.9%；个体经济和资本主义经济合计为78.7%，占到国民收

① 当代中国农业合作化编辑室：《中国农业合作史资料》1992年第4期，农业部农村经济管理干部学院研究所科研资料室，第53页。

② 薄一波：《若干重大决策与事件的回顾（修订本）》（上卷），人民出版社1997年版，第444～447页。

人的绝大部分。①

## 一、手工业合作化运动的三步走

从1953年起，中国共产党在过渡时期总路线的指导下，决定逐步对手工业进行社会主义改造。改造采取合作化的形式和逐步过渡的步骤，从手工业生产合作小组、手工业供销合作社，再发展为手工业生产合作社。中国个体手工业合作化大致可划分三个阶段：

第一阶段，1953年以前处在重点试办、典型示范的阶段。1951年6月至1952年8月间，中央共召开了二次全国手工业生产合作会议。这些会议总结了各地开展手工业合作化的情况和经验，进一步明确了手工业生产在国民经济中的重要地位。据统计，1950年，全国共有手工业生产合作社1300个，社员26万，股金151亿元。② 之后按照会议的要求，各地手工业生产合作社贯彻“先整顿，再发展”的方针，使各地手工业组织的内在质量得以提高，为手工业更快发展打下了坚实的基础。

第二阶段，1953年过渡时期总路线公布以后，手工业合作化进入了全国普遍发展的阶段。这一时期，手工业合作化运动，在方针上，是积极领导、稳步前进；在组织形式上，应当是有手工业生产小组、手工业供销生产合作社、手工业生产合作社；在方法上，从供销入手，实行生产改造；在步骤上，由小到大，由低级到高级。1955年年底，全国手工业合作组织发展到64591个，社员达到220.6万人，全年总产值达到20.16亿元。③

第三阶段，1956年春天开始，手工业合作化运动进入了高潮阶段。1956年1月，手工业社会主义改造的高潮，会同农业、资本主义工商业

---

① 王宏宝、李敏昌：《资本主义工商业改造对我国工业化建设的影响》，载《三峡大学学报（人文社会科学版）》2007年第5期。

② 汪海波：《中华人民共和国工业经济史（1949.10—1998）》，山西经济出版社1998年版，第76页。

③ 汪海波：《中华人民共和国工业经济史（1949.10—1998）》，山西经济出版社1998年版，第156页。

社会主义改造的高潮，在全国蓬勃兴起。这次合作化高潮，走在前列的是大城市，天津、南京、武汉、上海等大城市在几天之内就先后实现了手工业合作化。到2月20日，全国已有143个大城市（约占当时全国大中城市的88%）和691个县的手工业全部或基本上实现了手工业合作化。到1956年6月，除某些边远地区外，全国基本上实现了手工业合作化。

图3.6　1956年初手工业社会主义改造进入高潮，图为手工业者踊跃报名入社

手工业社会主义改造的热潮一直持续到1956年年底。此时，全国手工业合作社组织发展到104430个，社（组）成员达到603.9万人，全年产值达到108.76亿元。其中，手工业生产合作社74669个，社员484.9万人，全年产值100.93亿元。①

至此，中国手工业基本完成了社会主义改造任务。

## 二、手工业改造的成就

手工业社会主义改造基本完成以后，手工业生产纳入国家计划轨道，

① 汪海波：《中华人民共和国工业经济史（1949.10—1998）》，山西经济出版社1998年版，第157页。

这不仅有利于国家大规模的经济建设，还充分发挥了手工业在国民经济中的重要作用。1956年，手工业产值占我国工农业总产值的9.1%，占工业总产值的16.6%。① 随着手工业合作社的不断发展壮大，有力地扩充了地方工业，有的还成为地方工业的骨干力量，都是由落后的手工业经过三年五载苦战后发展起来的。②

由于生产关系的变革解放了生产力，使手工业生产得到较快发展。1957年和1952年相比，全国手工业产值增长82.8%，平均每年增长12.8%。③ 手工业的劳动生产率明显提高。1956年全国手工业的劳动生产率，比1952年提高了47.9%，比解放前最高的1936年则提高了近2倍。广大手工业者的收入大幅度增加。1956年，全部手工业生产合作社社员的平均工资比1952年增长了66%。④ 1957年手工业合作社社员的人均工资达到384元，较1956年增长10.7%，较1952年增长83.7%，5年中平均每年增长12.9%。⑤

创造了一条具有中国特色的个体手工业社会主义改造的道路，即由手工业生产小组到手工业供销生产合作社，再到手工业生产合作社的逐步过渡的形式。这是符合中国国情的。在一定时期既激发了个体手工业者的积极性，又能减少手工业合作化过程对生产带来的消极影响，发挥了合作化手工业对生产的促进作用。

不过，在手工业社会主义改造后期，也出现了一些缺点和偏差，过多过急和不加区别地实行合并和集中，以致手工业产品质量下降，花色品种减少的现象。一些服务行业和手工业在合并经营的条件下，对居民和手工业者自己都造成了许多不便。针对这种情况，1956年国务院发布了《关于目前私营工商业和手工业的社会主义改造若干事项的决定》，强调：

① 朱德：《发展手工业生产，满足人民需要》，这是1957年12月16日朱德在中华全国手工业合作社第一次社员代表大会上的讲话，见《朱德选集》，人民出版社1983年版，第363页。
② 顾龙生：《中国手工业改造的理论与实践》，载《中共党史研究》1990年第1期。
③ 汪海波：《新中国工业经济史（1949.10—1957）》，经济管理出版社1994年版，第395页。
④《朱德选集》，人民出版社1983年版，第364页。
⑤ 邓洁：《中国手工业社会主义改造的初步总结》，人民出版社1958年版，第89页。

图3.7　太原市手工业者在庆贺手工业社会主义改造取得成功的情景

“参加合作的个体手工业户，必须保持他们原有的供销关系，一般应该在一定的时间内暂时在原地生产，不要过早过急地集中生产和统一经营。”① 毛泽东也强调：“手工业中许多好东西，不要搞掉了。王麻子、张小泉的剪刀一万年也不要搞掉。我们民族好的东西，搞掉了的，一定都要来一个恢复，而且要搞得更好一些。”② 根据党中央的指示精神，盲目集中合并组成的手工业合作社，很大一部分改成了合作小组。这对提高手工业者的生产积极性，推动手工业生产的发展，是有利的。③

① 《中华人民共和国法规汇编（1956年1月～6月）》，法律出版社1956年版，第275页。
② 《毛泽东文集》第7卷，人民出版社1999年版，第12页。
③ 苏星：《新中国经济史（修订本）》，中共中央党校出版社2007年，第256页。

# 第四章

# 社会主义计划经济体制的建立

尽管在革命和根据地建设中，毛泽东从中国的国情出发创立了新民主主义理论，但在当时的条件下新民主主义模式不可避免地要受到苏联模式的深刻影响，并以建立苏联模式为其目标。“苏联的今天，就是中国的明天”是当时最响亮的口号。经过“跑步进入”社会主义的改造，我国的所有制结构发生了深刻的变化，我国从新民主主义的经济体制过渡到高度集中统一的计划经济体制。原计划用 18 年实现的目标只用了 7 年，我国初步建立起社会主义的基本制度，这是中国社会在 20 世纪实现的第二次历史性的巨大变化。

## 第一节 “一五”计划期间的建设成就

“社会主义革命的目的是为了解放生产力。农业和手工业由个体的所有制变为社会主义的集体所有制，私营工商业由资本主义所有制变为社会主义所有制，必然使生产力大大地获得解放。这样就为大大地发展工业和农业的生产创造了社会条件。”[①] 1956年，经过全国人民的努力，第一个五年计划提前完成。1957年，超额完成“一五”计划，取得了巨大的成就。

## 一、工业生产飞速发展

“一五”期间，中国工业生产所取得的成就，远远超过了旧中国百年来所达到的水平。

第一，工业生产能力的巨大增长，为我国工业进一步高速度发展创造了物质基础。“一五”期间，我国工业建设和生产所取得的成就远远超过了旧中国的一百年，新增的工业生产能力在中国历史上是空前的。1957年，工业总产值达783.9亿元，比1952年增长128.3%，平均每年增长18%。在工农业总产值中，工业总产值所占的比重由1952年的43.1%提高到1957年的56.7%。[②]

第二，初步改变了旧中国工业布局不合理的状况，促进了区域经济的平衡发展。“一五”期间，中国政府把苏联援建的156项工程和其他限额以上项目中的相当大的一部分摆在了工业基础相对薄弱的内地。在投入施工的150个项目中，其中民用企业106个，除50个布置在东北地区外，其余绝大多数分布在中西部地区，即中部地区29个，西部地区21个；44个国防企业，除部分造船厂摆在海边外，布置在中部地区和西部地区的有35个。对西部地区大规模投资，极大地改变了西部地区的落后面貌，促进了西部地区经济的发展和城市化进程。

第三，初步奠定了社会主义工业化的基础。“一五”期间，我国的经济结构和技术结构发生了重大变化。社会主义工业在整个工业生产中的比重增大。这在农、轻、重产值的变化中得到反映（见表4.1）。

---

① 《毛泽东文集》第7卷，人民出版社1999年版，第1页。

② 苏星：《新中国经济史（修订本）》，中共中央党校出版社2007年，第163页。

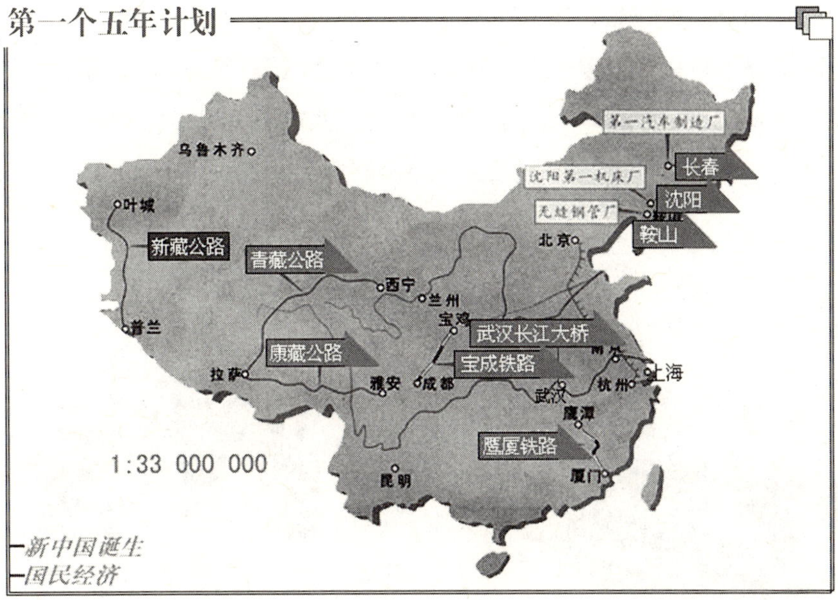


图 4.1　工业建设成就分布示意图（1953～1956 年）

表 4.1　“一五”期间我国的经济结构变化情况

| 年份 | 占工农业总产值（%） | | | | 占工业总产值（%） | |
|---|---|---|---|---|---|---|
| | 农业 | 工业 | 轻工业 | 重工业 | 轻工业 | 重工业 |
| 1949 | 70 | 30 | 22.1 | 7.9 | 73.6 | 26.4 |
| 1952 | 56.9 | 43.1 | 27.8 | 15.3 | 64.5 | 35.5 |
| 1956 | 48.7 | 51.3 | 29.6 | 21.7 | 57.6 | 42.4 |

基础工业得以加强，一些新兴工业部门也开始建立起来了，一些过去不能生产的产品也能够生产了。如飞机、汽车、发电设备、重型机器、新式机床、精密仪表、电解铝、无缝钢管、合金钢、塑料、电子器材的制造等。这些新工业的建立，改变了解放前我国工业门类残缺不全的面貌，为我国建立独立完整的工业体系、国民经济发展和技术改造奠定了基础。

第四，基础建设取得巨大成绩。5 年内，新建铁路 33 条，恢复铁路 3

条，新建、修复铁路干线、复线、支线和企业专用线共约1万公里。到1957年年底，全国铁路通车里程达19862公里，比1952年增长22%。全国公路通车里程达25万公里，比1952年增长1倍。工程艰巨的康藏、青藏、新藏公路相继通车。全国内河通航里程达14万公里，比1952年增长52%。航空线路长达2.6万公里，比1952年增长1倍。①

图4.2　天堑变通途：武汉长江大桥建成通车

“一五”期间，全国完成的基本建设投资总额达550亿元，其中国家对经济和文教卫生部门的基本建设投资总额达到493亿元，超过原定计划427.4亿元的15.3%。5年内，在实际完成的国家投资总额中，工业部门占56%，农林水利部门占8.2%，运输邮电部门占18.7%。在实际完成的国家投资总额中，生产性建设投资占76%，消费性建设投资占24%。②

另外，“一五”时期基本建设的效益也是比较好的，投资额与新增固定资产之比、固定资产交付使用率都是历次五年计划中最高的。

① 李宗植、张润君编著：《中华人民共和国经济史（1949—1999）》，兰州大学出版社1999年版，第118页。

② 董辅礽主编：《中华人民共和国经济史》（上卷），经济科学出版社1999年版，第284页。

表4.2　"一五"期间基本建设新增固定资产及固定资产交付使用率

（单位：亿元）

| 年份 | 投资额 | 新增固定资产 | 固定资产交付使用率（%） |
| --- | --- | --- | --- |
| 1953 | 90.44 | 74.14 | 82.0 |
| 1954 | 99.07 | 80.54 | 81.3 |
| 1955 | 100.36 | 86.47 | 86.2 |
| 1956 | 155.28 | 117.11 | 75.4 |
| 1957 | 143.32 | 133.92 | 93.4 |
| 合计 | 588.47 | 492.18 | 83.6 |

（资料来源：国家统计局固定资产投资统计司编：《1950～1985年中国固定资产投资统计资料》，中国统计出版社1987年版，第121页）

## 二、农业生产的发展

"一五"期间，中国不仅经历了社会主义改造这样深刻的社会变革，而且遇到各种自然灾害，特别是1954年历史上罕见的特大水灾，国家仍尽可能从政策、财力和物力等方面加强对农业的支持，农业生产仍然获得了很大发展。据统计，1957年全国农业总产值达到604亿元（按1952年不变价格计算），比1949年的484亿元增长了25%，平均年增长4.5%，超过原定计划。①

主要农作物产量有了很大增长。粮食产量和棉花产量平均每年的增长速度，粮食是3.7%，棉花是4.7%。主要农作物的亩产量有了很大提高，粮食亩产从1952年的91.5公斤提高到1957年的102公斤，棉花亩产从1952年的15.5公斤提高到1957年的19公斤。②

全国扩大耕地面积391万多公顷。1957年全国耕地面积达到11183万公顷，完成计划101%。5年内全国新增灌溉面积1453万多公顷，相当于1952年全部灌溉面积的69%。全国农作物播种面积1957年达到15724.4

① 吕征、史忠良主编：《从贫困走向小康——中国经济五十年》，经济管理出版社1999年版，115页。

② 董辅礽主编：《中华人民共和国经济史》（上卷），经济科学出版社1999年版，第276页。

万公顷，完成计划104%。①

这一时期，国家对水利事业的投资共达26.7亿元，平均每年5亿元以上。集中力量对水患严重的各大水系进行了治理，建成了大型水库13座。这些大型水利功臣，在防洪蓄水、灌溉发电等方面发挥了巨大的作用，有力地促进了农业发展。

## 三、人民生活得到改善

“一五”期间，在发展生产的基础上，全国人民的生活有了较快的提高。

就业人员增加。1957年，职工人数已达到2451万人，旧中国遗留下来的大批失业人员基本得到了安置。

人民收入和福利提高。到1957年，职工的年平均工资达到637元，比1952年增长42.8%。5年内国家为职工补贴的劳动保险金、医药费、福利费，5年共达103亿元，国家投资新建的职工住宅面积5年达1.916亿平方米。全国农民的收入比1952年增长30%。5年来，农业税的增收额一直稳定在1953年的水平上，农民负担相对减轻。②

城乡居民的医疗卫生条件有了很大改善。1957年医院、疗养院的床位有36.4万张，比1952年的18万张增长了102%，比1949年的8.4万张增长了333%，1957年已达到县县有医院，大量的乡镇有诊所。卫生技术人员大量增加，1957年有190.8万人，比1952年的104万人增加了83.5%。③

人民的储蓄额和消费水平不断增长和提高。“一五”时期，全国居民的平均消费水平，1957年达到102元，比1952年的76元提高了34.2%。其中，职工平均消费水平由1952年的148元提高到1957年的205元，提

① 国家统计局编：《伟大的十年》，人民出版社1959年版，第113～115页。

② 李宗植、张润君编著：《中华人民共和国经济史（1949—1999）》，兰州大学出版社1999年版，第119～120页。

③ 董辅礽主编：《中华人民共和国经济史》（上卷），经济科学出版社1999年版，第282页。

高了38.5%；农民平均消费水平由1952年的62元提高到1957年的79元，提高了27.4%。城乡居民的储蓄额1957年比1950年增长了20多倍。①

## 四、其他各项经济事业的发展

在工农业生产发展的基础上，商品流通也相应的扩大和发展起来。1957年社会商品零售总额为474.2亿元，比1952年（276.8亿元）增长了71.3%。商业通过采购工农业产品，供应工农业生产所需要的生产资料，扩大城乡物资交流、稳定市场物价等一系列工作，有效地促进了工农业生产的迅速发展。②

对外贸易也得到了巨大的发展。1957年进出口贸易总额比1952年增长62%。在进出口贸易结构上，继续实行进口替代政策。随着我国工业生产水平的提高，工矿产品在出口贸易额中的比重，已由1952年的18%上升到1957年的28%。③

总之，从经济增长的统计数据来看，“一五”计划相当成功。国民收入年平均增长率为8.9%（按不变价格计算），农业产出和工业产出每年分别以3.8%和18.7%的速度递增。由于人口年增长率为2.4%，而人均产出增长率为6.5%，这就意味着每隔11年国民收入就可翻一番。与20世纪前半叶中国经济的增长格局相比——当时产出增长率仅和人口增长率相当（而这年增长率均为1%左右）——第一个五年计划具有决定性的加速作用。就是同20世纪50年代大多数新独立的、人均增长率为2.5%左右的国家相比，中国的经验也是成功的。④

① 董辅礽主编：《中华人民共和国经济史》（上卷），经济科学出版社1999年版，第282页。
② 董辅礽主编：《中华人民共和国经济史》（上卷），经济科学出版社1999年版，第279页。
③ 刘国光主编：《中国十个五年计划研究报告》，人民出版社2006年版，108页。
④ 费正清主编：《剑桥中华人民共和国史》，上海人民出版社1990年版，第164、165页。

## 第二节　高度集中的计划经济体制

1956年，全国基本上实现了对农业、手工业和资本主义工商业的社会主义改造，基本建立了以生产资料公有制为基础的社会主义制度。此后直到中共十一届三中全会前，中国实行的是高度集中统一管理为主要特征的计划经济体制。“冰冻三尺，非一日之寒。”我国计划经济体制，是在1949年到1956年间逐步形成的。

### 一、1949～1952年为建立计划经济体制做准备

全国解放后的主要任务是，恢复被长期战争严重破坏的国民经济，争取财政经济状况的根本好转，为全国范围内大规模进行有计划的经济建设创造条件。围绕这个中心任务，国家通过没收官僚资本，壮大了国营经济，掌握了国家经济命脉；统一了财经工作，掌握了现金和物质，确立了国营经济对整个国民经济的领导地位。国营经济主要通过调节市场供求，体现其领导地位。

在中华人民共和国成立初期，没收官僚资本，建立国营经济，是彻底摧毁半殖民地半封建制度，建立新民主主义制度，迅速恢复国民经济和巩固人民民主专政的重要条件和根本保证。1947年10月发布的《中国人民解放军宣言》，明确郑重地向全国人民提出“没收官僚资本”的口号。1949年4月发布的《中国人民解放军布告》宣布：“没收官僚资本。凡属国民党反动政府和大官僚分子所经营的工厂、商店、银行、仓库、船舶、码头、铁路、邮政、电报、电灯、电话、自来水和农场、牧场等，均由人民政府接管。”① 据上述规定，人民解放军所到之处，立即将官僚资本收

①《毛泽东选集》第4卷，人民出版社1991年版，第1457页。

归人民所有。

中央人民政府政务院针对某些私营企业中还隐藏着一些官僚资本股产的情况，于1951年1月5日发布了《企业中公股公产清理办法》，2月4日又发布了关于没收私营企业中战犯、汉奸、官僚资本家及反革命分子股份及财产的指示。这些文件规定，将原国民政府及其国家经济机关、金融机关、前敌国政府及其侨民在企业中的股份及财产和依法没收归公的战犯、汉奸、官僚资本家等在企业中股份及财产，均收归人民政府所有，彻底清查处理隐藏在民族资本企业中的官僚资本。至此，没收官僚资本的任务彻底完成。

新中国成立之前，中国共产党关于建立计划经济的著名论断，是在经过毛泽东和刘少奇审阅、修改的《关于东北经济构成及经济建设基本方针的提纲》中所提出的："新民主主义经济之不同于普通的资本主义经济，还在于新民主主义的国民经济应该是在某种程度上具有组织性与计划性的经济。"当时，东北地区已经实行计划管理，全国只是开始为有计划的经济建设做准备。

第一，建立中央政府管理国民经济的机构。1949年9月，在7月成立的中央财政经济委员会的基础上，成立政务院财政经济委员会（仍简称"中财委"），统一领导财经工作，由陈云任主任。中财委内设财经计划局、技术管理局、财经统计局、私营企业管理局、外资企业管理局、合作事业管理局、财贸人事局、编译室等业务部门。在中财委之下，设立了财政部、贸易部、重工业部、燃料工业部、纺织工业部、食品工业部、轻工业部、铁道部、邮电部、交通部、农业部、林垦部、水利部、劳动部、人民银行总行、海关总署。① 地方政府也设立了与中央各经济部门相对应的经济管理机构。这标志着国家经济管理机构的框架基本确立。

这种框架确立后，又进行了一定程度的调整，这包括：1952年8月，中央人民政府委员会第17次会议对政务院机构进行调整，撤销了贸易部，

① 苏星：《新中国经济史（修订本）》，中共中央党校出版社2007年版，第179页。

建立对外贸易部和商业部；撤销食品工业部；从财政部中分离出粮食部；从重工业部中分出地质部；新组建国家统计局。12月25日把海关总署划归对外贸易部领导。1952年11月政务委员会上决定设立国家计划委员会。1952年11月15日，中央人民政府第19次会议通过了《关于改变大行政区人民政府（军政委员会）机构与任务的决定》，决定各大区行政机构一律改为行政委员会，作为中央政府的派出机构，不再是一级地方政府。原大行政区各部改为局，一部分由中央主管部门直接领导。以后还建立了“五口通商”的体制。

第二，形成了计划经济运行机制。这包括：为了国民经济的计划管理，建立了计划组织机构，即计划司及其下属机构，制定了计划编制方法及编制程序，确定了计划管理内容；建立了高度集中、统一管理的财政体制以统一财经；形成了以中国人民银行为核心和基础的金融体系；建立新的流通体制，实行统收统支，把全部资金置于中央贸易部统一管理下；建立商品调拨制度，从而把国家掌握的物资全部置于中央贸易部控制之下；对外贸易实行统一管理、集中经营；建立物资供应体制，到1951年，调拨的生产资料种类为33种，1952年增加到55种。在劳动就业方面，颁布了《关于劳动就业政策的决定》、《劳动介绍所通则》、《关于各地招聘职工的暂行规定》、《关于处理失业工人的办法》等，对用工制度进行了规范，集中了招工审批权；在工资制度方面，1951年政务院财经委员会提出在工资问题上采取由地区到全国逐步清理、逐步统一、逐步调整的方针。①

第三，开始编制国民经济计划。1950年5月，政务院财经委员会在汇总各部的专业计划的基础上，试编出《1950年国民经济计划概要》。包括1950年的粮棉增产、水利建设、林业、钢铁工业、化学工业、有色金属工业、地质调查及探矿、棉纺工业、造纸工业、铁路运输及修建、航务公路建设、邮电建设、粮食供应、花纱布供应、食盐产销、文教卫生费及

① 师吉金：《中国计划经济体制的建立及其初步改革》，载《党史研究资料》2003年第2期。

社会事业费等 20 多项事业发展的概括要求，并统筹安排了各方面的投资。[1] 1951 年和 1952 年也编制了这样的计划概要。从 1952 年 2 月开始，国家着手编制发展国民经济的第一个五年计划。

在这一阶段内，由于实行新民主主义经济政策，存在着多种经济成分，所以计划经济还不能覆盖所有方面，市场因素仍然起主导作用，体现了计划与市场双重因素发挥作用的格局。但是，整个国民经济呈现出计划的比重越来越大、市场比重越来越小的趋势。

## 二、1953 ~ 1955 年加快建设高度集中的计划经济体制

恢复被长期战争严重破坏的国民经济的任务完成后，从“1953 年起，我国已经按照社会主义的目标进入有计划的经济建设时期”[2]。这一时期总的发展趋势是，逐步缩小市场经济的范围，加快建立高度集中的计划经济体制。

集中力量做大事是计划经济体制的优越性的突出表现。从我国的基本国情出发，借鉴苏联模式，在我国建立起计划经济体制是当时符合国情的必然选择，对我国的经济及社会各项事业的建设和发展发挥了无可替代的作用。“一五”计划的提前和超额完成正好证明了这一点。

围绕着“一五”计划的基本任务，中央加强了集中统一管理。

第一，确立了国家经济管理机构。根据《中华人民共和国国务院组织法》，以政务院时期的经济管理机构为基础，确立了国家经济管理机构。机构改革包括：撤销了财政经济、政治法律等 4 个委员会，保留了国家计划委员会，新增国家建设委员会；增加了经济管理机构，国务院部级单位中从事经济管理的 20 个，比政务院时期增加了 5 个；增设了 20 个主办各项专门业务工作的直属机构，其中负责经济管理工作的有 5 个；增设了 8 个国务院办公室，除第一办公室主管政法，第二办公室主

---

① 《中华人民共和国经济和社会发展计划大事辑要（1949—1985）》，红旗出版社 1987 年版，第 7 页。

② 《刘少奇选集》（下卷），人民出版社 1985 年版，第 144 页。

管文教外，其余都涉及经济工作。其中第三办公室主管重工业，第四办公室主管轻工业，第五办公室主管财政、金融、贸易，第六办公室主管交通，第七办公室主管农业、林业、水利，第八办公室主管国家资本主义。

第二，对重点建设项目实行集中统一管理。基本项目（特别是大中型基本建设项目）投资的绝大部分都是由中央政府直接安排的，集中主要力量进行以苏联帮助我国设计的156个建设单位为中心的、由限额以上的694个建设单位组成的工业建设。从“一五”计划执行的结果来看，国家预算内投资达到531.18亿元，占基本建设投资总额的90.3%。[①] 中央政府各主管部门对重点建设项目的管理权非常集中，从人、财、物的调度，到设计施工，到生产准备的安排，一管到底。

第三，国家采取了直接计划与间接计划相结合的计划管理制度。国家下达了12个指令性指标：总产值、主要产品产量、新种类产品试制、重要的技术经济定额、成本降低率、成本降低额、职工总数、年底工人到达数、工资总额、平均工资、劳动生产率和利润。对多数公私合营企业和私营资本主义工业以及一部分手工业实行间接计划，主要由国家采用各种经济政策、经济合同和经济措施，把他们的经济活动引导到国家的计划轨道上来。随着社会主义改造的进行，国营经济比重不断扩大，计划经济的比重也不断扩大。“一五”期间，中央政府各部门直接管理的工业企业数大大增加了。

第四，国家实行统收统支的财政管理制度。为了提高企业超额完成国家计划的积极性，对中央各部门直属的企业超计划利润的分成和使用作了规定。国营企业超计划利润分成的计算，以年度为准，以主管部为单位，超计划利润扣除应提的企业奖励基金和企业社会主义竞赛奖金以后，以40%留归主管部使用，60%上缴国库。各主管部可以将超计划利润留成的一部分，分给企业用于弥补流动资金、基本建设资金和技术改造

① 《中国统计年鉴—1981》，中国统计出版社1982年版，第303页。

资金的不足。①

第五，从1953年起实行了“统存统贷”的信贷管理体制。这种管理体制使信贷业务高度集中在人民银行系统，各级银行吸收的存款全部上交总行，各级银行发放的贷款由总行统一核定指标，严格按照计划发放，基层银行不能擅自动用组织存款，不能自行决定对企业的贷款。1956年以后，根据“统一领导、分级管理、适当扩大地方权限”的原则，给予地方一定的贷款规模确定权。

第六，建立起计划分配、统一调拨的物资管理体制。“一五”前期，物资分配供应，有中央管理和市场供应两个渠道，相应的也有国家调拨和市场购买两种价格。“一五”时期，根据物资的性质将其分为三大类：国家统一分配物资、国务院各部门统一分配物资和地方管理物资。与这种物资管理体制相适应，在物资价格管理上，第一、二类物资都是按照国家的计划价格组织调拨，第三类物资的价格由地方或企业自行规定。

第七，对粮食等主要农产品统购统销政策。1953年10月16日，中共中央作出了关于实行粮食的计划收购和计划供应的决议；12月初开始，除西藏和中国台湾外，全国城乡开始实行粮食统购统销。1955年，国务院在全国实行“三定”，即定产、定购、定销，并规定定产、定购指标从1955年起三年不变；规定城镇居民应按劳动差别、年龄大小及不同地区的粮食消费习惯，分别规定每月口粮定量标准，并发放粮票。在粮食统购统销的同时，1953年11月，中共中央决定对食油、油料也进行了统购统销；随后，对棉布、棉花实行统购，并开始发行布票。

第八，劳动工资管理。在劳动管理方面，1953年以前，是在中央统一政策指导下，以大行政区管理为主。1954年撤销了大行政区，对劳动用工的管理逐步转到以中央集中管理为主。1955年改供给制为工资制，统一了国家机关工作人员的工资制度。中央规定：一切部门的劳动调配必

① 财政部：《关于一九五六年国营企业超计划利润分成和使用的规定》（1956年10月1日），《中国工业经济法规汇编》（1949—1981），中国社会科学院工业经济研究所情报资料室内部资料，第111页。

须纳入计划，增加人员必须通过劳动部门统一调配，劳动力调配实行“统一管理，分工负责”的原则。

总之，“一五”时期，我国在各个方面都加快建立了高度集中的管理制度，从而逐步形成了高度集中的计划经济体制。

## 三、1956年后基本建立了高度集中的计划经济体制

1956年我国基本完成了三大改造，多种经济成分并存的经济结构已经基本转变为单一的公有制经济。在此基础上，我国形成了高度集中的计划经济体制。

第一，健全国民经济管理计划机构。1956年5月，一届人大常委会第40次会议通过《国务院所属财经部门组织机构的议案》，对国家经济管理机构进行了一次比较重大的调整。设立了新的综合性职能机构：增设国家经济委员会，取代国家计划委员会的部分职能；设立物资供应总局；撤销了重工业部、燃料工业部，新设了城市服务部、水产部、冶金工业部、化学工业部、第三机械工作部、电机制造工业部、煤炭工业部、电力工业部、石油工业部、城市建设部、食品工业部、农垦部、森林工业部。

第二，扩大直接计划，缩小间接计划。国家计委统一管理、直接下达计划指标的产品，1953年为115种，1956年为308种；中央各部门直接管理的工业企业，1953年为2800多个，1957年增加到9300多个，户数约占中央和地方管理工业企业总数的16%。[①] 从产值看，1956年，中央直属企业在工业总产值中占49%，其中，在各部门所占的比重不一样，纺织、轻工业部门占23.8%，机械部门占47.2%，化工部门占57%，煤炭部门占72.2%，电力部门占83%，有色金属部门占87%，钢铁部门占94%。[②] 对农产品采购，计划部分一般也占采购总额的70%左右。

第三，计划分配的物质比重扩大。1956年以后，在物质管理上绝大

---

① 朱镕基主编：《当代中国的经济管理》，中国社会科学出版社1985年版，第43～44页。

② 柳随年、吴群敢主编：《中国社会主义经济简史》，黑龙江人民出版社1985年版，第171页。

部分采用调拨的办法，通过商品流通的部分已微乎其微。1953 年，国家计委和中央各部统一分配的物资是227 种，1957 年达到532 种。非计划分配的重要物质，品种、数量都大为减少。比如，通过商业部门向非申请单位供应的钢材占全国钢材供应总量的比重，1953 年为35.9%，1956 年下降到8.2%。①

第四，加强统购统销政策。1956 年10 月，国务院重申：除粮油棉统购外，烤烟、黄麻、苎麻、大蒜、甘蔗、茶叶、家蚕茧、生猪、羊毛、牛皮、土糖、土纸、废铜、废铝、废锡、若干种药材，供应出口的水果和水产品，都必须由国营商业或供销社统一收购。统购统销政策的实行，进一步扩大了计划经济的覆盖面，使指令性计划从工业领域扩大到农业领域，从城镇扩大到农村，从生产领域扩大到消费领域。

第五，劳动工资管理高度集中。1956 年，对工资实行集中管理，并且进行了全国工资改革。改革的内容包括：取消工资制度和物价津贴制度，直接以货币规定工资标准；统一并改进工人工资等级制度，工业工人一般实行八级工资制；改进企业职员和国家机关事业单位工作人员的工资等级制度；调整了工资关系；推广计件工资制，改进奖励和津贴制度等。

总之，1956 年以后，国有企业和公私合营企业已经形成了生产单一计划，供应统一调拨，销售统购包销，财经统收统支，劳动统包统配的体制，农业和手工业也逐步纳入国家计划。这表明，市场调节已经逐步被取消，高度集中的计划经济体制基本建立起来了。② 1954 年宪法第十五条规定："国家用经济计划指导国民经济的发展和改造，使生产力不断提高，以改进人民的物质生活和文化生活，巩固国家的独立和安全。"这表明，计划经济体制已成为我国法定的经济体制。

---

① 苏星：《新中国经济史（修订本）》，中共中央党校出版社2007 年版，第189 页。

② 苏星：《新中国经济史（修订本）》，中共中央党校出版社2007 年版，第190 页。

## 第三节 计划经济体制的初步改革

计划经济体制的建立，基本上是符合当时中国的实际状况的。这对于社会主义改造的顺利进行、对于在落后的情况下成功地进行“一五”计划建设、对于稳定社会秩序起了巨大作用，对于中国经济的走向和发展，也有着长远的影响。这种影响，既有正面的，也有负面的。计划经济的弊端，在“一五”计划实施的后期就有所显现。而对于这种弊端的认识，又促使中国共产党制定方针政策，进行经济体制的初步改革。

### 一、经济体制改革的初步设想

随着国家经济建设的发展，社会化大生产和专业化程度提高，部门、地区、企业内外的联系与协作日益密切，所有制结构日趋单一，我国初步建立起来的高度集中、统一僵化的经济管理体制所具有的弊端逐渐显露出来，与生产力发展的矛盾逐渐突出。高度集中的计划经济体制造成了两大矛盾：一是中央以条条管理为主，抑制了地方的积极性、主动性和创造性；二是一切权限掌握在国家手中，抑制了企业的积极性、主动性和创造性。

中央对经济统得过死，严重束缚地方和企业的手脚，地方领导反应很大。党和国家领导也觉察到经济管理体制方面存在的问题，开始寻求解决的途径。从1955年12月起，毛泽东、刘少奇等中共中央领导人抽出大量时间，或去全国各地调查，或在北京召集各部委领导人调查，或对各地汇总来的材料进行分析。1956年春，毛泽东在听取34个部委汇报工作期间，多次提出要改进经济管理体制。毛泽东指出：“光从思想上解决不行，还要解决制度政策。人是生活在制度中的，同样是那些人，施行这种制度，人们就不积极，敲锣打鼓，积极性也提不起来，施行另一种制度，人们就积极起来了。”① 这里所说的制度，就是体制。

新中国成立之后，我们以照抄和模仿苏联的经验为主，从1956年提出十大关系起，中国开始探索一条适合国情的发展道路。1956年4月，毛泽东在《论十大关系》中告诫全党：“最近苏联方面暴露了他们在建设社会主义过程中的一些缺点和错误，他们走过的弯路，你还想走？过去我们就是鉴于他们的经验教训，少走了一些弯路，现在当然更要引以为戒。”毛泽东指出：“把什么东西统统都集中在中央或省市，不给工厂一点权力，一点机动的余地，一点利益，恐怕不妥”；“各个生产单位都要有一个与统一性相联系的独立性，才会发展得更加活泼”。② 毛泽东在读苏联《政治经济学教科书》的笔记中说，高度集中的指令性计划经济是违背“人民群众创造历史”的原理的。③ 毛泽东的讲话为改进高度集中的计划经济体制指明了基本方向。

人民日報

马克思主义、列宁主义
毛泽东思想万岁！

论十大关系

毛泽东

图4.3 《人民日报》刊载《论十大关系》

中央开始讨论改变行政干涉过多的问题，以发挥地方和企业的积极

① 薄一波：《若干重大决策与事件的回顾（修订本）》（下卷），人民出版社1997年版，第809页。

②《毛泽东文集》第7卷，人民出版社1999年版，第23、29页。

③ 许多研究中国经济的中外学者认为，中国的经济体制改革是从1956年《论十大关系》开始的。这说明中国经济体制改革的历史具有继承性和连续性。

性。1956年5月，国务院召开了全国体制会议，检查了中央集权过多的现象，讨论了改进办法。6月23日，周恩来对改进经济体制的意义、原则和方法做了重要讲话。周恩来对于中央和地方分权有过精辟论述：中央与地方的关系，就是集权还是分权的问题。注意分权也就是为了集权，二者也是辩证的，不是绝对的，否则就犯错误。苏联在这个问题上就过分集中了。我们是在集权之下的分权，不是只有分权。发挥地方上的积极性，就有利于集权。①

1956年9月，刘少奇在中共八大上就改进高度集中的计划经济体制的原则问题做了进一步的论述。他说："企业领导工作的改进，不仅需要企业本身的努力，而且需要上级国家机关的努力。在这里，有必要指出这样一个事实，就是上级国家机关往往对于企业管得过多、过死，妨碍了企业应有的主动性和机动性，使工作受到不应有的损失。应当保证企业在国家的统一领导和统一计划下，在计划管理、财务管理、干部管理、职工调配、福利设施等方面，有适当的自治权利。……只有上级国家机关的强有力的领导同企业本身的积极性互相结合，才能把我们的事业迅速地推向前进。"②

在中共八大上，陈云在发言中系统地阐述了对社会主义改造基本完成之后我国经济体制的设想，提出了"三个主体，三个补充"的主张，即：在工商业经营方面，国家经营和集体经营是工商业的主体，个体经营是国家经营和集体经营的补充；在生产计划方面，计划生产是工农业生产的主体，按照市场变化而在国家计划许可范围内的自由生产是计划生产的补充；在社会主义统一市场里，国家市场是它的主体，国家领导的自由市场是国家市场的补充。③

1956年12月，毛泽东三次找工商界一些代表人士谈话，提出中国还

① 中共中央文献研究室编：《周恩来年谱（1949—1976）》（上卷），中央文献出版社1997年版，第567～568页。

②《刘少奇选集》（下卷），人民出版社1982年版，第233页。

③《陈云文选》第3卷，人民出版社1995年版，第13页。

图4.4　1956年陈云主持中共八大闭幕会
（资料来源：中国共产党新闻网：http://cpc.people.com.cn/GB/69112/83035/83320/5726304.html）

需要继续实行一段“新经济政策”。毛泽东说：“因为社会有需要，（地下工厂）就发展起来。要使它成为地上，合法化，可以雇工。……只要社会需要，地下工厂还可以增加。可以开私营大厂，订条约，十年、二十年不没收。华侨投资的二十年、一百年不要没收。可以开投资公司，还本付息。可以搞国营，也可以搞私营。可以消灭了资本主义，又搞资本主义。”① 这就再次表明了我国的所有制结构，不仅包括国营经济和集体经济，这是主体经济，而且还包括私营经济和个体经济，还有华侨投资。这一思想符合中国的生产力发展状况。

社会主义经济既要有计划性，也要有多样性、灵活性。要运用价值规律法则，使地方、企业及个人有一定范围的经营活动的自由。刘少奇在1957年几次讲到：社会主义经济的特点是有计划，是计划经济。但计划只能计划那么几类，而社会经济生活是几千种、几万种、几十万种，如果只强调计划性，就会挤掉灵活性。“我们一定要使社会主义经济的多样

① 薄一波：《若干重大决策与事件的回顾（修订本）》（上卷），人民出版社1997年版，第448页。

性、灵活性超过资本主义，使我们人民的经济生活丰富多彩，更方便、更灵活。”为此，“一定要有下面那样多的小计划，和中央的计划互相调整。但只是计划调整还不行，还要利用价值规律”。①

## 二、改革经济管理体制的方案

根据上述原则，党和国家初步拟定了改革经济管理体制的方案。1957年10月，中央扩大的八届三中全会基本通过了陈云主持起草的关于改进工业、商业和财政管理体制三个规定的草案，11月经过第一届全国人大常委会84次会议批准，准备从1958年起实行《关于改进工业管理体制的规定》、《关于改进商业管理体制的规定》、《关于改进财政管理体制的规定》三个文件。

这三个文件总的精神，是调整中央和地方、国家和企业的关系，把一部分工业管理、商业管理和财政管理的权力下放给地方和企业，以利于发挥地方和企业的主动性和积极性，完成国家的统一计划。中国共产党关于经济体制初步改革思想的具体实践，主要包括以下内容：

第一，适当扩大省（市）自治区管理工业的权限。调整现有企业的隶属关系，把由中央直接管理的一部分企业，下放给省（市）自治区领导，作为地方企业；增加各省（市）自治区人民委员会在物资分配方面的权限；原来属于中央各部管理现在下放给地方政府管理的企业，全部利润的百分之二十归地方所得，百分之八十归中央所得；在人事管理方面，增加地方的管理权限。

第二，适当扩大企业主管人员对企业内部的管理权限。在计划管理方面减少指令性的指标，扩大企业主管人员对计划管理的职责；国家和企业实行利润分成，改进企业的财务管理制度；改进企业的人事管理制度，除企业主要负责人员（厂长、副厂长、经理、副经理等）、主要技术人员以外，其他一切职工均由企业负责管理。

---

① 吕星斗主编：《刘少奇和他的事业》，中共党史出版社1991年版，第364页。

第三，改进商业管理体制。地方（省、自治区、市、县）商业机构的设置，由各省、自治区、直辖市人民委员会根据地方的具体情况决定；中央各商业部门设在生产集中的城市或者口岸的采购供应站（一级批发站、大型冷藏库、仓库），实行以中央各商业部门领导为主、地方领导为辅的双重领导；中央各商业部门所属加工企业，除了某些大型企业，地方认为管理有困难的以外，其余全部移交给地方，由地方商业部门直接管理；国务院每年只颁发收购计划、销售计划、职工总数、利润指标，允许地方在收购计划和销售计划总额的执行中有5%的上或下的波动幅度；中央各商业部门的企业利润，实行与地方全额分成；商品价格管理实行分工；实行外汇分成。

第四，划定中央和地方财政收支的范围，确定地方财政的收入来源，使地方有一定数量的机动财力来安排自己特殊的支出。地方财政收入，一般分为下列三种：地方固定收入、企业分成收入、调剂分成收入；明确计算地方正常年度支出的办法；规定分成的计算方法和分成比例三年不变；明确地方财政结余的处理和地方预算的编制；地方机动财力收入的限度的原则是使地方可以有适当数量的机动财力，同时又能够保证国家重点建设资金的需要；民族自治区财政的优惠政策。

通过这些措施，调整了中央和地方、国家和企业的关系，把一部分管理权下放给地方与企业，使它们能主动积极地完成国家的统一计划。这些改进措施在当时还是局限于国营经济的管理体制，还没有涉及整个国民经济管理体制和多种经济成分的发展问题。尽管如此，由于受苏联模式的影响，在实践中这些措施并未得到贯彻执行。

## 三、计划经济体制及其改革的得失

计划经济体制的建立与中国共产党人对计划经济的认识有关。中国共产党人认为：计划经济是马克思主义的应有之义，是和资本主义相区别的社会主义的优越性之一。依据马克思主义经典作家的有关论述，社会主义的一个基本特征是克服社会经济的无计划状态，而进行有计划的发展。如列宁曾把“计划经济”看成社会主义经济制度。① 仅有解放区经济建设经验而无全国经济建设经验、对资本主义经济状况了解不多而对于旧中国经济感性认识很强的中国共产党人对于这一点是坚信不疑的。他们认为计划经济是提高生产力水平、提高人民物质文化生活水平、巩固国防的条件。

中国建立计划经济体制与中国共产党对苏联模式的认识分不开的。苏联是世界上第一个建立社会主义制度的国家，对于倡导“以俄为师”而自己又没有多少经验的中国共产党人来说，苏联无疑是学习的榜样。并且，当时又认为苏联模式就是社会主义模式，而苏联体制就是以单一社会主义公有制为基础的高度集中的统一的经济体制。学习苏联，也必然要建立苏联模式的计划经济体制。

应该肯定，当时建立这样一种高度集中的计划经济体制还是必要的。因为我们当时面临着实现全国财政经济统一、对资本主义工商业进行社会主义改造和开展有计划的大规模经济建设的繁重任务，没有必要的集中，就不可能完成这些任务。而且，当时也并没有把一切全部统死。民族工商业者还存在，还拿定息，企业还可以实行计件工资和奖金。国营企业的部门管理体制也刚刚形成，还没有分割全部企业间的横向联系。特别是广大农村还没有实行“公社化”，农业生产基本上还是活的。更重要的是，在当时社会经济制度转轨中，我国政治稳定，社会安定，全国人民的爱国热忱、奉献精神、主动性和积极性都比较高。由于这些因素，抵消了一些经济体制过分集中的消极作用，使得当时的经济发展还比较顺利，不仅经济增长速度快，而且经济效益也比较好。不仅按计划完成了以156项重点工程为中心的经济建设任务，而且人民生活水平有了较大的提高。

从陈云起草的三个文件的内容看，中共中央了解了工业、商业和财政中存在的问题，力图通过下放权力来调整中央和地方、企业的关系。在所有制结构方面，以公有制为主体，多种所有制并存的思想已经萌芽；在经济体制方面，改变高度集中的计划经济体制，对部分恢复市场经济，已经

---

①《列宁全集》第35卷，人民出版社1959年版，第555页。

有了比较清晰的思路；在管理体制方面，提出了扩大地方和企业自主权的思想。这三个文件的方向是合理的，步骤也是比较稳妥的。

由于历史条件和认识水平的限制，当时尚不可能找到解决经济管理体制弊病的根本方法。对于如何认识我国社会主义经济是在公有制基础上的市场经济；指导性计划怎样运用经济杠杆去实现；指令性计划怎样运用价值规律；对于不同企业的经济活动，怎样给予不同程度的自主权等一系列重大问题，并未能进一步解决。所以，这个改革经济管理体制所提出的一些方案还是带有探索性的。[①] 在当时的情况下，能够做到这一点已经是难能可贵了。

中共八大以后，党和政府在部分领域内运用了这些体制改革的思想理论。如以所有制结构为例：在城镇，分散了一部分过于集中的小手工业和小商业，个体经济和自由市场也有所恢复和增加。在农村，允许一部分生产资料如鱼塘、菜地、果园、桑园、成片林木等可以暂不入社，归原主经营；允许社员家庭饲养一定数量的大牲畜；增加了社员的自留地，由原定一般不超过当年人均土地的5%，增加到不超过10%；允许副业生产等采取大公经营、小公经营和个体经营等多种方式。这样，个体工商业户有了增长，手工业者人数有了增加。[②] 但是，可惜的是，随着“大跃进”和人民公社化运动的开展，经济体制改革被停止了。

中共十四大报告对计划经济体制作出了中肯的评价，“原有经济体制有它的历史由来，起过重要的积极作用，但是随着条件的变化，越来越不适应现代化建设的要求”。经济体制改革的理论与实践，不但在当时促进了经济的发展，而且为中共十一届三中全会以来的经济体制改革准备了理论和实践的基础，因此对中国社会的变迁产生了现实的和长远的影响。而经济体制改革的停止，又直接影响到中共十一届三中全会以前中国经济的发展，对中国经济的发展也产生了现实的和长远的影响。

---

① 李宗植、张润君编著：《中华人民共和国经济史（1949—1999）》，兰州大学出版社1999年版，第135页。

② 师吉金：《中国计划经济体制的建立及其初步改革》，载《党史研究资料》2003年第2期。

# 第三篇

## 动荡发展时期的中国经济

(1958～1978年)

社会主义改造完成后，我国开始探索一条适合中国国情的社会主义建设道路。探索在中国如何建设社会主义道路，主要是两大问题：一个是社会主义条件下的阶级斗争问题，一个是社会主义建设中的规模速度问题。“建国后的头八年，也就是从一九四九年到一九五七年上半年，我们的发展是健康的，政策是恰当的”，“社会主义时期我们的失误主要来自‘左’的方面，而‘左’的事情从一九五七年就开始了。”1957年的反右派运动扩大化造成了负面的影响，1958年的“大跃进”和人民公社运动，“完全违背客观实际情况，头脑发热，想超高速发展”，给我们带来很大灾难。“我们花了三年时间，纠正错误，才使情况又好起来。”然而，“左”的指导思想并没有根除，“‘文化大革命’十年浩劫，中国吃了苦头”，整整耽误了我们十年时间。[1] 1958～1978年，我国在阶级斗争和建设规模速度两大问题上都一再发生严重失误，社会主义道路探索过程中出现歧途和曲折，这就使得我们没有取得本来应该取得的更大成就。

---

① 《邓小平文选》第3卷，人民出版社1993年版，第253、234、269页。

# 第五章

# 社会主义经济建设的初步探索

社会主义改造基本完成以后，我们党领导全国各族人民开始转入全面的大规模的社会主义建设。"一五"计划的成就，极大地振奋了全党、全国各族人民的同时，急于求成、骄傲自满的情绪开始滋生蔓延。1957 年上半年，中共还在继续探索自己的建设社会主义的道路。从 1957 年下半年开始，我们就犯了"左"的错误①。1958 年中共八大二次会议通过了"鼓足干劲、力争上游、多快好省地建设社会主义"的社会主义建设总路线，随后全国发动了浩浩荡荡的"大跃进"和人民公社化运动。"三面红旗"（社会主义建设总路线、"大跃进"、人民公社化运动）是历史的产物，1958～1960 年社会主义经济建设的初步尝试，有收获也有曲折，有经验也有教训，这些探索与调整都是实践中的宝贵财富。

## 第一节　社会主义建设总路线

完成对农业、手工业、资本主义工商业的社会主义改造之后，我国拉

① 《邓小平文选》第 3 卷，人民出版社 1993 年版，第 269 页。

开了探索社会主义建设道路的序幕。总路线是在社会主义建设过程中逐步形成的。从1958年5月中共八大二次会议一直到1978年12月召开的中共十一届三中全会整整20年的时间里，我国的经济建设，都是在“鼓足干劲，力争上游，多快好省地建设社会主义”的总路线的指导下进行的。

## 一、1957年整风运动与反右派运动

1956年秋冬，波匈事件，特别是1956年10月在匈牙利出现动乱的影响，国内社会改造的急促和变化的深刻，加上经济建设中未能克服冒进，使经济和政治生活中出现某些紧张。① 毛泽东认为，经过镇反、肃反，反革命分子已经基本上不存在了，不会出现与国外反动势力结合的危险。今后中共的主要任务就是解决执政党与人民群众的关系，克服执政中的官僚主义、宗派主义和主观主义。于是，毛泽东提出了正确处理人民内部矛盾的问题，并决定以此为指导思想，采用民主的方式开展党内整风。1956年11月，中共八届二中全会上，毛泽东明确宣布明年要在全党开展一次新的整风运动。

1957年2月27日，毛泽东在最高国务会议第十一次扩大会议上作了《关于正确处理人民内部矛盾的问题》的讲话。他说，这个讲话所谈的问题已经“在心里积累了很久”。会后4天，中宣部部长陆定一便在报纸上公开宣布，中共要“安排一次全党范围的新的整风运动”②。毛泽东似乎觉得言犹未尽，决定再讲一次。于是，3月12日又召开了全国宣传工作会议。与以往不同，这次会议邀请了科学、教育、文艺、新闻、出版各界160多名非党内人士参加，比例达全体与会者的1/5。③

毛泽东的讲话传达下去之后，反响更大。知识界和民主人士反应热烈，表示拥护毛泽东的讲话，谈论最多的就是“双百”方针。毛泽东当时最担心的是执政党失去人们的支持，所以整风的矛头也是对准党内的。

---

① 胡绳主编：《中国共产党的七十年》，中共党史出版社1991年版，第353页。
② 《人民日报》1957年3月5日。
③ 沈志华：《一九五七年整风运动是如何开始的》，载《中共党史研究》2008年第6期。

毛泽东、刘少奇分途南下，沿路作报告，要求党的干部充分认识由革命到建设的深刻转变，充分理解党现在采取的正确处理人民内部矛盾的方针，“文学艺术、科学技术会繁荣发达，党会经常保持活力，人民事业会欣欣向荣，中国会变成一个大强国”。① 从1957年3月17日到4月上旬，毛泽东先后到了天津、山东、江苏、上海、浙江等省市。所到之处，都要召开座谈会，对当地党员干部发表讲话，走一路，讲一路。这次沿途演讲，实际上成了全党整风的思想发动。

需要说明的是，在中共最高决策层，对于当时普遍出现的反映人民内部矛盾的社会现象，关注点是不同的，解决问题的主张也是各有侧重。同样是处理“少数人闹事”，同样是整顿党风，毛泽东显然更倾向于开展思想教育运动，从意识形态方面下手，而刘少奇和国务院领导人则比较重视调整政策，强调解决人民当前利益、处理好人民生活问题。毫无疑问，刘少奇的这种态度和观点代表了当时党内多数干部，特别是基层干部的心声，而恰恰这一点，是毛泽东所不能赞同的。这在很大程度上促使毛泽东下决心提前进行开门整风。②

毛泽东为了推动整风，回到北京后接连亲笔起草了几个中央文件。1957年4月27日，中共中央发出《关于整风运动的指示》。文件首先批评党的许多干部，“在一个新的剧烈的伟大的变革中”，“并不了解或者不很了解这种新情况和党的新任务”。同时，党内“脱离群众和脱离实际的官僚主义、宗派主义和主观主义，有了新的滋长”。因此，有必要“在全党重新进行一次普遍的、深入的反官僚主义、反宗派主义、反主观主义的整风运动，提高全党的马克思主义的思想水平，改进作风，以适应社会主义改造和社会主义建设的需要”。③

1957年5月1日，中共中央关于整风运动的指示公开发表在《人民日报》上，在社会主义改造基本完成、社会主义建设即将全面展开的历

---

① 胡绳主编：《中国共产党的七十年》，中共党史出版社1991年版，第355页。
② 沈志华：《一九五七年整风运动是如何开始的》，载《中共党史研究》2008年第6期。
③《人民日报》1957年5月1日。

史转折关头，一场轰轰烈烈的全党整风运动开始了。与此同时，中共中央统战部召开民主党派负责人和无党派人士座谈会，征求对党的工作的意见。广大群众和爱国人士积极响应中共中央的号召，向各级党组织和党员干部提出了大量有益的批评和建议。1958年夏，整风运动宣告结束。

整风期间，出现了一些对中国共产党与社会主义制度怀疑和不满的言论。毛泽东认为这是资产阶级右派分子向党的猖狂进攻，必须坚决反击。1957年5月下旬毛泽东写出《事情正在起变化》，标志中共中央的指导思想开始发生变化，运动的主题开始由正确处理人民内部矛盾转向对敌斗争，由党内整风转向反击右派。6月8日，中共中央发出《关于组织力量准备反击右派分子进攻的指示》。同日，《人民日报》也发表了《这是为什么?》的社论。要求各省市级机关、高等学校和各级党报都要积极准备反击右派分子的进攻。认为"这是一场大战（战场既在党内，又在党外），不打胜这一仗，社会主义是建不成的，并且有出匈牙利事件的某些危险"①。从此，一场群众性的急风暴雨式的大规模的反右派斗争在全国陆续展开。1958年夏，反右派斗争基本结束，有55万人被划为右派分子，除极少数是真右派外，绝大多数或者说99%都是错划的②。

## 二、"多快好省"、"超英赶美"与"反冒进"

早在第一个五年计划执行期间，毛泽东就多次讲过，领导工作要采取又多又快又好的方法。1955年10月，毛泽东在七届六中全会上提出，要讲有些什么好办法可以使合作社办得又快又多又好。不久，在中央政治局会议上，毛泽东又提出社会主义经济建设也要"又多又快又好"，后来采纳李富春的建议，在多、快、好三个字的后边加上了一个"省"字。1955年冬，中共中央就提出了又多又快又好又省地建设社会主义的方针。

---

① 中共中央文献研究室编：《毛泽东传（1949—1976）》，中央文献出版社2003年版，第706页。

② 薄一波：《若干重大决策与事件的回顾（修订本）》下卷，人民出版社1997年版，第641页。

1956年1月1日，《人民日报》在《为全面地提早完成和超额完成五年计划而奋斗》的社论中，提出“要又多、又快、又好、又省地发展自己的事业”，从而把“多快好省”的口号向全国发表了。

1956年初，在社会主义改造高潮中，已经出现了要求过急、步子过快的问题。在经济建设中也出现了急躁冒进倾向。周恩来及时发现了这种只是片面追求“多”、“快”，而忽视“好”、“省”的倾向。他批评并纠正了这种冒进倾向。后来在贯彻“农业发展纲要40条”问题上也出现了急躁冒进的现象。1956年1月27日，中共中央政治局提出了《1956—1967年全国农业发展纲要》。“农业发展纲要40条”规定，要在12年内，粮食每亩平均年产量的目标；规定了12年内农民物质文化生活所要达到的水平，以及1956~1967年12年内，农业生产和农村工作发展所要达到的目标。但是有些部门和地方，却不顾客观条件，企图把12年要完成的事，只在3~5年内甚至更少的时间内完成。如有的地方，本来粮食亩产只有150斤，但却企图在1年内就把产量提高为800斤。

1956年6月20日，《人民日报》发表了题为《既要反对保守主义，又要反对急躁冒进》的社论。指出，任何人不可超越客观情况所许可的条件去计划自己的行动，不要勉强去做那些实在做不到的事情。对于又多、又快、又好、又省的建设方针不能片面理解，不能只注意多快，不注意好省。1956年9月，周恩来在中共八大所作《关于发展国民经济的第二个五年计划的建议的报告》中也批评了这种倾向。当时中央许多领导同志都认为，应该努力去做那些客观上经过努力可以做到的事，如果不是这样，就要犯右倾保守错误。但同时又要避免超越现实可能的条件，去做那些客观上做不到的事，如果不是这样，就要犯盲目冒进的错误。

1956年我国提前完成第一个五年计划，人民群众在生产建设中发挥了高度的社会主义积极性和创造性，这是有利的客观形势。在这种形势下，毛泽东认为经济建设应该搞得更快一些，而且也能搞得更快一些。1957年7月，毛泽东在中共八届三中全会扩大会议上却对反对急躁冒进进行批评。他批评纠正急躁冒进是扫掉了几个东西，一个是扫掉了多、快、好、省，扫掉农业发展纲要40条，还扫掉了促进委员会。他认为，要全面理解多、快、好、省，他认为反冒进，是不要“多”了，不要“快”了，还是应当尽可能争取多一点，争取快一点。

1957年7月17日至21日，中共中央在青岛召开省市委书记会议，着重讨论了反右派斗争问题。毛泽东在会议期间写了《一九五七年夏季的形势》一文印发与会者阅读。毛泽东提出：在我国建立一个现代化的工业基础和现代化的农业基础，从现在起，还要10～15年。10～15年以后的任务，则是进一步发展生产力，进一步扩大工人阶级知识分子的队伍，准备着逐步地由社会主义过渡到共产主义的必要条件，准备以8～10个5年计划在经济上赶上并超过美国。①

“超英赶美”思想正式作为号召提出是在1957年年底。1957年11月，毛泽东在莫斯科参加十月革命四十周年纪念，赫鲁晓夫在会上表示苏联在工农业最重要的产品的产量方面用15年时间赶上和超过美国。11月18日，毛泽东在各国共产党、工人党代表会议上呼应赫鲁晓夫，宣布：中国要在15年左右的时间内，在钢铁和主要工业产品的产量方面赶上英国。12月2日，刘少奇在中华全国总工会第八次全国代表会议上代表党中央正式宣布：“在十五年后，苏联的工农业在主要产品的产量方面赶上或者超过美国，我们应当争取在同一时期间，在钢铁和其他重要工业产品的产量方面赶上或者超过英国。”

1958年，《人民日报》的“元旦社论”向全国人民发出号召：“我们要在十五年左右的时间内，在钢铁和其他重工业产品的产量方面赶上和超过英国，在这以后，还要进一步发展生产力，准备要用二十年到三十年的时间，在经济上赶上并且超过美国。”在“大跃进”的激励下，毛泽东认为用十五年的时间“赶超”太保守了。1958年5月，中共八大二次会议决议中提出：争取在十五年，或者在更短的时间内，在主要的工业产品产

① 中央财经领导小组办公室编：《中国经济发展五十年大事记（1949.10—1999.10）》，人民出版社、中共中央党校出版社1999年版，第104～105页。

量方面赶上和超过英国。尔后，“赶超”继续升温。1958 年 6 月 21 日，毛泽东在中央军委扩大会议上又一次将赶超时间提前，他说：我们三年基本超过英国，十年超过美国，有充分把握。这就是所谓的“超英赶美”。

与此同时，毛泽东批评反冒进使党内的“左”倾思想发展起来。1958 年 1 月 1 日，《人民日报》在《乘风破浪》的社论中指出，不仅要“又多又快又好又省地进行各项建设工作”，而且“必须鼓足干劲，力争上游，充分发挥革命的积极性和创造性”。这是第一次提出“鼓足干劲，力争上游”。毛泽东认为这两个词提得好。1958 年 1 月，中共中央在南宁召开会议，毛泽东在会议上再一次对 1956 年的反冒进进行批评。他说，一反冒进使 6 亿人民泄了气，这是个政治问题。还说，以后不要再提反冒进的口号了。这样，党内“左”倾思想情绪迅速扩展起来。

1958 年 3 月，中共中央在成都召开会议。毛泽东除了提出“鼓足干劲、力争上游、多快好省”地建设社会主义的总路线的基本观点外，会上继续批评 1956 年的反冒进及主张反冒进的中央领导人（他们代表党中央的大多数，而且他们的主张得到党的八大一次会议和八届二中全会的确认），并不断升级，把反冒进说成是“非马克思主义的”，而把冒进却说成是“马克思主义的”。会上毛泽东还同意并支持了“在 7 年内实现农业 40 条”的提法。

“超英赶美”的口号的提出，固然鼓舞了中国广大劳动群众进行社会主义建设的热情和积极性，但是也和提出“农业发展纲要 40 条”一样，由于不是实事求是地、根据客观条件制定的奋斗目标，即经过努力可以完成的目标，而是制定一些过高的指标并且一再缩短完成的期限，因而也变成了一种“左”倾指导思想。1958 年 5 月，毛泽东在党的八大二次会议上的讲话中，就要求大大缩短“超英赶美”的时间，争取 7 年赶上英国，再加上 8 年或者 10 年赶上美国。他并且批评了一些不同意把指标订得过高的意见，说他们是“观潮派”、“秋后算账派”。于是，会上同意了毛泽东的意见，并正式通过了根据毛泽东的倡议而提出的“鼓足干劲、力争上游、多快好省地建设社会主义的总路线”及其基本点。

## 三、社会主义建设总路线

1958年3月，毛泽东在中共中央召开的成都会议上提出了社会主义建设总路线："鼓足干劲、力争上游、多快好省地建设社会主义。"同年5月，这一总路线及其基本点在中国共产党第八届全国代表大会第二次会议上正式通过。此后，它就取代了中共八大所制定通过的《第二个五年计划的建议》，而被贯彻到实际工作中去。

刘少奇在中共八大二次会议上所作的政治报告中说：党中央认为，鼓足干劲、力争上游、多快好省地建设社会主义的总路线的基本点是"调动一切积极因素，正确处理人民内部矛盾，巩固和发展社会主义的全民所有制和集体所有制，巩固无产阶级专政和无产阶级的国际团结；在继续完成经济路线、政治路线和思想路线上的社会主义革命的同时，逐步实现技术革命和文化革命；在重工业优先发展的条件下，工业和农业同时并举；在集体领导、全面规划、分工协作的条件下，中央工业和地方工业同时并举，大型企业和中小型企业同时并举；通过这些，尽快地把我国建设成为一个具有现代工业、现代农业和现代科学文化的伟大的社会主义国家"。

从毛泽东设计的这条社会主义建设总路线的基本精神来看，它的基本点是一个高速度问题，即强调一个"快"字，就是要加快进行社会主义建设。1957年10月，毛泽东在中共八届三中全会闭幕会的讲话中曾经这样解释多、快、好、省。他说：本来好、省是限制多、快的。好者，就是质量好；省者，就是少用钱；多者，就是多办事；快者，也是多办事。这个口号本身就限制了它自己，因为有好、省，即要质量好，又是少用钱，那个不切实际的"多"，不切实际的"快"，就不可能了。我们讲的是实事求是的合乎实际的多、快、好、省，不是主观主义的多、快、好、省。我们总是要尽可能争取多一点，争取快一点，只要反对主观主义的所谓多、快。所以，毛泽东强调的是"多"字和"快"字，就是要用最高的速度把我国建设成为一个现代化的社会主义国家。

刘少奇在中共八大二次会议的报告中解释总路线的精神时也说，当时正经历着“一天等于20年”的伟大时期，“建设速度问题，是社会主义革命胜利后摆在我们面前的最主要的问题”。1958年6月21日，《人民日报》社论《力争高速度》中也写道：“用最高的速度来发展我国的社会生产力，实现国家工业化和农业现代化是总路线的基本精神”；“速度是总路线的灵魂”，“快，是多快好省的中心环节”。可见，要“快”是这条总路线的核心思想。

如何加快速度呢？就是要发动群众。毛泽东认为，只要把群众发动起来，“鼓足干劲，力争上游”，就没有做不到的事情，就能使国民经济的发展有一个高速度。如中共八大二次会议的报告中所说：“我国有6亿多人口，我们党同6亿多人口结成了血肉的联系，依靠这个伟大的力量，凡是人类能够做到的事，我们都能做，或者很快就能够做，没有什么事情不能做到。”这种说法虽然可以鼓舞人们上进的意志，但还应注意到客观条件，如果只强调人的主观能动作用，而忽视客观条件和经济规律，那就是一种主观唯心主义的表现了。事实上，这种急于求成不顾客观条件、不顾客观经济规律，只强调发挥人的主观能动性的做法，在后来的工作中造成了严重的后果。

这条总路线是以发展生产力为主要目标的，同实现工作重点转移的战略方针是相适应的。然而，它是在党内错误地不断地批判1956年的“反冒进”、“右倾保守”的形势下逐步形成的，“左”的错误倾向已经出现。因此，这条总路线不可避免地存在着忽视客观的经济发展规律，否定了国民经济计划的综合平衡，夸大了主观意志和主观努力的作用的错误，加上在宣传中片面强调总路线的基本精神是“用最高的速度来发展我国的社会生产力”，致使在执行总路线的过程中出现了片面强调多、快，忽视了好、省，严重违反了经济发展的规律。人们的头脑开始发热，中央和地方许多同志、特别是毛泽东在胜利面前滋长了骄傲自满情绪，急于求成，因而在总路线提出不久，未经过认真的调查和试点，就在全国发动了“大跃进”和农村人民公社化运动。

# 第二节 “大跃进”与“大倒退”

由于对中国国情的认识不足，建设经验的欠缺，批判反冒进论战不断升级，“超英赶美”战略计划和经济指标不断加码，这些都表现出不断滋生的急于求成的情绪，同时，建设社会主义建设总路线也成为“大跃进”的理论路线。

## 一、北戴河政治局扩大会议

“跃进”一词最早出现在1957年的《人民日报》上。10月27日，《建设社会主义农村的伟大纲领》要求“有关农业和农村的各方面工作在十二年内都按照必要和可能，实现一个巨大的跃进”。11月13日，《发动全民，讨论40条纲要，掀起农业生产的新高潮》中说：“有些人犯了右倾保守的毛病，像蜗牛一样爬得很慢，他们不了解在农业合作化以后，我们就有条件也有必要在生产战线上来一个大的跃进。”毛泽东称赞使用“跃进”这个词的人“功不在禹下”，还夸奖说，如果要颁发博士头衔的话，建议第一博士赠予发明“跃进”这个伟大口号的那一位（或者几位）科学家。

1958年2月2日，《人民日报》发表社论《我们的行动口号：反对浪费，勤俭建国!》。社论根据南宁会议的精神，提出了国民经济“全国大跃进”的口号，指出“我们的国家现在正面临着一个全国大跃进的形势，工业建设和工业生产要大跃进，农业生产要大跃进，文教卫生副业也要大跃进”。

1958年8月17日到30日，中共中央政治局在北戴河举行了扩大会议。会议公开发表了《号召全党全民为生产1070万吨钢而奋斗》和《关于在农村建立人民公社问题的决议》两个重要文件，主要提出1958年钢的产量要比 1957 年翻一番，达到 1070 万吨，1959 年达到 2700 万吨 ~ 3000 万吨，并决定在农村普遍建立人民公社。

在这次会议上，对国内经济形势作了“跃进”的估计，制定了一系列高指标。从农业生产开始，这种盲目估计和实际产量就有很大的差距。比如，估计 1958 年粮食生产产量达到 6000 亿斤 ~ 7000 亿斤（1957 年为 3700 亿斤），全国人均粮食占有量为 1000 斤左右，棉花产量将达到 7000 万担左右。而 1958 年粮食实际产量为 4000 亿斤，人均实际产量为 612 斤，棉花实际产量为 3938 万担。[①] 这种盲目的估计，损害了农业发展基础，加之人民公社化等种种原因，导致了 1959 年的连年减产。

此外，会议还批准了国家计委对“二五”计划的意见。根据国家计委的设想，经过五年时间，到 1962 年，我国不仅将提前建成一个具有现代工业、现代农业和现代科学文化的社会主义国家，而且还创造向共产主义过渡的条件。全国建成强大的独立完整的工业体系，各协作区建成比较完整、不同水平和各有特点的工业体系。根据大目标，还制定了新的计划指标，各项指标和中共八大提出的“二五”计划相比，均大大提高，有的甚至提高六七倍。与第一本账相比，中共八大提出的工业总产值、钢产量、煤炭产量、粮食产量、棉花产量分别为 1400 亿元、1050 万吨、1.9 亿吨、5000 亿斤、4800 万担；在北戴河政治局扩大会议上，这些指标分别为 8000 亿元、8000 万吨、9 亿吨、13000 亿斤、15000 万担。如图 5.1 所示。

在所有的高目标中，钢产量达到 1070 万吨是最典型的高指标。这个数字比 1957 年的 535 万吨翻了一番。[②] 无论是从时间长短、当时钢铁的生产能力，还是交通运输部门的发展，都非常不符合实际。

同时，这种“大跃进”的影响也渗透到了文化教育方面。此次会议还决议“在主要科学技术方面赶上世界先进水平，全国就能普及中等教

---

① 苏少之：《中国经济通史》第 10 卷（上册），湖南人民出版社 2002 年版，第 222 页。

② 中央财经领导小组办公室编：《中国经济发展五十年大事记（1949.10—1999.10）》，人民出版社、中共中央党校出版社 1999 年版，第 109 页。

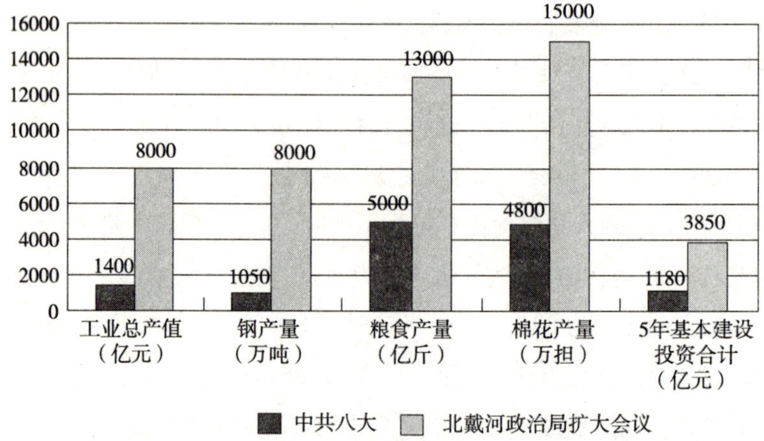


**图5.1 中共八大与北戴河政治局扩大会议提出的“二五”计划（即至1962年）指标产量**

（资料来源：《中国共产党第八次全国代表大会关于发展国民经济的第二个五年计划的建议》，载《建国以来重要文献选编》第9册，中央文献出版社1994年版；《国家计划委员会党组关于第二个五年计划的意见（1958年8月23日）》，载《建国以来重要文献选编》第11册，中央文献出版社1995年版；国家统计局编：《中国统计年鉴—1983》，中国统计出版社1983年版）

育”。这也导致会后在思想文化领域不断出现“人人能读书、人人能计算、人人看电影、人人会唱歌、人人能绘画、人人能跳舞、人人能创作”、“行行放卫星、处处放卫星、层层放卫星”、“两年就要超过鲁迅”、“一个晚上写60个剧本”等一系列不切实际的口号。

总之，北戴河政治局扩大会议的召开，是一个重要的转折点。会议把“大跃进”和人民公社化运动迅速推向高潮，以高指标、瞎指挥、浮夸风、“共产风”为主要标志的极“左”情绪不断高涨、严重泛滥开来。

## 二、“大跃进”的高潮

1958年5月中共八大二次会议通过的第二个五年计划指标，比中共八大一次会议建议的指标，工业方面普遍提高1倍，农业方面普遍提高20%～50%。此后，以片面追求工农业生产和建设的高速度为主要标志的

“大跃进”运动在全国范围内开展起来了。农业提出“以粮为纲”的口号，要求五年、三年以至一两年达到十二年农业发展纲要规定的粮食产量指标；工业提出“以钢为纲”的口号，要求七年、五年以至三年内提前实现原定的十五年钢产量赶上或超过英国的目标。①

（一）农业

1958年，农业方面最显著的特点就是过高的指标和各级干部的浮夸风，头脑发热，急于求成。农业“大跃进”的开端是兴修农田水利的运动。1957年冬天到1958年春天开展的农田水利运动，扩大了2300多万公顷的灌溉面积，改善了930多万公顷，治理了1300多万公顷的低洼易涝耕地，改造了660多万公顷的瘠薄耕地，还植树造林1900多万公顷。农民们所投入的巨大热情和所取得的成绩，给中央领导带来了很大的鼓舞。毛泽东就曾指出：“15年要看头5年，5年看3年，3年看头年，头年看前冬。”② 有些地方也开始产生了“苦干三年，改变面貌”的急进口号。

在这样的背景下，全国刮起了一阵“浮夸风”。1958年“大跃进”最早的两颗小麦“卫星”相继在遂平县嵖岈山卫星农业社诞生。夏收时节，报纸上不断出现小麦丰收、亩产量“放卫星”这样不真实的连续报道。不仅如此，玉米、高粱、南瓜等蔬菜水果都相继被报道“高产卫星”的消息。比如，小麦亩产8000斤，水稻亩产13万斤，玉米亩产3.5万斤，高粱亩产2.2万斤，大豆亩产4500斤，花生亩产2.6万斤，芝麻亩产7200斤，油菜子亩产6000斤。③

为了保证农业生产的高产量，还强调大搞深翻密植。华东地区要求在1959年以前把全部耕地按照0.33～0.66m的标准深翻一次，中南地区要求每亩晚稻蔸数增加为4万以上的高度密植。④ 这种违背科学规律的做法并没有进行科学的论证，也不结合当地自然条件因地制宜，反而造成了大

① 胡绳主编：《中国共产党的七十年》，中共党史出版社1991年版，第364页。
② 董辅礽主编：《中华人民共和国经济史》（上卷），经济科学出版社1999年版，第318页。
③ 苏少之：《中国经济通史》第10卷（上册），湖南人民出版社2002年版，第241页。
④ 董辅礽主编：《中华人民共和国经济史》（上卷），经济科学出版社1999版，第319页。

量的损失，与初衷南辕北辙。

1958年8月，毛泽东在徐水县南梨园乡大寺阁庄视察棉花、谷子时说："世界上的事情是不办就不办，一办就办得很多！过去几千年都是亩产一二百斤，你看，如今一下子就是几千上万！"① 至今令人耳熟能详的口号"人有多大胆，地有多大产"大概能从一个侧面反映出那时人们的急躁情绪。

（二）工业

在农村盲目进行"放卫星"的"大跃进"的同时，工业生产大肆虚报浮夸产量。1958年9月17日，《人民日报》发表《祝河南大捷》，宣传河南放"生铁卫星"的情况。10月又发表文章《"卫星"齐上天，跃进再跃进》，继续宣传各地大放钢铁"高产卫星"的情况。②

1958年9月1日，北戴河会议公报发表的同一天，《人民日报》发表题为《立即行动起来，完成把钢产翻一番的伟大任务》的社论，指出：全力保证实现钢产量翻一番，是全党全民当前最重要的政治任务。随后，毛泽东又谈到"发展钢铁工业一定要搞群众运动，什么工作都要搞群众运动，没有群众运动是不行的"③。于是，一场"钢铁元帅升帐"的全民大炼钢铁运动在全国轰轰烈烈地展开了。

从北戴河政治局扩大会议后，要完成1958年所制定的1070万吨钢的任务，从客观的角度讲，这是超出实际能力的。且不说时间紧张，就是我国当时大中型钢铁生产企业的能力和交通运输、煤炭、电力等部门生产中存在的现实和诸多矛盾，显然无法完成任务。但是为了完成这个标志性的指标，全国就开始采取发动群众的形式，寄期望于"小、土、群"，即小转炉、小土炉，土法炼钢，群众运动。"兵对兵，将对将，用分散的小煤

① 见《人民日报》1958年8月11日的报道《毛主席视察徐水安国定县》，及同日第2版所载康濯：《毛主席到了徐水》的报道。

② 中央财经领导小组办公室编：《中国经济发展五十年大事记（1949.10—1999.10）》，人民出版社、中共中央党校出版社1999年版，第123页。

③ 中央财经领导小组办公室编：《中国经济发展五十年大事记（1949.10—1999.10）》，人民出版社、中共中央党校出版社1999年版，第123页。

窑对分散的小土群。”① 1958年前8个月，共建成小高炉、土高炉24万多座，而到了9月，这个数字就激增至60万座。②

在城市里，单位后院建起小高炉，人们把找到的废钢烂铁甚至是家里正在使用的金属工具，都投入到了热炉之中。农村里，公共食堂的铁锅、铁器都成了原料。

同时，为了实现“1070万吨钢”的目标，地质、煤炭、电力以及交通运输部门协同配合，解决矿石、电力供给和运输等问题。成千上万的农民，背着锅灶和锄头，上山挖煤。一时间，全国共兴办起10万多个小煤窑。③ 但是，大量的砍伐树木、上山挖煤，给森林资源和矿产造成了巨大破坏。在这短期产量上升的背后却是以后续能力的破坏作为代价。男女老少昼夜不停地去抢运物资，有些地方甚至用手推车、自行车去运输。根据统计，在1958年开展的群众短途运输煤炭中，动用了农村畜力车30%左右，人力车10%左右，驮力约20%，木帆船45%左右。④ 这种方式实际上提前透支了生产能力，劳民伤财，得不偿失。

图5.2　热火朝天大炼钢铁

1958年12月22日，《人民日报》以套红通栏标题“一〇七〇万吨

① 汪海波、董志凯等：《新中国工业经济史（1958—1965）》，经济管理出版社1995年版，第17页。

② 李宗植、张润君编著：《中华人民共和国经济史1949—1999》，兰州大学出版社1999年版，第160页。

③ 董辅礽主编：《中华人民共和国经济史》（上卷），经济科学出版社1999年版，第322页。

④ 李宗植、张润君编著：《中华人民共和国经济史（1949—1999）》，兰州大学出版社1999年版，第160页。

钢——党的伟大号召胜利实现”报道：党中央提出，今年生产1070万吨钢的伟大号召，在党和毛主席的领导下，全国人民经过艰苦奋斗，战胜了种种困难，终于以世界上空前的速度，在12月19日就已经生产钢1073万吨，胜利地提前12天超额完成了这个宏伟的计划。

但是，虽然数字上“完成”了既定目标，却给国民经济带来了巨大的损失。人力、物力、财力投入巨大，经济效益极差，在1108万吨钢铁中合格的钢铁却只有800万吨。[①] 大部分钢铁含硫超标，由于太脆，无法加工使用，质量差，成本高。生产的损失也是由国家财政来予以大量补贴。

削弱农业、挤掉轻工业，农轻重的比例严重失调。为了“大炼钢铁”，农村抽掉了大量的青壮年劳动力，1957年的农业和工业劳动者的比例为13.8∶1，而到了1958年这个比例就降到了3.5∶1。[②] 这也直接影响了农业总产值的增长率。根据资料统计，虽然1958年的农业总产值比1957年的农业总产值537亿元多了29亿元，但是1958年的增长率却只有2.4%，低于1957年的3.6%。[③] 1958年的冬天，粮食、蔬菜、油料等产品的供应开始出现了紧张的局面。

“大炼钢铁”运动中，到1958年年底，大概有1800多万社办工业职工投入进来。[④] 加班加点，没日没夜的“连轴转”，体力消耗极大，疲惫不堪。人民群众收入减少，生活水平普遍下降，大大伤害了人民群众的积极性。

此外，基础设施建设盲目扩大，超出了国家能承受的范围，积累与消费的比例失调。在北戴河会议后，基本建设投资的数额不断增加。到了

---

① 汪海波、董志凯等：《新中国工业经济史（1958—1965）》，经济管理出版社1995年版，第19页。

② 李宗植、张润君编著：《中华人民共和国经济史（1949—1999）》，兰州大学出版社1999年版，第161页。

③ 中央财经领导小组办公室编：《中国经济发展五十年大事记（1949.10—1999.10）》，人民出版社、中共中央党校出版社1999年版，第108、128页。

④ 赵德馨主编：《中华人民共和国经济史（1949～1966）》，河南人民出版社1988年版，第216页。

1958年，全国完成基本建设投资269亿元，比上一年增长了87.7%。其中，国家预算内投资216.44亿元，比上一年增长了64.6%。但是，在1958年施工的1578个大中建设项目中，全部建成投产的只有170个，只占10.7%；固定资产交付使用率只有74.8%，大大低于1957年的93.4%。①

（三）手工业

在"大跃进"时期，所有制上追求"一大二公"（一规模大、二公有化程度高）的思想急剧膨胀，企图用单一的社会主义公有制甚至是国有制代替公有制占主导地位下多种经济形式并存的经济结构。在这种思潮下，手工业也卷入"大跃进"，对手工业合作社进行了"转厂过渡"。也就是说，通过过渡到合作工厂，或者直接转变为地方国营工厂这两种方式，将个体手工业户组织起来，加入手工业合作社，从个体经济向合作社所有制过渡，并把集体工业并入或者转为国营企业，实现集体所有制向全民所有制的过渡。到1958年5月，全国十万多个手工业合作社（500多万社员），已经过渡为地方国营工厂的占37.8%，转为合作工厂的占13.6%，转为人民公社工厂的占35.3%，继续保留合作社形式的只占13.3%。②

在"大跃进"期间，手工业还进行技术革命，努力提高机械化水平，制定了一些不切合实际的目标。比如，要求3年内将手工业合作社的机械化水平提高到70%，但是，到1958年3月，全国手工业合作社实现了机械化水平的实际上也就只有3%，2000个采用机器生产的手工业合作社和合作工厂也只拥有机器5万台。③ 此外，还结合"土洋结合"、"土法上马"的方式，大搞群众性的技术改革运动。虽然这为后来的"五小"工业（主要指地、县办的小钢铁、小机械、小化肥、小煤窑、小水泥工业）

---

① 苏少之：《中国经济通史》第10卷（上册），湖南人民出版社2002年版，第241页。

② 当代中国丛书编辑委员会编：《当代中国的经济体制改革》，中国社会科学出版社1984年版，第69页。

③ 董辅礽主编：《中华人民共和国经济史》（上卷），经济科学出版社1999年版，第327页。

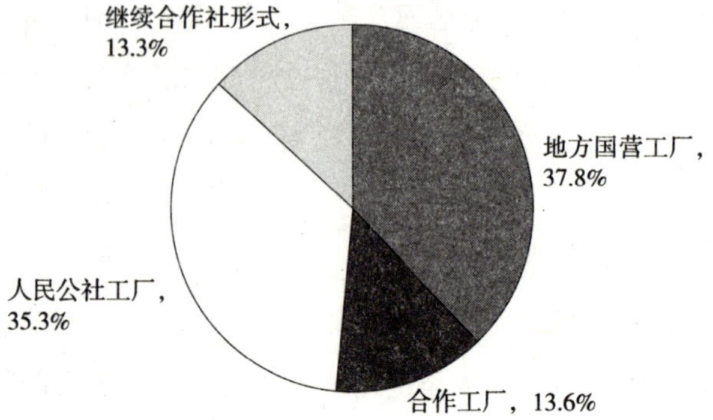


图5.3　合作工厂构成结构

和乡镇企业打下基础，但是它违背了生产力发展的客观规律，挫伤了社员的积极性，反而成为国家的负担。

1959年8月5日，中共中央发出的《关于迅速恢复和进一步发展手工业生产的指示》，对由于"转厂过渡"所带来的供应紧张局面提出了相关调整措施。比如，凡是转为全民所有制以后对生产不利的手工业合作社，要采取适当步骤退回来；凡是由小并大不能保持原有品种和数量而又对人民生活不便的，要适当划小。但由于庐山会议后的反右倾斗争，调整后的政策所发挥的作用非常有限。按照1957年不变价格计算，集体所有制工业产值1958年下降到118亿元，1959年回升到169.9亿元，但1960年又下降到155.1亿元，如图5.4所示。①

## 三、"大跃进"中的"大倒退"

1958～1960年，全国人民鼓足干劲建设社会主义，意气风发，投入了大量的人力、财力、物力，取得了一定的成就。

工业方面，工业总产值迅速增长，生产能力提高。工业总产值从

① 国家统计局编：《中国统计年鉴—1983》，中国统计出版社1983年版，第214页。

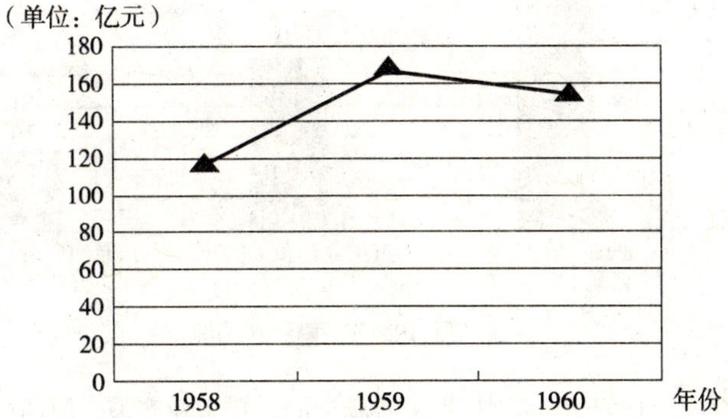


图 5.4　1958～1960 年集体所有制工业产值

1957 年的 704 亿元增加到了 1960 年的 1637 亿元，其中重工业产值由 330 亿元增加到 1100 亿元。[①] 在“大跃进”期间，建成了一批重要的工业项目，有 200 多座大型水库开工建设。

大庆油田工人艰苦奋斗，中国原油产量大幅增加。1957 年原油产量为 146 万吨，到了 1960 年，原油产量达到 520 万吨，增幅高达 256%。如图 5.5 所示。

科技方面，我国突破了原子尖端技术，为中国第一颗原子弹的成功爆炸打下了夯实基础。在北京建成人民大会堂等宏伟建筑。

农业方面，机械化的程度提高。1958～1960 年，联合收割机分别为 3452 台、4908 台、5857 台，农用载重汽车分别为 4818 辆、5931 辆、6675 辆，渔用机动船分别为 1494 艘、2597 艘、3782 艘。如图 5.6 所示。

相比于得到，我们失去的更多。在“大跃进”时期，三年自然灾害所带来的农业总产值和粮食产量急剧下降，粮食减产的原因主要是工作上的失误。1959 年粮食总产量为 3400 亿斤，比 1958 年减少了 600 亿斤，到了 1960 年粮食总产量为 2870 亿斤，比 1959 年下降了 530 亿斤，比 1958

---

① 陈昌智主编：《中华人民共和国经济简史》，四川大学出版社 1990 年版，第 125 页。

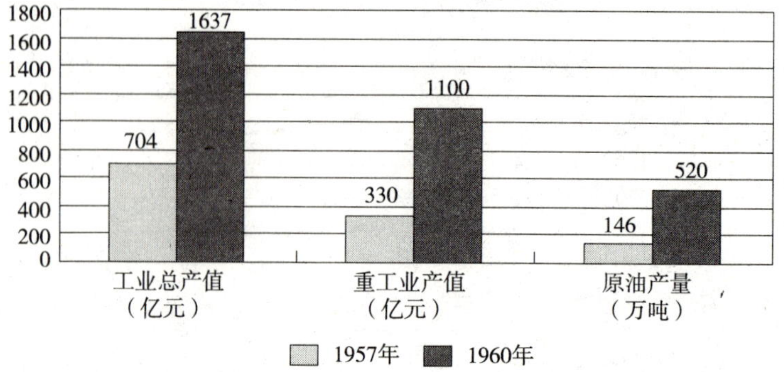


图5.5　1957年、1960年工业总产值、重工业产值、原油产量
（资料来源：陈昌智主编：《中华人民共和国经济简史》，四川大学出版社1990年版，第125页）

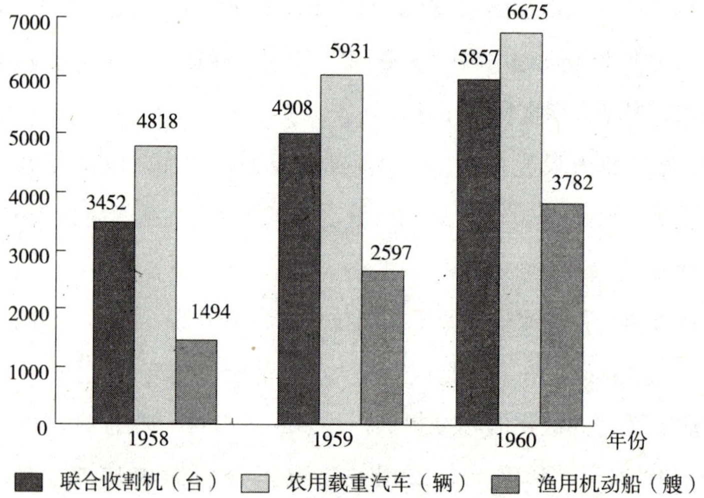


图5.6　1958～1960年农业机械化的普遍提高
（资料来源：陈昌智主编：《中华人民共和国经济简史》，四川大学出版社1990年版，第126页）

年下降28.25%。棉花产量，1958年为3937.5万担，1959年下降到3417.6万担，1960年更下降到2125.8万担，1960年比1958年下降46%。其他农作物产量也大幅下降。如图5.7所示。

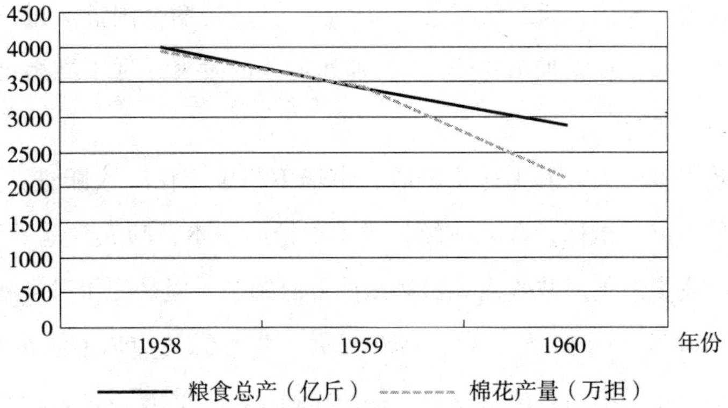


图 5.7　1958～1960 年粮食总产量、棉花产量

（资料来源：赵德馨：《中国近现代经济史（1949—1991）》，河南人民出版社 2003 年版，第 224 页）

基础设施规模超过财力、物力的承受力，积累率过高。“一五”期间，积累率只有 24.2%，1958～1960 年，积累率分别提高到 33.9%、43.8%、39.6%。[①] 积累的增加挤占了消费，农业的粮食、原料和建筑材料业等其他产业都无法满足如此庞大规模的基本建设的需要。此外，高积累的效果极差。1958 年每百元积累所创造的国民收入为 55 元，1959 年为 19 元，而 1960 年甚至跌为负数，为 -0.4 元。这与“一五”期间，平均每百元积累所创造的 35 元国民收入形成了鲜明对比，也反映出人们在扩大基本建设规模的过程中，过急过快，布局不合理，浪费严重的缺陷。

不仅如此，基本建设方面，还忽视非生产性建设，脱离了工业基础，严重影响了城市建设。

轻重工业的比例失调。据统计，“一五”期间的比例大概是 59.2∶40.8，大体为 3∶2。而从 1957 年到 1960 年，轻工业下降，重工业上升，比例颠倒为 1∶2.2。[②]

---

① 陈昌智主编：《中华人民共和国经济简史》，四川大学出版社 1990 年版，第 126 页。

② 陈昌智主编：《中华人民共和国经济简史》，四川大学出版社 1990 年版，第 127 页。

工业与交通比例失调。“大跃进”期间，生铁产量增加3.6倍，铁矿石产量增加4.8倍，煤产量增加2.03倍。但是同期全国货运量，即使加上人畜力运输，仅增加1.8倍。① 交通运输业的发展远远不能满足工业的发展。

财政赤字巨大，发生通货膨胀，市场不稳定。在“大跃进”3年内，由于盲目追求高指标，夸大成绩，成本不记入账本，却人为地增加利润，造成了严重虚假的财政收入。虽然账面上有结余，但是三年来实际的赤字分别为21.8亿元、65.8亿元、81.8亿元，累计高达169.4亿元。② 为了弥补赤字，不得不大量增发钞票，致使流通中的货币量过多，1958～1960年年末，货币流通量累计增加81.7%。③ 社会商品购买力大于零售货源，出现了价格普遍大幅度上涨的现象，引发了通货膨胀。

人民生活水平下降。拿1957年和1961年对比，全国人均消费的粮食从203.06公斤下降至158.78公斤，猪肉由5.07公斤降到1.41公斤，食用植物油由2.42公斤降到1.37公斤；布匹由6.82米降到2.87米。1960至1961年，全国人均消费量和居民年均消费水平都是新中国成立以来最低水平。④

粮食不够，就用野菜、树皮、观音土充饥，加上这时期的卫生医疗水平也很差，浮肿、肝炎、女性闭经盛行，于是1959～1961年出现了新中国人口发展历史上的第一次低潮，1960年的自然增长率甚至为负数。比较出生率、死亡率就可知，从1956年到1961年，出生率分别为3.19%、3.4%、2.92%、2.48%、2.09%、1.8%，死亡率分别为1.14%、1.08%、1.2%、1.46%、2.54%、1.42%。如图5.8所示。

三年“大跃进”的实践足以让我们汲取教训，这就是，要在认识国情的基础上，实事求是地建设经济；要遵守生产关系一定要适应生产力的

---

① 赵德馨：《中国近现代经济史（1949—1991）》，河南人民出版社2003年版，第226页。
② 陈昌智主编：《中华人民共和国经济简史》，四川大学出版社1990年版，第127页。
③ 赵德馨：《中国近现代经济史（1949—1991）》，河南人民出版社2003年版，第228页。
④ 赵德馨：《中国近现代经济史（1949—1991）》，河南人民出版社2003年版，第228页。

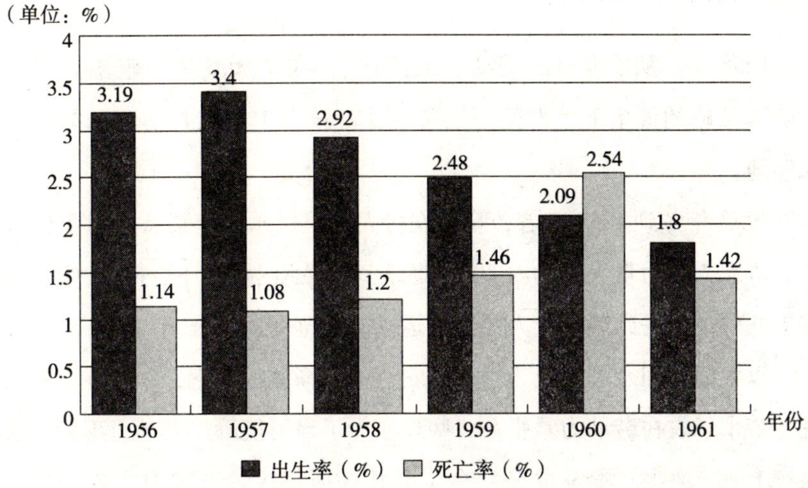


图 5.8　1956～1961 年人口的出生率、死亡率

（资料来源：赵德馨：《中国近现代经济史 1949～1991》，河南人民出版社 2003 年版，第 229 页）

客观规律，不断调整生产关系以适应生产力的发展水平；要注重综合平衡，协调好国民经济的比例，处理好各环节、各部门之间的比例，合理地安排与布局。这些都是我们在“大跃进”的曲折建设道路上所总结获得的宝贵的经验财富。

## 第三节　人民公社化和“共产风”

1958 年 8 月北戴河会议以后，全国农村一哄而起，大办人民公社。共产主义就在眼前的错觉、急于求成的思想、盲目乐观的估计导致经济发展严重地违背了生产力与生产关系之间客观的经济规律，给国民经济带来了严重损失。

## 一、人民公社的兴起

1958年，从农业开始发动“大跃进”。在“大跃进”浪潮和“超英赶美”战略的催生下，人民公社这一并不符合中国农村实际的畸形儿呱呱坠地。

1957年冬到1958年春，全国农村大搞农田水利建设和春耕组织大协作，依靠人多力量大推动农业的发展，改造农业技术，这种做法很快得到了中共中央的一致赞扬。人民公社运动的序幕就此拉开。

以大搞农田水利建设为中心的农业生产高潮的掀起，地方工业遍地开花，带来了农村劳动力紧张。一些地方为了尽可能腾出劳动力用到工农业生产上去，兴办了简易的公共食堂和托儿所。1958年4月，刘少奇、周恩来、陆定一、邓力群等人乘火车去广州见毛泽东。刘少奇在第一次郑州会议上回忆说，“公社”一词是“吹”出来的，“我们四个人吹半工半读，吹教育如何普及，另外就吹公社，吹乌托邦，吹过渡到共产主义”。5月19日，陆定一在《马克思主义是发展的》中转述毛泽东在广州谈话的内容，说毛主席和少奇同志谈到几十年以后“我国的乡村中将是许多共产主义的公社”，“若干乡村公社围绕着城市，又成为更大的共产主义公社。前人的‘乌托邦’想法，将被实现，并将超过。”①

1958年春夏之际，一些地方出现了以“公社”命名的大社，如浙江诸暨县城南乡的“红旗共产主义公社”、辽宁东安县前阳地区的“前阳公社”等。7月1日，陈伯达发表在《红旗》杂志第3期的短文《全新的社会，全新的人》，赞扬湖北省鄂城县旭光农业社“把一个合作社变成一个既有农业合作又有工业合作的基层组织单位实际上是农业和工业相结合的人民公社”。这是第一次在媒体上公开使用“人民公社”这一名称。

8月初，毛泽东视察了河北、河南和山东三省。8月6日下午，在河

① 薄一波：《若干重大决策与事件的回顾（修订本）》（下卷），人民出版社1997年版，第756~758页。

南新乡县七里营公社门口，毛泽东看到公社牌子，点点头说："人民公社名字好。"8月13日，报纸上发表毛泽东"还是办人民公社好"谈话的消息，全国各地迅速掀起了办人民公社的热潮。几乎是在1958年8月至11月初三个月的时间里，就实现了从第一个人民公社诞生到全国范围的人民公社化的过渡，到10月底，农村共有人民公社26576个，参加的农户占农户总数的99.1%。我国农村多数在1956年上半年建立起来的70多万个高级农业生产合作社，两年就被2万多个政社合一的人民公社所代替。平均大约28个农业生产合作社并成一个公社。①

此前，国家对农产品实行统购统销制度，控制农副产品自由进入流通领域，推行农业生产互助合作的形式。1955年，50.7%的农户参加互助组，只有14.2%的农户参加二三十户规模的初级社。随着以重工业优先发展战略的推行，国家加快了农业集体化的步伐。到1956年初，参加农业生产合作社的农户从1955年底的14.2%增加到80.3%，到1956年年底迅速增加到96.3%。同时，200户左右规模的高级社发展迅猛，从1956年初的30.7%，增加到年底的87.8%。②

1958年8月17日，北戴河会议召开。毛泽东称赞《关于在农村建立人民公社的意见》写得最好。毛泽东青年时期博览群书，曾接受过空想社会主义学说和康有为《大同书》的影响，1919年还曾计议在长沙岳麓山进行建设"新村"实验，并详细规划了"新村"的蓝图。8月29日，北戴河会议通过了《中共中央关于在农村建立人民公社问题的决议》。从人民公社模式中可以隐约看到毛泽东早年曾考虑过"新村"的轨迹。

北戴河会议上通过的《关于在农村建立人民公社问题的决议》表明，"我们应该积极地运用人民公社的形式，摸索出一条过渡到共产主义的具体途径"。"看来，共产主义在我国的实现，已经不是什么遥远将来的事

① 薄一波：《若干重大决策与事件的回顾（修订本）》（下卷），人民出版社1997年版，第765、774页。

② 苏星：《我国农业的社会主义改造》，人民出版社1980年版，第156页。

情了。”[1] 在会上，毛泽东认为，办人民公社，是群众自发的，不是我们倡导的。我们的人民在农业合作化的基础上搞起的人民公社，不是空想，他们就是有那么个趋势，想要干起来。人民公社的建立，标志着对资产阶级法权的进一步破坏。搞人民公社，将来城市也要搞。[2]

在北戴河会议后，人民公社运动的高潮悄然掀起。

## 二、人民公社的特点

人民公社基本的组织特点主要是“一大二公”和“一平二调”。毛泽东对此这样解释：“大”，就是地大物博，人口众多，人多势众；“公”，就是社会主义比合作社多，把资本主义的残余逐步去掉，如自留地、私养牲畜取消，搞公共食堂、托儿所、缝纫组，实行工资制度，搞农业工厂，破坏了资产阶级法权。[3] “平”，就是分配搞平均主义，实行供给制，按“需”分配。“调”，就是在生产上对各基层单位的劳力、物力、资金，无偿调拨，在公社内部搞穷富拉平。

人民公社实行公社、大队、生产队多级管理的模式，这样的组织形式和特点带来了一系列的问题和缺陷。人民公社的规模太大，1958 年，无论初级社和高级社，平均每个公社有 4637 户，有的甚至一两万户。[4] 这种“大”还体现在经营范围上，大搞公共食堂、幼儿园、托儿所、幸福院等。农林牧副渔全面发展、工农商学兵五位一体。此外，在全社范围内，对经济条件水平不均的社队统一核对，统一分配，上交的财产多者不退、少者不补。这种盲目地追求“大”，势必远远超过了公社的管理能力和生产力发展水平，不利于调动广大社员的生产积极性和主动性。

人民公社还具有“政社合一”的特点。这种体制使得人民公社拥有

---

① 中共中央文献研究室编：《建国以来重要文献选编》第 11 册，中共文献出版社 1995 年版，第 450 页。

② 董辅礽主编：《中华人民共和国经济史》（上卷），经济科学出版社 1999 年版，第 348 页。

③ 贺文贞：《对“三面红旗”的再认识》，载《党史研究》1986 年第 2 期。

④ 李宗植、张润君编著：《中华人民共和国经济史 1949—1999》，兰州大学出版社 1999 年版，第 164 页。

经济组织和基层政权组织的双重职能。当时国家不仅将供销、信贷、手工业合作社和农业生产合作社结合起来，还下放了一些企事业单位给人民公社管理，以党代政，以政代社。即所谓的"要实行政社合一，乡党委就是社党委，乡人民委员会就是社务委员会"。① 这种所谓的"政社合一"造成政企不分，"一刀切"导致无法因地制宜，独立自主地进行生产，大大抑制了生产积极性和主动性，行政管理和经济管理都无法发挥好各自的职能。

在分配制度上，最浓重的色彩就是分配上的平均主义。每个社员的实物和一些福利待遇都是由人民公社无偿配给的。在当时，人们认为这种具有共产主义因素的"供给制"代表着人民公社正在向共产主义的方向发展。毛泽东1958年9月在考察工作中曾经说到："吃饭不要钱，既然一个社能办到，其他有条件的社也能办到。"随后，《人民日报》1958年10月的一篇社论认为，办好公共食堂，是人民公社实现组织军事化、行动战斗化和生活集体化的有效措施，是培养农民集体生活习惯和集体主义、共产主义思想觉悟的一个关键问题。②

图5.9　烟盒上的"人民公社好"

但是实际上，分配制度过早地按需分配，否定按劳分配，严重滋生了

① 董辅礽主编：《中华人民共和国经济史》（上卷），经济科学出版社1999年版，第356页。
② 中央财经领导小组办公室编：《中国经济发展五十年大事记（1949.10—1999.10）》，人民出版社、中共中央党校出版社1999年版，第123、125页。

干部群众的平均主义思想。到1958年年底，全国农村共建公共食堂340多万个，各种托幼组织340多万个，养老院15万所。[①] 对社员生活“七包”，也就是包吃、包住、包穿、包生养、包教育、包婚丧、包看病，“十包”还在此基础上多加了包烤火费、包理发、包看戏看电影的生活需要。这种做法不仅助长了平均主义，也带来了经济负担。由于我国的经济底子薄弱，低标准的“七包”和“十包”只是勉强维持了几个月的时间。

生产关系过渡过急，大大脱离了生产力发展实际。这种“急”体现在“穷过渡”的思想，也就是认为即使穷也能过渡，而且越是穷越容易过渡，共产主义的实现已经不是什么遥远将来的事情了。拿山东范县1958年12月28日在万人大会上的宣布内容为例，“1960年过渡到共产主义”、“1960年保证亩产2万斤，争取3万斤”、“人人进入新乐园，吃喝穿用不要钱，鸡鸭鱼肉味道鲜，顿顿可吃四个盘；天天可以吃水果，各样衣服穿不完，人人都说天堂好，天堂不如新乐园”。[②] 这些看似美好的描述，实际上反映出当时人们对共产主义空想的一种歪曲。

## 三、人民公社化运动的高潮

在农村，初期的人民公社分为公社、大队、生产队三个级别，推行供给制和工作制相结合的制度。在这场运动中，河南省最早完成人民公社化。到1958年10月底，根据河南、山东、河北、辽宁、安徽五省的统计，共有人民公社5254个，计划实行粮食供给制（即吃饭不要钱）的共842个；实行伙食供给制（即吃粮吃菜不要钱）有2151个；实行基本生活资料供给制（即吃饭穿衣等基本生活资料不要钱）的590个；实行全供给制（即衣、食、住、行、生、老、病、死、育、婚、乐全由公社包

① 李宗植、张润君编著：《中华人民共和国经济史1949—1999》，兰州大学出版社1999年版，第165页。

② 李宗植、张润君编著：《中华人民共和国经济史1949—1999》，兰州大学出版社1999年版，第166页。

干）的 103 个。①

1958 年 9 月 10 日，《中共中央关于在农村建立人民公社问题的决议》公开发表，人民公社化运动进入高潮。高潮时间很短，前后仅一个多月。到 1958 年 9 月下旬，人民公社发展到 26425 个，参加公社的农户 12194 万户，占农户总数的 98%，农村基本实现了人民公社化。②

人民公社的出现，本身是为了发展生产力。干旱与水灾是中国长期以来面临的困难问题，1958 年为了改变农业生产的落后面貌，加快农业发展，首先要解决的困难就是水的问题。进行水利建设，靠一村一社是无能为力的，这就需要社与社的协作。从某种程度上说，正是水利建设的需要，催生了人民公社。人民公社期间，农田水利建设掀起高潮，全国共建起了七八万座大小水库及相应的灌溉渠网络，使我国的灌溉面积在 1980 年以前以每年 1700 万亩（3.5%）的速度增加，到 1980 年达到 7.33 亿亩。

由于统计的不健全，改革开放以前，大量的水利工程建设、农田基本建设，包括建造的遍布全国的水库和排灌渠，还有国家在工矿企业基础建设中动员的大量协作劳动等，都没有计入 GDP。在这些工程中大量靠的是农村集体经济下的劳动力，他们的报酬只是在生产队里“记工分”。而水利、基本建设的经济效益是长久体现的，它为后人留下了巨大的固定资产。有人测算，在 1949～1979 年 30 年间水利建设中，靠群众“记工分”完成的工程量（约折合 2527 亿立方米土石方）和靠国家、各级政府投入完成的工程量（约折合 1083 亿立方米土石方）总计有 3610 亿立方米土石方。这相当于现在建 1200 座三峡工程的工程量。由此可以推算出中国在 1949～1979 年间仅水利建设的投入就相当于 240 万亿元。③

然而，人民公社化运动并没有实事求是地朝着发展生产力的方向发

---

① 薄一波：《若干重大决策与事件的回顾（修订本）》（下卷），人民出版社 1997 年版，第 775 页。

② 国家统计局编：《伟大的十年》，人民出版社 1959 年版，第 36 页。

③ 苏拉密：《毛泽东时代 GDP 估算》，人民网—强国论坛，2008 年 9 月 9 日。

展，而是渗入了大量的政治理想。人民公社化运动中，农村大刮“共产风”。不仅废除了原来的债权、债务关系，还实行人力、财力、物力的无偿调拨，有时甚至将社员的生活资料和生活工具等私有财产公有化。生产上强制性搞“组织军事化”、“行动战斗化”、“大兵团作战”的行政性命令。分配上，大搞公共食堂、幼儿园、养老院等，大“包”供给制广泛涉及社员的生老病死、衣食住行、医疗、教育等方面。

很显然，无论是在收入分配，还是在生产组织和劳动管理方面，农村的人民公社都是“左”倾的产物。它脱离了农村劳动力发展的实际，过分的过渡生产关系，违背了生产力和生产关系的客观规律。大刮“共产风”，掠夺农民，极大地挫伤了农民生产的积极性，也造成了农村经济的混乱局面。

在城市，从1958年下半年开始，直到1959年，大办城市人民公社。它主要是采取以街道、大工厂、机关学校的方式，组织居民来参加集体生产、社会主义公益活动，为社会主义服务。1960年上半年，城市人民公社处于试办阶段，获取经验后，在下半年广泛地兴起，并决定在未来的3年左右的时间，在全国建立城市人民公社。截至1960年7月底，全国各大中城市基本实现人民公社化，兴办起工业和商业、饮食业、服务业、文化教育事业和社会福利事业等。在190多个城市中，建立了1064个人民公社，其中，以国营厂矿企业为主的公社有435个，以机关学校为主的公社有104个，以街道居民为主的有525个；共计5500万人民公社社员，占城市总人口的77%；共兴办了7.6万个公共食堂，8.8万个托儿所，8.9万个服务站。①

但是城市人民公社，并不符合城市经济发展和居民社会生活的要求，“浮夸风”、“共产风”下的人民公社严重脱离了物质条件和群众基础，盲目追求高目标，管理过死，无偿掠夺国有单位资产技术和居民的生活资料，对居民生活管理过于僵化，反而引起人民不满。

---

① 赵德馨：《中华人民共和国经济史1949～1966》，河南人民出版社1988年版，第506页。

## 四、人民公社化的后果和整顿

人民公社的后果主要体现在两方面，一方面，人民公社所采取的大规模的运动方式，严重超过了承受能力；另一方面，广泛存在的“共产风”挫伤了人们的积极性。

当时，不仅农村人民公社大搞“大办”运动，工业、交通运输、水利、电力和教育也搞起“大办”。比如，各地在一年内，动用7000万~1亿人参与水利工程建设，半年内完成土石方580亿立方米，新增灌溉面积4亿多亩。再比如，在1958年在校学生人数大量增加，小学生增加2200多万人，中学生增加近300万人，高等学校学生增加22万人。[①] 这些对于加强农村的基础设施建设固然必要，但是当它严重超出农村承受能力的时候，就带来了巨大的负担。劳动力的抽调带来农业生产劳动力的匮乏，物资的流出带来农业生产的巨大损失，林木乱砍滥伐带来了生态的失衡，这些都使得本来脆弱的农业经济不堪一击，不利于国民经济的长远发展。

“一平二调三收款”的“共产风”也带来了严重后果，非正常疾病和死亡的增加，荒地增加，农业工具损坏，产量一再减产，大大降低了农民的积极性。整个经济呈现畸形，造成了难以估计的损失。

随着人民公社的发展，所暴露出的问题不断地被中央察觉。针对存在的混乱现象和错误认识，毛泽东在1958年11月召开的第一次郑州会议上向党的高级干部做“降温”工作，认为“人民公社城市恐怕搞不了”，社会主义的商品生产同商品交换还要发展，这是肯定的，有积极作用。[②] 随后的武昌会议和1959年2月的第二次郑州会议上，毛泽东进一步阐述了人民公社的性质、经营管理、政策等问题。毛泽东还直接写信，要求各地的干部落实包产指标，抵制“浮夸风”，“干劲一定要有，

---

① 董辅礽主编：《中华人民共和国经济史》（上卷），经济科学出版社1999年版，第362页。

② 薄一波：《若干重大决策与事件的回顾（修订本）》（下卷），人民出版社1997年版，第836、837页。

假话一定不可讲”①。

从1958年11月到1959年7月庐山会议前期为止，共8个月时间，先后召开了一系列会议，采取一些措施纠正“左”的过火做法，把人民公社所有制退到“三级所有，队为基础”，中央还决定可以实行“生产小队部分所有制”。经过一系列调整，人民公社的所有制除政社合一、三级所有外，基本上恢复到原来高级农业生产合作社的规模。然而，1959年7月原意进一步纠“左”的庐山会议，却错误地开成了批判“以彭德怀同志为首的右倾机会主义反党集团”的会议，党内从纠“左”转向反“右倾机会主义”的斗争不断升级，将高指标、瞎指挥推向高潮，“平调风”、“共产风”再一次泛滥，纠错过程被打断。

1958年的“共产风”、“浮夸风”、高指标和瞎指挥造成的恶果，从1959年开始逐渐显现出来。在生存重压之下，一些地区的干部和农民走投无路，被迫行使“免除饥饿的自由”。1959年7月到9月，包产到户再度静悄悄地蔓延开来。庐山会议之后，各地寻找典型，雷霆万钧大反“右倾机会主义”。1959年8月22日，庐山会议刚刚结束，中共江苏省委就发出通知，说包产到户是从集体退到单干，“都是右倾思想的表现”。中共中央批转这个文件时说：把全部或者大部分农活包工到户或者包产到户的做法，实际上是在农村中反对社会主义道路，走资本主义道路。10月12日，中共中央批转河南省委的报告时指出：包产到户“是要走资本主义道路，是企图使资本主义在中国复辟，实际上是反党反人民的资产阶级思想在党内的反映”。11月2日的《人民日报》发表了以《揭穿“包产到户”的真面目》为题的评论员文章，指责“包产到户是极端落后、倒退、反动的做法”。到1959年年末，各地包产到户均被强行取消。

“三年困难时期”最艰难的时刻，中国农民求生本能再次冲破了重重警戒线。这一次起点是安徽。安徽省之所以最突出，因为是在省委的统一

① 中华人民共和国农业委员会办公厅编：《农业集体化重要文件汇编》（下），中央党校出版社1981年版，第185页。

领导下进行推广。安徽太湖县徐桥搞“责任田”，结果是从这里嫁出去的姑娘三五天跑回娘家一趟，为的是多吃一顿饱饭。安徽省委第一书记曾希圣经过深入调研，觉得只有搞承包责任田才能渡过难关。他亲自起草了《定户到田、责任到人问题》的文件，实行“包产到队、定产到田、责任到人”的责任制。1962 年初，曾希圣在“七千人大会”上受到批判，“责任田”就是其中的一个问题，说他搞“责任田”是“犯了方向性的严重错误”，“带有修正主义色彩”，被撤职。①

当时，搞各种形式包产到户的，安徽全省达 80%，甘肃临夏地区达 74%，浙江新昌县、四川江北县达 70%，广西龙胜县达 42.3%，福建连城县达 42%，贵州全省达 40%，广东、湖南、河北和东北三省都出现了这种形式。② 1962 年 5 月 24 日，邓子恢给党中央、毛主席写了《关于当前农村人民公社若干政策问题的意见》，强调建立生产责任制是“今后搞好集体生产、巩固集体所有制的根本环节”；7 月 9 日、11 日，邓子恢在中央党校作关于农业问题的报告，肯定了“包产到户”的做法，“不能把作为田间管理责任制的包产到户认为是单干”。7 月上旬，田家英向毛泽东提出“不如有领导地搞，全国农村可以 60% 的搞包产到户”。7 月 7 日，邓小平在接见出席共青团三届七中全会全体同志讲话中，主张使包产到户合法化，“黄猫、黑猫，只要捉住老鼠就是好猫”③。大约 7 月 10 日，陈云与毛泽东夜谈时阐述了个体经营与合作经济在我国农村相当长的时期内还要并存的问题。④ 责任田式的包产到户，对当时恢复生产、渡过难关确

---

① 薄一波详细地记载了关于包产到户问题引起的争论，见薄一波：《若干重大决策与事件的回顾（修订本）》（下卷），人民出版社 1997 年版，第 1113 ~ 1114 页。

② 杜润生：《中国农村经济改革》，中国社会科学出版社 1985 年版，第 14 ~ 15 页。

③《邓小平文选》第 1 卷，人民出版社 1994 年版，第 323 页。这就是后来屡遭批判而又受群众欢迎的著名“猫论”的由来。关于“猫论”，邓小平在 20 世纪 80 年代初有个解释：当时国家很困难，谁能想办法渡过难关就是好样的。话没有错，目的是鼓励生产，恢复农业。没有别的用意，也没有什么用心。汤应武：《抉择——1978 年以来中国改革的历程》，经济日报出版社 1998 年版，第 127 页。

④ 薄一波：《若干重大决策与事件的回顾（修订本）》（下卷），人民出版社 1997 年版，第 1112、1116、1119、1120 页。

实起到了巨大作用，被农民称为“救命田”。

毛泽东对邓子恢、田家英主张“包产到户”十分反感，对刘少奇、陈云、邓小平没有抵制甚至赞同也不满意。1962年8月5日，在北戴河召开的政治局会议上，毛泽东提出，一搞包产到户，一搞单干，半年时间就看出农村阶级分化很厉害。有的人很穷，没法生活。有卖地的，有买地的，有放高利贷的，有娶小老婆的。8月6日，毛泽东问道，是到社会主义，还是到资本主义？农村合作化还要不要？是搞分田到户、包产到户，还是集体化？单干从何而来？毛泽东讲话后，形成了一边倒，对“单干风”进行了严厉的批判。[①] 随后，撤销了邓子恢的中央农村工作部部长职务。安徽省委也被改组，全省有几十万人因责任田的牵连受到批判和斗争。在“文化大革命”中，刘少奇最广为人知的一个罪名就是：提倡“三自一包”（自留地、自由市场、自负盈亏和包产到户）。

1962年9月24到27日召开的中共八届十中全会通过了《关于进一步巩固人民公社集体经济、发展农业生产的决定》和《农村人民公社工作条例（修正草案）》（即六十条）。1962年10月，撤销中共中央农村工作部。

人民公社的建立是想实现和超过“前人的‘乌托邦’想法”，费尽心力维持了25年，1984年最后进入尘封的历史，成为新社会的“乌托邦”。1993年3月，八届全国人大常委会一次会议修订《宪法》，正式将“人民公社”提法删除，改为“家庭联产承包责任制”。1999年3月，九届全国人大二次会议修订《宪法》，正式确定“农村集体经济组织实行家庭承包经营为基础、统分结合的双层经营体制”。

① 薄一波：《若干重大决策与事件的回顾（修订本）》（下卷），人民出版社1997年版，第1122页。

# 第六章

# 国民经济调整时期经济徘徊发展

“大跃进”和人民公社化运动，给国民经济造成了十分严重的困难。国民经济的比例关系全面失调，高指标、瞎指挥、“浮夸风”、“共产风”破坏了工农业、工业内部及其与交通业之间、积累和消费、社会需求与社会供给之间的综合平衡，其结果便导致市场商品短缺、财政入不敷出、人民生活水平明显下降。面对如此严峻的国情，中共中央认识到只有“调整、巩固、充实、提高”，才能摆脱国民经济畸形发展的困境，使国民经济回到正常的轨道上来。“八字方针”的提出，是全面建设社会主义的一个重要转变，它标志国民经济的指导方针从“大跃进”到“调整、巩固、充实、提高”的重要转折。但是，由于没有从根本上认识到错误的根源，经济建设在好转之后，再次走上了“左”倾道路。

## 第一节　“调整、巩固、充实、提高”八字方针

“大跃进”和人民公社化运动是我国在探索建设社会主义道路过程

中的一次严重失误。1960年，党和国家从严重的经济困难出发，被迫调整国民经济，提出“调整、巩固、充实、提高”八字方针。“八字方针”的实行，是我国国民经济自1957年以来的重要转变。无论是农业方面的减少征收、降低农业税政策，还是减少城镇人口来补充第一线劳动力以及稳定市场的诸多决策，这些调整国民经济措施的初步落实很快都取得了成效。

## 一、国民经济面临严重困境

“大跃进”时期，我国国民经济比例严重失调。国家投入了大量的人力、物力、财力建成了一批大型项目，这时期，我国的重工业得到了迅速发展。工业总产值增长了134.3%，年均增长32.8%；重工业产值增长了233.3%，年平均增长48.9%；钢产量增长了2.48倍；生铁产量增长3.57倍；发电量增长3.57倍。① 但是，在迅速增长的数字背后却是农业基础的破坏，这使得我国经济的后续能力遭到破坏，人民生活质量严重下降，整个国民经济处于疲惫不堪的状态。

### （一）工农业比例失调、农业生产大幅度下降

工农业的比例严重不协调。1957～1960年，按照不变的价格计算，工业总产值由704亿元增加到1650亿元，增长了近1.3倍；农业总产值却由537亿元下降到415亿元，下降了22.7%。② 如图6.1所示。

农业生产大幅度下降，粮食及农副产供应严重不足。1957～1960年，粮食生产从3900.9亿斤下降到2870亿斤，低于1951年2873.7亿斤；棉花产量从3280万担下降到2125.8万担；油料作物产量由8391.9万担下降到3881万担；生猪存栏数由14590万头下降到8227万头。而此时全国的人口却从1957年的64653万增加到1960年的66207万，1960年，人均粮食产量只有430斤。③

---

① 苏少之：《中国经济通史》第10卷（上册），湖南人民出版社2002年版，第258页。

② 国家统计局编：《中国统计年鉴—1983》，中国统计出版社1983年版，第149页。

③ 国家统计局编：《中国统计年鉴—1983》，中国统计出版社1983年版，第162、163、178、103、184页。

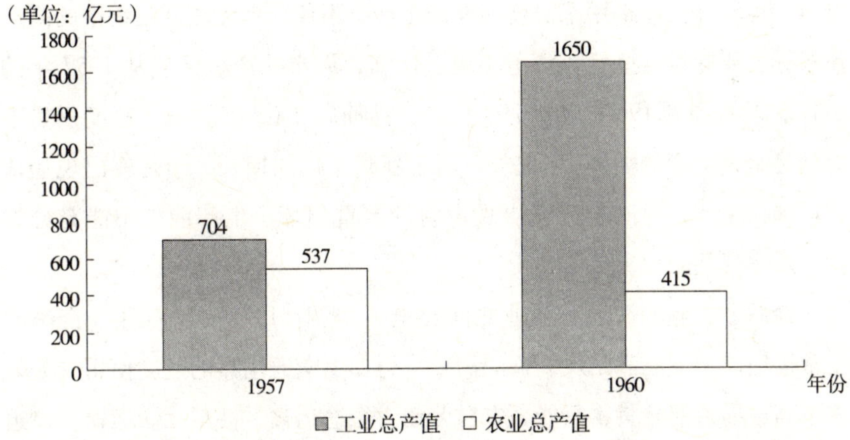


图 6.1　工农业比例失调

农业生产的全面下降并不仅仅在于自然灾害所带来的困难，更是“左”倾政策的错误。在农村大刮“共产风”，大搞平均主义，农业经济管理体制混乱，农民生产的积极性大大被挫伤；大力发展工业、水利建设，为了“大炼钢铁”，抽调了大量一线劳动力，剩下妇女和老弱半劳动力参加农业劳动，工农业劳动者的比例严重失调；“大跃进”时期，大量的农业生产资料用于工业，农业工具遭到严重损坏；农业的高估计带来高征购，这样留在农村的粮食大幅度减少，农民的生活负担加重、陷入困境。作为国民经济基础的农业，它的畸形发展也迅速使国民经济陷入了全面困境。

（二）工业诸多比例失调

首先，轻、重工业比例失调。由于整个行业以钢铁生产为中心，轻工业原料来源、运输条件受到严重影响，轻、重工业的比例由 1957 年的 55∶45变成 1960 年的 33.4∶66.6。① 轻工业产品产量大幅度下降，轻工业发展缓慢，造成市场供应紧张。

---

① 国家统计局编：《中国统计年鉴—1983》，中国统计出版社 1983 年版，第 20 页。

其次，在重工业内部，为了响应“大炼钢铁”的政策，焦煤、采矿、电力、运输等行业都用来协助钢铁的生产，不仅仍然无法满足钢铁的高产量指标，还弄得这些行业疲惫不堪。比如，煤炭的产量已经从1957年的1.31亿吨提高到1960年的3.97亿吨，即使以2.03倍的增长速度仍然不能满足钢铁生产的需要。① 此外，由于新建工厂周期长，于是就出现逼迫老厂加快生产，时间长久就出现设备的严重损坏、生产能力不能充分发挥、效率降低的现象。

最后，工业和交通运输业之间比例不协调。1957～1960年，全国的正常运输能力不能满足煤、铁的需要，再加上交通用具的过度使用，完好率不高，导致部分货物只能靠农村劳动力短途运输，甚至无法运输，被迫积压。据统计，1960年，有大约30%的铁矿石和2000万吨煤炭运不出来。②

### （三）积累和消费比例失调

“大跃进”期间，盲目追求高指标，导致基本设施战线拉得过长，超过了实际可能。众所周知，积累效果反映国家经济效益，在国民收入一定的情况下，用于基础设施的投资过多，就会增加用于积累的部分。过多地提高积累率，必然会导致积累和消费的比例不平衡。1959年和1960年是新中国成立以来积累率最高的两年。

1957～1960年，基本建设的投资额分别为143.3亿元、269.0亿元、349.7亿元、388.7亿元，累计达到1007.41亿元。这比“一五”计划多出418.94亿元，基本建设的投资规模不断膨胀。而在这三年中，积累总额和积累率也不断增加，积累总额高达1438亿元，比“一五”期间的全部积累总额999亿元多出439亿元。积累率从“一五”期间平均24.2%逐步提高，1958年为33.9%，1959年高达43.8%，1960年达到39.6%。③ 在这期间，每百元积累所创造的国民收入，1959年降为19元，

① 国家统计局编：《中国统计年鉴—1983》，中国统计出版社1983年版，第244页。

② 董辅礽主编：《中华人民共和国经济史》（上卷），经济科学出版社1999年版，第380页。

③ 国家统计局编：《中国统计年鉴—1983》，中国统计出版社1983年版，第323、25页。

到了1960年甚至为-0.4元。积累的增加势必会减少消费的份额，不仅影响到人民生活消费水平，也会恶化经济状况。

（四）社会需求和社会供给比例失衡，人民生活质量下降

在“大跃进”期间，银行信贷混乱，财政赤字巨大。1957~1960年，财政支出分别为304.2亿元、409.4亿元、552.9亿元、654.1亿元，大大超过相应年份的财政收入。[①] 同时，银行业信贷资金规模空前，发行了大量的货币。1957~1960年，年末货币发行量从53亿元增长到了96亿元。[②]

社会总需求的增加引起了市场购买力的增长。一方面，社会购买力逐年增长，1957~1960年，分别为488.2亿元、578.8亿元、675.1亿元、716.7亿元。[③] 另一方面，农业、轻工业的减少，造成吃、穿的商品供应短缺，同时，外汇结存减少，不利于进口消费品，所以只能被迫动用商品库存，造成市场上的商品供应量减少。于是，在1960年，发生了新中国成立后第二次通货膨胀。这一年，社会商品购买力仍大于零售商品货源74.8亿元[④]，全国零售物价总指数比上一年上升3.8%[⑤]。

由于消费品的短缺，居民消费水平下降，生活质量也明显下降。1957~1960年，粮食人均年消费量由203.06公斤下降到163.62公斤；猪肉人均消费量从5.075公斤降到1.53公斤；棉布由8米下降到7米以下。[⑥] 不仅如此，营养不良，卫生条件差，非正常死亡增多，死亡率骤然上升。

所有这些问题，都迫使我们要寻求对策，摆脱国民经济的严重困境。

## 二、“八字方针”的酝酿、形成和完善

1960年下半年开始，中共中央和毛泽东都察觉到问题的严重性与认

① 国家统计局编：《中国统计年鉴—1983》，中国统计出版社1983年版，第445页。
② 郝梦然、段浩然主编：《中国共产党六十年》，解放军出版社1983年版，第445页。
③ 董辅礽主编：《中华人民共和国经济史》（上卷），经济科学出版社1999版，第382页。
④ 房维中主编：《中华人民共和国经济大事件1949~1980》，中国社会科学出版社1984年版，第292页。
⑤ 国家统计局编：《中国统计年鉴—1983》，中国统计出版社1983年版，第455页。
⑥ 国家统计局编：《中国统计年鉴—1985》，中国统计出版社1985年版，第576页。

识的偏差，强调了实事求是原则，中国要走独立发展的道路。在1960年6月的中共中央政治局会议上，毛泽东提出要把品种和质量放在第一位，数量放在第二位。在会议期间所写的《十年总结》文章中，毛泽东不仅总结了“大跃进”和人民公社化运动的某些错误和教训，还指出“对于我国的社会主义革命和建设，我们已经有了十年的经验了，已经懂得了不少的东西了。但是我们对于社会主义时期的革命和建设，还有一个很大的盲目性，还有一个很大的未被认识的必然王国，我们还不深刻地认识它。我们要以第二个十年时间去调查它，去研究它，从其中找出它的固有的规律，以便利用这些规律为社会主义的革命和建设服务”①。

北戴河会议期间，苏联单方面决定在一个月的时间内全面撤走专家，撤销合同书，废除科研合作项目，中断援建项目，这无疑又给本来脆弱的经济雪上加霜。针对这种严峻的国际形势，在会议讨论调整经济的进程中，李富春提出“调整、巩固、提高”。周恩来很是赞成，并加上了“充实”二字，予以完善，形成了“调整、巩固、充实、提高”八字方针。

1960年9月，中央同意并批转国家计委党组《关于1961年国民经济计划控制数字的报告》，报告中首次正式提出了“八字方针”，即“把农业放在首位，使各项生产建设事业在发展中得到调整、巩固、充实和提高”。这一方针的主要内容以调整为重点，调整国民经济各比例关系，精简职工和城市人口，缩短基本建设战线，稳定市场，回笼货币，实现财政平衡；巩固新中国成立以来国民经济已取得的成果，不断加强已有的经济建设基础；同时充实一些部门的生产，加强现有生产能力的填平补齐工作；提高管理水平，提高劳动生产率和产品质量。

在1961年1月的中共八届九中全会上，该方针获得了批准，并决定从1961年起实行“调整、巩固、充实、提高”八字方针。这是一个积极的方针，它使经济逐渐从失调的状态中摆脱出来。至此，国民经济从“大跃进”转至全面调整阶段。

---

①《毛泽东文集》第8卷，人民出版社1999年版，第198页。

## 三、国民经济调整的三个阶段

### （一）初步调整的1961年

第一阶段以1961年1月的中共八届九中全会为起点，提出“调整各个部门之间已经变化了的相互的关系，巩固生产力和生产关系发展和变革中获得的巨大成果，充实新发展起来的一些事业的内容，提高那些需要进一步改善的新生事物的质量”①。

在这一阶段，中共中央的领导对形势的认识不一致，全党并没有统一认识。有的干部盲目乐观，对经济的严重性认识不足，认为经历低谷后经济自然会上升；有的干部认为工业本身没有问题，工业生产中的问题是由于农业减产所造成的。再加上在1961年国际形势风起云涌，苏联、美国、印度频频向我国施加压力予以挑衅，也致使急躁情绪再度滋生。

因此，这一时期的调整政策并不彻底，也不坚决。在农业方面的认识比较统一，加强了集中经济管理，农业生产得以一定程度的恢复，市场供应问题得以部分缓解。当然，形势也并不乐观，1961年粮食总产量为2950亿斤，缺口过大，被迫进口520万吨，是新中国成立以来进口最多的一年。② 更为严峻的是，由于对工业认识的不统一，导致工业仍然没有摆脱困境。基本建设战线拉得过长，经济工作没有按照实际情况安排，指标仍然处于较高的水平。工业总产值下降38.2%，其中轻工业下降21.4%，重工业下降46.6%。③ 8月的庐山工作会议着重讨论了工业调整的问题，拟订了“工业七十条”，为工业的调整指明了方向。

总之，1961年的经济工作处于被动局面，农业生产下降和工业恶化的同时，国家增发了大量货币，致使物价上涨，供应紧张，人民生活无法

---

① 中共中央文献研究室编：《建国以来重要文献选编》（第14册），中央文献出版社1997年版，第30页。

② 李宗植、张润君编著：《中华人民共和国经济史（1949—1999）》，兰州大学出版社1999年版，第196页。

③ 苏少之：《中国经济通史》第10卷（上册），湖南人民出版社2002年版，第269页。

得到保证。经济调整忽略了综合平衡，调整得不够坚决。这也促使我们要统一认识，全面主动地调整，扭转经济恶化的局面。

（二）关键调整期的1962年

1961年以后，我国的国民经济进入到了实质性的阶段。1962年年初的“七千人大会”以及之后的一系列会议，制定了一系列的调整政策。根据坚决调整的部署，明确了“八字方针”的内容：“整个国民经济需要进行大规模的调整。这就是说，要按照农轻重的次序进行综合平衡的方针，把建设的规模调整到同经济的可能相适应、同工农业生产水平相适应的程度；把工业生产战线调整到同农业提供粮食和原料的可能相适应、同工业本身提供原料、材料、燃料和动力的可能相适应的程度；把文教事业的规模和行政管理的机构，缩小、精简到同经济水平相适应的程度；把城镇人口减少到同农村提供商品粮食、副产品的可能相适应的程度。”①

在中国经济调整的紧要时期，中央大力恢复农业，调整农业经济政策，调动农民的积极性；压缩基本建设的规模，调整不合理的工业结构，降低工业生产速度；精简城镇人口；加强财政金融管理，改善信贷、外汇平衡。由于政策得力，经济调整出现了转机，国民经济得以恢复和发展。

（三）国民经济的继续调整

1963～1965年，这一阶段的调整更加突出“巩固、充实、提高”。1963年9月，中共中央召开了工作会议，决定再用3年的时间，继续“调整、巩固、充实、提高”，以农业为基础，以工业为主导，这段时间要作为调整过渡阶段。会议上还提出3年后的任务分为两步走的设想：第一步，要建立一个独立的、比较完整的工业体系和国民经济体系，使我国工业大体上接近世界先进水平；第二步，使我国工业走在世界前列，全面实现农业、工业、国防和科学技术现代化。

1964年的第三届全国人民代表大会第一次会议上，周恩来宣布了四

---

① 中共中央文献研究室编：《建国以来重要文献选编》（第15册），中央文献出版社1997年版，第443、444页。

个现代化任务，即在不太长的历史时期内，把中国建设成为一个具有现代农业、现代工业、现代国防和现代科学技术的社会主义强国。

3年间，企业的管理得到改善，努力提高产品质量，丰富产品种类，积极引进国外技术，形成综合生产能力。工业总产值，从1963年的993亿元，1964年的1164亿元，一直发展到了1965年的1402亿元。主要的工业产品产量也大幅度提高，比如：钢产量三年间分别为762万吨、964万吨、1233万吨；原煤产量从2.17亿吨增加到2.32亿吨；原油从648万吨、848万吨，增长到1131万吨；发电量分别为490亿度、560亿度、676亿度；布从33.4亿米增长到62.8亿米。[①] 国民经济全方面好转。

此外，继续调整时期还集中力量，开发了大庆油田，使我国石油可以自给自足，摆脱了"贫油国"的帽子。1964年中国第一颗原子弹的成功爆炸，也使我国的国防科技力量大大增强，鼓舞了全国人民的信心。到1965年，国民经济的调整任务完成，各方面经济形势好转，调整阶段结束并进入到了一个全新的时期。

## 四、"八字方针"的初步执行

首先，农业是国民经济调整的第一步。1961年3月和5月，在广州、北京召开的工作会议上，中共中央制定、修改了"农业六十条"。在草案中，针对人民公社内部存在的严重的平均主义，不合理的民主制度和经济管理制度等都作出了较为系统的阐述，进一步规定停办公共食堂。

为了解决由于农田水利建设和大办钢铁所造成的青壮年劳动力紧张的局面，中共中央开始统筹安排在农村劳动力使用比例。其中，用于生活服务、文教卫生、行政管理方面的农村劳动力，只能占10%；10%～15%的劳动力用于基本建设；15%的劳动力用于林渔副业和社办业；而用于农牧业生产的要依据时节调整，农忙时用于农业生产的应该不低于80%。[②]

---

① 国家统计局编：《中国统计年鉴—1984》，中国统计出版社1984年版，第23、220、225页。
② 董辅礽主编：《中华人民共和国经济史》（上卷），经济科学出版社1999年版，第385页。

这样，到了1961年春，新增农业生产第一线的劳动力有2913万人，其中，社内调整的有2191万人，占75%。农村劳动力占农村人口的比重增加到39%，农业劳动力占农村劳动力总数增加到67.4%，大大改变了粮食紧张的问题，保证了农村的劳动力。①

减少城镇粮食销量。1961年和1962年计划压缩粮食销量到1200万吨和1225万吨。② 在城市，“精兵简政”减少城镇人口，精简的对象主要是1958年以来来自农村的新职工，以及盲目流入城市的人口，并动员返乡。计划1961年至少要减少1000万人，1962年至少减少800万人，1963年上半年基本扫尾。③ 1961年比1960年，全国全民所有制单位共减少职工873万人，城镇人口减少了1000万人左右。④

进口粮食和减少征收任务。1961年，进口580.97万吨，1962年也进口粮食492.3万吨，缓解紧张的粮食供应局面。减少征收任务，1961年粮食收购量为4047万吨，比1960年减少1058万吨，1962年又减少到3814.5万吨，占当年粮食产量的比重由1960年的35.6%分别下降到27.4%和23.8%。⑤ 如图6.2所示。

降低农业税，对农业税率进行调整，并保证税率稳定3年。这样，按照新税率计算，1961年农业税的征收额计划为粮食600万吨，比1960年减少245吨，减少了29%；比1957年减少382.5万吨，减少了38.9%。⑥

彻底清算“一平二调”的政策，对个人财产和劳务坚决执行退赔政策。退赔的方法可以是对实物折旧，也可以是对无实物作价赔偿。对于有困难的社队，国家要用赔偿补贴作为必要的资助。

① 柳随年、吴群敢主编：《中国社会主义经济简史》，黑龙江人民出版社1985年版，第276页。
② 董辅礽主编：《中华人民共和国经济史》（上卷），经济科学出版社1999年版，第386页。
③ 中央财经领导小组办公室编：《中国经济发展五十年大事记（1949.10—1999.10）》，人民出版社、中共中央党校出版社1999年版，第162页。
④ 国家统计局编：《中国统计年鉴—1983》，中国统计出版社1983年版，第103、123页。
⑤ 国家统计局编：《中国统计年鉴—1983》，中国统计出版社1983年版，第438、393页。
⑥ 房维中主编：《中华人民共和国经济大事记（1949~1980年）》，中国社会科学出版社1984年版，第308页。

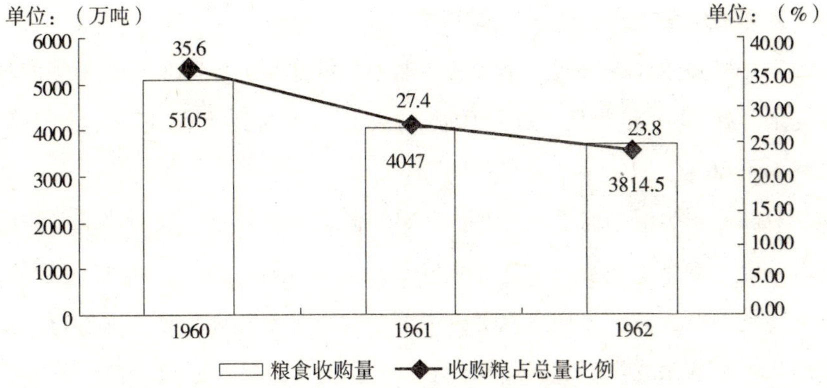


图 6.2　1960～1962 年粮食收购量和收购量占总量比例

1961 年 1 月，还决定提高农副产品的收购价格。报告提出，在 1960 年主要粮产区加价奖励 5% 的基础上，全国粮食收购价格平均提高 20%。① 油料、生猪、家禽和蛋的收购价格也要相应增加，分别为 20%、13%、37%。在随后的一两年时间里，销售价格和职工工资都暂时不提高。收购价格的提高，是农业方面的重要政策，它不仅可以直接提高农民的收入，还可以调动起农民生产的积极性，农村经济出现新的生机。

围绕着这一时期的工作重心，将农业发展摆在了首要地位，各行各业都加大了对农业的支援，特别是加强了工业对农业扶持的力度。比如增加化肥等农业生产资料供应量，组织手工业生产农业机械运输工具和农具，增加拖拉机等支农产业在基本建设投资中的比重，国家大力支援人民公社支出和农村救济费用。

通过实行这些得力措施，农村物质条件得到改善，劳动力紧张局面得到缓解，农民的收入增加，农业生产得到了政策支持，这些都给农村经济注入了新的活力。

---

① 中央财经领导小组办公室编：《中国经济发展五十年大事记（1949.10—1999.10）》，人民出版社、中共中央党校出版社 1999 年版，第 157 页。

其次，中共中央还出台了“商业四十条”和“手工业三十五条”，采取一系列措施努力稳定市场、调节市场供应。

压缩机关团体、部队、学校和事业单位的购买力，减少经费中的商品性支出。到1961年年底，社会团体购买力已压缩到49.4亿元，比1960年减少了26亿元①。

对部分非生活必需品实行高价政策。陈云曾经提出，针对供应紧张的局面，要“两条腿走路”，“一种是便宜的，凭证供应，一种是高价的，你有钱就可以买。……现在百货公司的东西，什么都要凭证，这不行，要摆出几样东西来卖”②。陆续对自行车、手表、糖果、糕点、针织品等产品有计划地实行高价政策，这样有利于加快货币回笼，增加财政收入。

优先保证日用工业品和手工业品的燃料、动力、辅助材料的分配，增加化学纤维等新型工业原料、小口径无缝钢管等，以适应日用轻工业生产需要，缓解了市场供应紧张的局面。

增加商业流通渠道，活跃城乡贸易。恢复农村供销合作社商业、开放农村集市贸易，与国营商业共同构成商业流通的三条渠道，在市场供应没有根本改变的情况下，大大地缓解了市场供应的紧张局面，基本保证了居民的最低生活需要。

最后，调整了经济管理体制，加强了国民经济的集中统一管理。1961年1月，中共中央陆续作出了《关于调整管理体制的若干暂行规定》和《关于调低企业利润留成比例，加强企业利润留成资金管理的报告》。前者强调将经济管理大权集中到中央和中央局；对于1958年以来下放的人权、财权、商权和用工权使用不恰当的，予以收回；中央各部直属企业的行政管理、生产指挥、物资调度、干部安排的权力，统归中央主管各部；凡属于在全国范围内组织平衡的重要物资，均由中央统一管理和分配；财权必须集中，货币发行权归中央；所有生产、基建、收购、财务、文教等

---

① 董辅礽主编：《中华人民共和国经济史》（上卷），经济科学出版社1999年版，第389页。

② 中央财经领导小组办公室编：《中国经济发展五十年大事记（1949.10—1999.10）》，人民出版社、中共中央党校出版社1999年版，第158页。

各项工作，都必须执行全国一盘棋、上下一本账的方针。总之，全国必须要集中力量，努力完成和超额完成国家计划。后者的实施，主要是为了解决计划外基本建设中存在的问题。从1961年起，全国企业的利润留成比例从原来的13.2%降低到6.9%，其中中央企业下调达58%。[①] 这样，留成下来的利润用于技术开发，增加福利支出，调剂留成不足的企业。

这些政策以“八字方针”为指导，广大人民同心同德，经初步实施后，恢复了农业生产，货币流通有所减少，平衡了市场供应和社会购买力之间的差距，紧张局面得到一定程度的缓解，城乡人民生活水平有所改善，对整个国民经济的恢复和调整都有着积极的作用和意义。

## 第二节　国民经济的全面调整

1962年是经济调整进程中关键的一年。在这一年里，国家通过对农业、工业、商业、财政金融业等各行各业的一系列调整后，国民经济得以好转，由挫折转向复苏。

### 一、七千人会议

1962年1月11日至2月7日，中共中央在北京召开了扩大的中央工作会议，与会人员7000人左右，故又名“七千人大会”。

刘少奇同志在会上初步总结了1958年经济建设的基本经验和教训。在肯定1958年以来取得成绩的基础上，指出经济出现的困难的原因，一方面是由于自然灾害，另一方面在很大程度上由于工作中的错误，有的地方是“三分天灾、七分人祸”[②]。比如，“大跃进”期间，工农业生产的

---

① 中央财经领导小组办公室编：《中国经济发展五十年大事记（1949.10—1999.10）》，人民出版社、中共中央党校出版社1999年版，第158页。

② 胡绳主编：《中国共产党的七十年》，中共党史出版社1991年版，第392页。

计划指标过高，经济管理体制混乱，权力下放得过于分散，基本设施投资战线拉得过长，建设事业发展过急等。

毛泽东在会上作了长篇讲话，中心是讲民主集中制，强调不论党内党外都要有充分的民主生活，让群众说话。毛泽东进行了自我批评："凡是中央犯的错误，直接的归我负责，间接的我也有份，因为我是中央主席。""第一个负责人的应当是我。"① 毛泽东强调，在社会主义建设上，我们还有很大的盲目性，并指出要在总结正反经验和教训的基础上，加深对社会主义建设的认识。毛泽东指出，中国的人口多、底子薄，经济落后，要使生产力很大地发展起来，要赶上和超过世界上最先进的资本主义国家，没有一百多年的时间，我看是不行的。②

"七千人大会"上，基本统一了全党对形势的认识。既不像有的干部认为形势极其严重，不退够就不能前进；也不能像有的干部盲目乐观地估计形势，坚持"反右倾"，反对后退。这对于全党和全国各族人民统一思想、加强团结，坚决贯彻"八字方针"，促进国民经济恢复奠定了夯实的认识基础。

## 二、1962年国民经济计划

1962年2月，中央在中南海西楼会议厅召开政治局常委扩大会议（西楼会议），主要讨论了国家预算、经济形势和调整政策等问题。在西楼会议之前，中央发现当年的财政预算赤字巨大，市场供应量与社会购买力之间严重不平衡。在这次会议中，陈云认为经济形势处于相当困难阶段，针对1961年粮食大量减产的情况，他提出"把一切可能的力量用于农业生产。这一条是根本大计"，"要采取一切方法制止通货膨胀"，抑制货币发行过多、投机倒把的发展。"解决吃、穿问题，保证市场供应"，"尽力保证城市人民的最低生活需要"。③

---

① 胡绳主编：《中国共产党的七十年》，中共党史出版社1991年版，第392页。
② 胡绳主编：《中国共产党的七十年》，中共党史出版社1991年版，第392页。
③《陈云文选》第3卷，人民出版社1995年版，第192～205页。

随后的会议上，陈云表示“我看今年的年度计划要做相当大的调整。要准备对重工业、基本建设的指标‘伤筋动骨’。重点是‘伤筋动骨’这四个字。要痛痛快快地下来，不要拒绝‘伤筋动骨’。现在，再不能犹豫了。”①

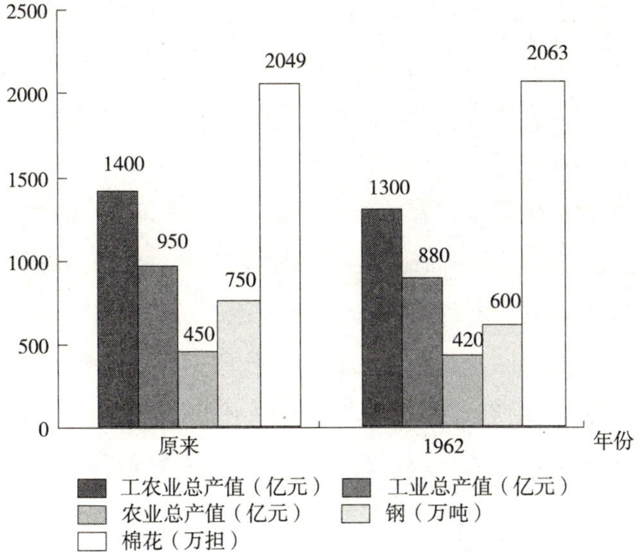


图 6.3　1962 年调整计划

（资料来源：董辅礽主编：《中华人民共和国经济史》，经济科学出版社 1999 年版，第 393 页）

根据中央精神，中央财经小组提出了《关于讨论 1962 年调整计划的报告》，下决心对国民经济进一步大刀阔斧地调整。除了棉花指标略有增加，工农业总产值、原煤、钢、粮食等指标都有一定幅度的下降。工农业总产值由原来的 1400 亿元下调到 1300 亿元；工业总产值从 950 亿元调整到 880 亿元；农业总产值从 450 亿元调整到 420 亿元；钢由 750 万吨调整到 600 万吨；棉花由 2049 万担调整为 2063 万担。如图 6.3 所示。

---

①《陈云文选》第 3 卷，人民出版社 1995 年版，第 210 页。

对于“综合平衡”这个概念，周恩来很是赞许，他曾经作出精炼的概括：“可以写一副对联，上联是先抓吃穿用，下联是实现农轻重，横批是综合平衡。”①

## 三、全面调整

七千人大会和中南海西楼会议以后，经济的调整和政治关系的调整都有了进一步的发展。农业生产的家庭承包责任制从上到下进行了相当规模的大胆探索，大力精简职工，压缩基本建设规模，缩短工业战线。

### （一）农业的调整

农业在国民经济中起着基础性作用。农村政策过“左”会严重影响农村生产力的发展。因此需要从生产关系和生产力两个方面来进行调整。

首先就是调整所有制形式，改变人民公社的基本核算单位。1962年2月，中共中央发表《关于改变农村人民公社基本核算单位问题的指示》，决定人民公社以生产队为基本核算单位，平均每队约二三十户，至少30年不变。当时的农村工作部部长邓子恢提出生产责任制，责任制联系产量，细化生产队，划分为固定或临时的作业小组，包产到户。生产小队范围不大，更适合于农村生产力水平，克服生产队之间的平均主义，有利于自主改善集体经济的经营管理，更能适合农民的觉悟程度，调动广大农民的生产积极性和热情。

纠正平均主义，纠正在农村大办食堂的“左”倾错误，解散了公共食堂。在周恩来的《关于农村政策问题的调查报告》中反映，社员普遍不赞成办公共食堂，就是妇女和单身汉也愿意回家做饭吃。关于供给制，供给制的办法带有平均主义性质，它不仅使劳动力多、劳动好的人吃亏，而且也不能完全和真正解决“五保户”、困难户的问题。②

清理“一平二调”，实行按劳分配，对于违背等价交换和按劳分配原

---

① 中共中央书记处研究室编：《陈云同志文稿选编》，人民出版社1981年版，第176、177页。

② 中央财经领导小组办公室编：《中国经济发展五十年大事记（1949.10—1999.10）》，人民出版社、中共中央党校出版社1999年版，第160页。

则，抽调生产资料、生活资料、劳动力等都要清算退赔。一两年退赔不完的，3 年基本解决，3 年退赔不完，也必须在 5 年完全解决。这种要求主要是兑现一切可能解决、群众迫切需要解决的问题。据统计，从 1961 年 6 月到年底，国家付给农民退赔款 18.5 亿元。①

调整农业税收政策，减少农民负担。6 月，农业税的负担率从 1957 年 11.6% 降至不超过 10%②，并规定三年内增产不增税。各地方根据不同的经济情况，实行差别税率。这些做法增加了农民收入，保护了农民生产的积极性，缓解了中央和农民之间的关系。

恢复自留地，将耕地的 5% ~10% 划分为社员的自留地。自留地的农产品不计入口粮标准，不征收农业税，不列入统购对象。1962 年 11 月，中共中央发布《关于发展农村副业生产的决定》，鼓励各地根据当地条件和传统，因地制宜，逐步发展家庭副业，积极恢复被挤掉的加工作坊，允许社员利用业余时间饲养牲畜，从事编织、刺绣、养蜂、养鱼等家庭手工业、副业、多种经营，收入归社员所有。在有条件的情况下，农民还可开展家庭运输业。此外，恢复农村贸易市场，在交售任务完成后，生产大队和社员个人还可在集市上交易。这些措施都大大提高了农村社员生产积极性，给农村市场的繁荣注入了活力。

加强工业对农业的支援，各行各业面向农业，挤出劳动力投入到农业战线。主要体现在长期无息贷款购买耕畜和大中型农机具，短期有息贷款购买化肥等生产资料和小农具，帮助无偿还能力的生产队无偿投资等。农业投资占基本建设投资总额的比重，从 1958 年的 9.8%、1959 年的 9.4%，调整到 1961 年的 13.3%、1962 年的 20.2%，1963 年更是达到 23%。另一方面，全国生产工具、农业生产资料大幅度的提高，机田灌溉面积增加，农业生产的物质条件大为改善。到 1962 年年末，全国铁制工具已经基本恢复到了 1957 年的水平，平均每个农业劳动力近 5 件。1961

---

① 赵德馨：《中国近现代经济史（1949—1991）》，河南人民出版社 2003 年版，第 235 页。
② 赵德馨：《中国近现代经济史（1949—1991）》，河南人民出版社 2003 年版，第 236 页。

年到1965年，化肥生产平均每年递增55.3%，农药生产平均每年递增20.3%。[①] 可以说，这些措施对1962年扭转农业产量下降势头起着举足轻重的作用，有利于农业生产的恢复与发展。

经过一系列有力调整，农业从1963年以比较快的速度恢复起来，到了1965年，大体上已经恢复到了1957年的水平。农业在工农业总产值的比重由1960年的21.8%提高到1966年的35.9%。1965年的粮食产量接近1957年的水平，1966年的产量已经超过了1958年的总产量水平。从1961年到1965年，粮食产量平均每年递增7%，棉花平均每年递增27%，油料平均每年递增19.3%，猪存栏头数平均每年递增22%，农林牧副渔业总产值平均每年递增9.9%。[②]

假定1952年的农民年平均消费水平指数为100，1957年指数为117.1，1958年为120，1961年为92，1964年为114.1，1965年为124.8。[③] 由此可见，1964年恢复到了1957年的水平，1965年恢复到了1958年的水平。

很显然，农业方面所贯彻的这些措施，调整了生产关系和生产力两方面的关系，纠正了平均主义，很快见到成效。

（二）工业的调整

工业调整的首要任务就是降低工业生产计划的不切实际的指标，这是工业生产建设的基本前提。工业总产值从原计划的950亿元下降到调整后的880亿元，其中生产资料总产值从550亿元降为470亿元，生活资料总产值从400亿元上升到410亿元，钢产量从750万吨降到600万吨。纵向比较的话，工业总产值同1960年的计划指标相比，1962年下降了59%，重工业总产值下降了63%，钢产量下降了68%。[④] 调整后的指标同1960年实际成绩相比，工业总产值下降了47%，重工业总产值下降了57%，

---

① 陈昌智主编：《中华人民共和国经济简史》，四川大学出版社1990年版，第147、146页。
② 陈昌智主编：《中华人民共和国经济简史》，四川大学出版社1990年版，第147页。
③ 赵德馨：《中国近现代经济史（1949—1991）》，河南人民出版社2003年版，第237页。
④ 陈昌智主编：《中华人民共和国经济简史》，四川大学出版社1990年，第149页。

钢产量下降了68%。①

随着指标的下降，过剩的生产能力、人员过多这些问题显现。为了妥善地解决，中央决定压缩工业战线，本着经济合理、社会需要、重点裁定中小企业，保留骨干企业的原则，实行关、停、并、转。在1962年的调整中，冶金、建材、化工、机械工业企业裁并的幅度最大，分别减少70.5%、50.7%、42.2%、31.6%。到1962年年底，全国共有工业企业197000个，比1959年的318000个减少了38%。② 这样，保留下的企业都是国民经济所需要的，才能更好地生产，也更符合燃料、原材料供应和社会的需要。

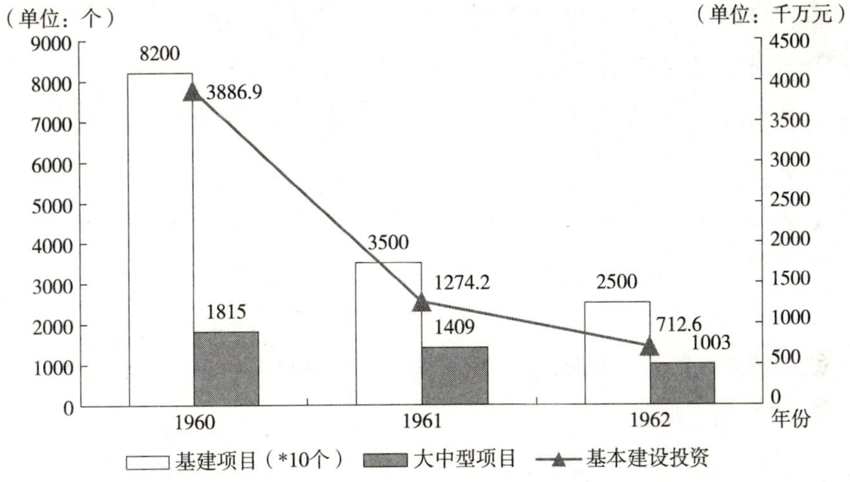


图6.4　1960～1962年基本建设投资和基建、大中型项目个数

大力压缩基本建设战线，使工业在可靠的基础上继续发展。一方面压缩了投资规模，1960年基本建设投资额为388.69亿元，1961年减至127.42亿元，1962年又再次缩减到71.26亿元。③ 相应的积累率也下降下

① 董辅礽主编：《中华人民共和国经济史》（上卷），经济科学出版社1999年版，第394页。
② 陈昌智主编：《中华人民共和国经济简史》，四川大学出版社1990年版，第150页。
③ 国家统计局编：《中国统计年鉴—1983》，中国统计出版社1983年版，第323页。

来，从1960年的39.6%，下降为1961年的19.2%，1962年更降为10.4%。另一方面，停、缓建设大批工程项目。1960年全国施工的基建项目有82000个之多，其中，大中型项目1815个；1961年减少为35000个，其中大中型项目减为1409个。1962年全国施工的基建项目进一步削减为25000个，其中大中型项目减为1003个。① 如图6.4所示。

这些措施使得经济效益好转，1960年新增固定资产交付使用率为68.8%，1961年上升为74.5%，1962年上升为79%。② 这为经济调整奠定了一定的物质条件。

与此同时，为了使工业结构更加合理，还加强了农业生产资料、日用工业品、采掘工业等薄弱环节的投资。拿1962年和1965年的数据比较就能看出这种变化，1962年的农业机械投资0.88亿元，化肥农药生产投资1.45亿元，全国农业机械总动力达到1029万马力；而到了1965年，这组数据依次为3.74亿元、6.52亿元、1494万马力。不仅如此，化肥农药的生产能力也迅速增长。1960年到1965年间，化肥生产平均每年递增55.3%，农药生产平均每年也递增20.3%。③ 经过努力，各种日用品供应增多，塑料产量从1961年的35000吨增长到1965年的97000吨。轻工业总产值从1961年的451亿元增长到1965年的723亿元，轻工业得到了迅速的发展。在开采业方面，开采的指标下调，同时整顿生产管理制度，制止乱采乱挖的现象，有效地保护了矿产资源。

为了改善企业经营管理，整顿工业企业，中共中央制定了“工业七十条”。从1962年开始，我国开始对企业进行调整，实行“五定”（定产品方向和生产规模，定人员和机构，定主要原材料、燃料动力消耗和供应来源，定固定资产和流动资金，定协作关系）和“五保”（保证产品的品种、质量、数量，保证不超过工资总额，保证完成成本计划，保证完成上缴利润，保证主要设备的使用期限），一经确定，三年内基本保持不变。

① 董辅礽主编：《中华人民共和国经济史》（上卷），经济科学出版社1999年版，第394页。
② 国家统计局编：《中国统计年鉴—1983》，中国统计出版社1983年版，第343页。
③ 陈吕智主编：《中华人民共和国经济简史》，四川大学出版社1990年版，第153、154页。

这期间的典型，在油田勘探和开发方面，大庆油田是全国工业交通战线上的一面红旗，建立了岗位责任制，树立“三老四严”的作风，将政治工作和科学管理相结合，取得了显著成绩。

此外，还应用托拉斯的科学方法管理工业企业，改变多头管理、行政管理、分散经营的模式，这时的中国烟草工业公司、中国汽车工业公司、中国医药公司、中国制铝工业公司等都取得了较好的经营成绩。比如中国医药工业公司的六大类医药原药的产量由1963年7700吨增长到1966年14500吨。① 凭借着试办托拉斯的契机，极大地推动了整个国民经济的协调发展。

### （三）财政金融的调整

1958～1961年，国家财政累计赤字172亿元。② 面对着这样的财政困难，中央采取了一系列的措施，加强银行管理，严格控制贷款等，这对于渡过经济困难具有积极的意义。1962年3月，国务院发出《关于切实加强银行工作的集中统一，严格控制货币发行的决定》，指出“要把货币发行权真正集中于中央，把国家的票子管紧，而且在一个时期内，要比1950年统一财经时管得更严、更紧”。③

在国民经济调整时期，减少财政赤字主要靠减少支出的方法。1962年3月，中共中央发出《关于厉行节约的紧急规定》，紧缩各级国家机关、企事业单位、部队等社会团体的购买力。与1960年城镇团体购买消费品75.3亿元相比，1962年缩减为39.8亿元，降低了47.9%。另外，压缩工资支出，精简职工，紧缩福利支出。1962年2月，陈云在《目前财政经济的情况和克服困难的若干办法》讲话中提出，“精兵简政”是克服困难的一项根本性措施。根据指示，1961年全民所有制企业职工减少为4171万人，1962年减为3309万人，1963年减为3293万人。期间，全民所有制职工工资

---

① 陈昌智主编：《中华人民共和国经济简史》，四川大学出版社1990年版，第159页。

② 国家统计局编：《中国统计年鉴—1983》，中国统计出版社1983年版，第20～25页。

③ 中央财经领导小组办公室编：《中国经济发展五十年大事记（1949.10—1999.10）》，人民出版社、中共中央党校出版社1999年版，第171、172页。

总额也有所下降。1960年全民所有制单位职工工资总额为263亿元，而到了1962年减少到了214亿元①。这些做法都有利于克服财政困难，经过调整，不仅消灭了赤字还有盈余，还还清了外债。如图6.5所示。

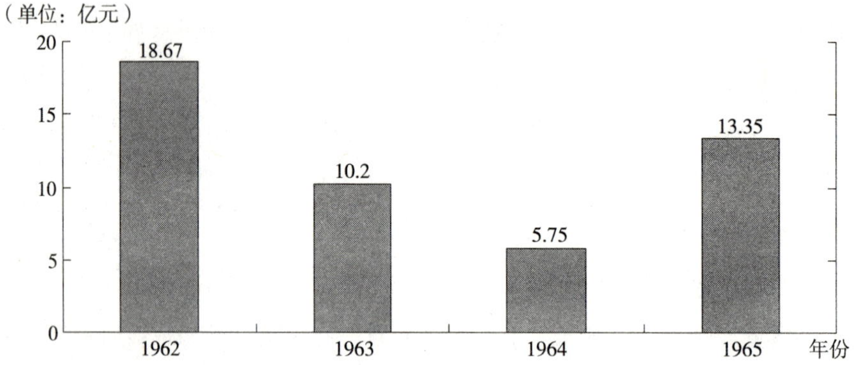


图6.5　1962～1965年财政盈余

（资料来源：国家统计局国民经济综合统计司：《新中国五十年统计资料汇编》，中国统计出版社1999年版，第8页）

1958～1960年增发货币43亿元，比1953～1957年多增发货币18亿元。② 对于金融市场的混乱，陈云建议对部分商品实行高价供应，1961年到1965年全国高价商品销售数额共计120多亿元，比按平价出售多回笼60多亿元。③ 这对于克服通货膨胀起到了重要的作用。

通过以上的这些措施，财政金融的状况有了好转，财政平衡，市场稳定。总的来看，人民生活有所改善，我国的经济基本渡过了最艰难的阶段。

## 四、"左"倾抬头

经过七千人会议前后将近两年的调整，国内形势逐步好转。当国民经

① 陈昌智主编：《中华人民共和国经济简史》，四川大学出版社1990年版，第171页。
② 人民出版社编辑：《光辉的成就》（上册），人民出版社1984年版，第55页。
③ 陈昌智主编：《中华人民共和国经济简史》，四川大学出版社1990年版，第172页。

济刚刚走出阴霾，“左”的思潮重新抬头并不断发展，所幸还并未成为指导方针。在生产力方面，基本上还在正常地进行调整，不过生产关系方面却脱离了正确的轨道，如将包产到户的形式加以批判，限制甚至取代城乡集贸市场，多种流通渠道逐渐趋于单一。

在1962年8月中央北戴河工作会议和9月中共八届十中全会上，毛泽东把党内一些人士的认识分歧当做阶级斗争的反映，看成是右倾机会主义即修正主义的表现，斥之为“黑暗风”、“单干风”和“翻案风”。针对邓子恢等人提出生产责任制的意见，以及全国出现的包产到户、个别地方的单干，在1962年9月中共八届十中全会上被指责为“单干风”。毛泽东批评邓子恢：“你这次搞包产到户，马克思主义又飞走了。”① 不久，就把包产到户、单干和阶级斗争结合在一起加以批评，这使本来就严重的平均主义、吃大锅饭的问题更加严重，影响广大农民生产积极性的发挥。包产到户的改革实验再一次被压下去。

中共八届十中全会上，毛泽东把社会主义中一定范围内存在的阶级斗争扩大化和绝对化，发展了他在1957年反右派斗争以后提出的无产阶级同资产阶级的矛盾仍然是我国社会的主要矛盾的观点。毛泽东说：阶级斗争和资本主义复辟的危险性问题，我们从现在起，必须年年讲，月月讲。毛泽东也说，不要因为强调阶级斗争而放松经济工作，“要把工作放在第一位”。全会讨论和通过了关于巩固集体经济发展农业生产、关于商业工作等几个决定以及“人民公社六十条”的修正草案，决定继续贯彻执行调整国民经济的“八字方针”。这样，八届十中全会以后全党全国的工作出现了一种复杂的情况：一方面，政治上阶级斗争扩大化的“左”倾错误一步步严重发展；另一方面，经济上调整和恢复的任务基本上还能按原定计划继续进行，到1965年胜利完成。这两者是相互矛盾的，但是矛盾暂时被控制在一定范围内了。②

---

① 中共中央党校党史教研室资料组编写：《中国共产党历次重要会议集》（下），上海人民出版社1982年版，第197页。

② 胡绳主编：《中国共产党的七十年》，中共党史出版社1991年版，第406～407页。

从1963～1966年，全国城乡开展了一场声势浩大的社会主义教育运动。当时城市的运动称为“五反”（反对贪污盗窃、反对投机倒把、反对铺张浪费、反对分散主义、反对官僚主义），农村的运动称为“四清”（清理账目、清理仓库、清理财物、清理工分），后来城乡都统一称为“四清”（清政治、清经济、清思想、清组织）。

这场运动动员了几百万人的工作队下乡下厂，延续四年之久，到1966年春，全国农村有三分之一左右的社队进行了“四清”运动；1965年全国城市有1800多个、约占总数3.9%的国营工交系统单位开展“四清”运动（1965年城市“五反”运动改为“四清”运动）。① 这场运动虽然对于解决干部作风和经济管理等方面的问题起了一定作用，但在“以阶级斗争为纲”方针指导下，由于把各种不同性质的问题都看做是阶级斗争或阶级斗争在党内的反映，结果使不少基层干部受到不应有的打击，并挫伤了群众的积极性，使干部和群众对立，还使国民经济在局部丧失了活力。

这场运动成为“文化大革命”的先声。

## 第三节　经济调整的成效与基本经验

针对1961年的经济困难，在苏联撤走专家、偿还外债的压力下，全国人民团结一心，坚决执行“八字方针”。1961～1965年，经过五年调整，工业和农业的关系、工业内部的关系、积累和消费的关系比较协调了，工业支援农业的能力有所增强，企业管理水平和经济效益有所提高。在1964年12月20日到1965年1月4日的三届全国人大一次会议上，周

① 李宗植、张润君编著：《中华人民共和国经济史1949—1999》，兰州大学出版社1999年版，第232页。

恩来在政府工作报告中指出：调整国民经济的任务已经基本完成，工农业生产已经全面高涨，整个国民经济已经全面好转，并将进入一个新的发展时期。① 在调整时期所取得的丰富实践经验和教训，对于我国长远的经济工作都具有借鉴意义。

## 一、国民经济发展成效

工农业总产值接近或基本达到历史上最高水平。从 1963 ~ 1965 年，工农业总产值平均每年增长 15.7%，其中农业平均每年增长 11.1%，工业平均每年增长 17.9%。以 1957 年为基期，1958 ~ 1965 年，基本建设投资完成 938 亿元，建成大中型项目 531 个。工农业总产值增长 59.9%，其中农业总产值增长 9.9%，工业总产值增长 98.1%。②

工业的生产能力有很大提高。以 1957 年为基期，1958 ~ 1965 年，钢增长 1.3 倍，达到 1223 万吨；原煤增长 77%，达到 2.32 亿吨；发电量增长 2.5 倍，达到 676 亿度；原油增长 6.75 倍，达到 1131 万吨；合成氨增长 8.7 倍，达到 148.4 万吨。③ 随着交通运输的发展，修建了一系列的铁路和公路，加强了地区之间的经济联系，优化资源配置，大大改善了工业生产格局。经过调整，我国已经初步建立拥有一定技术水平、比较完整的工业体系，奠定了实现社会主义现代化的工业基础。

农业得到了恢复。1958 ~ 1965 年，棉花达到 209.8 万吨，增长 27.9%；粮食达到 3891 亿斤，接近 1957 年 3901 亿斤的水平。④ 农轻重比例关系发展协调，从 1960 年和 1965 年工农业总产值中农、轻、重的比例关系就能显现这种变化，1960 年农业、轻工业、重工业的比例分别为 21.8%、26.1%、52.1%，到了 1965 年，农业、轻工业、重工业的比例

① 中央财经领导小组办公室编：《中国经济发展五十年大事记（1949.10—1999.10）》，人民出版社、中共中央党校出版社 1999 年版，第 196、197 页。

② 胡绳主编：《中国共产党的七十年》，中共党史出版社 1991 年版，第 415 页。

③ 胡绳主编：《中国共产党的七十年》，中共党史出版社 1991 年版，第 415 页。

④ 胡绳主编：《中国共产党的七十年》，中共党史出版社 1991 年版，第 415 页。

分别为37.3%、32.2%、30.4%。①

农田水利基本建设、化肥量、机械动力等农业生产的基本条件得到改善。拿1957年和1965年的数据相比较，1965年，水利基本建设投资了15.15亿元，比1957年增长一倍多；农田有效灌溉面积达49582万亩，比1957年净增长8500万亩；农业机械总动力为1494万马力，比1957年提高近10倍；化肥施用量为881.2万吨，是1957年的5倍；化学农药施用54.3万吨，是1957年的3倍多。② 这样，到1965年，粮食产量为1.9453亿吨，接近1957年的水平；棉花产量为209.8万吨；其他的经济作物也有大幅度的提高。③

积累和消费的比例关系基本恢复，人民生活水平有所改善。居民的吃穿等生活必需品的消费随着农业的恢复有所增加，拿煤、油、布等生活必需品全国居民人均年消费量比较，在1961年，食油的人均年消费量为2.8斤，猪肉人均消费量为2.82斤，布匹人均消费量为8.6尺；到了1965年，人均消费量分别为3.4斤、12.75斤、18.5尺（见图6.6）。

1965年全国居民消费水平达到125元，比1957年增长23元，其中，农民平均为100元，非农业居民为237元。④ 这样，市场购买力大于社会购买力，市场货币流通量减少，每元货币流通量相应的社会商品零售额达到7到8元。⑤ 1965年的全国商品零售额为670.3亿元，人民生活的必需品供应充足，一些高价产品已经改为平价。⑥ 市场出现一片繁荣，财政平衡不再处于低水平，不仅还清了债务，还有盈余用于支援抗美援朝和经济

---

① 国家统计局编：《中国统计年鉴—1983》，中国统计出版社1983年版，第20页。

② 李宗植、张润君编著：《中华人民共和国经济史（1949—1999）》，兰州大学出版社1999年版，第236、237页。

③ 中央财经领导小组办公室编：《中国经济发展五十年大事记（1949.10—1999.10）》，人民出版社、中共中央党校出版社1999年版，第206页。

④ 李宗植、张润君编著：《中华人民共和国经济史（1949—1999）》，兰州大学出版社1999年版，第237页。

⑤ 苏少之：《中国经济通史》第10卷（上册），湖南人民出版社2002年版，第275页。

⑥ 国家统计局编：《中国统计年鉴—1985》，中国统计出版社1985年版，第464页。

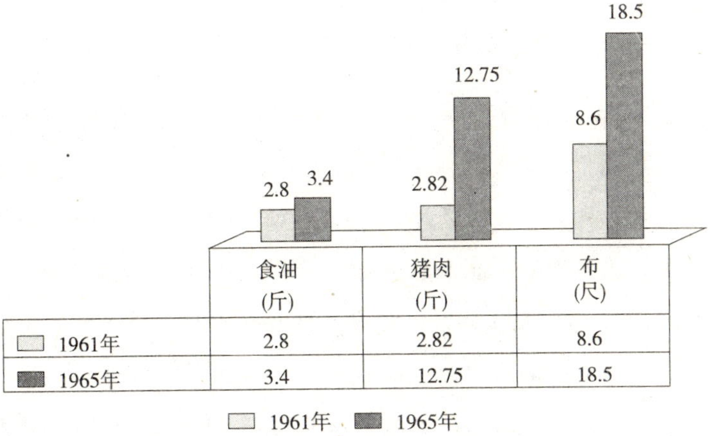


图 6.6 1961 年、1965 年食油、猪肉、布人均年消费量比较

（资料来源：商业部商业经济研究所编：《新中国商业史稿》，中国财政经济出版社 1984 年版，第 509～511 页）

建设。

科学技术与文化、教育、卫生、体育都取得了显著发展。1965 年全国高等学校在校生 67.4 万人，比 1957 年增加 23.3 万人；各类中等学校在校学生近 1413.8 万人，比 1957 年增加 1 倍多；小学在校学生人数达到了 11620.9 万，比 1957 年增长 80.7%。① 教学质量也有所提高，科技人员数量大幅度增加，迅速扩大了我国的科研队伍，科学研究力量由 1957 年 120 万扩充到了 1963 年的 230 余万。② 在基础研究方面，如资源勘探、工农业生产及医疗技术等领域，取得了突出的成就。值得一提的是，1964 年，我国第一颗原子弹爆炸成功，这使我国在国防事业方面逐步进入世界先进行列。1965 年，中国科学院上海生物化学研究所等单位通过合作，首次人工合成胰岛素。“大庆”的诞生，使我们彻底摆脱了“贫油国”的帽子，使用“洋油”的时代一去不复返。

---

① 国家统计局编：《中国统计年鉴—1985》，中国统计出版社 1985 年版，第 581 页。

② 李宗植、张润君编著：《中华人民共和国经济史 1949—1999》，兰州大学出版社 1999 年版，第 238 页。

## 二、国民经济调整的基本经验

首先，要实事求是地安排经济建设。陈云提出："建设规模的大小必须和国家的财力物力相适应。适应还是不适应，这是经济稳定或不稳定的界限。像我们这样一个有六亿人口的大国，经济稳定极为重要。建设的规模超过国家财力物力的可能，就是冒了，就会出现经济混乱；两者合适，经济就稳定。"① 这就是说，经济建设不能超过国情，也不能从主观意愿出发，仅凭一时的热情和冲动，要遵循实实在在的客观规律。

在调整时期，中共中央在分析经济状况的基础上，提出"调整、巩固、充实、提高"八字方针，降低高指标，调节工业内部重工业比例，调整经济建设的发展与国家财力、物力、人力相适应。这样，本着实事求是原则，按照尊重客观经济规律安排经济建设的一系列措施，使1963年以后的国民经济出现稳定的发展。

其次，要注重国民经济的协调发展。国民经济是一个整体，各部门存在着相互依存，彼此制约的内在联系。国民经济的发展始终应该保持有效的宏观调节，要从系统的角度使各部门都保持合理的比例关系来协调带动整体的发展，一定要对优先发展、重点扶持和一般发展的产业和部门保持清醒的认识。

宏观调节可以采取计划和市场两种手段。陈云在中共八大的发言中就提出，计划生产是工农业生产的主体，按照市场变化而在国家计划许可范围内的自由生产是计划生产的补充的原则，这是对传统体制的一个重要改进。"大跃进"三年，我国经济处于基本上没有宏观调控的无计划或半计划状态，违反有计划按比例发展的规律。在调整时期，国家从系统的角度再次重新强调综合平衡，调节各部门之间以及再生产过程中，生产、分配、交换、消费各个环节的比例关系。在全社会范围内，统筹兼顾，合理组织社会供给与需求之间的平衡，使生产资料生产与建设需要相适应，生

---

①《陈云文选》第3卷，人民出版社1995年版，第52页。

活资料与人民群众生活需求相协调。

再次，经济决策不可盲目跟着政治风向跑①。1958年的“大跃进”，就是1957年整风、反右派和随后的“反右倾保守”、批评反冒进在经济发展方面的回应，“大跃进”本身就是经济决策跟着政治风向跑的结果。1959年年底、1960年春，经济决策跟着庐山会议“反右倾”的风向走，作出了一系列“反右倾、鼓干劲”的决策：工业方面，重搞三本账，高指标，名目繁多的“大办”，年初搞“开门红，满堂红，红到底”；农业方面，搞“千头牛场”、“万头猪场”；财贸方面，最突出的就是反“瞒产”，高征购。1960年夏，中苏关系恶化后，全力以赴炼“争气钢”。

接受庐山会议“反右倾”同时发动“继续大跃进”的教训，1962年中共八届十中全会重新强调阶级斗争以后，就有意识地注意到防止政治斗争对经济工作的冲击，批判“黑暗风”的过程中没有停止“八字方针”的执行。调整期间5年的经济工作，为经济决策不盲目跟着政治风向走提供了成功的经验，工作部署中保障政治斗争不影响生产。

经济决策最忌时而大上、时而大下的“折腾”。为保证经济决策的稳定性和连续性，避免大上大下的“折腾”，认真总结和记取过去的有关经济决策不能盲目跟着政治风向走的正反两方面的历史经验是有益的。

第四，生产关系和社会制度的变革一定要从生产力发展的实际需要出发，而不能从主观臆想出发。1958～1960年，关于生产关系和社会制度变革方面始终盘算着几个过渡：高级农业生产合作社向人民公社过渡，人民公社的基本队有制向基本社有制过渡，集体所有制向全民所有制过渡，社会主义向共产主义过渡。② 这些变革不是从生产力发展的实际需要和水平出发，而是从主观臆想出发，对于制约生产力发展的诸多因素都不考

① 薄一波：《若干重大决策与事件的回顾（修订本）》（下卷），人民出版社1997年版，第1313～1315页。

② 薄一波：《若干重大决策与事件的回顾（修订本）》（下卷），人民出版社1997年版，第1319页。

虑，只考虑“一大二公”。“大跃进”的教训、20世纪60年代前期的调整证明，凭主观愿望、主观臆想办事，只能带来挫折。

最后，搞经济建设，重速度，更要讲求经济效益。质量比速度更重要，要正确地处理速度、质量、效益之间的关系。追求经济效益，就是要以尽量少的劳动、资源的投入与耗费来获取更多的满足社会需要的产品。历史表明，要充分认识到社会主义建设的艰巨性、长期性和复杂性，不能急于求成，只能在探索中前进。

“大跃进”时期，一味追求高速度，只求数量，不求质量。1958年到1962年每年的发展情况时好时坏，工农业总产值年平均只增长0.6%，这也是新中国成立以来五年计划增长最低的。从1961年开始调整比例关系，注重经济效益的发展以后，1963年到1965年工农业总产值年均增长15.7%，国民收入年均增长14.7%。[①] 可见，速度与效益是一种辩证统一的关系，各部门要按比例协调发展，寻求之间的平衡点，才会统筹兼顾经济效益与增长速度。

---

① 赵德馨：《中国近现代经济史1949—1991》，河南人民出版社2003年版，第248页。

# 第七章

# “文化大革命”期间经济跌宕起伏

十年的“文化大革命”在中国是一段非常特殊的历史时期。期间，“三线”具有备战的半战争状态特色，“农业学大寨”运动演变成为在农村的“文化大革命”，知青“上山下乡”逐渐演变成一场声势浩大的“运动”。“文化大革命”期间，国家在生产领域、流通领域、分配领域进行了体制改革，在极“左”情绪下，体制变动混乱，是一次不成功的探索。“文化大革命”给我国的经济带来无法弥补的重创，延缓了社会主义现代化建设的进程，拉大了和世界先进国家的距离。当然，通过全国各族人民的共同努力，我国在某一些方面也取得了进步。

## 第一节 备战思想指导下的“三线”建设

1966～1976年，基于对国际形势的认识，采取了加速建设“三线”后方战略基地的发展战略，将“三线”建设作为中心任务，这也成为工业交通建设方面的一大特色。这次规模宏大的“三线”建设给国民经济建设带来了重大的影响，也给我们留下了宝贵的经验和教训。

## 一、“三线”建设与布局

旧中国经济建设的布局很不合理，主要侧重于东北和东南沿海地区，西部则比较落后。新中国成立以来，我国的经济建设面临着复杂动荡的国际环境。因此，如何合理安排经济建设格局，兼顾国防安全和经济结构协调合理，就成为了一个重要的课题，关系到国家政治、经济、国防等多个领域。20世纪50年代中期，毛泽东认识到忽视沿海地区的建设不利于经济发展，提出要重视沿海地区工业的能力和技术。60年代中期以后，由于国际形势的变化，中共中央和毛泽东认为战争的威胁在增大，为了国家的安全，作出了进行以备战为中心的“三线”建设的决策，并把“三线”建设作为经济建设的中心环节和主要任务。

“三线”地区是我国从20世纪60年代中期开始投资建设的战略后方基地。所谓“三线”是根据中国地理区域划分而成，“一线”为沿海和沿边疆的省、市、自治区，全国战略后方称为“三线”，介于一线和三线之间的地区称为“二线”。“三线”地区主要是包括京广线以西、长城以南的11个省区。在一、二线地区内，又依本地区情况，划分若干地区作为本地区的三线，称之为“小三线”；作为战略大后方的三线，称之为“大三线”。“大三线”主要包括西南三线和西北三线，前者包括云南、贵州、四川3省的全部或者大部分以及湘西、鄂西，后者包括陕西、甘肃、宁夏、青海4省、自治区全部或者大部分以及豫西、晋西地区。

“三线”建设主要采取两种方式，一种是投资新建，一种是沿海的企业向内地搬迁，并在此基础之上，加以扩建。它实际上是沿海生产能力向内地的一次大转移。

“三线”地域广阔，它跨越温带、暖温带、亚热带，土地肥沃，雨量充沛，气候适宜，适合发展农、林、牧、渔等各个行业的生产。

在农业方面，1964年，“三线”地区农业总产值为234.5亿元，占全国农业总产值的43%；粮食产出量为7319.7万吨，占全国粮食总产量的39%；棉花产出量为69.4万吨，占全国棉花总产量的41.7%；油料作物产出量为114.3万吨，占全国油料作物总产量的34%；生猪存栏达到7086.4万头，占全国生猪存栏的46.5%。[①]

“三线”地区天然资源禀赋极为丰富，像水资源的蕴藏量达3.4亿千瓦，占全国水资源总蕴藏量的65%。[②] 矿物资源也极具开采价值，如著名的贵州六盘水地区的煤炭资源、四川的磷矿、湖南的稀有金属资源和有色金属资源、青海的钾盐资源等。这些自然禀赋都有利于“三线”地区的工农业生产。

## 二、“三线”建设的四个阶段

始于20世纪60年代中期的“三线”建设大体分为四个阶段。

第一阶段，1964年8月到“文化大革命”开始，起步阶段，于1966年大规模展开。在这一阶段，成昆、川黔、滇黔等几条重点铁路，攀枝花、酒泉、武钢、包钢、太钢5大钢铁基地，甘肃刘家峡、四川映秀湾水电站，四川德阳重机厂、东风电机厂、贵州轴承厂等都被列为重点的建设项目，中央决定要在物力、人力、财力上给予保证，集中力量建设内地；沿海项目及时搬迁到内地，不要耽误时间。对于“一线”，按照“停、缩、搬、分、帮”原则来进行调整。可以看出，这样的经济布局实际上充满了军事部署的味道。“三线”建设序幕就此拉开。

第二阶段，始于“文化大革命”开始到1969年年底，“三线”建设缓慢发展。这个阶段由于复杂的国内环境，领导机关普遍瘫痪，科研人员受到迫害，尖端科研项目停滞，很多工厂停工停产，“三线”建设工程处于混乱之中。像成昆铁路陷于半停顿状态艰难维持。根据统计，1967年和1968年国家基建投资总额只完成相当于1966年的66.9%和54%。[③] 1969年国内形势缓和，“三线”建设重新展开。“三五”计划中，“三线”地区累计投资482.43亿元，占基本建设投资总额的52.7%，整个内地建

① 董辅礽主编：《中华人民共和国经济史》（上卷），经济科学出版社1999年版，第548页。
② 董辅礽主编：《中华人民共和国经济史》（上卷），经济科学出版社1999年版，第548页。
③ 国家统计局编：《中国统计年鉴—1984》，中国统计出版社1984年版，第301页。

设投资为611.15亿元，占全国基本建设投资额的66.8%；沿海投资为282.91亿元，占30.9%。① 这个阶段“三线”建设未能大规模展开。

第三阶段，1970年到1972年三年的时间里，“三线”建设进入全面建设阶段。由于苏联侵入黑龙江和新疆等地区造成直接冲突，为了响应国防建设计划，我国迅速展开军工生产，因此国防战备开支大幅增加。从1970年到1972年用于国防战备费开支的金额分别为145.3亿元、169.5亿元、159.4亿元，各占当年国家财政支出的22.4%、23.2%、20.8%。②

在这阶段，还制定了“四五”计划，又叫“战备计划”或者“跃进计划”。之所以叫它“战备计划”，是因为它比“三五”计划更具有战备的特色。《第四个五年计划纲要（草案）》（下文简称草案）中明确指出这一时期建设的重点是“大三线”战略后方。到1975年，将内地建成一个部门比较齐全、工农业协调发展的强大的战略后方。内地的工业建设要大分散、小集中，不搞大城市，工厂布点要“靠山、分散、隐蔽”，有的特殊、重要工厂可以“进洞”。之所以叫它“跃进计划”，是因为“四五”计划所定的指标脱离了实际、急于求成。拿钢铁举例，草案提出1975年钢产量要达到3500万吨到4000万吨，这比1970年增长了106%到135%。不仅规定产量如此，更要求生产能力达到4000万吨以上。③ “三线”建设的很多项目就是在全面建设阶段实现的。

第四阶段，1973年以后，“三线”建设处于调整和转向正常的状态。林彪反党集团倒台之后，周恩来主持工作。针对“三线”建设出现的战线过长、目标过急的问题，中央对投资分配比例作出了调整，主要是增加对沿海地区的投资和减少国防开支。“四五”期间累计内地基本建设的投资总额为898.67亿元，占全国基本建设投资总额的41.1%，较之“三

---

① 董辅礽主编：《中华人民共和国经济史》（上卷），经济科学出版社1999年版，第549页。

② 李宗植、张润君编著：《中华人民共和国经济史1949—1999》，兰州大学出版社1999年版，第275页。

③ 中央财经领导小组办公室编：《中国经济发展五十年大事记（1949.10—1999.10）》，人民出版社、中共中央党校出版社1999年版，第235页。

五”计划均有所下降。沿海地区投资额达到661.35亿元，比重上升了8.5%。①

总之，“三线”建设规模宏大，时间长久，动员广泛，是中国建设历史上空前的发展战略，对于我国工业乃至整个国民经济都产生了深远影响。

## 三、“三线”建设的成就

“三线”建设过程中，广大的工人、干部、科技人员以及解放军官兵发扬“一不怕苦、二不怕死”的精神，克服恶劣的自然条件和困难，自力更生、艰苦奋斗，在短期内建立起一批工业基地，形成了较为齐全的工业生产体系。1975年，“三线”地区的11个省、自治区全民所有制工业固定资产原值在全国全民所有制工业固定资产原值总额中所占比重，由1965年的32.9%提高到35.3%；工业总产值占全国工业总产值的比重，由22.3%提高到25%，如图7.1。大量的工人、技术人员集中在“三线”地区，集中了全国40%以上的大型企业，主要工业产品生产能力多数达到全国的30%以上。② 它促进了内地经济的发展，有利于内地工业格局的改善。

从国防工业生产和科研的角度分析，整个“三线”建设期间，国家用于国防工业和科研基地建设的投资高达280亿元，1965～1975年间先后建成了297个工厂、42个研究所。③ 比如，重庆的常规兵器工业基地、贵州等地的电子工业基地、陕西等地的核工业科研生产系统以及始建于1965年的试验发射中心，都已经成为研究技术力量比较雄厚的试验基地。总的来说，“三线”地区的技术力量和生产能力已经大大超过了一二线地区，增强了国防实力，改变了国防工业布局，为经济建设创造了一个和平的环境。

交通运输方面，为了改变“三线”地区深处腹地、交通闭塞的现状，

---

① 董辅礽主编：《中华人民共和国经济史》（上卷），经济科学出版社1999年版，第550页。
② 董辅礽主编：《中华人民共和国经济史》（上卷），经济科学出版社1999年版，第551页。
③ 董辅礽主编：《中华人民共和国经济史》（上卷），经济科学出版社1999年版，第551页。

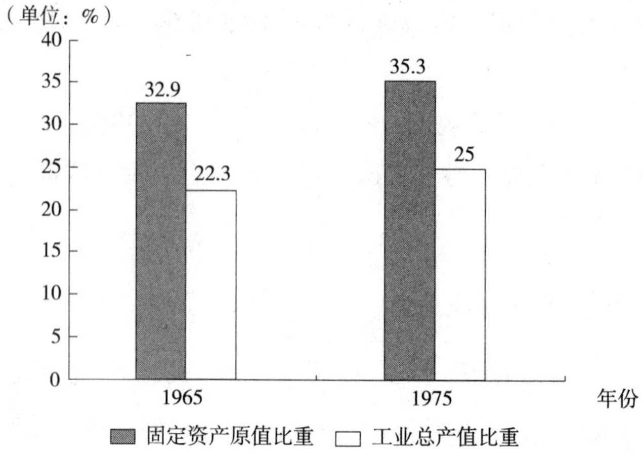


图 7.1　1965 年、1975 年固定资产原值比重、工业总产值比重

国家先后建成一批重要的铁路、公路，将交通事业的发展放在优先建设的地位。据统计，“三线”地区共增加铁路 8046 公里，占同期新增里程的 55%；公路新增通车里程 22.78 万公里，占同期全国新增公里数 55%；新增内河港口吞吐能力 3042 万吨。① 这不仅改变了西南地区交通运输不畅、闭塞的状况，形成了交通骨干网络，也为能源开发创造了有利条件。

工业格局方面显著改善并趋于合理化。1965～1975 年，“三线”机械工业累计完成基本建设投资 74.5 亿元，占同期全国机械工业基本建设投资总额的 66.5%。形成了重庆、成都、贵阳等机械工业基地，第二汽车制造厂、四川东方电机厂、四川仪表总厂等骨干企业。能源工业在 1965～1975 年十年间累计投资约 210 亿元，重点建设贵州六盘水、陕西韩城、河南平顶山等煤炭基地，建成了葛洲坝水电站。原材料工业方面，冶金、化工等部门在以上十年间累计投资达 260 亿元，其中，冶金工业投资最多，占全部工业基本建设投资的 22% 左右，10 多种有色金属产量占全国产量的一半以上。同时，水泥生产能力占全国的 31%。② 轻纺织企业也摆脱依靠沿海地

① 董辅礽主编：《中华人民共和国经济史》（上卷），经济科学出版社 1999 年版，第 552 页。
② 董辅礽主编：《中华人民共和国经济史》（上卷），经济科学出版社 1999 年版，第 552、553 页。

区供应的局面，形成了一些具有一定生产技术水平的重要产业部门。这些都大大推动了“三线”地区的经济发展。

伴随“三线”地区的建设与发展，内地的经济也得到了一定的繁荣，如攀枝花、六盘水这样的偏僻地区逐渐成为了以钢铁、煤炭等为主导的新兴工业城市。一些学校和科研机构迁移到“三线”地区，促进了商业、文化、教育、卫生事业的发展，涌现出一批中小工业城市。同时,一些老工业地区的机械、电子、国防等工业也取得进步,逐步缩小了和沿海地区的差距。

由此看出，“三线”建设不同程度地改变了偏僻地区和少数民族地区的落后面貌，对内地经济发展具有重要意义，这些成就都是值得肯定的。

## 四、“三线”建设中存在的问题

“三线”建设是在“文化大革命”的政治环境中展开的，在取得重大成就的同时，也出现了严重的偏差、失误，产生了一些不利的后果。而在1967年到1976年的10年间，我国的经济增长缓慢，维持这么庞大的建设规模，靠的是提高积累率、牺牲人民群众生活水平来实现的。这样巨大的代价和缺憾皆来源于“三线”建设战略的弊端以及由此带来的问题。①

首先，受“左”倾思想的影响许多项目未经充分论证就仓促上马。“三线”建设是以发展重工业为战略中心，沿海企业搬迁到内地并不是以地理条件、经济技术为依据，让其充分发挥地方优势资源，而是“靠山、分散、隐蔽”。这种做法难以形成综合的生产能力，1969～1971年新建和内迁的大中型建设项目达1000多个，常常因资金设备不配套，交通不畅导致设备、原料难以到位，最终造成项目终止和经济效益的损失。

其次，“三线”建设诸多比例不协调，主要突出表现在农、轻、重的投资比例上，即使是在重工业、军事工业内部也呈现出这种不协调，以及新老基地和新老企业发展的比例失衡。“三五”期间轻工业投资在全国基本建设投资中占4.4%，“四五”时期占5.8%的比重，均低于“一五”

① 董辅礽主编:《中华人民共和国经济史》(上卷)，经济科学出版社1999年版，第554页。

期间的6.4%，轻工业投资严重不足，不能充分满足人民群众的生活需要。对内地投资过多，1964年内迁了包括14.5万名职工和3.8万台设备的380个项目，而对于沿海投资却限制过多，影响老工业基地和企业的发展。① 重工业内部的机械加工发展很快，与此不相适应的是能源、原材料的供给大为短缺。产业结构的不合理势必会影响国民经济整体的发展。

再次，经济效益差，浪费严重，遗留下来很多问题。"三线"建设未经过慎重论证和充分准备，仓促上阵，有的工程边施工边设计。强调抢时间、争速度，却忽略质量。建成的工程常常因为洪水、泥石流的侵袭，不断重复建设，成本巨大。加之管理不足、组织不利，投资效益很低。"文化大革命"十年间，投资效益大幅度下降，基本建设固定资产交付使用率只有59.6%，和"文化大革命"之前的80.7%形成鲜明对比。② 职工生活和沿海地区还存在差距，有待提高，这些遗留问题很长时间都没有妥善解决好。

这些问题的存在也提醒我们，在进行一个战略部署之前，一定要结合国情实际情况、生产力布局和国防安全，制定具有可行性的科学方案，有计划、有秩序的进行，切不可急于求成、仓促上马。

## 第二节 "农业学大寨"与农村经济的缓慢发展

"文化大革命"十年间，在农村路线方面实行"左"的政策，将大寨经验推广至全国，但是在政治高压下，"农业学大寨"运动性质逐渐蜕变。虽然在"文化大革命"期间农村受到的破坏程度较城市来说相对较

① 李宗植、张润君编著：《中华人民共和国经济史1949—1999》，兰州大学出版社1999年版，第278页。

② 董辅礽主编：《中华人民共和国经济史》（上卷），经济科学出版社1999年版，第555页。

小，但是农村生产也受到了严重影响，农村经济发展缓慢。

## 一、大寨：先进典型到“左”倾错误

大寨位于山西省昔阳县，这里的自然条件恶劣，“七沟八梁一面坡”，人民群众生活极为艰难。解放后，大寨先后办过初级社、高级社，在1958年以后又成立了一个400多人的大寨公社大队。在陈永贵、郭凤莲等人的带动下，大寨群众和干部自力更生、艰苦奋斗，特别是在“大跃进”期间盛行“浮夸风”时，大寨还进行着比较实在的建设，使这里的面貌发生了很大的变化。

特别是在1963年遭受特大暴雨，大面积耕地颗粒无收、大部分房屋倒塌的严重灾情面前，大寨提出不要国家救济，不抛弃，不放弃，自力更生。当年秋收后还向国家交售了粮食，用了仅仅一年的时间就重建家园。大寨正确处理了国家、集体、个人之间的关系，这种做法和精神受到了党中央领导的高度重视，也因此成为先进典型。1964年，毛泽东发出了“农业学大寨”的号召。周恩来概括大寨的基本经验，即政治挂帅、思想领先的原则；自力更生、艰苦奋斗的精神；爱国家、爱集体的共产主义风格。随后，《人民日报》也报道了大寨的突出事迹。从此，大寨的基本经验在全国各地推广，“农业学大寨”运动在农村兴起。

正当“农业学大寨”运动沿着正确的路线推广，起到一定积极作用的时候，却误入歧途，成为“文化大革命”“左”倾路线的工具，逐渐成为“文化大革命”强行推行的政治活动。这种错误集中表现在三个方面，概括起来就是“大批修正主义”、“大干社会主义”、“大批资本主义”，简称“大批促大干”。在这种环境下，推行的“左”倾政策不仅挫败了农民生产的积极性，也给农村经济带来严重损失。不仅如此，“农村学大寨”本应是农村战线的运动，最终却波及各行各业，在强制推行“左”倾政策的背景下，先后出现了“文化学大寨”、“教育学大寨”、“体育学大寨”、“公安学大寨”、“军队学大寨”等口号，这样的做法使得各行各业也受到损失和破坏。

一些农村脱离实际，不结合当地的自然资源、生产条件和耕种方式，将大寨的具体做法和基本经验照搬使用，违背自然规律和经济规律。模仿大寨炸山头造平原的做法，随意滥用森林、草原、湖泊资源，乱砍滥伐、超载放牧、围湖造田，这些行为直接导致“大寨田”生态平衡受到破坏；片面强调粮食生产，“以粮为纲”，不许家庭饲养牲畜家禽、从事编织等，限制家庭农副产业发展，忽视多种经营和全面发展，农业内部产业结构极为不合理，农业成本上升，农民利益受到严重损害。如图7.2所示。

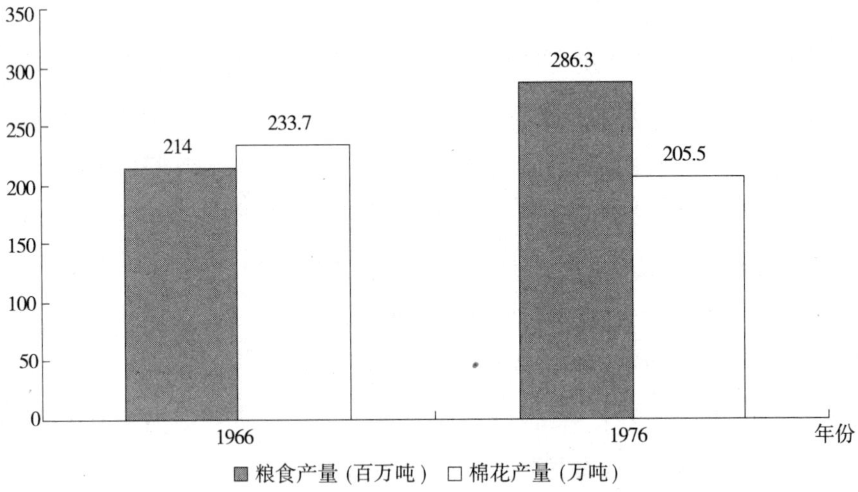


图7.2　1966年、1976年粮食产量、棉花产量比较

（资料来源：中央财经领导小组办公室编：《中国经济发展五十年大事记（1949.10—1999.10）》，人民出版社、中共中央党校出版社1999年版，第216、283页）

不断地变革生产关系，分配上搞平均主义；“穷过渡”，过急地向大队核算过渡。“文化大革命”初期，大寨是按大队核算的，而后来又成为按公社为基本核算单位的“试点”。大寨的领导人忽视经济条件和生产力发展水平，违背人民群众意愿，强制用指令性命令从小集体过渡到大集体，其危害不言而喻。一些公社搞平均主义，“人七劳三”、“人劳各半”，极大地挫伤了农民生产积极性，损害农业发展；还有一些公社为了避免

“一平二调”带来的经济损失，杀猪砍树，瞒产私分，严重损害了集体经济，不利于农业发展和农民生活的改善。这种做法还推广到了全国，全国以大队核算的大队最高的时候占到了14%，远高于1962年的5%。[①] 全国泛滥起一阵平均主义，阻碍了农业生产率的增长，也破坏了农业生产。

“造典型”、“树样板”，将大寨、昔阳树作为先进典型，违背了实事求是的原则。大寨模式是在国家给予人力、物力、财力保证的前提下造就的“样板”。以大寨为例，1976年平均每户接受支援达1万余元，人均1750余元。1966年以后，支持昔阳县的农田水利基本建设款项达到2560万元，平均每增加一亩水浇地要600多元，它的“西水东调”工程消耗国家投资5000多万元。[②] 这样的做法损害了党和群众的关系，引起人民群众的不满，无论是在政治上，还是经济、思想上，都给国家带来了无法弥补的巨大损失。

## 二、“农业学大寨”的成就

“农业学大寨”期间，农业增长缓慢，在粮食、棉花、油料作物的总产量中唯有粮食产量有所增加。这主要在于一些物质条件有所改善，国家对农业的重视等原因。主要取得的成就：

首先，兴修水利建设，新建大批水利设施。在有湖河的地方续建和新建了一批大型工程，比如修建江都水利枢纽工程、子牙河工程、湖南欧阳海灌溉总渠等。1976年，淮河流域的农田灌溉达到1亿亩，比1965年扩大一倍。1975年全流域粮食产量比1965年增长70%。[③] 没有湖河的地方靠打井，用地下水来灌溉农田。1972年5月统计，河北、山东、河南三省新建40余万眼井，是“文化大革命”前的5倍。[④] 这样，到1975年，一半以上的盐碱地改造成为良田。可以说，兴修水利对农业的发展发挥着

---

① 董辅礽主编：《中华人民共和国经济史》（上卷），经济科学出版社1999年版，第535页。
②《山西日报》1980年7月9日。
③ 赵德馨：《中国近现代经济史1949—1991》，河南人民出版社2003年版，第296页。
④ 董辅礽主编：《中华人民共和国经济史》（上卷），经济科学出版社1999年版，第537页。

重要的作用。

其次，“农业学大寨”运动促进了农业机械化程度的提高、农业化肥使用的增长。1971年8月召开了全国农业机械化会议。在会议上，提出“要在1980年使我国农、林、牧、副、渔的主要机械化水平达到70%以上，平均每亩耕地施用化肥要达到80市斤左右”。响应号召，许多公社大队都购买了农业机械。1976年，农村拥有载重汽车4.8万辆，比1965年增长3.3倍。全国机耕面积达到3491万公顷，比1965年的1557万公顷大幅度增加，相当于全国耕地面积的1/3。拿1976年和1966年的数据对比可知，国内化肥和化学农药的产量分别增长了117.7%和49.2%。①农药和化肥的使用增强了农作物的抗病虫害能力，大大缩短了农作物的生长周期。

最后，在“文化大革命”困难时期，我国科技人员克服重重困难与挫折，执著追求，永攀高峰，取得了一些科研成果，为推动粮食生产立下了汗马功劳。其中不能不提的是“杂交水稻”之父袁隆平，他于1964年开始研究杂交水稻，1972年育成中国第一个大面积应用的水稻雄性不育系“二九南一号A”和相应的保持系“二九南一号B”，1975年成功攻克了杂交水稻制种技术，为大面积推广种植奠定了坚实的基础。还有由中国农科院培育的优良玉米品种“单白四号”等，这些科研成果在很大程度上解决了全国人民的吃饭问题。根据统计，到1974年，良种水稻的播种面积已经占总种植面积的80%左右，良种小麦的播种面积占全国小麦播种面积的80%以上。②

## 三、“农业学大寨”的困境与问题

“文化大革命”十年间的农业发展呈现出缓慢增长和波动的态势。1966～1976年，农业总产值变化情况如图7.3所示。由于三年粮食大饥荒，所以政府对于农业的生产不敢怠慢，相当重视。这一时期，国家加大

① 董辅礽主编：《中华人民共和国经济史》（上卷），经济科学出版社1999年版，第535、538页。

② 董辅礽主编：《中华人民共和国经济史》（上卷），经济科学出版社1999年版，第538页。

了对农业的扶持，降低农业税减轻农民负担，银行对农业的贷款力度增强，农业生产的物质条件也得到了一定的改善。

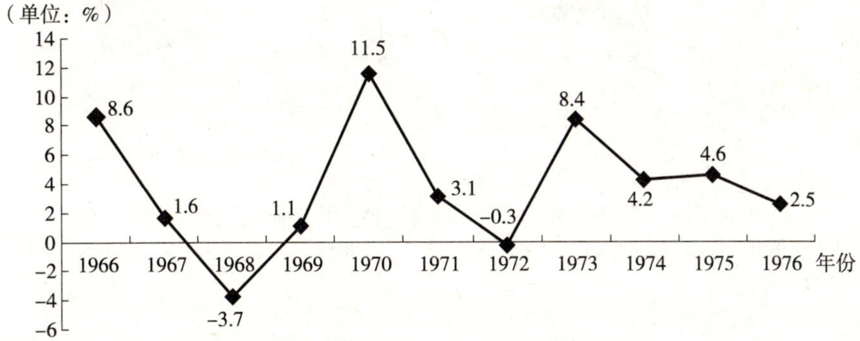


图 7.3　1966～1976 年中国农业总产值增长率

（数据来源：国家统计局编：《中国统计年鉴—1985》，中国统计出版社 1985 年版，第 27、28 页）

当然，在这种波动背后暴露出很多问题。比如“文化大革命”期间，农业发展的比例不协调，这种不协调主要体现在农业内部结构比例不协调、种植业结构不合理。

先来看农业结构不合理的数据。拿 1965 年和 1976 年的农、林、牧、副、渔在农业总产值的比重作对比，如图 7.4 所示。

再来看种植业内部结构的不合理，它主要表现在搞单一生产经营，“以粮为纲”，经济作物比重较小，忽视全面发展。棉花、砂糖、其他油料作物与 1966 年相比大幅度减少，为了满足需要，不得不大量通过进口的方式来弥补短缺。1976 年棉花进口 48.84 万吨，砂糖进口 57.72 万吨，其中当年棉花的进口是新中国成立有史以来最多的。①

农业生产中还出现农业劳动生产率低下，农业经济效益下降的问题，这使得农民生活陷入困境。“文化大革命”期间，我国农业的发展主要是

① 国家统计局编：《中国统计年鉴—1985》，中国统计出版社 1985 年版，第 517 页。

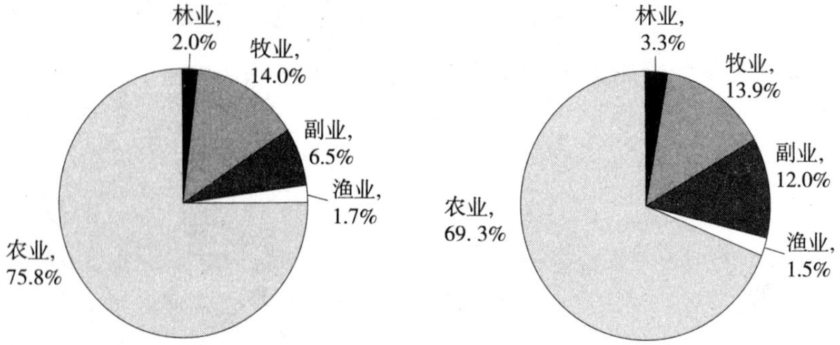


图7.4　1965年和1976年的农、林、牧、副、渔产值比重

（资料来源：国家统计局编：《中国统计年鉴—1985》，中国统计出版社1985年版，第241页）

靠劳动力资源数量上的单纯增加，但是劳动生产率有所下降，劳动力质量不高。1975年，每个农村劳动力供养的城市人口为3.13人，横向比较，1978年美国所供养的城市人口为55.4人，法国是24.6人，联邦德国是46.8人，差距一目了然。农业成本上升，费用增加，造成农民收入的减少，农民的生活陷入贫困。1974年联合国的国际贫困线是每人年收入50美元，当时折合成人民币为98元，而1965年社员人均分配收入为52.3元，1976年为62.8元，农民始终没有摆脱糊口的生存危机，农业的生产也只是维持简单再生产。① 缓慢增长的农副产品也体现在城镇的供应局面上，当时城镇居民购买农副产品都是凭票定量供应，极为紧张。

总之，"左"倾的指导思想导致了在政策指导上脱离实际，为了追求农业生产的高指标，蛮干专政，肆意乱砍伐森林、盲目围湖造田，全国湖泊水面减少达2000万亩以上。② 同时，生态环境恶化，气候恶劣，自然灾害增加。比如，黄土高原地区植被受到破坏，50年代以来多次发生旱灾；长江上游林区减少，干流含沙量增加，水质显著下降。可以说，生态

① 李宗植、张润君编著：《中华人民共和国经济史1949—1999》，兰州大学出版社1999年版，第271、272、273页。

② 李宗植、张润君编著：《中华人民共和国经济史1949—1999》，兰州大学出版社1999年版，第272页。

的破坏和环境的恶化不利于农业经济长期可持续的发展。

1978年12月召开的中共十一届三中全会上，提出纠正农业政策上的“左”倾错误，将农业发展放在重要地位。1980年，这场“农业学大寨”运动正式画上了句号。

## 第三节 “权力下放”与计划经济体制的调整

20世纪70年代，我国进行了以“权力下放”为中心，主要涉及生产、流通、分配领域的计划经济体制调整，但是在“左”倾思想的干扰下，这次调整是又一次不成功的经济体制改革。

### 一、“权力下放”的指导思想与国家机关的大撤并

早在1956年的《论十大关系》中，毛泽东就提出：“我们不能象苏联那样，把什么都集中到中央，把地方卡得死死的，一点机动权也没有。”① 在1957年到1959年间，确实大规模下放了权力。但是，由于受到“大跃进”的影响，经济上出现混乱，不得不又收回权力。鉴于此，1966年3月12日，毛泽东在给刘少奇的一封信件中再次提到“权力下放”的思想，即“一切统一于中央，卡得死死的，不是好办法”②。

“文化大革命”开始后，经济体制改革被搁置了。1969年中共九大召开前后，国内政治局势相对稳定，中央开始着手安排“放权”。之所以将“权力下放”、调整经济管理体制主要源于两个原因。

其一是出于对国际形势的估计，将重点放在尽快建立独立的国防安全

---

①《毛泽东著作选读》（下册），人民出版社1986年版，第729页。

② 毛泽东：《关于农业机械化问题的一封信》，载《人民日报》1977年12月26日。

体系上。于是根据战备需要，将西南、西北、中原、华南、华东、华北、东北、山东、闽赣、新疆划分为10个经济协作区，导致以战备为需要的经济目标与“条块结合，条条为主”经济管理体制间产生矛盾，势必要将权力更多地下放到地方与企业。

其二是由于1969年国民经济下滑后有所回升，但是受到“左”倾主义的影响，盲目追求高指标，急于求成的思想在一些干部当中再次滋生，结果就出现了盲目的“权力下放”。

1970年，国家机关大撤并为管理权限下放扫清了道路。1970年6月，中共中央同意国务院《关于国务院各部门建立党的核心小组和革命委员会的请示报告》，决定对国务院所属部、委、直属机构进行重大机构调整，将原来的90个部门合并、调整为27个，缩减编制82%，编制暂定为原有人员的18%。根据形势需要，1972年和1973年又陆续进行了调整。随后，各省、直辖市、自治区的经济管理机构也作了相应的调整。机构调整削弱了国务院代表国家管理经济的职能，使国民经济管理权限分化：一头更集中到中央高层，一头则分解到地方政府。

## 二、生产领域管理权与企业下放

1969年2月27日，全国计划座谈会印发了《中央各部关于企业管理体制下放的初步设想》，决定下放中央各部委对企业的管理权限，以调动地方和企业的积极性。1970年3月5日拟定的《关于国务院工业交通各部直属企业下放地方管理的通知（草案）》中，国务院明确表示把直属单位和事业单位的绝大部分权力下放；少数企业由中央和地方双重领导，以地方为主；极少数大型骨干企业，由中央和地方双重领导，以中央为主。当天，还决定将大庆油田、长春第一汽车制造厂、吉林化学工业公司等2600多个中央直属企事业单位下放地方管理。①

① 中央财经领导小组办公室编：《中国经济发展五十年大事记（1949.10—1999.10）》，人民出版社、中共中央党校出版社1999年版，第237页。

随后，全国便掀起了一场以下放权利为中心的经济体制调整，下放的企业涉及机械工业、冶金工业、煤炭工业、纺织工业等行业的多家企业。据统计，中央直属企事业单位1965年有10533个，到了1970年就只剩下1674个；在工业总产值中的比重由42.2%降到6%。由于权力下放过急，规模过大，导致经济效益大幅度下降，1971年和1972年工业劳动生产率分别比前一年下降了0.2%和1.5%。1976年全国工业企业资金利润率仅达到1965年的一半，而亏损企业达到1/3以上，亏损金额达到73亿元。①

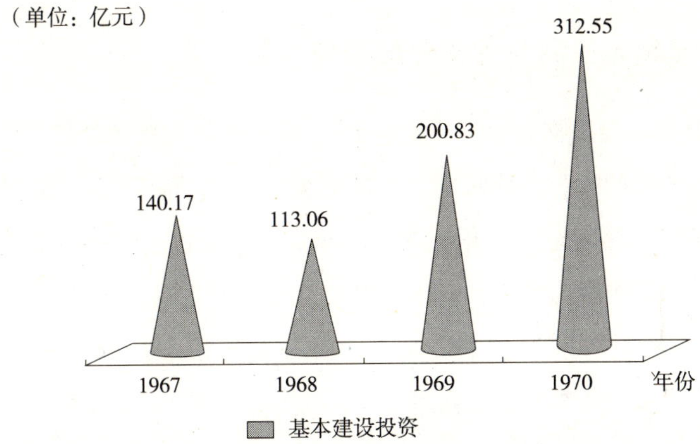


图7.5 1967～1970年基本建设投资值

（资料来源：董辅礽主编：《中华人民共和国经济史》，经济科学出版社1999年版，第506页）

基础工业建设方面，1970年，为了发展小钢铁、小机械、小化肥、小煤窑、小水泥等“五小”工业，国家提出“试行基本建设投资大包干”，由地方负责包干国家规定的建设任务，下放折旧基金，安排专项资金，调整中央和地方的投资比例关系。1970年全部用于基本建设的投资

① 董辅礽主编：《中华人民共和国经济史》（上卷），经济科学出版社1999年版，第505、506页。

达312.55亿元，和1967年的140.17亿元、1968年的113.06亿元、1969年的200.83亿元相比，有大幅度增加，见图7.5。

1974年，国家采取了“四三三”制分配投资，即国家投资总额中，40%由中央主管部门直接安排，30%由地方统筹安排，30%由中央和地方共同安排。调整后，地方安排投资的比重增加，1969年只占预算投资的14%，1974年和1975年提高到27%左右，进一步促进了中小企业的发展。但是，这些企业尚未建立起自我约束机制和风险防范机制，投资冲动，致使基本建设投资规模迅速膨胀，重复建设浪费巨大，经济效益下降。①

## 三、流通领域体制与物资分配管理

1970年，提出物资分配“大包干”，即“在国家统一计划下，实行地区平衡、差额调拨、品种调剂、保证上缴”的办法。将企业的物资分配和供应工作下放到地方管理，调整和减少国家和部门的管理物资。1966年统配、部管物资为579种，1972年减为217种，减少60%以上，其中统配物资由326种减为49种，部管物资由253种减为168种，1973年又增加为617种，基本上已恢复到“文化大革命”前的状况。② 但是，由于中央制定安排生产计划时并不了解企业安排的任务量，特别是大部分是物资需要量大、种类繁多的大型骨干企业，地方很难承担这样的供应任务，因而生产任务和物资供应脱钩，加上物资管理比较分散，调度上存在困难，造成了难以克服的矛盾。因此，1976年物资分配不再转移给地方，物资大包干也没有全面贯彻。

## 四、财经体制、分配领域体制与劳动工资制度

1967～1976年，财政管理体制变动的最大特点就是被动地适应客观

---

① 董礽辅主编：《中华人民共和国经济史》（上卷），经济科学出版社1999年版，第507页。
② 董礽辅主编：《中华人民共和国经济史》（上卷），经济科学出版社1999年版，第508页。

形势和经济情况。1966年到1967年，采取“收支挂钩、全额分成”的体制。1968年，生产停滞，大批工厂收入急剧下降，为了保证地方的必要支出，中央被迫实行收支两条线的办法。1969年，又恢复实行“收支挂钩、总额分成、一年一定”体制。1970年，中央适当下放权力，相比较1969年的办法，增加了“定收定支”，以适应放权管理的需要。1971年到1973年，财政实行收支包干体制，也就是说，地方收支中支大于收的，差额由国家承担，收大于支的，包干上缴国家。1974年到1975年实行“收入按固定比例留成，超收另定分成比例，支出按指标包干”的体制。1976年实行“收支挂钩，总额分成”的体制。这种体制的频繁变动旨在调整中央与地方财权关系，在一定程度上调动了地方的积极性，但是企业地方放权使得中央财政收支比例下降，再加上财力分散，难以符合实际、平衡国家财政预算。

“文化大革命”期间，由于对利息、货币、商品错误的认识，我国金融业的发展受到了破坏，金融机构和领导机制也发生了重大变化。1969年，我国将中国人民银行总行并入财政部，转而成为财政部门的出纳，其最大的特点之一就是采用“大财政、小银行”体制。1970年，中共中央决定进一步下放信贷权限，扩大地方统一安排使用的权力。1972年9月，在北京召开了全国银行工作会议。在这次会议上强调银行工作要集中起来统一调度，实行“统一计划、分级管理”的管理体制。可以说，信贷计划管理体制的混乱、银行职能的削弱，对于“文化大革命”期间的银行工作造成严重损坏。银行没有充分发挥促进社会主义建设事业的重要作用，当财政入不敷出，无法满足国有企业流动资金拨款需要时，银行被迫用贷款填补，增加货币投放，实际上成了“第二财政”。1966～1969年，国营企业定额流动资金增长40.6%，银行贷款增加46.5%，工农业总产值增长25.8%，国民收入增长21.1%，而财政收入仅增加11.3%。[①] 总之，银行丧失了管理、监督的职能，信贷、现金出纳、转账结算地位下

① 赵德馨：《中国近现代经济史1949—1991》，河南人民出版社2003年版，第309页。

降，没有独立地发挥自己的职能和作用。

劳动工资制度和用工形式混乱，平均分配泛滥。1970～1971年，中央将招收增加临时工的权力下放。1971年11月，国务院又决定将全国临时工、轮转工转化成为固定工，自此，临时工所占比重由1971年以前的12%～14%下降到6%①，企业用工形式趋于单一的固定工，滋生了“铁饭碗”思想。再加上当时在所有制结构上片面向全民所有制过渡、削弱集体所有制经济、排斥个体经济，企业招收后不能随意裁减人员，“统包统配、能进不能出”，这不仅给国家安排就业带来了巨大的压力，也使得社会主义经济缺乏活力。1972年，国务院收回了下放的劳动管理权。

## 五、“三个突破”与国民经济整顿

1971～1975年是我国的“四五”计划时期。由于林彪、陈伯达等人的干扰破坏，《第四个五年计划纲要（草案）》和1971年国民经济计划的主要指标，是以中共中央的名义通知各地贯彻执行的。“四五”计划沿袭了急于求成、盲目冒进的弊端，片面强调高积累，过分突出重工业，一味追求生产上的高指标。经过努力，1971年的绝大部分指标都按原定计划完成了，但在经济发展中出现了积累率过高、基本建设规模过大等问题，出现了“三个突破”：职工人数突破5000万人、工资总额突破300亿元、粮食销量突破4000万吨。“三个突破”给国民经济带来了诸多不利影响。

1972年，“三个突破”继续有所发展。根据周恩来的指示，国务院从1972年开始，特别是1973年，采取了各种措施对国民经济进行调整。这些措施主要有：控制基本建设规模的扩大，加强基本建设的管理；加强劳动工资的管理；解决粮食购销差额问题；调整“四五”计划纲要，降低计划指标。1973年7月，国家计委提出了《第四个五年计划纲要（修正草案）》，提出改变以备战和“三线”建设为中心的经济建设指导思想，必须适当发展沿海，充分发挥沿海工业基地的生产能力；农业是国民经济

① 董辅礽主编：《中华人民共和国经济史》（上卷），经济科学出版社1999年版，第519页。

的基础，要把农业发展放在第一位；等等。此外，通过批判无政府主义和极“左”思想、整顿企业和加强经济管理、加强集中统一领导、纠正农村中的一些“左”的政策，努力克服“左”的错误在经济领域的危害。

1973年，国民经济状况较前两年有了明显好转，“三个突破”基本上得到控制，工农业生产形势明显好转，国民经济计划完成情况较好，对外贸易大幅度增长，人民生活有所改善。然而，江青一伙掀起的“批林批孔”运动，使刚刚趋于稳定的经济形势再度陷入混乱，导致工业生产急剧下降，交通运输阻塞，财政出现赤字，市场供应紧张，人民生活受到影响。1974年的经济情况引起全国人民的普遍不满，也引起了毛泽东的注意。11月，毛泽东提出“要把国民经济搞上去”的指示，这也是全国人民的共同要求和愿望。①

邓小平主持中央日常工作实施全国整顿，给经济带来了转机。1973年3月，邓小平的组织生活和国务院副总理的职务得到恢复。1973年8月，邓小平当选为中央委员，开始协助周恩来领导国民经济工作。1975年1月，中共中央任命邓小平为中共中央军委副主席兼中国人民解放军总参谋长，中共十届二中全会选举邓小平为中共中央副主席、政治局常委，第四届全国人民代表大会任命邓小平为排名第一位的国务院副总理。经周恩来提议，毛泽东批准，邓小平全面主持中央党、政、军的日常工作。

四届全国人大之后，邓小平根据毛泽东提出的安定团结、把国民经济搞上去的指示，首先抓住问题最大的铁路运输和钢铁工业作为突破口，相继召开了铁路会议、冶金会议、国防工业会议、军委扩大会议和农业、科技等会议，对政治、经济、军事、科学、文化、教育等各条战线进行了全面整顿。经过1975年各方面的整顿，全国形势明显好转，国民经济摆脱了停滞状态。

---

① 柳随年、吴群敢主编：《中国社会主义经济简史》，黑龙江人民出版社1985年版，第401页。

# 第四节　国民经济的损失与某些领域的局部发展

“文化大革命”期间，党、国家和人民遭到新中国成立以来最严重的挫折和损失。在复杂的国内政治环境、急于求成的“左”倾思想指导下，经济发展严重脱离现实，同时，在国民经济的某些方面，我们也取得了进步。无论是重创还是局部发展，都给我们留下了宝贵的经验与教训。

## 一、“上山下乡”运动

城市知识青年上山下乡，在新中国历史上是一件大事。“上山下乡”运动从20世纪50年代一直延续到80年代，伴随共和国的坎坷步伐，走过了兴衰跌宕的历程。在此期间，最震撼人的是“文化大革命”期间的“上山下乡”运动，曾经成为一个牵动亿万人心、影响很大的社会问题，令世人瞩目。

“上山下乡”一词，源于1956年1月中共中央政治局拟定的《一九五六年到一九五七年全国农业发展纲要（草案）》。至1957年秋，据称有200万中小学毕业生到农村参加生产，但是其中城镇人口不到1%。①1960～1965年，可以说开始进入“上山下乡”运动的序曲。根据当时经济调整、压缩城市人口的需要，也为配合“以阶级斗争为纲”、“反修防修”的政治形势，各大城市都有一批批初高中毕业生到农村当农民。全国大约有数十万知识青年前往农村。

真正有组织、大规模地把大批城镇青年送到农村去，则是在“文化大革命”爆发后，毛泽东决定给红卫兵运动刹车的时候。1968年12月，

① 刘小萌：《中国知青史：大潮（1966～1980）》，中国社会科学出版社1998年版，第17页。

毛泽东下达了“知识青年到农村去，接受贫下中农的再教育，很有必要”的指示，“上山下乡”运动大规模展开。1968年当年在校的初中和高中生（1966年、1967年、1968年三届学生，后来被称为“老三届”），全部前往农村。1962～1979年，“上山下乡”的知识青年总人数达到1776.48万人①，十分之一的城市人口来到了乡村。这是人类现代历史上罕见的从城市到乡村的人口大迁移。

图7.6 全国掀起上山下乡高潮

当年政府推出“上山下乡”的初衷是为解决就业难题。虽说“上山下乡”运动有着深厚的经济背景，但不能简单地把它理解成为解决城市失业危机的应急之举，之所以能形成规模宏大的运动并以燎原之势历时十多年，其政治原因应当说要更加浓厚一些。当时，国民经济形势不容乐观，除了农业总产值缓慢发展以外，其他大部分行业都在下降，大学不招

① 1980年全国下乡15.5万人，缺乏分省统计资料。总计全国共有1791.98万城镇知识青年“上山下乡”，其中插队和集体场队1500.79万人，国营农场291.19万人。参见国家统计局社会统计司编：《中国劳动工资统计资料：1949—1985》，中国统计出版社1987年版。

生，工厂不招工。城镇堆积着大量的剩余劳动力，在“文化大革命”的背景下，已不是简单的劳动就业问题，大串联旷课闹革命的几千万青年成了城市的不安定因素，于是，中共中央提出“四个面向”，广大学生面向农村、面向边疆、面向工矿、面向基层，走工农兵相结合的道路。

上千万的知识青年到农村、边疆，在艰苦环境中经受了磨炼，他们中的许多人几年、几十年如一日地艰苦创业，为国家创造了财富；他们在一些边远落后的地区教书、行医，起到文化传播、卫生普及的作用；他们与当地农民、边疆军民、农垦职工一起，为建设农村和边疆贡献了自己一生中最宝贵的青春年华。① 然而，“上山下乡”是一场规模空前的人口大迁移变动，受到历史条件的制约，下乡知青“身居茅屋，心怀世界”，就地“抓革命，促生产”，看似解决了就业的压力，实际上却埋下了隐患。

首先，“上山下乡”不仅没有解决就业问题，返城青年还造成了就业的新问题。“上山下乡”基于“再教育”的政治目的，采取政治运动形式，大多数背起背包、昂首阔步地到农村插队的知识青年并非出于自愿，而是被一种强大潮流卷下去的，不可避免地带有某种强制性和精神压力。政府的用意是把动员知识青年上山下乡同开发边疆、建设老区结合起来，但未从根本上改变知识青年上山下乡所遇到的种种困难，并没有达到“抓革命，促生产”的目的，下乡知青回城“造反”的事件没有间断，“走后门”成风，经历了“扎根”与“拨根”的大辩论之后，动员知识青年上山下乡工作的难度也越来越大。

其次，“上山下乡”运动违背了经济发展的规律。城市人口的增长以及占总人口比重大小已经成为了衡量城市化和国家经济发展水平的标志之一。“文化大革命”期间，1647.2 万知识青年涌向农村插队、集体场队、国营农场或者建设兵团，出现了城市和农村人口的倒流。在 1950 年到 1980 年的 30 年时间当中，全世界城市人口的比重从 28.4% 上升到

① 董辅礽主编：《中华人民共和国经济史》（上卷），经济科学出版社 1999 年版，第 573 页。

41.3%，而中国仅仅从11.2%上升到19.4%①，大大低于平均水平。

再次，知青的“上山下乡”需要巨额的安置费，耗费了大量的财力、物力，给国家财政支出造成了沉重的负担和压力。1973年，知青人均安置费为500元，1962～1979年，国家财政按照全国实际下乡人数和规定经费标准拨款75.43亿元，实际支出65.79亿元以上。② 到1979年，1000多万知识青年返城，也就是说，大量的财政支出全部由国家负担，客观上给“文化大革命”结束后国民经济的恢复发展增加了压力。

最后，人才的短缺、断裂加重了现代化建设的艰巨性。“文化大革命”期间中断了教育，很多文化大家、知识分子遭受到了迫害，知青在农村、边疆献出了他们的宝贵青春，却错过了学习的“黄金时期”，无法享受到完整、系统的教育。“文化大革命”十年，我国少培养了100多万名大专毕业生和200多万名中专毕业生。③ 这造成当时中国的教育在一整段时间内，人才断档，教育质量下降，“工农兵学员”文化程度参差不齐，成为现代化建设的一个瓶颈，也拉大了和国际科学技术水平的差距。

粉碎“四人帮”以后，特别是1978年中共十一届三中全会以后，突破了“两个凡是”的思想桎梏，实行了改革开放的方针，人们对知识青年“上山下乡”问题也开始突破禁区，广开门路，从根本上探索解决知识青年就业问题的新出路。

## 二、国民经济的曲折发展和损失

### （一）经济发展呈现“两起三落”的态势

1967～1976年，十年动乱期间社会总产值年均增长6.8%，低于前14年的8.2%和后6年的8.9%，且经济呈现“两起三落”的曲折发展态势，累计造成经济损失高达5000亿元。④

---

① 刘小萌：《中国知青史》，中国社会科学出版社1998年版，第854、855页。

② 刘小萌：《中国知青史》，中国社会科学出版社1998年版，第842页。

③ 董辅礽主编：《中华人民共和国经济史》（上卷），经济科学出版社1999年版，第572页。

④ 李成瑞：《十年内乱期间我国经济情况分析》，载《经济研究》1984年第1期。

国民经济发展之所以呈现这样的震荡态势，与广大人民同“四人帮”反复较量的政治状况相吻合。由此，经济上的破坏与反破坏此起彼伏，工农业生产的上升与下降交替出现。1966年上半年经济态势蓬勃发展之后，林彪、江青反革命集团到处夺“走资派”的权，煽动“踢开党委闹革命”，谁要是抓生产就扣上“以生产压革命”的帽子，把他打倒。1967年和1968年是“文化大革命”时期最混乱的岁月，全国出现了“打倒一切”、“全面内战”的政治局面，国民经济随之急剧恶化。1967年和1968年连续两年经济遭受到了破坏，国民经济发展出现了第一次波谷。

第二次波动出现在1969年和1973年经济恢复后，1974年国民经济又因为“批林批孔”这样的政治运动遭受挫折。由于周恩来等领导人带领广大人民同“四人帮”斗争，1969年开始，社会总产值和国民收入逐步回升，1969年国民收入出现恢复性增长，增长率达到19.3%。1970年国民收入增长23.3%，1971年增长7%，主要是内地建设，投资猛增，促使重工业加快发展的结果。1972年，气候不好、农业减产，国民收入增速较低，仅2.9%。1974年，江青反革命集团大搞所谓“批林批孔”，谁要是抓生产就扣上“儒家”的帽子，致使周恩来主持中央日常工作以来出现的各方面工作好转的局面又遭到挫折。

第三次1975年年初邓小平主持中央工作经济好转后，1975年年底开始“反击右倾翻案风”，损失惨重。1975年1月，周恩来因患晚期膀胱癌住院，为稳定国内形势、加快经济发展，在周恩来等人的支持下，毛泽东重新起用邓小平主持国务院的工作，进行整顿。邓小平召开解决工业、农业、科技等方面问题的一系列会议，提出“三项指示为纲”，把发展经济放在首要的战略地位，力图将全国的政治经济生活重新调到“文化大革命”前的状态。1975年，经济形势有了明显好转，社会总产值增长11.5%、国民收入增长8.3%。为时不久，江青反革命集团于1975年11月开始大搞所谓“批邓、反击右倾翻案风运动”，大批“唯生产力论”，谁要把生产搞好了就被攻击是“为走资派涂脂抹粉”。加上唐山地震等自然灾害，1976年国民经济出现了第三次低潮。

这样，“文化大革命”期间国民发展呈现出“两起三落”的跌宕起伏态势，见图7.7。

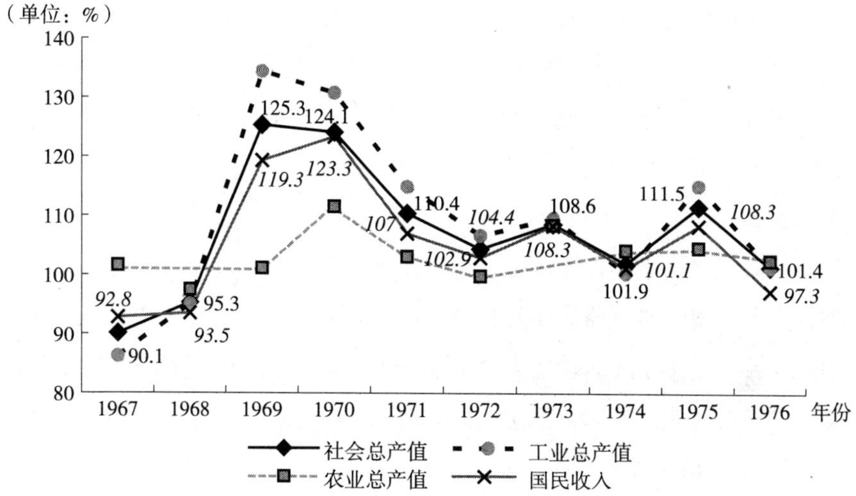


图7.7　“文化大革命”期间国民经济发展“两起三落”

注：社会总产值是指工业、农业、建筑业、交通邮电业、商业五个物质生产部门总产值之和，图中用正体数字表示该数值；国民收入是指这五个物质生产部门净产值（总产值扣除物质消耗）之和，图中用斜体数字表示该数值。

（资料来源：国家统计局编：《中国统计年鉴—1984》，中国统计出版社1984年版，第21、26、30页；李成瑞：《十年内乱期间我国经济情况分析——兼论这一期间统计数字的可靠性》，载《经济研究》1984年第1期）

### （二）国民经济比例严重失调

首先，农、轻、重比例失调。在“文化大革命”的前三年，三者的比例关系大体正常。但是随后，在“加强战备”、“以钢为纲”的指导思想下，注重发展重工业。在工业总产值中，从1966年到1976年，重工业从32.7%上升到38.9%，农业从35.9%下降到30.4%，轻工业从31.4%下降到30.7%。①

① 国家统计局编：《中国统计年鉴—1984》，中国统计出版社1984年版，第27页。

1976年，在农业内部，“以粮为纲”造成粮食作物总播种面积达80.6%，经济作物占9.2%[①]，但是棉花、油料作物却有所下降。这表明农业生产中存在着不合理的比例结构。

在工业内部，不仅轻重关系比例失调，轻工业的发展远远落后于重工业，而且重工业内部的结构比例也存在着不合理的情况。过分发展机械工业，忽视加工工业、采掘工业和原材料工业。1966～1976年，制造工业比重和原材料工业形成了鲜明对比，前者由50.5%上升到了52.8%，后者却由38.3%下降到34.9%。[②]

再者，交通运输行业和工业生产比例失调。由于过分注重重工业的发展，大大忽视铁路交通运输的建设，特别是忽视运输旧线改造，突出新建内地铁路，使主干线运输能力同工业发展失调。“二五”期间，运输邮电基本建设投资占国民经济投资的13.5%，“三五”期间为15.4%，“四五”期间为18.0%。[③]

最后，就是积累和消费的比例失调。“文化大革命”期间经济发展缓慢，但是在“左”倾追求高指标的背景下，积累率过高。“一五”期间积累率为24.2%，“三五”期间积累率平均为25.8%，“四五”期间进一步增长为32.9%，1971年更是高达34.1%。[④] 在积累内部，生产性积累比例远远高于非生产积累比例，1971年出现“三个突破”时，生产性积累和非生产性积累构成比例为76.2∶23.8，较之“一五”期间两者比例56.2∶43.8形成鲜明对比。[⑤]

（三）经济效益全面下降

“文化大革命”期间，企业管理混乱，工业总产值增加1%的代价是

① 国家统计局编：《中国统计年鉴—1984》，中国统计出版社1984年版，第137页。
② 董辅礽主编：《中华人民共和国经济史》（上卷），经济科学出版社1999年版，第581页。
③ 国家统计局编：《中国统计年鉴—1985》，中国统计出版社1985年版，第425页。
④ 根据国家统计局编：《中国统计年鉴—1985》，中国统计出版社1985年版，第36页相关数据计算而得。
⑤ 国家统计局编：《中国统计年鉴—1985》，中国统计出版社1985年版，第39页。

能源增长 1.08%。[①] 靠单纯增加劳动力、大量消耗能源这样的以数量为中心的经济增长方式，再加经济体制不合理，产业结构失调，导致工业经济、基本建设、农业等方面的经济效益全面下降。

全民所有制核算工业企业每百元资金实现的税利、每百元工业总产值实现的利润都大幅度下降。1966 年和 1976 年相比，前者从 34.5 元降至 19.3 元，降幅达 44.1%；后者从 21.9 元下降到 12.6 元，降幅达 42.5%。[②] 如图 7.8 所示。

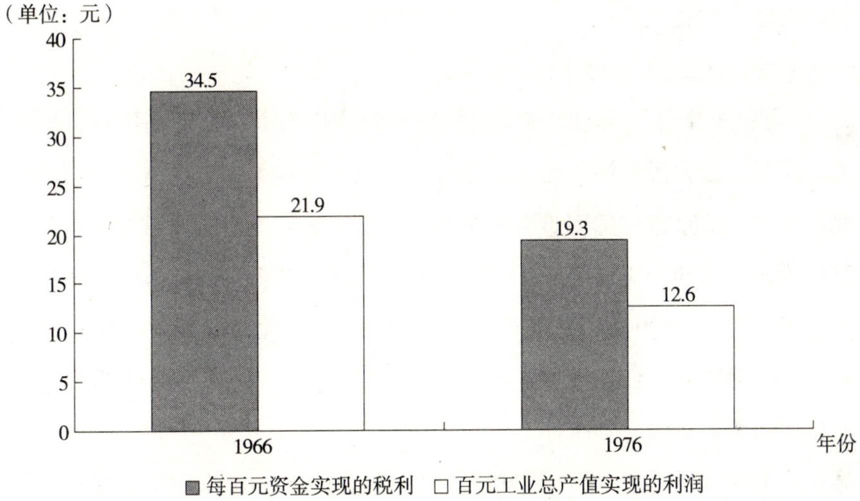


图 7.8　1966 年和 1976 年工业经济效益比较

设备利用率低。1976 年我国实际产钢量为 2046 万吨，但是应该具有的炼钢能力为 3000 万吨左右，有 1/3 的炼钢能力没有充分地发挥出来。[③]

基本建设的周期和投资回收期长，盲目的重复建设，投资效益差。建

① 李宗植、张润君编著：《中华人民共和国经济史 1949—1999》，兰州大学出版社 1999 年版，第 296 页。

② 李成瑞：《十年内乱期间我国经济情况分析》，载《经济研究》1984 年第 1 期。

③ 李德彬：《中华人民共和国经济史简编 1949～1985》，湖南人民出版社 1987 年版，第 479～480 页。

设周期每延长一年，仅施工队伍的工资就要多支出50亿元，“三五”期间的建设周期为8.8年，“四五”期间延长至10.7年。① 不仅如此，“四五”期间建设投产后的回收期长达25年。② 在这种情况下，基础建设投资增加的国民收入也有所减少，1967年到1976年国民收入减少533.43亿元。③

农业方面，费用增长的速度超过了总收入的增长速度，有的地方农产品成本甚至高于收购价格。与比1965年相比，1976年总收入增加了77.6%，各项费用却增长了123.1%。特别是1974年到1976年，农业总收入的增长和各项费用的增长分别为34.83亿元、41.14亿元。④

（四）人民生活质量不高

“文化大革命”期间，基于增加投资的高积累率长期居高不下，加上人口众多，给人民生活在住宅、教育、文化、卫生等多方面造成困难。以北京为例，北京市住房困难的问题非常突出，住宅投资的比重在建房总投资中所占的比重不断下降，1976年达到了历史新低。拿1963年到1965年、1966年到1970年、1971年到1975年的生产性建设投资、住宅建设投资、其他非生产性建设投资占基本建设投资的比重数据就可以看出这种变化。如图7.9所示。

和1966年相比，1976年城镇人口人均消费粮食由189.57公斤仅仅增加了0.71公斤，食品植物油由1.76公斤降到1.595公斤；猪肉由7.04公斤增加到7.38公斤；食糖由1.84公斤增加到2.33公斤；煤炭由104.38公斤降到95.58公斤。此外，城镇职工平均工资水平也呈下降态势。和1966年相比，1976年全民所有制职工的平均货币工资从636元下降到

① 董辅礽主编：《中华人民共和国经济史》（上卷），经济科学出版社1999年版，第577页。

② 曾壁钧等：《新中国经济史》，经济日报出版社1990年版，第278～279页。

③ 赵德馨主编：《中华人民共和国经济史1967～1984》，河南人民出版社1989年版，第193～194页。

④ 董辅礽主编：《中华人民共和国经济史》（上卷），经济科学出版社1999年版，第578～579页。

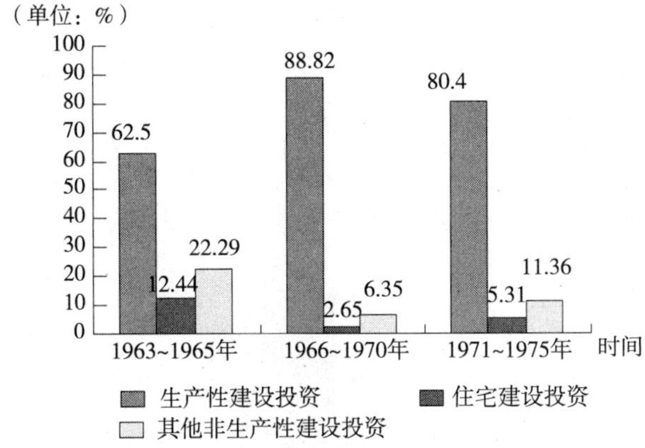


图 7. 9　北京市各类投资在基本投资中的比重

（资料来源：李宗植、张润君编著：《中华人民共和国经济史 1949—1999》，兰州大学出版社 1999 年版，第 297 页）

605 元。①

（五）经济发展的国际差距

正当中国如火如荼地进行这场“文化大革命”的同时，西方发达国家正经历着第三次科技革命带来的深刻变革，我们无论是在速度、规模还是质量上，与处于“黄金时期”西方发达国家的差距越来越大。

从劳动生产率上来说，中国与西方的差距巨大。1966 年中国的农业劳动生产率，平均每个劳动力养活 3. 1 人，而美国为 48 人。到了 1975 年，中国为 3. 14 人，美国为 82 人。工业劳动生产率主要是靠人力、财力大量投入的经济增长方式，“文化大革命”大部分期间其都处于低水平，难以持续增长。而日本在 1972 年到 1976 年，制造业的能源利用率降低了 24%，劳动生产率提高了 38%。②

十年间，中国的 GDP 和国民收入与西方相距甚远。和美国 GDP 增长

① 国家统计局编：《中国统计年鉴—1984》，中国统计出版社 1984 年版，第 477、459 页。

② 董辅礽主编：《中华人民共和国经济史》（上卷），经济科学出版社 1999 年版，第 583 页。

124%，日本增长345%，联邦德国增长131%，法国增长212%相比，中国仅仅增长57.6%。国民收入方面，美国增长了143%，日本增长了413%，联邦德国增长了141%，法国增长了238%，中国增长了75%，如图7.10所示。

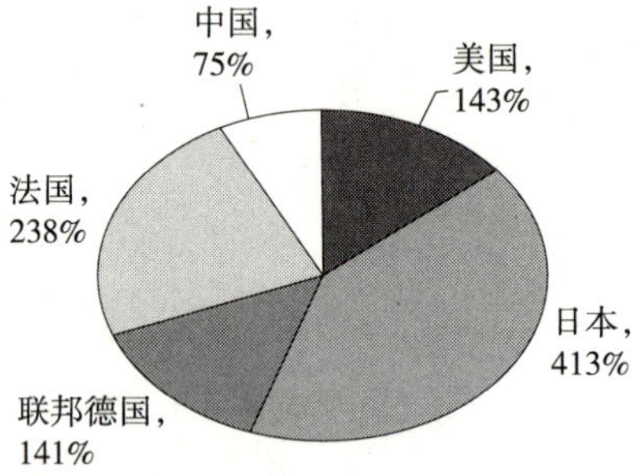


图7.10　1966～1976年中国与美国、日本、联邦德国、法国国民收入增长幅度比较（%）

（资料来源：董辅礽主编：《中华人民共和国经济史》（上卷），经济科学出版社1999年版，第583页）

"文化大革命"期间，科学技术事业遭到破坏，被西方经济发达国家远远落下。中国在"文化大革命"期间的民用科技费用只占工农业总产值的0.4%，与这个数据形成鲜明对比的是，60年代中期的美国科学研究费用约占国民生产总价值的3%。此外，科技人员数量也大幅度减少，1965年中国科学院有106个研究单位和6万名职工，到1973年仅剩下53个研究单位和2.8万名职工①，科技实力大为削弱，大大打击了研究人员的积极性，大部分科技事业几乎停滞不前。

## 三、某些领域的局部发展

"文化大革命"期间，我国的国民经济虽然遇到了重创与挫折，但是

① 董辅礽主编：《中华人民共和国经济史》（上卷），经济科学出版社1999年版，第583～585页。

基于“文化大革命”前十年的社会主义经济建设打下的坚实的物质技术基础，加上党和全国各族人民投入的劳动热情和不懈努力，国民经济也在某一些方面取得了进展。另外，20世纪70年代的中国外交发生了突破性的进展，这改变了我国自我封闭的状态，增加了进出口贸易以及技术引进，也对国民经济发挥了积极作用。

（一）农业粮食增产、物质技术条件改善

农业机械化程度增强，1965年机耕面积占耕地面积的比重为15%，1976年上升到35.1%。机电灌溉面积从1965年12140万亩增加到1976年的36342万亩。此外，还兴建了一批大型水利工程，不仅控制了一般的洪涝灾害，还可发展灌溉，发电提供能源，为农业的发展创造了良好条件。化肥和农药使用总量和平均每亩施用量均大量增加。十年间，粮食总产量从1965年的3890.5亿斤增长到1976年的5726.1亿斤，基本保证了全国人口的吃饭问题。①

（二）工业化进程有所加快

中国工业的门类初步健全。1976年工业总产值达到3158万亿元，比1965年增长了125%，年均增长8.5%。② 主要工业产品产量也有大幅度的增长，如图7.11所示。

独立完整的工业体系基本建成。“文化大革命”期间建设了包括胜利油田、六盘水大型煤矿、刘家峡水电站和酒泉钢铁厂等1083个大中型建设项目。石油、煤炭、电力等行业迅速发展，特别是在国际石油危机的背景下，石油产量大幅度提升，拥有大庆、胜利、大港、华北等大油田，不仅增加了出口，也推动了化肥、化纤等化工行业的发展，带动整个工业的建设。十年内乱期间，国民经济的增长主要是由于能源工业上得快，原油产量由1966年的1455万吨增长到1976年的8716万吨，原煤产量由1966年的2.52亿吨增长到1976年的4.83亿吨。能源工业以年均增长9.2%的

① 李宗植、张润君编著：《中华人民共和国经济史1949—1999》，兰州大学出版社1999年版，第301～302页。

② 苏少之：《中国经济通史》第10卷（上册），湖南人民出版社2002年版，第304页。

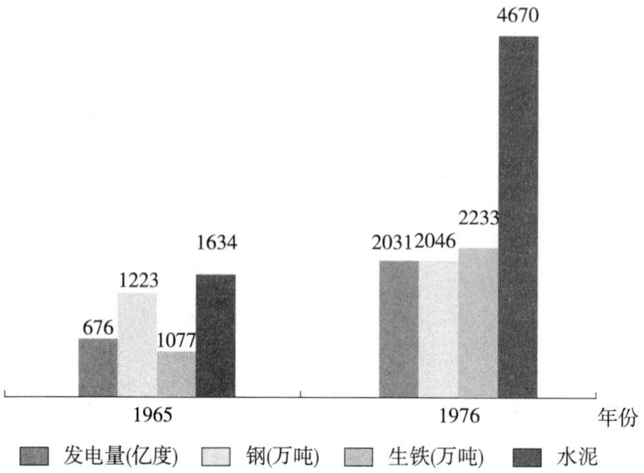


图7.11　1965年、1976年主要工业产品产量
（资料来源：《中国统计年鉴—1985》，中国统计出版社1985年版，第337、338页）

速度，维系了十年动乱期间我国社会总产值年均增长6.8%的水平。[①] 汽车工业进一步发展。

（三）交通运输、邮电通讯行业的发展

根据国民经济需要，施工人员艰苦奋斗，克服了自然条件的险恶、高强度的工作量，修建了一批沟通西南、西北的铁路，这在世界上都是罕见的。1968年12月29日，我国设计师自力更生、自行设计的全长6700米的南京长江大桥提前全面建成通车，是武汉长江大桥的4倍。这打破了外国桥梁专家“在南京建桥，不可能”的断言。

在电子通信方面，1966年才研制并实现了批量生产的集成电路，1976年已生产2000万块以上。电视机、录音机、收音机生产规模大大扩大，1976年电子工业产值比1966年增长5.6倍。[②] 在北京建成卫星地面站，我国也拥有了具有明线、电缆、卫星地面站等多种手段的电信通

① 李成瑞：《十年内乱期间我国经济情况分析》，载《经济研究》1984年第1期。
② 李宗植、张润君编著：《中华人民共和国经济史1949—1999》，兰州大学出版社1999年版，第304页。

讯网。

（四）科学技术水平有所上升

在基础研究方面，在结构化学、地理科学、理论数学、生物科学等方面，涌现出很多享誉世界的著名科学家。比如，世界著名数学家华罗庚，从20世纪60年代开始，把数学方法应用于实际，筛选出以提高工作效率为目标的优选法和统筹法，取得显著的经济效益。20世纪70年代，著名生物学家童第周在细胞遗传学方面取得了进展，创造出了“童鱼”，他的实验成果为我国生物学的发展作出了巨大的贡献。

在国防科技方面，我们依靠自己的智慧和力量，自力更生、勇攀高峰，研制出一系列新兴的科技成果。1966年成功地爆炸第一颗氢弹，1975年又成功回收了人造地球卫星，成为世界上第三个能够成功回收卫星的国家，标志着我国科学技术上了一个新的台阶。

解放军广大指战员和首都革命群众热烈欢呼我国第一颗氢弹爆炸成功

用毛泽东思想武装起来的中国人民无往而不胜

毛泽东思想又一伟大胜利 文化大革命又一辉煌成果

广州革命群众热烈欢呼我国第一颗氢弹爆炸成功

图 7.12 广州革命群众热烈欢呼我国第一颗氢弹爆炸成功

1977年8月，在中国共产党第十一次全国代表大会上，宣布了“文化大革命”的结束。“文化大革命”这一段历史给我们留下了宝贵的经验教训。历史证明，我们要充分认识社会主义本质和中国的国情，就像总设计师邓小平说的那样：“我们搞社会主义才几十年，还处在初级阶段。巩固和发展社会主义制度，还需要一个很长的历史阶段，需要我们几代人、十几代人，甚至几十代人坚持不懈地努力奋斗，决不能掉以轻心。”①

1981年6月，中共十一届六中全会通过的《关于建国以来党的若干历史问题的决议》，对新中国成立以来的经济建设进行了客观的评价。《决议》指出：“由于我们党领导社会主义事业的经验不多，党的领导对形势的分析和对国情的认识有主观主义的偏差，‘文化大革命’前就有过把阶级斗争扩大化和在经济建设上急躁冒进的错误。后来，又发生了‘文化大革命’这样全局性的、长时间的严重错误。这就使得我们没有取得本来应该取得的更大成就。忽视错误、掩盖错误是不允许的，这本身就是错误，而且将招致更多更大的错误。但是，三十二年来我们取得的成就还是主要的，忽视或否认我们的成就，忽视或否认取得这些成就的成功经验，同样是严重的错误。”②

---

①《邓小平文选》第3卷，人民出版社1993年版，第379～380页。

②《人民日报》1981年10月7日。

# 第八章

# “文化大革命”结束初期的经济恢复与拨乱反正

长达十年的“文化大革命”严重打乱了国内的政治、经济秩序，使整个经济社会发展缓慢。1976 年 9 月 9 日，中共中央主席毛泽东逝世，全党、全军、全国各族人民沉浸在极度悲痛之中。但江青反革命集团却迫不及待地加紧篡党夺权的阴谋活动。在这危急时刻，以华国锋、叶剑英、李先念等为代表的中共中央政治局，执行党和人民的意志，采取断然措施，于 10 月 6 日将江青、张春桥、姚文元、王洪文实行隔离审查。“四人帮”倒台了，举国欢腾，标志着历时 10 年的“文化大革命”内乱从此结束，这也标志着我国的经济发展进入到了一个新的时期。随着社会秩序和生产秩序的恢复，1977 年和 1978 年这两年，我国经济得到了迅速的回升。但是，混乱的秩序依旧，“左”倾思想对政治、经济体制的影响尚存。如何真正摆脱“左”倾思想的困扰，恢复国民经济，成为党和国家面临的严峻考验。

# 第一节 “文化大革命”结束初期的经济恢复

为了恢复十年间遭到重创的国民经济，尽早地走出泥潭，中央政府采取了一系列的政策措施。这些举措也初步取得了一定的成效，国民经济摆脱了停滞下滑的趋势，走向了恢复和发展，出现了新的转机。当然，也由于对“左”倾思想还缺乏根本性的认识，在经济建设的过程中还是出现了一些问题，导致了国民经济比例的进一步失调。

## 一、国民经济的恢复

从1976年底开始，我国从经济思想领域、交通运输、国际贸易、经济管理体制和科学教育等多方面采取了一些措施来调整国民经济。到了1977年和1978年，我国的国民经济在经历了徘徊发展、跌宕起伏、曲折停滞之后，终于取得了一定的发展。

### （一）疏通铁路运输、抓好工农业生产

1977年2月，在北京召开了全国铁路工作会议。大会提出：当前，铁路运输成了国民经济中一个十分突出的薄弱环节。必须全党动手，党政军民一齐努力，千方百计把铁路运输迅速搞上去。① 从1977年的3月开始，日装车量开始回升，4月开始达到了历史最高水平。1978年，铁路货运量为11亿吨，达到历史最高水平。② 交通运输的畅通，不仅恢复了国民经济的循环系统，还促进了工农业的恢复。

---

① 中央财经领导小组办公室编：《中国经济发展五十年大事记（1949.10—1999.10）》，人民出版社、中共中央党校出版社1999年版，第284页。

② 李宗植、张润君：《中华人民共和国经济史1949—1999》，兰州大学出版社1999年版，第310页。

1977年3月，全国冶金工作会议强调要全党动手办钢铁，充分发挥中央和地方两个积极性，要像抓农业、抓铁路那样狠抓冶金工作。4月，在北京又召开全国工业学大庆会议。会议要求1977年首先把那些关系国民经济全局的重点企业领导班子整顿好；各个企业要像大庆那样抓好社会主义的企业管理。会议上还要求各项技术指标要在最短的时间内达到本企业的历史最高水平，在两三年内达到本行业的国内先进水平；第五个五年计划期间，全国1/3的企业要建成大庆式企业。1978年4月，中共中央还颁布了“工业三十条”，对工业企业的基本制度、工作方法等都作了明确规定。

经过调整，工业迅速得到了恢复。就工业总产值而言，1976年为3278亿元，1977年为3725亿元，到了1978年高达4237亿元。主要工业产品的产量和质量都有所提高。1976年的钢铁、原煤、原油、发电量产量分别为2046万吨、4.83亿吨、8716万吨、2031亿度，到了1977年分别为2374万吨、5.5亿吨、9364万吨、2234亿度，1978年分别达到3178万吨、6.18亿吨、1.0405亿吨、2566亿度。[①] 如图8.1所示。此时，我国已经迈进主要产油国的行列。

在农业方面，安徽省省委和四川省省委相继于1977年年底和1978年年初出台了《关于当前农村经济政策几个问题的规定》和《关于目前农村经济政策几个主要问题的规定》，强调尊重生产队的自主权，坚持按劳分配，发展多种经营，鼓励发展正当的家庭副业。1978年2月，《人民日报》陆续报道了安徽和四川落实农村经济政策的经验。

由于政策的松动和农民生产积极性的激发，尽管1977年和1978年我国遭受了严重自然灾害，但农业产量仍然保持增长。农业总产值从1977年的1253亿元上升到1978年的1397亿元。此外，主要的农产品产量也有所增加。1977年粮食和棉花产量分别为2.8273亿吨、204.9万吨，到

---

① 中央财经领导小组办公室编：《中国经济发展五十年大事记（1949.10—1999.10）》，人民出版社、中共中央党校出版社1999年版，第282、283、291、292、303、304页。

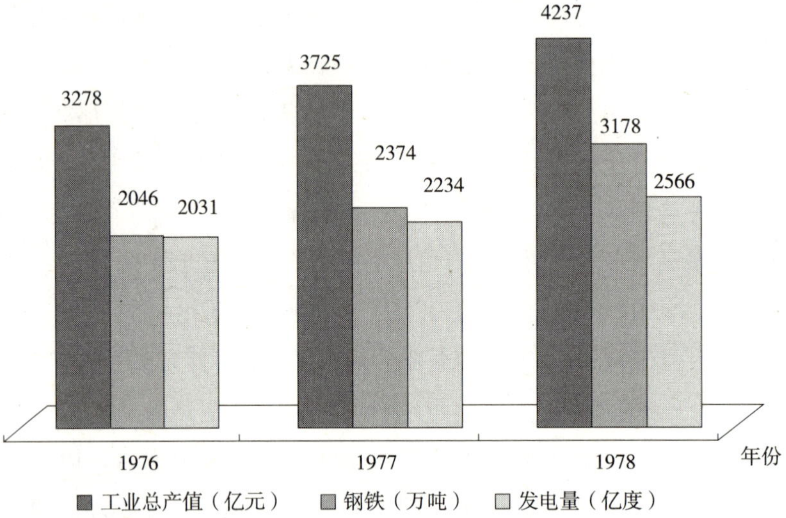


图8.1　1976～1978年工业总产值、钢铁产量、发电量

（资料来源：中央财经领导小组办公室编：《中国经济发展五十年大事记（1949.10—1999.10）》，人民出版社、中共中央党校出版社1999年版，第282、283、291、292、303、304页）

了1978年产量分别为3.0477亿吨、216.7万吨。①

（二）引进先进技术、发展内外贸易

1977年7月，国务院批准了引进新技术和成套设备的规划，决定在今后八年内再多进口一批成套设备和技术专利。1978年成立引进新技术领导小组，其主要任务就是研究引进新技术的方向、重点，统筹方针、政策，搞好综合平衡。

1976年出口总额和进口总额分别为68.5亿美元和65.8亿美元，到了1977年分别为75.9亿美元和72.1亿美元，1978年出口进口总额分别为97.5亿美元和108.9亿美元。② 如图8.2所示。

① 中央财经领导小组办公室编：《中国经济发展五十年大事记（1949.10—1999.10）》，人民出版社、中共中央党校出版社1999年版，第292、304页。

② 中央财经领导小组办公室编：《中国经济发展五十年大事记（1949.10—1999.10）》，人民出版社、中共中央党校出版社1999年版，第283、292、304页。

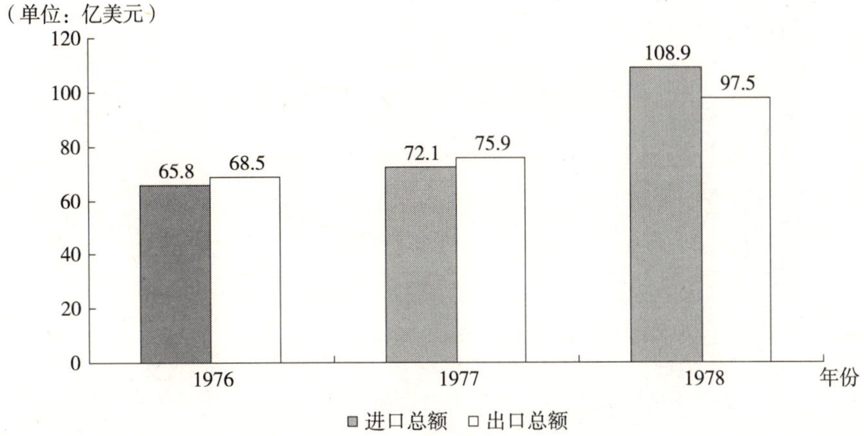


图 8.2　1976～1978 年进出口总额

（三）稳定市场、提高生活水平

1977 年 8 月，国务院发出了《关于调整部分职工工资的通知》，决定从 10 月起，提高部分职工的工资。这样，全国当时有 60% 的职工都增加了收入。1978 年 7 月，国务院批转《全国物价会议纪要》，总结了 28 年来物价工作的经验，也指出当前工作中的问题，要求在下半年里弄清楚产品比价关系，有步骤、有计划地稳定物价。9 月，在北京召开的城市住宅建设会议上，提出到了 1985 年，城市人均居住面积要从 1977 年的 3.6 平方米增加到 5 平方米，要充分地调动好国家、地方、企业和群众各个方面的积极性，加快城市住宅建设。

随着经济的恢复，全国城乡居民平均消费水平也有所提高。按当年的价格计算，1977 年为 165 元，1978 年上升为 175 元。其中城镇居民从 361 元上升为 383 元，农民消费从 124 元提高到 132 元。① 如图 8.3 所示。

① 李宗植、张润君编著：《中华人民共和国经济史 1949—1999》，兰州大学出版社 1999 年版，第 313 页。

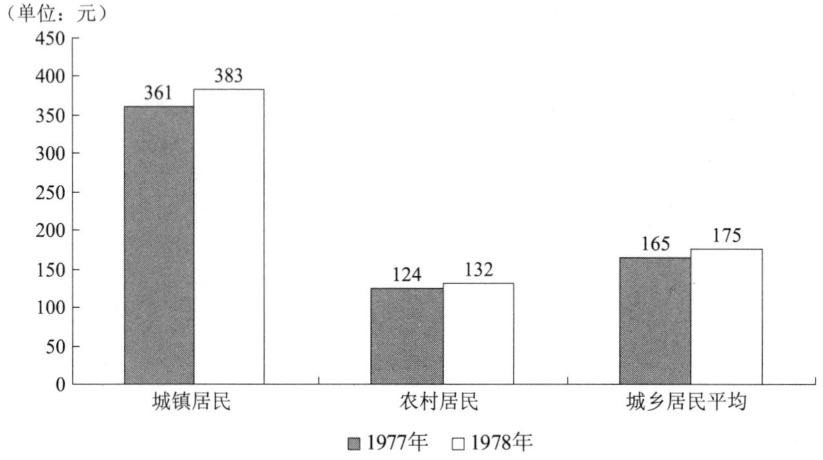


图8.3　1977年和1978年全国城乡居民平均消费水平

（四）发展科学教育事业、壮大科研队伍

1977年8月，在科学和教育工作座谈会上，邓小平指出：建国以后的十七年，教育战线同科研战线一样，“主导方面是红线。……无论从事科研工作的，还是从事教育工作的，都是劳动者。……要尊重劳动，尊重人才”①。1978年3月，全国科技大会明确了“科学技术是生产力”的观点，确定了知识分子的社会地位和科研机构的组织措施，决心要拥有一大批世界第一流的科学家和工程技术专家，向现代化进军。这次规模宏大的会议，对于促进教育事业、壮大科研队伍力量都起了举足轻重的作用。

1978年10月，制定了《关于1978～1985年全国科学技术发展规划纲要（草案）》，草案提出了科学技术工作的奋斗目标，重点发展农业、能源、遗传工程、激光、电子计算机等8个领域，拥有80万人左右的科研人员队伍，接近或达到70年代的世界先进水平，建成全国科学技术研究体系。同年12月份，还决定要加强引进人才工作，主要以短期为主，以

① 《邓小平文选》第2卷，人民出版社1994年版，第49、50页。

华侨、港澳、台湾同胞为主，以自然科学和工程技术人才为主，计划在1980年内每年争取800人到1000人短期工作，3年内安排200人到300人长期定居和工作。①

1977年，全国约有570万青年参加了高等学校的招生考试，27.3万名学生被各大专院校录取，这也标志着我国的高等教育进入了一个新的轨道。②

## 二、国民经济比例失调

虽然我国国民经济有了一定的恢复，但是在经济建设中还是存在一些问题，国民经济比例进一步失调。

农业的基础依旧薄弱。农业总产值占工农业总产值的比重不断下降。1977年农业总产值为1253亿元，占工农业总产值的30.4%，1978年农业总产值为1397亿元，虽然有所增加，但是占工农业总产值的比例下降到27.8%。③ 此外，我国在1978年还大量地进口了粮食、棉花、砂糖，以此来缓解农业发展的压力。

工业方面，主要体现在轻重工业等工业内部比例的不协调以及基本设施建设投资过多所带来的积累和消费比例失调。1978年，轻工业在工业总产值的比重降至41.3%，消费品品种单一、供应紧张。油田、煤炭等生产能力下降，不科学的生产方式也严重影响了生产的后续发展。据统计，全国油田综合递减率从1976年的5.1%上升为1978年的6%。此外，基本建设投资过多，积累率过高，导致积累和消费的失衡。1977年到1978年两年间新增国民收入使用额中，每百元只有38元用于消费。④

① 中央财经领导小组办公室编：《中国经济发展五十年大事记（1949.10—1999.10）》，人民出版社、中共中央党校出版社1999年版，第302页。

② 中央财经领导小组办公室编：《中国经济发展五十年大事记（1949.10—1999.10）》，人民出版社、中共中央党校出版社1999年版，第289页。

③ 中央财经领导小组办公室编：《中国经济发展五十年大事记（1949.10—1999.10）》，人民出版社、中共中央党校出版社1999年版，第292、304页。

④ 苏少之：《中国经济通史》第10卷（上册），湖南人民出版社2002年版，第318、317页。

民生方面还有待改善。“文化大革命”结束后，千万知识青年回城返乡，造成城市滞留大量的劳动力。如此庞大的规模，城镇人员的就业问题成为严重的社会问题。同时，城市居民的工资水平、住房条件、医疗待遇都处于低标准低水平，条件十分艰苦，生活依然紧张。

这些问题都反映出在“文化大革命”结束初期，国民经济在恢复、上升的背后还隐藏着危机，还需要不断摆脱“左”倾思想的束缚，全面地发展生产力，使经济建设走上正常发展的轨道。

## 第二节　“左”倾思想的延续与拨乱反正

“文化大革命”结束后，全国人民投入了无限的热情，积极地参加到了国民经济建设中。为了恢复破碎的经济，汲取“文化大革命”期间经济建设的教训，我国纠正了一系列“左”倾错误的做法。但是，当时的主要领导人还没有真正认清经济形势和“左”倾失误，对现实的可能性盲目乐观、急于求成。这种思想的禁锢和束缚，也导致了经济指导方针不可能正确地转移重心，集中体现在“两个凡是”、“洋跃进”、“工业学大庆”、“农业学大寨”的全面跃进以及经济规划的高指标。

### 一、大干快上力促“洋跃进”

经过实施调整、恢复经济的政策措施，对各行各业的经济秩序进行整顿，国民经济得到迅速回升，终于从停滞甚至倒退的泥潭中走了出来。但“左”倾思想的主导，使得本应立即解决的问题没有得到重视，如经济管理体制僵化、经济比例失调、经济结构不合理等。“左”的冒进倾向，又使这些问题不仅得不到解决，反而向着错误的方向继续挺进。

“四人帮”的势力被肃清后，调整和恢复经济的政策和措施相继出台，再加上广大人民群众被压抑多年的生产积极性得以发挥，1977年、

1978 年连续我国国民经济两年快速增长，形势一片大好。

但是，违背客观规律的“左”的思想还有着广泛的基础，继续支配着人们的思想和行动。“两个凡是”的错误思想又进一步阻碍了对“文化大革命”的正确认识，严重妨碍了在思想上和经济上进行的拨乱反正工作。同时，面对经济被严重破坏的现状，党中央希望能尽快恢复经济，全国人民也希望尽快改善生活，弥补十年动乱的损失。于是，急于求成的冒进思想再次出现，“跃进风”再次刮来。

（一）“洋跃进”的表现

1977 年 12 月，中央批准并下达了《1976—1985 年发展国民经济十年规划纲要（修订草案）》，提出“一个新的跃进形势已经来到了”，在工业农业等方面均提出了具体指标。1978 年 2 月 5 日，中央政治局批准了国家计委提出的《关于经济计划的汇报要点》，并连同《1978 年国民经济计划主要指标》一起下达，要求各地区、各部门贯彻执行。

《汇报要点》提出，今后 23 年要在经济上分三个阶段，打几个大战役：第一阶段，在“五五”计划后三年，要使农业每年以 4% 到 5%、工业每年以 10% 以上的速度持续大步前进；第二阶段，在“六五”期间，即到 1985 年，粮食产量要求搞到 8000 亿斤，钢搞到 6000 万吨，原油搞到 2.5 亿吨，并且为了实现生产上的高指标，还相应拟定了基本建设的大计划；第三阶段，在 2000 年以前全面实现农业、工业、国防和科学技术四个现代化，到那个时候，各个生产领域、各项经济技术指标，都要分别接近、赶上或超过当时的世界先进水平，农业将成为世界上第一个高产国家，许多省的工业水平将赶上和超过欧洲的某些工业发达国家，中国国民经济将走在世界的前列。

这些计划和指标完全脱离了我国当时的国情，很大程度上带有空想的成分，大大超出了我国当时的财力、物力和人力的限制，基本上不可能实现。

在农业和工业方面，继续发动全国“农业学大寨”、“工业学大庆”，加剧了国民经济比例失调。1977 年 1 月 19 日，中共中央同意并转发的国务院提出的《关于1980年基本实现农业机械化的报告》提出：到1980年，要尽最大努力基本上实现农业机械化，使全国农牧副渔主要作业的机械化水平达到70%以上。华国锋贸然提出“要有十来个大庆”，他肯定了社会上出现的“跃进”的提法，指出“我国国民经济必将出现一个全新跃进的新局面”。

从1976年年底到1977年，中央先后召开了全国农业学大寨会议和全国工业学大庆会议。这种盲目的农业和工业化运动是以前“大跃进”的延续，完全忽视了当时国家的实际情况，过高地估计了经济恢复和发展的形式。也说明当时领导人没有认识到以前的错误，还没有从冒进的思想中转变过来。

在对外贸易方面，盲目引进国外先进设备，缺乏对国内经济状况的清醒认识。1977年7月，国家计委提出今后八年要引进一批新技术和成套设备的规划；1978年5月，国务院引进新技术领导小组成立；1978年7月至9月，国务院召开务虚会议，强调要放手利用国外资金，大量引进国外先进技术设备。不可否认，这一政策的出台体现了国内领导人对于改变闭关自守状态的大胆探索；引进国外先进技术设备在促进国内经济发展，改进国内生产技术等方面，的确有着重大的积极意义；一些引进项目建成后也确实发挥了重要的作用。但是，当时的这股“引进之风”，完全不顾国家的财政承受能力，也没有考虑国内对于项目、设备的消化能力，很多项目没有经过充分的可行性论证就仓促上马，造成了很大的浪费。并且，引进的项目基本上都是重工业，从而使经济比例失调问题进一步恶化。这次的跃进因此被冠以“洋跃进”之称，以区别于1958年的“大跃进”。

（二）“洋跃进”的影响

这场在政策指引下刮起的冒进之风，号召大家“要认真贯彻执行鼓足干劲，力争上游，多快好省地建设社会主义的总路线……全面跃进”。历史和实践再次证明，急于求成、一蹴而就的思想只会使国家的发展遭遇更大的挫折。

“洋跃进”之“洋”就在于大量引进外国先进技术和设备。在1977

年国家计委提出的规划中，今后八年引进任务所需外汇为65亿美元；而仅1978年这一年，我国就签订了包括上海宝钢在内的22个大型项目，引进项目总额为78亿美元。这些项目所需资金大多依靠外债，远远超过了我国当时的还债能力。① 这也导致国民经济比例关系进一步失调，加剧了经济结构的畸形。农业在工农业总产值中的比重持续下降，从1976年的30.4%下降到1978年的27.8%。工业内部比例不平衡，轻工业比例从1976年的44.2%下降到1978年的43.1%，重工业从1976年的55.8%上升到1978年的56.9%。②

此轮“大跃进”盲目扩大基本建设规模，大量投入开发新项目，远远超出了国家的实际承受能力。全民所有制基本建设投资总规模从1977年的382亿元猛增到1978年的501亿元，增幅达31.2%，与国力严重不适应。③ 可以说，1978年是基本建设投资规模最大的一年，这也将积累率提高到了36.5%的水平④，仅次于1959年和1960年。

“洋跃进”使得国民经济的恢复和发展遭遇寒流，给激进的冒进主义者泼了一头冷水。问题的实质还在于“左”倾思想并未得到彻底清除。坚持“左”的错误思想的指导，脱离现实，违背经济规律，必然遭遇失败。因而，要走出困境，获得发展，必须解放思想。

## 二、思想上的“拨乱反正”

任何体制和社会的变革，必肇始于思想的变革。

### （一）经济理论领域的拨乱反正

经济要获得发展，必须要突破那些束缚人们头脑和行动的“条条框框”。长期以来，“左”倾观点的盛行，使国内的经济理论死守教条主义，

---

① 苏少之：《中国经济通史》第10卷（上册），湖南人民出版社2002年版，第317页。

② 李宗植、张润君编著：《中华人民共和国经济史1949—1999》，兰州大学出版社1999年版，第316、317页。

③ 苏少之：《中国经济通史》第10卷（上册），湖南人民出版社2002年版，第316页。

④ 李宗植、张润君编著：《中华人民共和国经济史1949—1999》，兰州大学出版社1999年版，第317页。

严重阻碍了经济的恢复和发展，成为经济工作不断出现失误的主要根源。因此，发展经济必须在经济领域进行从思想到政策直至实践的解禁。

1977年5月，全国展开了“十个要不要”的大讨论，主要针对要不要坚持党的基本路线、要不要搞好生产、要不要规章制度、要不要社会主义积累、要不要按劳分配、要不要无产阶级自己的专家、要不要引进新技术、要不要坚持计划经济等十个问题进行了讨论。经过这次讨论，人民心中也树立了十个“必须”，即必须加强党的领导，必须全心全意地依靠工人阶级，必须搞好生产，必须贯彻各项规章制度，必须加强经济核算，增加社会主义积累，必须坚持“各尽所能，按劳分配”的原则，必须培养并依靠无产阶级的专家，必须引进并利用国外先进技术，必须充分坚持社会主义的计划经济。这对澄清混乱的思想起了一定的积极作用。

此外，我国的经济学家们也开始思考如何打破思想僵化，发展经济，探索对中国经济有益的走向。其中，影响最大的应该说就是于光远等人发起的在经济学界进行的按劳分配讨论会。讨论会一共举行了四次，规模越来越大，影响越来越广。1977年4月13～14日，30多个在京单位的100多位理论工作者参加了第一次全国按劳分配理论讨论会。同年6月22～23日，第二次按劳分配理论讨论会召开，近百个在京单位的400多位理论工作者参加，先后有20多人在会上发言。第三次按劳分配理论讨论会于1977年10月25日至11月1日举行，135个在京单位的500多人以及来自23个省、市、自治区120多个单位的280余人，继续对按劳分配理论进行深入讨论。1978年10月25日至11月3日，更大规模的第四次全国按劳分配理论讨论会召开，500多名来自中央和28个省市自治区的研究单位、大专院校、新闻出版以及其他部门的代表参加了本次会议，这是规模最大、参加人数最多的一次按劳分配理论讨论会。

经过广大经济学者的广泛深入的研究和讨论，对于“四人帮”所诋毁散布的一系列经济理论的谬论进行了系统的批判，如“四人帮”攻击经济建设的“唯生产力论”、颠倒政治经济关系、攻击社会主义商品经济、污蔑按劳分配是“产生资本主义和资产阶级的经济基础和条件”的理论，并针对这些谬论给予了马克思主义的回答。明确了中国共产党和国家的工作重心要转移到经济建设，搞好经济建设就是最大的政治，必须大力发展社会主义商品经济和商品交换经济，按劳分配是社会主义公有制的产物，是发展社会主义生产力的重要手段。

这些讨论和研究，解除了人们的精神锁链，初步澄清了思想上的混乱，为后来的经济建设工作扫清了一些思想上的困难和障碍。

### （二）交锋：“两个凡是”与“真理标准”大讨论

“四人帮”倒台意味着十年动乱的结束，整个中华民族喜上眉梢。为尽快恢复社会和经济秩序，“拨乱反正”活动就此展开。“四人帮”的势力逐步得到清除，大量冤假错案得以纠正和平反，政治、思想上的混乱开始得以澄清。但是，“左”倾思想所打下的烙印根深蒂固，仍有着广泛的基础。

当时，以担任党中央主席的华国锋为代表的部分领导人继续坚持“左”倾思想。从1976年10月26日，华国锋在听取中央宣传口汇报时说，“凡是毛主席讲过的，点过头的，都不要再批评”；到1977年2月7日，“两报一刊”（《人民日报》、《解放军报》和《红旗》杂志）以社论形式发表的《学好文件抓好纲》明确提出：“凡是毛主席作出的决策，我们都坚决拥护；凡是毛主席的指示，我们都始终不渝的遵循。”至此，“两个凡是”的指导思想正式形成，使“拨乱反正”工作的展开遭遇重重阻碍。

面对这种局面，邓小平、陈云、叶剑英、聂荣臻、徐向前等一批老同志反复强调实事求是的优良传统，抵制“两个凡是”的推行。1977年4月10日，邓小平在尚未恢复领导职务的情况下，给中共中央写信，从理论上反对“两个凡是”。邓小平在信中说：“我们必须世世代代地用准确的完整的毛泽东思想来指导我们全党、全军和全国人民，把党和社会主义的事业，把国际共产主义运动的事业，胜利地推向前进。”① “两个凡是”到底行不行？5月24日，邓小平又在同中央两位同志谈话中说：“‘两个

①《邓小平文选》第2卷，人民出版社1994年版，第39页。

凡是’不行。”“‘两个凡是’不符合马克思主义。”①

针尖对锋芒！两种完全不同的思想路线。整个国家站在十字路口，看历史如何抉择。

1977年7月，中共十届三中全会通过了《关于恢复邓小平职务的决议》，恢复了邓小平原来担任的党政军领导职务。② 7月21日，邓小平在闭幕会上作了《完整地准确地理解毛泽东思想》的重要讲话，强调要对毛泽东思想体系有一个完整的准确的认识，不要割裂、歪曲毛泽东思想，要坚持群众路线和实事求是。这实际上进一步批评了“两个凡是”的错误方针。

1978年5月10日，《理论动态》第60期发表了一篇理论文章《实践是检验真理的唯一标准》。文章强调：任何思想、理论，即使是已经在一定的实践阶段上证明是真理，在其发展过程中仍然要接受新的实践检验，而得到补充、丰富或纠正。大规模的宣传证明不了真理，强权证明不了真理。理论正确与否由什么来检验呢？“只有坚持实践是检验真理的唯一标准，才能够使伪科学、伪理论现出原形，从而捍卫真正的科学和理论。”

《实践是检验真理的唯一标准》的出现，犹如投下一颗重磅炸弹。5月11日，《光明日报》全文刊登这篇7000多字的文章，署名为“本报特约评论员”。翌日，《人民日报》、《解放军报》全文转载；随后，各省市报纸也开始陆续转载。一石激起千层浪，顿时，一场规模空前的激烈争论在全国范围内展开。从中央高层到地方群众，论战波及全国，形成全民讨论热潮。“两个凡是”与“真理标准”展开了正面交锋，双方支持者开始了激烈的辩论。

1978年12月13日，在中央工作会议闭幕会上，邓小平作了题为《解放思想，实事求是，团结一致向前看》的重要讲话，高度评价了持续半年多的真理标准大讨论，对真理标准的争论一锤定音。

---

①《邓小平文选》第2卷，人民出版社1994年版，第38页。

② 1975年1月，邓小平同志第二次复出，任中共中央副主席、国务院副总理、中央军委副主席和中国人民解放军总参谋长（“三副一正”）。1976年年底，天安门东观礼台前墙贴出大标语：“强烈要求恢复邓小平三副一正职务！”

邓小平在这个讲话中指出，“关于真理标准问题的争论，的确是个思想路线问题，是个政治问题，是个关系到党和国家的前途和命运的问题”。“解放思想是当前的一个重大政治问题”，首先是解放思想，只有思想解放了，我们才能正确地以马列主义、毛泽东思想为指导，解决过去遗留的问题，解决新出现的一系列问题；思想不解放，思想一僵化，条条框框就多起来了，随风倒的现象就多起来了，不从实际出发的本本主义也就严重起来了；“不打破思想僵化，不大大解放干部和群众的思想，四个现代化就没有希望”。他号召全党要解放思想，克服保守主义和本本主义，抓紧学习经济学、科学技术和管理，以便适应现代化建设的需要。①

真理标准大讨论为中共十一届三中全会的召开作了思想准备。

①《邓小平文选》第2卷，人民出版社1994年版，第141~143页。

# 第四篇

## 经济体制转型初期的中国经济

(1979～1991年)

1978年，中共十一届三中全会作出全面实行改革开放的新决策，开启了我国改革开放的历史新时期。从此，改革开放的春风使中华大地再次焕发了活力，中华民族终于踏上了民族复兴的伟大征程！我国“重新确立了实事求是的思想路线，确定了以发展生产力为全党全国的工作中心”，经济体制改革率先在农村突破，然后从农村到城市、从经济领域到其他各个领域全面展开，我们把改革当作“中国的第二次革命”，“把马克思列宁主义的基本原理同中国实际相结合，走自己的路”，“我们打开了一条一心一意搞建设的新路”①，取得了举世瞩目的成绩。

① 《邓小平文选》第3卷，人民出版社1993年版，第255、81、113、95、11页。

# 第九章 经济体制改革的起步

1978 年 12 月，中共中央召开了十一届三中全会，实现了历史的伟大转折。在这次大会上，重新确立了实事求是的思想政治路线，作出了把工作重点转移到社会主义现代化建设上来的战略决策，对国民经济进行了卓有成效的调整。“摸着石头过河”，改革的方向和措施在实践中不断调整，中国共产党带领全国各族人民一起驶向改革开放的新时代。1979 年到 1984 年是经济体制改革的起步阶段，初期的改革主要体现在理论的争鸣、思想的转变和实践中的探索上，为了经济的发展、生活的改善，改革从农村起步，逐步向城市转移。

## 第一节　中共十一届三中全会

中共十一届三中全会揭开了党和国家历史的新篇章，中国从此进入了社会主义事业发展的新时期。2008 年 12 月 18 日，胡锦涛在纪念中共十一届三中全会召开 30 周年大会上指出：“这次会议，实现了新中国成立以来我们党历史上具有深远意义的伟大转折，开启了我国改革开放历史新时期。从此，党领导全国各族人民在新的历史条件下开始了新的伟大革命。”①

## 一、新起点：中共十一届三中全会

1978年12月18日，中共十一届三中全会在北京京西宾馆召开。中国历史就此掀开了新的一页，又一次站在了新的起点上。

### （一）充分的准备

为给中共十一届三中全会做准备，1978年11月10日至12月15日，中央工作会议在北京京西宾馆召开。会议原定讨论经济问题，华国锋在开幕式上宣布了三项议程：一是讨论如何进一步贯彻执行以农业为基础的方针，尽快把农业生产搞上去的问题；二是商定1979、1980两年国民经济计划的安排；三是讨论李先念在国务院务虚会上的讲话。并提出，要先讨论一个问题，即从明年起把全党工作的着重点转移到社会主义现代化建设上来。可以看出，华国锋避而不谈对“左”的错误的思想路线的纠正，这就使得工作重心的转移失去了实现基础。

对此，陈云于11月12日在东北组率先“放炮”。提出必须解决“文化大革命”中遗留下来的问题。这一提议受到与会大部分同志的热烈响应，此后的讨论逐渐偏离了原先设定的轨道，大都围绕着解决历史遗留问题展开，驶向党的思想路线这一更重大的问题。

在12月13日的闭幕式上，邓小平作了《解放思想，实事求是，团结一致向前看》的讲话。他明确指出党内不少同志的思想还处于僵化和半僵化状态，高度评价了关于真理标准问题的讨论。这次讲话实际上成为即将召开的十一届三中全会的主题报告。

历时36天的中央工作会议胜利闭幕，全面清理了因“左”倾错误造成的历史遗留问题，对横行多年的“左”的思想进行了彻底的清算，在指导思想上实现了根本的转变，为随后召开的十一届三中全会奠定了坚实

① 胡锦涛：《在纪念党的十一届三中全会召开30周年大会上的讲话》，载《人民日报》2008年12月19日第1版。

的思想理论基础。

（二）伟大的转折

1978年12月18日至22日，中共十一届三中全会在北京举行，新中国成立以来我党历史上具有深远意义的伟大转折开始了。

图9.1　1978年12月18日，中共十一届三中全会在北京举行

开幕式上，华国锋宣布了会议的主要任务：讨论通过中央政治局提出的关于从1979年1月起，把全党工作的着重点转移到社会主义现代化建设上来的问题。同时审议通过关于农业问题的两个文件和今后两年国民经济的计划安排，讨论人事问题和选举成立中央纪律检查委员会。

在22日的闭幕式上，原则通过了《中共中央关于加快农业发展若干问题的决定（草案）》和《农村人民公社工作条例（试行草案）》，原则同意《1979、1980两年国民经济计划安排》，一致通过了《中国共产党第十一届中央委员会第三次全体会议公报》。

中共十一届三中全会彻底解除了“左”倾错误思想的严重束缚，实现了由以阶级斗争为纲到以经济建设为中心的转变，是中国共产党历史上的伟大转折：

第一，重新确立了实事求是的思想路线，实现了思想路线的拨乱反正。全会坚决批判了“两个凡是”的错误方针，高度评价了关于真理标准问题讨论的重大意义，号召全党要解放思想，开动脑筋，实事求是，团结一致向前看。

第二，确立了以经济建设为中心的政治路线，实现了政治路线的拨乱反正。全会果断停止使用“以阶级斗争为纲”的错误口号，决定从 1979 年起，全党工作的重点转移到社会主义现代化建设上来。

第三，形成了以邓小平为核心的领导集团，实现了组织路线的拨乱反正。全会增选陈云为中央政治局委员、常委，中央委员会副主席；增选邓颖超、胡耀邦、王震为中央政治局委员；增补黄克诚等九人为中央委员。此后，虽然华国锋仍担任党中央主席，但邓小平实际上已成为中央领导集团的核心。

第四，完成了对党的重大历史是非问题的拨乱反正。全会认真地讨论了“文化大革命”中发生的一些重大政治事件和历史遗留下来的某些问题，肯定了天安门事件的革命性质，决定撤销中央发出的有关“反击右倾翻案风”运动和天安门事件的错误文件，审查和纠正了过去对彭德怀、陶铸、薄一波、杨尚昆等同志所作的错误结论等。

此外，全会还强调要加强民主法制建设，恢复党的民主集中制的优良传统；提出要正确对待毛泽东和毛泽东思想。由于以上一系列根本性的转变，中共十一届三中全会结束了粉碎“四人帮”后两年来党在工作中的徘徊局面。

## 二、从“以阶级斗争为纲”到“以经济建设为中心”

“文化大革命”时期坚持的“无产阶级专政下继续革命”理论以及“以阶级斗争为纲”的指导思想和路线，错误地估计了中国社会的主要矛盾，给党和国家造成了极大的混乱。“文化大革命”结束后，这一思想没有得到及时纠正，使“拨乱反正”工作遭遇了不少挫折。

中共十一届三中全会的伟大功绩之一就是对“以阶级斗争为纲”的思想进行了彻底的批判，提出工作的着重点应该转移到社会主义现代化建

人民日报

RENMIN RIBAO

让我们更加紧密地团结在毛泽东思想的旗帜下，团结在以华国锋同志为首的党中央周围，为根本改变我国的落后面貌，把我国建成现代化的伟大社会主义强国而奋勇前进！

# 中国共产党第十一届中央委员会第三次全体会议公报

（一九七八年十二月二十二日通过）

图9.2　中国共产党第十一届中央委员会第三次全体会议公报

设上来，旗帜鲜明地提出了“以经济建设为中心”的指导思想。那么，应该怎样来完成工作重心的转移？全会以这一指导思想为前提，提出了具体的工作方针①：

一是调整国民经济。会议指出，在随后的几年中必须逐步解决国民经济中存在的问题，改变比例失调的状况，消除生产、建设、流通、分配中的混乱现象，妥善解决城乡人民生活中多年积累下来的一系列问题。

二是改革经济管理体制。会议指出，现在我国经济管理体制的一个严重缺点是权力过于集中，应该采取措施，充分发挥中央部门、地方、企业和劳动者个人四个方面的主动性、积极性、创造性。

三是大力发展农业。全会深入讨论了农业问题，认为全党目前必须集中主要精力把农业尽快搞上去，并提出了当前发展农业生产的一系列政策措施和经济措施。会议还讨论了加强农业科学教育、制定发展农林牧业的区域规划等重要问题。

---

①《中国共产党第十一届中央委员会第三次全体会议公报》（1978年12月22日通过），载《人民日报》1978年12月24日第1版。

从中共十一届三中全会开始，党始终坚持解放思想，实事求是的思想路线，实现了工作重心的转移，“以经济建设为中心”取代“以阶级斗争为纲”成为此后几十年最为流行的口号。从此，中国人民跟随着中国共产党踏上了第二次革命的漫漫征程，走上了一条有中国特色的社会主义道路。

## 第二节　改革路线的初步探索

中共十一届三中全会的召开带来了改革开放的春天，从1979年开始，中国迈出了经济体制改革的步伐。这一时期，国家的重心在于国民经济的恢复和发展，试图通过调整来促进经济的发展。改革的火种在农民的实践中传播，以其强大的生命力和适应力对抗着体制的束缚，再次形成了“农村包围城市”的局面。

### 一、穷则思变：从谈“包”色变到“双包”确定

为了能有饭吃，他们签订了“坐牢杀头也甘心”的秘密协定。可见，在公社化盛行时代想要实现“包产到户”的艰难，农民想要摆脱贫困的迫切和悲壮。幸好，最终不管“黄猫、黑猫，只要捉住老鼠就是好猫”①的思想终于占据了上风。因此，也才有了“包产到户”、“包干到户”所带来的农村经济的欣欣向荣。

#### （一）“阳关道”与“独木桥”之争

中共十一届三中全会通过的《关于加快农业发展若干问题的决定（草案）》和《农村人民公社工作条例（试行草案）》，提出了要纠正生产管理的“大呼隆”和分配上的平均主义，强调了三个“可以”和两个

---

①《邓小平文选》第1卷，人民出版社1994年版，第323页。

“不许”。即“可以按定额记工分；可以按时记工分加评议；可以在生产队统一核算分配的前提下，包工到作业组，联系产量计算劳动报酬，实行超产奖励”；但“不许包产到户”，“不许分田单干”。可见，包产到户在当时仍然是明令禁止的。

1979 年 9 月，中共十一届四中全会通过的《中共中央关于加快农业发展若干问题决定》仍然明确规定：“不许分田单干。除某些副业生产的特殊需要和边远山区、交通不便的单家独户，也不要包产到户。”“包”在当时依旧被禁止，但从两个明确的严格“不许”，变换为“不许”和“也不要”，措辞的细微变化表现出政策上的些许松动。

事实上，“包产到户”在当时并非新生事物。1956 年秋，在安徽、四川、江苏等地，出现了“包产到户”的第一次尝试，不到一年即被定性为“走资本主义道路”，首次试水失败。第二次尝试发生于 1959 年，但仅仅进行了 3 个月就被当作“毒草”拔掉了。可是，直到新中国成立将近三十年，体现社会主义优越性的人民公社始终无法解决温饱问题，“大呼隆”、“大锅饭”使农民生活极端困苦。粉碎“四人帮”后，面对“农业学大寨”运动的再次兴起，一部分农民采取了漠视和抵制的态度，开始自己探索能解决全家吃饭问题的方式。

穷则思变，在安徽凤阳县的小岗村，特大的天灾加上“大呼隆”的制约，坐等饿死还是勇闯禁区求生存？1978 年 12 月，小岗村的 20 户农家作出了一个改变自己命运，也影响了全国农民命运的决定：分田到户！他们破釜沉舟地以“坐牢杀头也甘心”的胆量就此拉开了农村改革的序幕。

1979 年年底，小岗村获得了大丰收，交完国家公粮和集体提留后，各家也装满了自家口袋。万里在调查小岗生产队包干到户情况时，明确表示支持，并赞同其他地方学习。实际上，小岗村只是一个突出代表，当时全国很多地方都有农村私底下进行着各种不同形式的包产。“包产到户”已经如星星之火在各地开始传播。

是支持群众热烈拥护的“包产到户”还是坚持中央政策继续搞大集体？“包干到户”到底是姓“资”还是姓“社”？持不同意见的两派针锋

图9.3　小岗村“大包干”带头人

注：上图：当年“大包干”带头人关友江、严俊昌、严金昌、严学昌、关友申（从左至右）在小岗村牌楼前合影；下图：部分“大包干”带头人在实行农业“大包干”初期在茅草屋农舍前的合影。

相对。1980年9月，在党中央召开的各省市自治区第一书记座谈会上，对包产到户问题进行了专题座谈，时任贵州省委书记池必卿发言讲到贵州准备全面推行包产到户、包干到户责任制，黑龙江的省委书记杨易辰当即表态：“我们不能搞那个东西。”池必卿立刻回答：“你走你的阳关道，我走我的独木桥。”

这就是著名的“阳关道”与“独木桥”之争。不过，当时“阳关道”思想仍然占据着主要地位，甚至在苏皖边界一些地方对着安徽竖起了“坚决反对安徽的分田单干风”的大标语。然而，事实证明，政策无法阻挡开始燎原的群众“大包干”浪潮。

（二）给“包”字上户口

1980年5月，邓小平在同中央负责人的谈话中明确表示支持凤阳的“包产到户”和“大包干”。9月，在党中央召开的各省市自治区第一书记座谈会后，中共中央印发了《关于进一步加强和完善农业责任制的几个问题的通知》，规定：“在边远山区和贫困落后地区，长期‘三靠’的生产队，群众对集体丧失信心，因而要求包产到户，应支持群众的要求，可以包产到户，也可以包干到户，并在一个较长的时间内保持稳定。”并明确指出：“在集体经济组织内部实行的包产到户是依存于社会主义经济，而不会脱离社会主义轨道，没有什么复辟资本主义的危险，因而并不可怕。”同时，该通知也对坚持不搞包产到户的地方做了妥协。

因此，在实际工作中，人们都按照各自的观点对文件进行取舍，仍然存在着反对和支持两种不同意见。不过，《通知》的出台表明，中央终于第一次在正式文件中允许了包干到户的存在，扫除了推行包干到户的障碍。

到1980年年底，实行“双包”的生产队从年初的1.1%上升到14.9%。[①] 虽然当时反对“双包”的呼声还很高，但事实胜于雄辩，“双包”形式下的生产队的粮食产量的大幅增加，成为宣传“双包”最有力的广告。到1981年年底，全国实行双包到户的生产队已占生产队总数的一半左右。

1982年1月1日，中共中央发布了历史上第一个关于农村工作的1号

---

① 国家经济体制改革委员会编：《中国经济体制改革十年》，经济管理出版社、改革出版社1988年版，第157页。

文件，批转了《全国农村工作会议纪要》。《纪要》肯定了“双包制”，并指出，不管何种形式的“包”，“都是社会主义集体经济的生产责任制”。这一文件的发布，平息了关于“双包”性质的争论，使“包产到户”上了姓“社”的户口。“双包制”终于胜利走过了从不允许到允许再到全面推广的艰辛历程。1982年6月，全国实行农户家庭承包的生产队占86.7%，到1983年初，已达93%，其中绝大多数是包干到户。①

1983年1月1日，第二个中央一号文件——《当前农村经济政策的若干问题》发布，要求全面推广家庭联产承包责任制。此后，中央又连续三年发出了关于农村的一号文件。从1982年至1986年，这五个一号文件，把以家庭联产承包为主的责任制推向全国，使农民获得了生产和经营的自主权，生产积极性大大提高，多年来被压抑的生产力得到彻底释放。据统计，从1979年到1984年，我国粮食总产量由33212万吨上升到40731万吨，增长了22.6%；农业总产值从1979年的1697.6亿元迅速攀升到1984年的3214.13亿元。②

（三）废除人民公社制度

1980年6月18日，四川省广汉县（1988年改为县级市）向阳乡在全国第一个摘掉挂了22年的“广汉县向阳人民公社管理委员会”的牌子，“不广播、不登报、不宣传”正式挂出了广汉县向阳乡人民政府、中共广汉县向阳乡党委、向阳乡农工商联合公司三块牌子，被誉为“中国第一乡”。

1982年可以称为中国农村包干到户年。1982年年底，全国506万个生产队中，实行包干到户的达到495万个，占97.8%。人民公社的“三级所有，队为基础”体制基本上土崩瓦解。1983年，12702个人民公社宣布解体。毛泽东1958年视察过并在那里发出“人民公社好”号召的河南省新乡七里营人民公社，也在1983年11月17日摘下牌子。到1984年年

---

① 周太和主编：《当代中国的经济体制改革》，中国社会科学出版社1984年版，第273、274页。

② 国家统计局编：《中国统计年鉴—1993》，中国统计出版社1993年版，第335、364页。

图 9.4　家庭联产承包责任制后的丰收

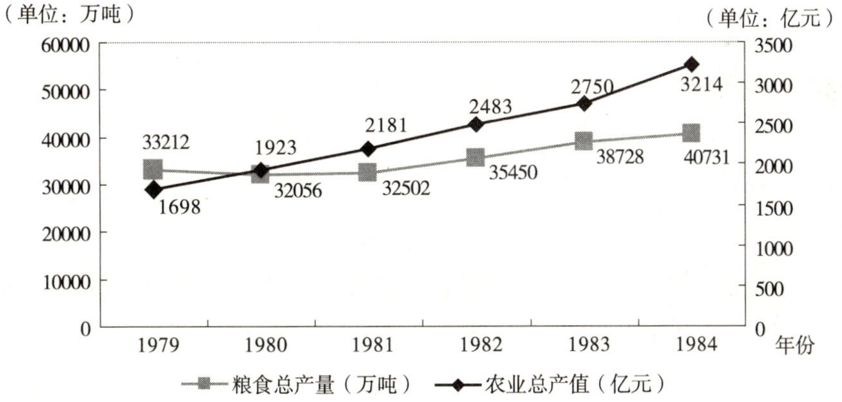


图 9.5　1979～1984 年农业总产值和粮食总产量

（资料来源：国家统计局编：《中国统计年鉴—1993》，中国统计出版社 1993 年版，第 50、364 页）

底，这一工作基本完成。全国共建立9.1万个乡、镇人民政府，92.6万个村民委员会，保留了2.8万余个人民公社作为经济组织。至此，政社合一的人民公社制度成为历史。1992年10月，《宪法》修正案删除关于人民公社的提法，确立家庭联产承包责任制。

至此，农村的经济体制改革取得了令人瞩目的成就，引领我国经济体制的整体变革向纵深挺进！

## 二、变则通："包"字进城，打破"大锅饭"

农村的改革进行得热火朝天，解放思想使人们初尝甜头。承包责任制给农村带来了一派欢腾的景象，也给城市的企业打开了视野，是不是可以在企业中也引入责任制呢？于是勇于探索的国人又开始了积极的尝试。第二次"农村包围城市"的革命就此展开。伴随着对"包"的性质的争论，"包"的思想走向城市，在城市掀起了又一波的改革浪潮。

### （一）改革思路的探索

"文化大革命"使我国的工业生产一片混乱。据统计，到1976年，全国工业企业利润率只及1965年的一半，三分之一的企业亏损，亏损额达到73亿元。[①] 面对这种混乱的状态，中央决定在计划管理体制上进行一些局部调整。采取的措施主要有：强化集中统一领导；收回部分财政、税收、物资的管理权；恢复奖励、计件工资制和企业基金制度等。[②] 通过调整，我国工业生产开始恢复，工业总产值在1977年和1978年连续两年增长幅度都达到13%以上，如图9.6所示。

不过这种改革只是计划管理体制内部的调整，其基础仍然是高度集权的计划经济。因而，如何在经济体制上解放思想，改革现有不合时宜的制度成为人们思索的又一问题。事实上，早在1956年，毛泽东就在《论十大关系》一文中论述国家、生产单位和生产者个人的关系时指出："把什

---

① 赵德馨：《中国近现代经济史1949—1991》，河南人民出版社2003年版，第307页。

② 董辅礽主编：《中华人民共和国经济史》（下卷），经济科学出版社1999年版，第60、61页。

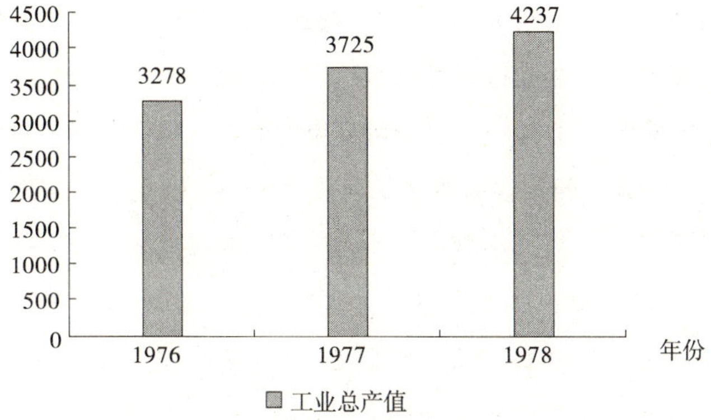


图 9.6　1976～1978 年工业总产值
（资料来源：《中国统计年鉴 1993 年》，中国统计出版社 1993 年版，第 412 页）

么东西统统都集中在中央或省市，不给工厂一点权力，一点机动的余地，一点利益，恐怕不妥。"① 主张给企业相对的独立性。不过随后铺天盖地的政治运动阻挡了这些想法的实现。

1978 年 7 月至 9 月，国务院召开的务虚会重点讨论了经济管理体制的改革问题，提出要破除教条主义的束缚，扩大企业的经济自主权。

中共十一届三中全会关于经济体制改革作了专门的论述，指出，"现在我国经济管理体制的一个严重缺点是权力过于集中，应该有领导地大胆下放，让地方和工农业企业在国家统一计划的指导下有更多的经营管理自主权"②。自此，我国管理体制改革的思路基本确立，那就是：放权！

### （二）打破"大锅饭"的尝试

"大锅饭"吃不饱，吃不好。对此，农民深有体会，因而出现了对各种形式的生产责任制的尝试。农村的风潮很快刮往城市。当时的企业完全可以说是行政机关严格控制下的行政性生产单位，从企业领导到职工都缺

① 《毛泽东文集》第 7 卷，人民出版社 1999 年版，第 29 页。
② 《中国共产党第十一届中央委员会第三次全体会议公报（1978 年 12 月 22 日通过）》，载《人民日报》1978 年 12 月 24 日第 1 版。

乏生产积极性，基本都是“企业职工靠着企业的‘大锅饭’过日子，企业靠着国家的‘大锅饭’过日子”。[①] 打破“大锅饭”成为当务之急。

最早开始扩大自主权改革的是四川省。农村风起云涌的责任制实践启发了四川省的领导，企业改革必须解开束缚其自主权的绳索，要扩权。

1978年10月，四川省选择重庆钢铁公司、成都无缝钢管厂、宁江机床厂、四川化工厂、新都县氮肥厂和南充钢厂6家地方国营工业企业，开始了扩大企业自主权的试点工作。主要做法是：在确定增产增收的基础上，企业可提取一些利润留成，职工可获得一定的奖金。这一做法，极大地调动了企业和职工的生产积极性。到1979年1月，又将试点范围扩大到100个工业企业，在40个商业企业中进行了扩大经营管理自主权的试点。据调查统计，试点第一年，四川省84个地方工业企业的工业总产值比上年增长14.9%，利润增长和上缴利润均高于非试点企业。[②] 四川的试点工作为中央的决策提供了重要依据，也给全国放权试点工作的铺开提供了有益的经验。

1979年5月，国家经委、财政部等6个部门联合发出了《关于在京、津、沪三市的8个企业进行企业管理改革试点的通知》，选择首都钢铁公司、天津自行车厂、上海柴油机厂等8个企业作为扩权试点。1979年7月13日，国务院同时出台了5个有关企业扩权试点的文件[③]，要求各省、直辖市、自治区以及国务院有关部门选择部分企业进行试点。这5个文件规定了企业在一定范围内享有生产计划权、资金使用权、人事安排权等；其中最重要的是规定了企业实行利润留成制，打破了传统的统收统支体制，将企业经营的好坏同企业的发展以及职工的利益结合起来。自此，扩权试点正式向全国铺开。

---

① 董辅礽主编：《中华人民共和国经济史》（下卷），经济科学出版社1999年版，第64页。

②《中国经济年鉴—1981》，经济管理杂志社1981年版，第Ⅲ—59页。

③ 分别为《关于扩大国营企业经营管理自主权的若干规定》、《关于国营企业实行利润留成的规定》、《关于开征国营工业企业固定资产税的暂行规定》、《关于提高国营工业企业固定资产折旧率和改进折旧费使用办法的暂行规定》、《关于国营工业企业实行流动资金全额信贷的暂行规定》。

企业的扩权试点工作持续深入发展，对于企业收益以及职工个人收益都有了明显的改善。但是，应该看到，扩权试点只是在传统的高度集权的计划体制上挤开了一道小缝，面对传统制度的整体束缚，扩权工作无法发挥应有的作用。并且，与体制内部的其他机制也无法协调，企业面对多头管理，无所适从；严重扭曲的计划价格制度也成为企业扩权改革的重大障碍。多重的阻碍使得扩权试点工作遭遇到严重的挑战，国民经济并没有得到明显好转。

（三）“包”字进城了

单纯的放权而不进行深层次的改革，不赋予企业在生产经营上的完全自主权，企业无法得到发展。因此，在放权的基础上，受农村家庭联产承包责任制的启发，人们开始思考在企业中也引入责任制。农业中的“大包干”开始走进工商业，“包”字进城了！

1980 年，江苏、山东等地的一些地方政府采用农村承包的形式，开始在部分地方国营企业和社队企业中试行以“利润包干”为主要内容的“经济责任制”，取得很大成效。随后，各地开始效仿这种方式。到 1981 年 8 月底，全国县属以上国有企业中，实行经济责任制的占 65%；分地区看，实行面在 80% 以上的，有山东、北京、天津、辽宁等 9 个省、直辖市，实行面在 50% ~80% 的，有河北、内蒙古、山西等 12 个省、自治区。①

很快，这一做法得到了国家政策的肯定。1981 年 9 月 24 日，国务院批转了国家经委、国务院体制改革办公室《关于实行工业经济责任制若干问题的意见》；11 月 11 日，国务院又批转了国家经委等单位制定的《关于实行工业经济责任制的暂行规定》；1982 年 11 月 8 日，国务院又批转了国家体改委、国家经委、财政部制定的《当前完善工业经济责任制的几个问题》。这几个文件基本明确了经济责任制的相关原则和主要内容。

① 董辅礽主编：《中华人民共和国经济史》（下卷），经济科学出版社 1999 年版，第 68 页。

经济责任制是在国家计划指导下，以提高社会经济效益为目的，实行责、权、利紧密结合的生产经营管理制度。实行经济责任制要抓好两个环节：一是国家对企业实行的经济责任制，解决好企业经营好坏一个样的问题；二是建立企业的内部的经济责任制，解决好职工干好干坏一个样的问题。

各地在落实经济责任制的过程中，结合具体情况创造了不少先进经验。其中影响最大的就是“首钢经验”，其核心内容概括为“包、保、核”。1982年、1983年曾两次举办过大型的首钢经验研究班，向全国推广。

图9.7　首钢工人范胜利在工作中

注：1982年3月，范胜利在一次义务清理场地时不慎错把规格不同的钢坯混在一起，造成了混号事故。按照生产责任制的规定，他被扣发了当月的20%奖金。

虽然此时的经济责任制仍存在着各种各样的问题，带有浓厚的行政色彩，依旧不能彻底消除我国计划经济体制下的弊端，但在解放思想路线指引下的这一改革措施，是党和人民勇于探索、积极尝试的一大成果，对于促进我国经济状况的好转以及搞活企业经营等方面起到了积极的作用。

经济责任制被当时的中共中央主席胡耀邦形容为“‘包’字进城”，到1982年10月，全国80%以上的全民所有制工业企业和35%的全民所有制商业企业都实行了不同形式的经济责任制。"农村包围城市"的战役再次获得了胜利，"包"成功地打破了维持多年却无法解决国家和人民温饱问题的"大锅饭"！

## 第三节　国民经济在调整中前行

长期以来"左"倾思想的影响，使得我国国民经济比例严重失调，要想发展经济，实现经济转轨，必须进行调整。中共十一届三中全会后，为发展经济的"新八字方针"出台，调整成为重头戏。

### 一、"新八字方针"的提出

1979年3月21日，中央政治局开会讨论了1979年的计划和国民经济调整问题，指出现在国民经济比例失调非常严重，调整的目的，是要达到比较按比例地前进。陈云在会议上就我国经济建设的指导方针作了发言，指出，"按比例发展是最快的速度"。"要有两三年调整时间，最好三年。"①

1979年4月5日至28日，中央工作会议讨论了国民经济的调整问题。会上，李先念代表中共中央和国务院作了《关于国民经济调整问题》的重要讲话，分析了当时的经济形势和国民经济比例严重失调的状况，提出"从1979年起要用3年的时间进行调整，坚决地、逐步地把各方面严重失调的比例关系基本上调整过来"。会议明确指出，"这次调整的方针是：调整、改革、整顿、提高。边调整边前进，在调整中改革，在调整中整顿，在调整中提高"。"使整个国民经济真正纳入有计划、按比例健康发

① 《陈云文选》第3卷，人民出版社1995年版，第250～253页。

展的轨道。”①

会议通过了中共中央政治局提出的“调整、改革、整顿、提高”的“新八字方针”，并决定从1979年起用3年的时间进行调整。这是在经济领域中进行拨乱反正的重大成果。由此，我国国民经济进入了初步调整时期。

## 二、调整与再调整

### （一）初步调整

1979年5月14日，国务院下达了调整后的1979年国民经济计划，将农业生产增速由5%～6%调整为4%以上，工业生产增速由10%～12%调整为8%，并且将粮食、棉花、煤炭、钢等产量都予以下调。国民经济的调整按照中央工作会议的精神开始全面展开。

加快农业发展，调整农村政策，以解决农业与工业比例失调的问题。1979年9月23日，中共十一届四中全会正式通过了《关于加快发展农业若干问题的决定》，提出了发展农业生产力的二十五项政策和措施，包括肯定“三级所有，队为基础”制度，支持、鼓励社员自留地、家庭副业和农村集市贸易，提高国家对农业的投资比重，增加对农业的贷款，提高农副产品收购价格，要求农林牧副渔并举等。通过推广各种形式的生产责任制，贯彻实施上述政策，农村的经济体制改革与农村经济的调整同时铺开。

调整工业结构，以解决轻、重工业比例失调的问题。通过下调工业总产值的增长速度以及工业产品的产量指标，降低工业生产的发展速度；通过加快轻纺工业的发展，实行“六个优先”②，以协调轻重工业比例；通过对企业的整顿和调整，以协调重工业内部结构；通过压缩基本建设的规模，调整国民经济各部门的投资比例，以解决建设规模与资金、原料、设

---

①《李先念文选》（1935—1988），人民出版社1989年版，第343～378页。

②“六个优先”，即能源、原材料的供应优先，挖潜、革新、改造措施优先，银行贷款优先，基本建设优先，利用外资和引进技术优先，交通运输优先。

备等供给失调的问题。

提高国民收入中消费基金的比重，以解决积累与消费失调的问题。在农村，通过落实分配政策、提高农副产品收购价格、减少部分地区和社队的农业税收等措施，提高农民收入；在城市，通过提高职工工资级别、发放补贴、安排就业等措施，提高城市居民收入。

通过以上几个方面的调整，1979 年和 1980 年的经济得到了发展，调整初见成效。

国民经济比例失调的问题得到控制。农业在工农业总产值中的比重有所提高，从 1978 年的 27.8% 增长到 1980 年的 30.8%；轻工业的发展势头增快，在工业总产值中的比重由 1978 年的 43.1% 上升到 1980 年的 47.2%，增长速度超过重工业；国民收入中的积累率开始下降，从 1978 年的 36.5% 降低到 1979 年的 34.6%，到 1980 年继续下降到 31.6%。①

国民经济走出徘徊困境，出现加快发展的势头，人民生活水平得到明显提高。工农业产品产量持续增长，粮食、棉花、钢、原煤等产品的产量都有大幅上升；安置了大批城镇人口就业，1979 年城镇新就业人数为 902.6 万，1980 年为 900 万；国民收入持续增长，国民收入总额从 1978 年的 3010 亿元上升到 1980 年的 3688 亿元，人均国民收入从 1978 年的 315 元达到 1980 年的 376 元。②

1979 年、1980 年的经济调整取得了明显效果。但长期以来“左”倾思想的影响，难以在短期内彻底清除；很多人对国民经济比例失调所造成的后果认识不够，经济上急于求成的“冒进”思想依然存在。因而导致在执行调整措施的过程中，力度不一，很多措施实施不到位。

到 1980 年年底，国民经济依然存在很多问题。比如，基本建设规模仍然没有得到很好的控制，投资规模连续两年上升，从 1978 年的 500.99

---

① 国家统计局编：《中国统计年鉴—1983》，中国统计出版社 1983 年版，第 20、25 页。
② 国家统计局编：《中国统计年鉴—1983》，中国统计出版社 1983 年版，第 146、22 页。

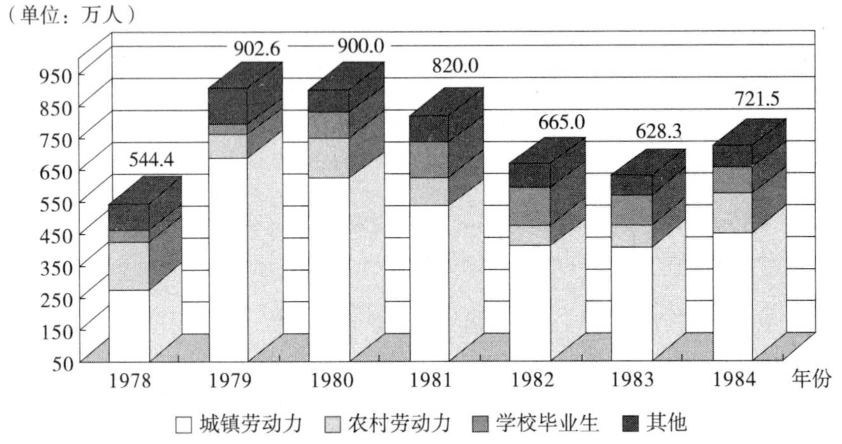


图9.8　1978~1984年城镇新就业人数及来源

（资料来源：国家统计局编：《中国统计年鉴—1985年》，中国统计出版社1985年版，第235页）

亿元增加到1980年的558.89亿元；财政出现赤字，1979年赤字170.6亿元，1980年为127.5亿元；① 政府通过向银行借款、增发货币等手段来弥补赤字，导致市场上流通的货币总量超过正常需要量，引起物价上涨，通货膨胀的趋势出现。面对这种情况，中央决定对国民经济进行进一步调整。

（二）进一步调整

1980年12月16日至25日召开的中央工作会议，着重讨论了当前的经济形式和经济调整问题。会议提出了1981年经济调整工作的总要求：一是基本做到财政收支平衡，1981年努力把财政赤字缩小到50亿元左右；二是基本实现信贷收支平衡，1981年增发的货币控制在30亿元左右；三是把物价基本稳定下来，特别是把占居民消费总支出70%左右的基本生活必需品的销售价格稳定下来。邓小平指出，在调整过程

① 国家统计局编：《中国统计年鉴—1983》，中国统计出版社1983年版，第323、445页。

中，基本建设等方面要坚决退够，农业、轻工业等方面则要尽可能地继续发展。

根据“两平一稳”的总要求和坚决退够、坚决前进的调整方针，1981年对国民经济进行了进一步调整：坚决继续压缩基本建设投资规模；在农业方面，进一步落实农村经济政策，加快农业的发展，以改善工农比例失调问题；在工业方面，着重解决工业内部轻重工业比例失调问题，对耗能高、投资大的项目进行控制，加快轻工业的发展。

到1981年年底，“两平一稳”的调整目标基本实现，成效比较明显。

农轻重比例有所改善，农业和轻工业增长较快，重工业发展速度减缓。在工农业总产值中，农业产值所占比重由上年的27.2%上升为28.8%，轻工业产值所占比重由上年的34.3%上升为36.7%，重工业产值所占比重由上年的38.5%降为34.5%。①

基本建设规模有所压缩，投资结构和投资效果均有所改善，积累率继续下降。全年基本建设投资总额为442.91亿元，自1976年以来首次停止增长，比上年减少了115.98亿元；大中型项目投产建成率为10.6%，比上年的8.3%有了很大的改进。② 国民收入中的积累和消费比例失调的情况也得到改善，据统计，到1981年年底，积累率已下降到28.5%，如图9.9所示。

但是，此番调整仍然未能彻底消除经济中存在的问题。财政收支状况有所好转，财政赤字由1980年的127.5亿元大幅下降到25.5亿元，不过这是在大幅度紧缩支出的情况下实现的，因而财政状况仍然很不稳定；市场上供应紧张的状况依然没有改变，消费品的增长还是无法满足人民的需求；基本建设还是存在规模过大、重复建设等情况。

---

① 国家统计局编：《中国统计年鉴—1993》，中国统计出版社1993年版，第60页。

② 国家统计局编：《中国统计年鉴—1983》，中国统计出版社1983年版，第417页。

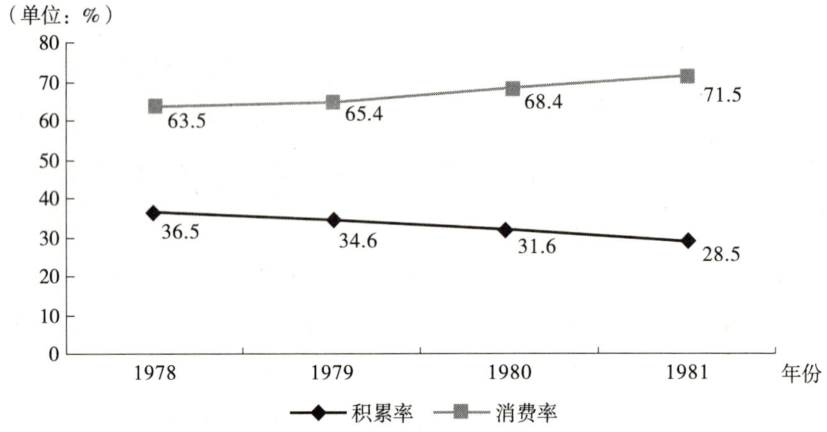


图9.9　1978～1981年积累率与消费率

（资料来源：国家统计局编：《中国统计年鉴—1985》，中国统计出版社1985年版，第416、419页）

表9.1　1978～1981年国家财政收支总额

（单位：亿元）

| 年份 | 总收入 | 总支出 | 收支差额 |
|---|---|---|---|
| 1978 | 1121.1 | 1111.0 | +10.1 |
| 1979 | 1103.3 | 1273.9 | −170.6 |
| 1980 | 1085.2 | 1212.7 | −127.5 |
| 1981 | 1089.5 | 1115.0 | −25.5 |

（资料来源：国家统计局编：《中国统计年鉴—1983》，中国统计出版社1983年版，第445页）

总的来说，1981年的进一步调整是有成效的，不仅促进了经济的发展，而且为顺利进行经济体制改革提供了一个比较宽松的环境。

## 三、“六五”计划深入调整

经过两轮调整，国民经济开始走上健康发展的轨道。但长期以来堆积的问题不可能在短期内通过两次调整就轻易解决，为彻底纠正冒进的

“左”倾经济指导思想，必须实现经济发展战略的转移。

### （一）中共十二大的召开，“六五”计划的制订

1980年2月13日，国务院发出《关于拟定长期计划的通知》，决定从现在起，着手制定1981年至1990年发展国民经济的十年规划；1981年3月16日，国家计委提出了拟定“六五”计划和十年设想的初步意见，指出“六五”计划要贯彻进一步调整国民经济的方针；1981年10月8日至13日，中共中央政治局扩大会议讨论了“六五”计划的控制数字，计划定为4%，争取5%；1982年1月25日，国务院下达了“六五”计划控制数字，工农业总产值和国民收入平均每年递增4%，其中轻工业产值平均每年递增7%，重工业产值平均每年递增1%；1982年7月21日至8月17日召开的全国计划会议，着重讨论了“六五”计划草案，对“六五”计划又进行了研究和部分调整。

1982年10月召开的中共十二大提出了从1981年到20世纪末的经济发展战略目标，为实现这个20年的奋斗目标，还确定了“两步走”的战略步骤以及战略重点的转移方向。“两步走”战略步骤，即前10年主要是打好基础，积蓄力量，创造条件，后10年要进入一个新的经济振兴时期；战略重点，即最重要的是解决好农业问题，能源交通问题和教育、科学问题。战略目标以及步骤的确定，为我国国民经济的进一步发展指明了方向。

在中共十二大提出的战略目标的基础上，“六五”计划终于正式出台了。1982年12月10日，五届全国人大五次会议批准了“六五”计划和关于“六五”计划的报告。根据宪法的规定，计划的名称改为《中华人民共和国国民经济和社会发展第六个五年计划》，这是继第一个五年计划后又一个比较完备、具体的计划。其基本任务是：继续贯彻执行调整、改革、整顿、提高的方针，进一步解决过去遗留下来的阻碍经济发展的各种问题，取得实现财政经济状况根本好转的决定性胜利，并且为“七五”计划期间的发展奠定更好的基础，创造更好的条件。计划为国民经济各个方面的发展，包括社会总产品、国民收入、人口、就业等，制定了具体的

目标和指标。

（二）“六五”计划的执行及效果

根据“六五”计划的安排，从1983年开始，新一轮更为深入的调整开始了。这一次的调整由此前的调整国民经济比例关系转向以提高国民经济的整体效益为目的，侧重于调整投资结构、企业组织结构、产品结构和技术结构，主要从控制投资规模，加快重点项目建设，推进企业技术改造和技术升级，整顿工商企业等几方面进行。

通过调整和改革措施的实施，经济得到了快速的回升和增长。这一结果，实际上也是自中共十一届三中全会工作重心转移、经济体制改革所带来的必然效应。

从1979年到1984年间，国民经济在增长过程中有过一些波动，但自调整政策实施以来，经济增长比较迅速。

到1984年，“六五”计划的主要指标基本提前完成。国内生产总值的增速大大超过了计划预定的“保四增五”的要求，1983年增速为10.2%，1984年更是达到14.5%。国民经济开始全面快速增长，粮食、棉花等主要农产品产量都达到历史最高水平；工业总产值在1982～1984年分别达到5811亿元、6461亿元、7617.3亿元，分别比上年增长7.8%、11.2%、16.3%①；国内生产总值的增长速度从1981年的4.6%冲到1984年的14.7%，增长了十个百分点；固定资产投资的增长速度也很大。

自1983年开始的此轮经济增长，突破了原定增长速度的要求，导致到1984年经济过热的现象凸显出来。固定资产的投资规模屡控不止，从1981年到1984年累计完成基本建设投资2335.72亿元②，提前一年超过“六五”计划规定的2300亿元。职工工资、奖金的提升，使得消费需求激增，部分消费品供不应求，抢购现象偶有发生。能源、交通等基础工业

① 国家统计局编：《中国工业经济统计年鉴—1993》，中国统计出版社1993年版，第34页。

② 国家统计局国民经济综合统计司编：《新中国五十年统计资料汇编》，中国统计出版社1999年版，第7页。

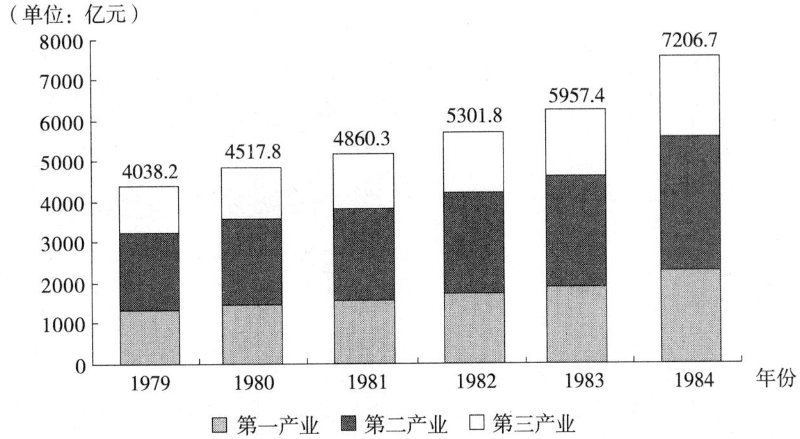


图 9. 10　1979 ~ 1984 年国内生产总值

（资料来源：国家统计局国民经济综合统计司编：《新中国五十年统计资料汇编》，中国统计出版社 1999 年版，第 3 页）

有了较快增长，但还是低于工业总产值的高增长速度，因而能源、原料、交通运输等方面的紧张状况进一步加剧。

# 第十章

# 经济体制改革的全面展开

1976～1984年既是国民经济恢复、整顿和发展的转折阶段，也是经济体制改革的初步探索阶段。当时的改革是局部地、个别地和试探性地进行，改革的重心是农村改革，以解放生产力。随着国民经济的进一步发展，局部个别的分散改革的作用不能充分发挥，并且在改革中也伴随着新问题。为此，1984年10月，中共十二届三中全会通过《中共中央关于经济体制改革的决定》，按照建设有中国特色的社会主义的总目标，迈出了以城市为重点的整个经济体制改革的步伐，改革进入了全面展开的阶段。

## 第一节　改革思路的深化与“三步走”发展战略

1978～1984年的改革开放成果极大地鼓舞了党和人民的改革信心和热情。随着改革取得巨大成功和人们对推进改革的共识逐步形成，1984年10月，中共十二届三中全会比较系统地阐明了经济体制改革的一系列重大问题，对经济体制改革进行了更全面的部署，制定了第一个经济体制改革纲领。在此基础上，确定了“三步走”经济发展战略。

## 一、经济体制改革纲领的基本内容

1984 年 10 月，中共十二届三中全会通过了《中共中央关于经济体制改革的决定》（以下简称《决定》）。《决定》根据马克思主义基本原理同中国实际相结合的原则，阐明了加快以城市为重点，以对外开放为方针，进一步贯彻执行对内搞活经济的整个经济体制改革的必要性和紧迫性。《决定》规定了改革的方向、性质、任务和基本目标，是指导我国经济体制改革的纲领性文件。

中共十二届三中全会的《决定》全面和系统地提出了经济体制改革的主要内容和任务，明确了改革的市场取向，确定社会主义经济是“公有制基础上的有计划的商品经济”，突破了长期以来把计划经济同商品经济对立起来的传统观念，从理论上表述了社会主义经济的本质属性，是社会主义经济理论的一次重大突破。

### （一）经济体制改革的重大突破

《决定》在理论上的重大贡献是，突破了把计划经济同商品经济对立起来的传统观念，提出“建立自觉运用价值规律的计划体制，发展社会主义商品经济”。确认我国社会主义经济是“公有制基础上的有计划的商品经济”。这个论断，在理论上是一个重大突破，是《决定》用以立论的根本立足点，它表明过去那种认为社会主义经济只能是计划经济、否认商品经济的积极作用、限制商品经济发展的观念和政策是错误的，阻碍了社会主义经济的发展。这就为我国经济体制的改革指明了方向，提供了新的理论依据。

《决定》强调，“商品经济的充分发展，是社会经济发展的不可逾越的阶段，是实现我国经济现代化的必要条件。只有充分发展商品经济，才能把经济真正搞活，促使各个企业提高效率，灵活经营，灵敏地适应复杂多变的社会需求，而这是单纯依靠行政手段和指令性计划所不能做到的”。同时，《决定》也指出，社会主义商品经济的广泛发展也会产生某种盲目性，必须有计划的指导、调节和行政的管理，这在社会主义条件下是能够做到的。

人民日报
RENMIN RIBAO

姆扎利总理抵北京对我国进行访问
赵紫阳总理主持隆重仪式欢迎贵宾

中共十二届三中全会在北京胜利举行

全会号召全党、全军和全国各族人民，认真学习《中共中央关于经济体制改革的决定》，以充分的信心和勇气，切实有效地进行工作，努力夺取改革的全面胜利，为更好地开创社会主义现代化建设的新局面而奋斗

十二届三中全会公报

全会一致通过《中共中央关于经济体制改革的决定》
决定明年九月召开党的全国代表会议

关于召开党的全国代表会议的决定

图 10.1　中共十二届三中全会通过的《中共中央关于经济体制改革的决定》

（二）经济体制改革的主要内容和基本任务

《决定》首先提出经济体制改革的基本任务是：按照党历来要求的把马克思主义基本原理同中国实际相结合的原则，按照正确对待外国经验的原则，进一步解放思想，走自己的路，建立起具有中国特色的、充满生机和活力的社会主义经济体制，促进社会生产力的发展。①

《决定》根据“有计划的商品经济”的理论，对我国经济体制改革的主要内容作出了规定。《决定》指出，改革“是在坚持社会主义制度的前

① 中共中央文献研究室编：《十二大以来重要文献选编》（中），人民出版社 1986 年版，第 558 页。

提下，改革生产关系和上层建筑中不适应生产力发展的一系列相互联系的环节和方面。这种改革，是在党和政府的领导下有计划、有步骤、有秩序地进行的，是社会主义制度的自我完善和发展”。

《决定》对改革的一系列基本问题作了阐述，指出：增强企业活力是经济体制改革的中心环节；建立自觉运用价值规律的计划体制，发展社会主义商品经济；建立合理的价格体系，充分重视经济杠杆的作用；实行政企职责分开，正确发挥政府机构管理经济的职能，今后各级政府部门原则上不再直接经营管理企业；建立多种经济形式的经济责任制，认真贯彻按劳分配原则；积极发展多种经济形式，进一步扩大对外和国内的经济技术交流；启用一代新人，造就一支社会主义经济管理干部的宏大队伍；加强党的领导，保证改革的顺利进行。

《决定》对增强企业活力这个经济体制改革的中心环节作出了重要说明和部署。主要解决好两个方面的关系问题：确立国家和全民所有制企业之间的正确关系，扩大企业自主权；确立职工和企业之间的正确关系，保证劳动者在企业中的主人翁地位。①《决定》还认为，价格体系改革是整个经济体制改革成败的关键，要逐步缩小国家统一定价的范围，“使价格能够比较灵活地反映社会劳动生产率和市场供求关系的变化”。

《决定》突破了过去传统体制改良的思路，触及传统体制的基本结构，是改革目标和模式选择的一个飞跃，中国的改革设想又更进了一步。

## 二、改革思路的进一步深化

历史在前进，改革的思路也在进一步深化。1986年3月通过的“七五”计划，不仅对关于经济体制改革的《决定》进行具体化，还在下列领域迈出了新的步伐：其一，农村改革继续完善以家庭为单位的联产承包责任制；其二，进一步增强企业特别是国有大中型企业的活力，增强其自主经营、

① 中共中央文献研究室编：《十二大以来重要文献选编》（中），人民出版社1986年版，第564～565页。

自负盈亏的能力；其三，逐步建立和完善社会主义市场体系。在计划指导下，逐步加强市场的调节作用，继续扩大和发展消费品市场和生产资料市场，形成城乡集市贸易市场网络；其四，国家对国民经济的管理调控从直接控制转到间接控制轨道上，建立以间接控制为主的、主要运用经济手段和法律手段，辅之以必要的行政手段的社会主义宏观经济管理制度。

1987年10月召开的中共十三大，进一步深化和完善了经济体制改革理论，明晰了我国改革的思路，形成了比较完整的社会主义初级阶段理论体系。

第一，全面阐述了社会主义初级阶段的基本含义、基本特征和基本任务。中共十三大明确指出："我国正处于社会主义的初级阶段。这个论断，包含两层含义。第一，我国社会已经是社会主义社会。我们必须坚持而不能离开社会主义。第二，我国的社会主义社会还处在初级阶段。我们必须从这个实际出发，而不能超越这个阶段。"① 初级阶段理论为经济体制改革目标的市场取向奠定了基础。

第二，明确了社会主义初级阶段的主要矛盾，提出了生产力标准。评价改革开放实践和成效一直存在争议，也成为改革的思想阻力之一。这次大会明确指出："我们在现阶段所面临的主要矛盾，是人民日益增长的物质文化需要同落后的社会生产力之间的矛盾。……为了解决现阶段的主要矛盾，就必须大力发展商品经济，提高劳动生产率，逐步实现工业、农业、国防和科学技术的现代化，并且为此而改革生产关系和上层建筑中不适应生产力发展的部分。……社会主义社会的根本任务是发展生产力。在初级阶段，为了摆脱贫穷和落后，尤其要把发展生产力作为全部工作的中心。是否有利于发展生产力，应当成为我们考虑一切问题的出发点和检验一切工作的根本标准。"②

第三，提出了"国家调节市场，市场引导企业"的运行机制。社会主义有计划商品经济的体制，应该是计划与市场内在统一的体制。总的来

① 中共中央文献研究室编：《十三大以来重要文献选编》（上），人民出版社1991年版，第9页。
② 中共中央文献研究室编：《十三大以来重要文献选编》（上），人民出版社1991年版，第12、13页。

说，“计划和市场的作用范围都是覆盖全社会的。新的经济运行机制，总体上来说应当是‘国家调节市场，市场引导企业’的机制。国家运用经济手段、法律手段和必要的行政手段，调节市场供求关系，创造适宜的经济和社会环境，以此引导企业正确地进行经营决策。实现这个目标是一个渐进过程，必须为此积极创造条件”①。

第四，阐明了党在社会主义初级阶段的基本路线。在厘清社会主义初级阶段理论的基础上，我们党的建设有中国特色的社会主义的基本路线是：“领导和团结全国各族人民，以经济建设为中心，坚持四项基本原则，坚持改革开放，自力更生，艰苦创业，为把我国建设成为富强、民主、文明的社会主义现代化国家而奋斗。”② 这段话，是“一个中心，两个基本点”思想的系统阐述，标志着党在社会主义初级阶段的基本路线的形成，反映了中国社会主义发展的基本规律，指明了中国特色社会主义的发展道路，是建设有中国特色社会主义理论和实践的总纲，为勾画出中国建设社会主义的具体发展战略铺开了正确的道路。

## 三、部署“三步走”经济发展战略

新中国成立以来，毛泽东、周恩来等老一辈无产阶级革命家就对建设社会主义的具体战略进行过思考。1964 年年底，周恩来在第三届全国人大一次会议上第一次向全国人民宣布了我国社会主义现代化建设的奋斗目标，还提出了“两步走”的战略设想。中共十一届三中全会以后，邓小平吸取以往进行社会主义现代化建设的经验教训，在深刻把握社会主义现代化建设的规律基础上，逐步形成了“三步走”为核心内容的社会主义发展战略思想。

在国民经济调整期间，邓小平已经开始考虑实现中国社会主义现代化的战略部署问题，多次在党的工作会议讲话和会见外国友人时阐述我国实

① 中共中央文献研究室编：《十三大以来重要文献选编》（上），人民出版社 1991 年版，第 27 页。
② 中共中央文献研究室编：《十三大以来重要文献选编》（上），人民出版社 1991 年版，第 15 页。

现现代化发展目标的战略思想。中共十二大上邓小平第一次提出建设有中国特色社会主义的概念，并确定了我国经济建设的战略目标、战略重点、战略步骤等一系列方针。

中共十二大召开时正是我国执行国民经济和社会发展的第六个五年计划（1981～1985年）期间，国民经济发展取得显著成效，我国的现代化建设出现了大发展的趋势。“六五”期间，国内生产总值年均增长10.78%；基本建设投资合计3410.09亿元，比“五五”计划增长45.6%。1981年与1985年相比，原煤产量由6.22亿吨增长到8.72亿吨，原油产量由1.01亿吨增长到1.25亿吨，钢产量由3560万吨增长到4679万吨。财政收入由下降转为上升，1980年，财政赤字约69亿元，到1985年财政收入为2004.82亿元，实现了收支平衡。“六五”时期进出口贸易额达2524.1亿美元，比“五五”期间翻了一番多。①

在“六五”期间经济良好运行态势和中共十二大发展战略阐述基础上，中共十三大报告对经济发展战略进行了更准确和具体的表述：“党的十一届三中全会以后，我国经济建设的战略部署大体分三步走。第一步，实现国民生产总值比一九八〇年翻一番，解决人民的温饱问题。这个任务已经基本实现。第二步，到本世纪末，使国民生产总值再增长一倍，人民生活达到小康水平。第三步，到下个世纪中叶，人均国民生产总值达到中等发达国家水平，人民生活比较富裕，基本实现现代化。然后，在这个基础上继续前进。”②

在邓小平分“三步走”实现现代化战略方针指引下，改革开放以来，我国国民经济和社会发展取得了丰硕成果，人民生活水平基本达到小康。

统计数据显示，我国国内生产总值从1978年的3624.1亿元增长到1997年的74772.4亿元，经济总量居世界第七位。按可比价格计算，20年来年均增长9.8%，高于世界的年平均增长率3.3%。人均国内生产总值从1978年的379元增长到1997年的6079元，剔除价格因素，年均实

① 国家统计局编：《新中国五十年统计资料汇编》，中国统计出版社1999年版，第5、7、8、41、60页。

② 中共中央文献研究室编：《十三大以来重要文献选编》（上），人民出版社1991年版，第16页。

际增长率为8.4%，居民生活已接近小康水平，提前完成了第二步战略部署。世界银行专家曾赞许道："中国只用了一代人的时间，取得了其他国家用了几个世纪才能取得的成就。"①

图10.2是1978～1997年我国国内生产总值和人均国内生产总值的增长情况。

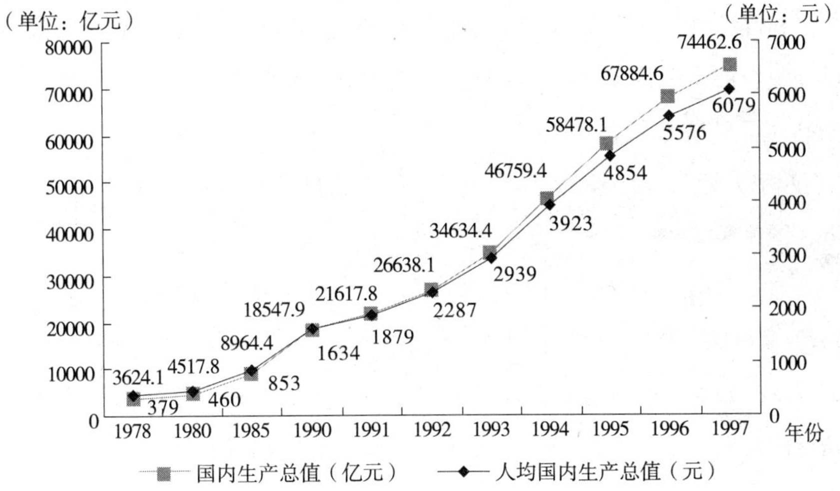


图10.2　1978～1997年国内生产总值和人均国内生产总值增长情况
（资料来源：国家统计局编：《成就辉煌的20年》，中国统计出版社1998年版，第352～353页数据绘制）

## 第二节　改革重心转移与多种经济成分格局形成

1984年10月，中共十二届三中全会通过《关于经济体制改革的决定》，

①《二十年国民经济发展成果巨大》，载《人民日报》1998年9月23日第1版。

对以城市为重点的整个经济体制改革作了决策和部署。深入贯彻执行对内搞活、对外开放的方针，企业改革进入了一个全新的阶段，国家与企业的关系进一步规范，在有计划商品经济的认识下，企业遵循所有权与经营权相分离思路，大大增强了企业的活力，形成了多种经济成分的格局。

## 一、以发展为重点向以改革为重点转移

粉碎“四人帮”后，首先着手进行的是经济秩序的整顿和国民经济的恢复发展。中共十一届三中全会，经过拨乱反正，从中国国情出发，重新确立了经济建设的指导方针，提出“调整、改革、整顿、提高”的“新八字方针”，对经济运行作出了一次重大的宏观调控。经过调整和发展，国民经济的主要比例关系逐步趋于协调、稳定。

这一时期，工农业生产稳步发展，农、轻、重的比例有所改善。和1979年相比，1984年工农业总产值中，农业的比重从26.6%上升到29.7%；轻工业从32.1%上升到33.3%，重工业从41.3%下降到37.0%。这样的比例关系，大体适合当时国民经济调整和发展的要求。

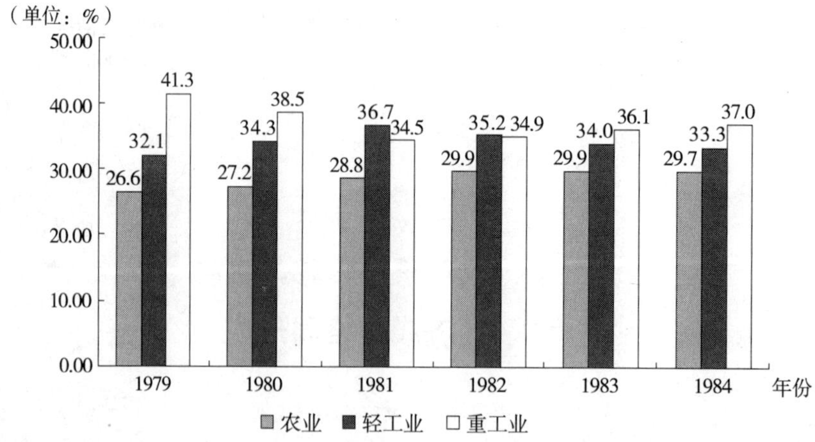


图10.3　1978～1984年农轻重占工农业总产值比重

（资料来源：国家统计局编：《中国统计年鉴—1993》，中国统计出版社1993年版，第60页）

同时，这一时期，财政收支状况好转，财政赤字大量减少。统计数据显示，1979～1981年的财政赤字从170.6亿元降至25.5亿元。这得益于当时实施的大规模压缩基建投资，减少财政支出的政策，也是对地方实行“划分收支，分级包干”的财政体制，明确各级财政的责权利关系，减少财政赤字，增强国家对宏观经济调控能力的改革结果。

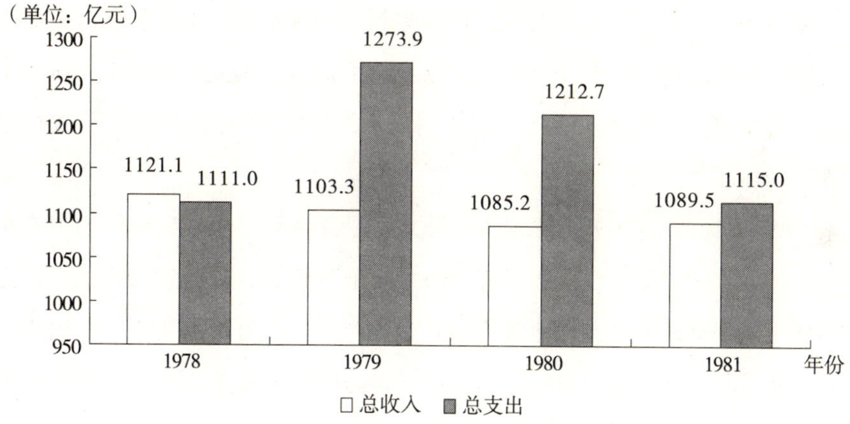


图10.4　1978～1981年国家财政收支总额
（资料来源：国家统计局编：《中国统计年鉴—1985》，中国统计出版社1985年版，第523页）

随着我国对外开放的深入，对外贸易也有了进一步的发展。1984年，进出口贸易总额达1201.03亿元，比上年增长39.6%。其中，出口总额比上年增长32.4%，进口总额比上年增长47.1%。①

这一切表明党中央的调整恢复国民经济的“新八字方针”是正确的、有成效的。它不仅促进了经济的发展，而且为顺利地进行全方面的经济体制改革提供了一个比较宽松的环境。但在改革的实践中，旧体制仍然存在，对进一步的经济发展有很大的阻碍作用。因此，要使国民经济长期稳固地快速发展，就必须加大改革的力度，以改革为重心，在确定社会主义

① 根据《中国统计年鉴1985》，中国统计出版社1985年版，第494页中的相关数据计算。

经济是“公有制基础上的有计划的商品经济”基础上，改革的重点逐渐从农村转向城市，以搞活国有企业为中心环节，全面展开我国改革的进程。

## 二、以农村改革为重心向以城市改革为重心转移

中共十一届三中全会以后，农村改革掀起改革开放的序幕，经济体制改革取得初步成效，尤其是农村改革取得了很大成功。但是长期以来城市受到旧体制的束缚，改革始终没有得到全面展开。为此，中共十二届三中全会通过的《中共中央关于经济体制改革的决定》，改革的重点从农村全面转向城市。

1982～1986年，五个“中央一号文件”解决了“包产到户”的“合法化”问题，突破原来“三级所有、队为基础”模式，充分发挥八亿农民巨大的生产积极性，也大大地解放了农村生产力，农村经济实力和农民生活水平有了较大的提高。农村改革的成功，为以后的改革创造了必要的物质条件和良好的示范效应。“农村改革的成功增加了我们的信心，我们把农村改革的经验运用到城市，进行以城市为重点的全面经济体制改革。”①

相对于农村经济体制改革的轰轰烈烈，城市经济体制改革发展较为缓慢，存在普遍严重的企业产品滞销情况，既限制了农村工业品进入城市，又限制了工业生产资料流入农村，使得农村经济体制改革和农村经济发展也受到很大限制，城市经济体制改革的滞后严重妨碍生产力的发展。中共十一届三中全会以后，实行对内搞活和对外开放政策，城市经济体制改革也开始试点工作，如逐步扩大企业自主权；把部分中央和省级直属企业下放给城市管理；实行政企分开；进行城市经济体制综合改革试点。②

1984年10月，中共十二届三中全会通过的《中共中央关于经济体制改革的决定》确立经济体制改革的目标是“建立有计划的商品经济”。改

① 《邓小平文选》第3卷，人民出版社1993年版，第238、239页。

② 武力主编：《中华人民共和国经济简史》，中国社会科学出版社2008年版，第164页。

革重点从农村全面转向城市，指出增强全民所有制大中企业的活力；发挥中心城市作用，开放长江三角洲、珠江三角洲和闽南三角洲地带。

图 10.5　中国城市改革的试验田：石家庄环宇电视生产车间

发展横向经济联合是城市改革的一个突破口。1986 年 3 月，国务院在北京召开了第一次全国城市经济体制改革工作会议，会议的主题词是“横向经济联系”，企业之间的横向经济联合成为会议的中心议题。随后，国务院发布了《关于进一步推动横向经济联合若干问题的规定》，指出横向经济联合是经济体制改革的重要内容，是对条块分割、地区封锁的有力冲击，对于加快整个经济体制改革和社会主义现代化建设具有深远的意义。企业之间的横向联合取得了令人瞩目的进展，到 1989 年 4 月，已有 2856 个企业兼并了 3224 个企业，企业兼并向跨地区、跨行业发展，并且具有一定规模的企业集团已发展到 1500 家左右。①

① 《人民日报》，1989 年 4 月 10 日，1989 年 7 月 15 日。

## 三、企业改革的全面展开与深化

中共十一届三中全会揭开了我国改革开放的序幕。邓小平同志在全会闭幕式上讲话时强调："当前最迫切的是扩大厂矿企业和生产队的自主权，使每一个工人和生产队能够千方百计地发挥主动创造精神。"① 从此，国有企业改革以调动企业和职工生产经营积极性为出发点，从扩大企业自主权开始逐步展开，并伴随着整个改革开放事业的深入和扩大，一步步向纵深发展。

### （一）扩权让利，实行经济责任制

国有企业改革之初，政府以实行企业利润留成制度为重点，有限地扩大企业在生产计划、产品销售、劳动管理、内部分配等方面的经营管理自主权。1978年10月，四川省率先在宁江机床厂等6家企业进行扩大企业自主权的试点。中共十一届三中全会以后，把试点单位扩大到100家，并制定14条试点办法。试点改革后，其中84家的地方试点改革工业企业在1979年的总产值比1978年增长14.9%，利润总额增长33%，上缴利润增长24.2%②，普遍高于非试点企业。

为了加强和统一领导各地的试点，1979年7月，国务院发出《关于按照五个改革管理体制文件组织试点的通知》。③ 按照国务院的部署和受四川省的扩权试点成功后的鼓励，各省市自治区先后进行企业扩权试点。到1980年年底，全国扩权企业已达6600个，占国家预算内工业企业总数的16%，产值约占60%，利润约占70%。④ 扩大企业自主权试点，使得企业在完成国家计划的前提下，按照生产建设和市场需要制定补充计划，自主安排生产，促进了企业生产经营方式的转型。同时，企业有了一定的

---

①《邓小平文选》第2卷，人民出版社1994年版，第146页。

②《经济体制改革的良好开端》，《四川扩大企业自主权试点经验》，载《社会科学研究》丛刊第1期。

③ 具体五个文件见《中国改革开放30年大事记》（上），人民出版社2008年版，第49页。

④ 王洪模等：《改革开放的历程》，河南人民出版社1989年版，第259页。

自主分配的财力和经济利益，调动了企业的生产经营积极性，促进了企业效益的提高。

1981 年，山东省对部分企业实行利润（亏损）包干，较好地解决了企业经济责任问题后，迅速在全国得到推广。1981 年 9 月 24 日，国务院批转国家经委和国务院体改办《关于实行工业生产经济责任制若干问题的意见》，工业生产经济责任制正式作为企业改革的重要政策在全国实行。国家对企业实行经济责任制基本上坚持三种类型：一是利润留成，二是盈亏包干，三是以税代利、自负盈亏。经济责任制是扩权让利的继续和发展，是处理国家、企业与职工三者之间责权利关系的重要举措。

（二）“利改税”，理顺国家和企业的分配关系

为了探索国有企业改革的路子和发挥税收在经济活动中的调节作用，从 1980 年开始进行第一步“自主经营、以税代利、自负盈亏”的试点，起到了良好的效果。根据全国 400 多家试点企业统计，1981 年的利润总额比上年增长 17.98%，国家财政收入增长 13.59%，占增长额的 60.13%，企业留利增长 35.74%，占增长额的 39.87%。体现了国家多收、企业多得、职工也多得的三兼顾原则。①

由于其他改革不配套和实行第一步利改税，加剧了国有企业税负不均现象，同时过于强调增加财政收入的功能，对企业发展后劲考虑不足，削弱了企业的投资发展能力。1984 年 9 月，国务院批转财政部《关于在国营企业推行利改税第二步改革的报告》，由“税利并存”过渡到完全“以税代利”。旨在通过合理确定税目、税率，规范国家与国有企业的分配关系，在此基础上理顺国家与企业的责权利关系，逐步增强企业活力。

实行利改税的初衷，是想把国家和企业的分配关系用税收的形式固定下来，通过税收杠杆缓解价格不合理带来的矛盾。但是，并未达到预期的效果。首先，没有区分好国家作为社会管理者和国有企业资产所有者双重

① 王顺生、周志兵：《四年来城市经济体制改革的基本情况》，载《经济研究资料》1984 年第 7 期。

身份来处理国家与企业的分配关系；其次，由于没有建立有效的企业约束机制，造成国有企业投资膨胀，加剧了国家财政的负担；再次，税率的改革虽然缓解了价格矛盾，却限制了税收对宏观经济的调节作用。加上当时出台政策时正是经济过热后的整顿与紧缩，使得实行两步利改税后国有企业效益长期下滑。与此同时，以首钢为代表的实行承包经营试点的企业，却显示出勃勃生机。

### （三）明确责权利，推行企业承包经营责任制

1986年12月5日，国务院发出《关于深化企业改革增强企业活力的若干规定》，提出“推行多种形式的经营承包责任制，给经营者以充分的经营自主权”。1987年5月，党中央和国务院作出了在全国普遍推广承包制的重要决定。承包的办法是“包死基数、确定上交、超收多留、歉收自补”，基本形式“两保一挂”①。

承包制的推行，不仅使企业改革有了重大突破，而且工业企业的经济效益有了明显提高，很快扭转了工业企业利润连续下滑的局面。1987年实现利税比1986年增长9.9%；上交利税比1986年增长6.7%；企业还贷128亿元，比1986年还多32亿元；企业留利220亿元，比1986年多22亿元。②

进入20世纪80年代中后期,由于市场环境与宏观体制环境的变化,承包制企业不能很快地适应这种变化,加之承包经营的固有缺陷和企业机制的不完善,从而导致国有独立核算工业企业主要的经济效益指标呈下降趋势。

从图10.6和图10.7可以看出，百元固定资产原值实现利润从1985年的22.4元降到1992年的12.4元，资金利润率从13.2%降到2.7%，资金利税率从23.8%降到9.7%，产值利税率从21.8%降到11.4%。究其原因，一是1985年实行的“拨改贷”，国有企业的资金来源缩减；二是那几年正是国有企业快速扩张期，企业的筹资成本提高。

在此期间，国有企业还采取了一些新的资产经营方式，包括租赁承包

---

①“两保一挂”指保上缴利税，保企业技术改造，企业工资总额与上缴利税挂钩。

② 董辅礽主编：《中华人民共和国经济史》（下卷），经济科学出版社1999年版，第188页。

制，“税利分流”和股份制，这些改革是对实现政企分开、所有权和经营权分离形式的积极探索，在探索公有制经济的有效实现形式方面显示出重要的意义。

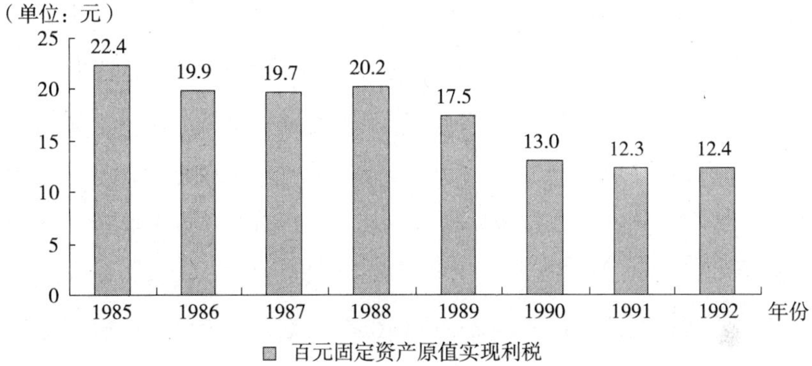


图 10.6　1985～1992 年工业企业百元固定资产原值实现利税

（资料来源：《中国经济年鉴—1998》，中国经济年鉴社 1998 年版，第 808 页）

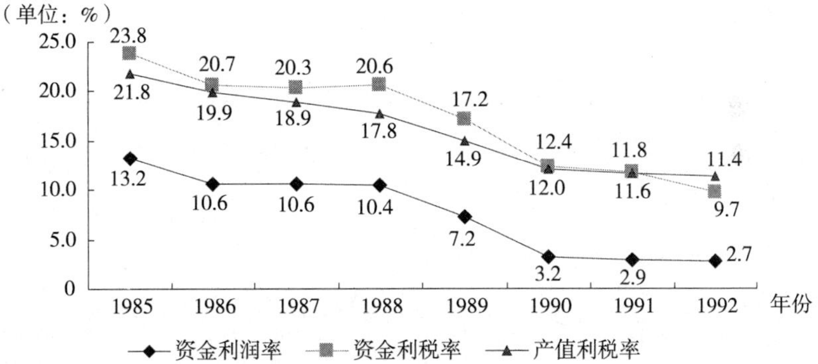


图 10.7　1985～1992 年工业企业的资金利润率、资金利税率、产值利税率

注：资金利润率，指企业利润总额对企业全部资金平均占用额的比率，又称“资产报酬率”；资金利税率，指在一定时期内已实现的利润、税金总额与同期的资产（固定资产净值和流动资产）平均总额之比；产值利税率，指报告期已实现的利润、税金总额（包括利润总额、产品销售税金及附加和应交增值税）占同期全部工业总产值的百分比。

（资料来源：《中国经济年鉴—1998》，中国经济年鉴社 1998 年版，第 808 页）

### （四）国企改革转入市场导向，调整企业经营机制

从 1991 年开始，随着国民经济运行机制趋向市场化，企业改革转向把企业推向市场为中心，切实转换企业经营机制。采取的具体措施是以贯彻落实《企业法》、进一步搞好国有大中型企业为重点，积极推进各项配套改革，深化和完善各类企业改革试点。

1988 年 4 月，七届全国人大一次会议通过了《企业法》，解决了国有企业法律地位不明确的问题，巩固了已有的企业改革的成果，使两权分离的企业改革获得了法律依据。为了转变国有企业的经营机制，进一步落实《企业法》，1992 年 6 月，国务院通过了《全民所有制工业企业转换经营机制条例》（以下简称《条例》），文件强调："继续坚持和完善企业承包经营责任制。逐步试行税利分流，统一所得税率，免除企业税后负担，实行税后还贷。创造条件，试行股份制。"更加明确地确定了依法行使的企业经营权。贯彻落实《条例》的工作从 1992 年下半年开始全面展开，并围绕深化企业改革，落实企业自主权，建立现代企业制度为中心展开工作。

## 四、多种经济成分并存发展新格局

改革开放以前，我国的所有制结构是单一的公有制。随着商品经济的日益发展与改革开放的逐步深入，各类市场主体也逐步发展起来，并促进改革开放继续进行。市场主体的发展不仅体现在国有企业上，而且也体现在多种经济成分并存发展的新格局方面。

中共十一届三中全会后，党中央和国务院果断地采取支持城乡个体经济发展的方针。1981 年 3 月，国务院转发国家农委《关于积极发展农村多种经营的报告》的通知中提出，"开展多种经营，要发挥集体和个人两个积极性……通过订立合同和其他形式，积极鼓励和支持社员个人或合伙经营服务业、手工业、养殖业、运销业等。"① 1982 年，中共十二大把坚

① 中共中央文献研究室编：《三中全会以来重要文献选编》（下），人民出版社 1982 年版，第 743 页。

持国营经济的主导地位和发展多种经济形式的问题，列为促进社会主义全面高涨特别要注意解决的重要原则之一。十二大报告指出："在农村和城市，都要鼓励劳动者个体经济在国家规定的范围内和工商行政管理下适当发展，作为公有制经济的必要的、有益的补充。"①

图 10.8　1980 年，中国第一家有营业执照的个体饭馆——悦宾饭店开张

注：悦宾饭店位于北京王府井翠花胡同，被称为"中国餐饮个体第一家"。1980年，创办人李桂仙领取了中国第一份个体餐饮的营业执照。美国合众社记者龙布乐在报道中写道："在共产党中国的心脏，美味的食品和私人工商业正在狭窄的小胡同里恢复元气。"

随着政策法规的出台，个体经济逐渐发展起来。1987 年中共十三大报告指出："目前全民所有制以外的其他经济成分，不是发展得太多了，而是还很不够。对于城乡合作经济、个体经济和私营经济，都要继续鼓励它们发展。"② 1992 年，我国城乡个体户已从 1981 年的 182.9 万户增长到 1416.8 万户；从业人数从 227.4 万人增至 2467.7 万人；营业收入从 10.9 亿元增加

---

① 中共中央文献研究室编：《十二大以来重要文献选编》（上），人民出版社 1986 年版，第 20、21 页。

② 中共中央文献研究室编：《十三大以来重要文献选编》（上），人民出版社 1991 年版，第 31 页。

到1961.3亿元。图10.9显示了1981～1992年城乡个体户的发展情况。

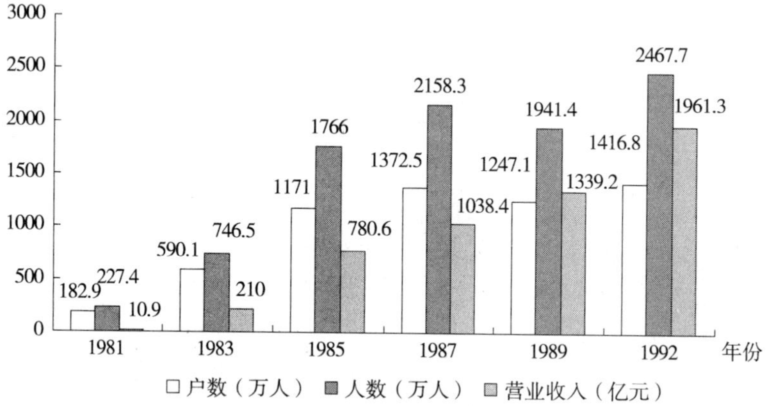


图10.9　1981～1992年城乡个体户情况

（资料来源：《中国经济年鉴—1998》，中国经济年鉴社1998年版，第9页）

1988年4月，七届全国人大一次会议通过的《中华人民共和国宪法修正案》规定："国家允许私营经济在法律规定的范围内存在和发展。私营经济是社会主义公有制的补充。国家保护私营经济的合法的权利和利益，对私营经济实行引导、监督和管理。"① 在法律上肯定了私营经济的地位和发展。这是中国共产党对于私营经济方针的划时代的转变。中国私营经济迎来了发展的第一个春天，长期隐藏在地下的私营业主一下子涌到面上。到今天，人们仍然认为，1988年是私营经济的"黄金之年"。

在个体私营经济发展的同时，农村乡镇企业也有了新的发展。乡镇企业是在原社队企业的基础上发展起来的。中共十一届三中全会后，农村实行家庭联产承包责任制，极大地调动了农民生产积极性。广大农民还通过多条投资渠道和多种经济成分，多种生产方式，大办乡镇企业来脱贫致富。社队企业得到高速发展，总产值从1978年的493.07亿元增加到1983

①《中华人民共和国法律汇编（1985—1989）》，人民出版社1991年版，第2页。

年的1016.83亿元，年均增长率为15.6%。1978年社队企业共吸收农村劳动力2826.56万人，到1983年达到3234.6万人，增长14.4%。①

1983年3月，党中央、国务院转发农牧渔业部《关于开创社队企业新局面的报告》的通知，正式把原来的社队企业改称为乡镇企业，并且指出："乡镇企业已成为国民经济的一支重要力量，是国营企业的重要补充。"②

乡镇企业经营灵活，更容易适应市场需要。在党和国家的有关政策的支持下，乡镇企业得到了长足发展，尤其以苏南模式、温州模式和珠江模式等具有地方特色的经济发展模式而闻名。根据统计资料显示：我国乡镇企业单位数从1985年的1223万个增长到1992年2092万个，增长了100万个，营业收入增长额从2566亿元增长到16390亿元，保持了持续增长。

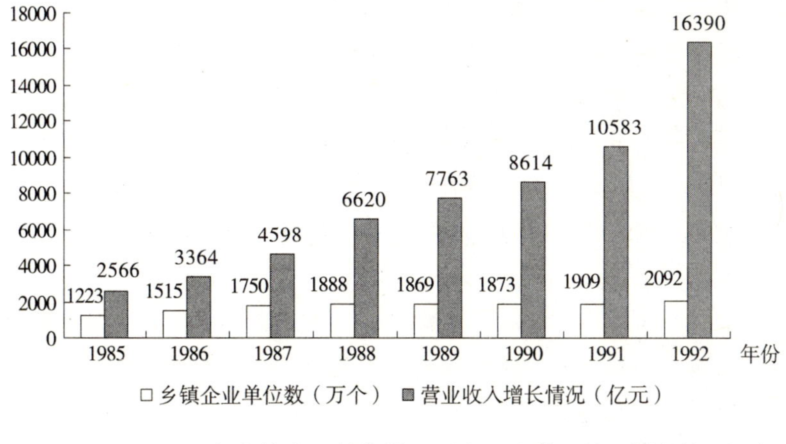


图10.10　1985～1992年乡镇企业单位数（万个）和营业收入增长情况（亿元）
（资料来源：中国乡镇企业年鉴编辑委员会编：《中国乡镇企业年鉴—2005》，中国农业出版社2005年版，第8、9页）

改革开放之后，外资企业也初步发展起来。1979年10月颁布的《中华人民共和国中外合资经营企业法》，标志着我国开始积极鼓励外商直接

① 武力主编：《中华人民共和国经济简史》，中国社会科学出版社2008年版，第196～197页。
② 中共中央文献研究室编：《十二大以来重要文献选编》（上），人民出版社1986年版，第440页。

投资中国。外资企业主要包括三种类型：合资企业、合作企业和外商独资企业。通过引进外资，不仅解决了我国资金短缺的问题，而且还学到了外国先进的生产技术和管理经验，提高了我国企业经营管理水平和生产力技术水平。随着对外开放程度的加深，外资经济在中国的规模不断扩大，对中国经济社会发展发挥着重要的作用。

到1987年，中国已批准建立外资企业达8516家，协议合同外资金额达171.76亿美元。1989～1991年批准外资企业26005家，实际投资额为123.64亿美元，快速发展。

## 第三节　对外开放从起步到进一步发展

在全面推进城乡和企业改革的同时，对外开放逐步由沿海地区向内地推进。中共十一届三中全会明确指出，发展我国的对外经济关系，实行对外开放政策，要求“在自力更生的基础上积极发展同世界各国平等互利的经济合作，努力采用世界先进技术和先进设备”。[①] 从此，我国开创了对外开放的新局面。

### 一、对外开放的起步

20世纪80年代我国的对外开放是以兴办经济特区和开放沿海地区开始的。在1979年4月中央工作会议期间，邓小平听取了广东省委负责人关于在毗邻港澳的深圳、珠海和侨乡汕头开办出口加工区的建议，当即表示：“还是办特区好，过去陕甘宁就是特区嘛，中央没有钱，你们自己去搞，杀出一条血路来！”[②] 之后，党中央和国务院决定对广东、福建两省

---

① 中共中央文献研究室编：《十一届三中全会以来重要文献选编》（上），人民出版社1982年版，第6页。

②《中国经济特区的建立和发展——珠海卷》，中共党史出版社1996年版，第16页。

的对外贸易活动给予更多的自主权，同时决定先在深圳、珠海两市试办出口特区。1980 年又将“出口特区”改名“经济特区”，决定在深圳、珠海、汕头和厦门设置经济特区。

借助于有利的国际环境和全国各地建设大军的艰苦创业，四个特区的建设全面展开。特区“摸着石头过河”，但“探索者”也受到争议。1984 年，邓小平决定到特区去视察。看到高楼林立，道路四通八达，一座现代化工业新城崛起，邓小平对特区的成绩很满意，欣然题词：“深圳的发展和经验证明，我们建立经济特区的政策是正确的。”他指出，“特区是个窗口，是技术的窗口，管理的窗口，知识的窗口，也是对外政策的窗口”①。这就进一步明确了特区建设的指导思想。

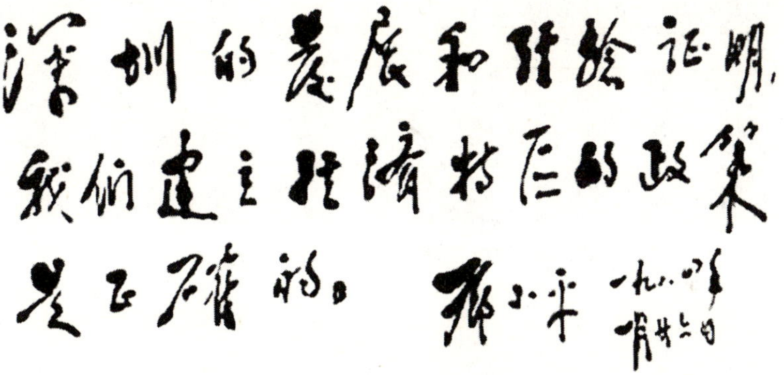


图 10.11　1984 年邓小平为深圳特区题词

根据邓小平考察深圳、珠海、厦门 3 个经济特区于 1984 年 2 月发表的重要讲话后，1984 年 3 月 26 日至 4 月 6 日，中共中央召开沿海部分城市座谈会，决定进一步开放 14 个沿海港口城市。1984 年 5 月，中共中央和国务院决定，进一步开放天津、上海、大连、秦皇岛、烟台、青岛、连云港、南通、宁波、温州、福州、广州、湛江和北海 14 个沿海港口城市。

①《邓小平文选》第 3 卷，人民出版社 1993 年版，第 51 ~ 52 页。

在沿海港口城市实行经济特区的某些特殊政策，扩大地方权限，给予外商若干优惠政策和措施，加快利用外资、引进先进技术的步伐，作为经济特区的延伸。

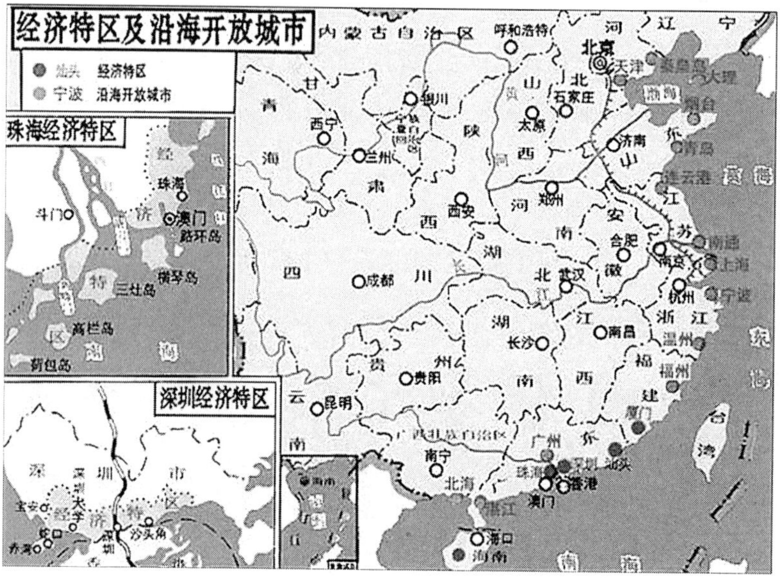


图 10.12 经济特区和沿海开放城市

继开放14个沿海港口城市后，1985年2月，国务院决定把长江三角洲、珠江三角洲和闽南厦漳泉三角洲开辟为沿海开放区，中国对外开放又迈出重要的一步。1988年，国务院决定将胶东半岛、辽东半岛列为沿海经济开放地区。至此，"经济特区—沿海开放城市—沿海经济开放区—内地"这样一个逐步推进开放格局已初步形成，成为我国实施对内搞活经济、对外实行开放的又一重要步骤。

## 二、对外开放的进一步发展

中共十三大报告指出："从国民经济全局出发，正确确定经济特区、开放城市和地区的开发与建设规划，着重发展外向型经济，积极开展同内地的横向经济联合，以充分发挥它们在对外开放中的基地和窗口作用。”①由此我国的对外开放进一步向广度和深度发展，不断发展对外经济技术交流和合作，扩大对外贸易和往来。

1988 年 3 月，七届全国人大一次会议通过了设立海南省和建立海南经济特区的决议，提出“以改革、开放促发展”，实行市场调节经济的战略方针。在此期间，是海南发展最快时期。统计资料显示：海南省的国内生产总值由 1987 年的 57.3 亿元增长到 1998 年的 438.92 亿元，按可比价格计算，年均增长 12.4%。全省国内生产总值增长情况见图 10.13。

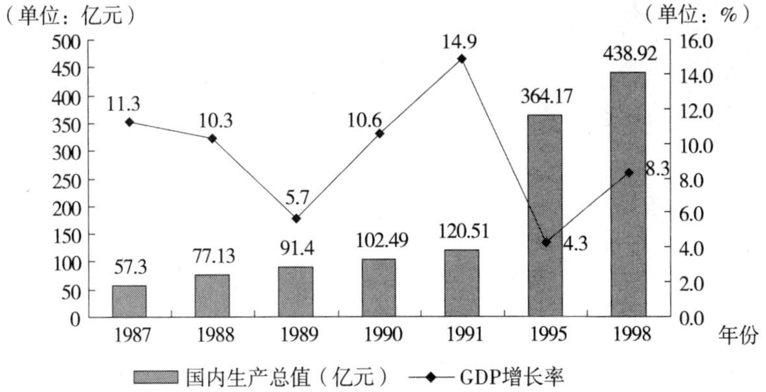


图 10.13　1987～1998 年海南国内生产总值和增长率

（资料来源：国家统计局国民经济综合统计司编：《新中国五十年统计资料汇编》，中国统计出版社 1999 年版，第 642、644 页）

1990 年，中央政府决定开发和开放上海的浦东，允许外商兴办第三产业和金融、商品零售业，允许外商从事转口贸易和开设外资银行等，拥有更优惠和更完善的发展政策。经过多年的发展，浦东新区进入了基础开发和功能开发并举的新阶段，浦东新区的国内生产总值年均增长达到 14%左右，1997 年突破了 3000 亿美元大关。浦东开发开放的龙头作用和

① 中共中央文献研究室编：《十三大以来重要文献选编》（上），人民出版社 1991 年版，第 24 页。

辐射效应，带动上海对外开放扩展到国民经济的各个领域。

到1997年年底，上海市全市吸引外资累计达291亿美元，世界500强跨国公司一半以上在上海投资，外资营业性金融机构达到52家，代表处达162家。全市对外贸易持续增长，对内开放方面，形成了“面向长江、服务全国、联动发展、共同繁荣”的思路，提高了城市的综合服务功能。①

面对对外开放新形势，我国原来高度集中的对外贸易体制也进行了有步骤的改革。包括下放和扩大外贸企业经营权，减少指令性计划，实行指导性计划与市场调节相结合；在全行业实行承包责任制，建立对外贸易宏观调控体系；深化“统一政策、放开经营、平等竞争、自负盈亏、工贸结合、推行代理制”的改革思路。

改革开放30年来，在邓小平对外开放理论的指导下，我国对外经济贸易发展取得了巨大成就，如图10.14和图10.15所示。

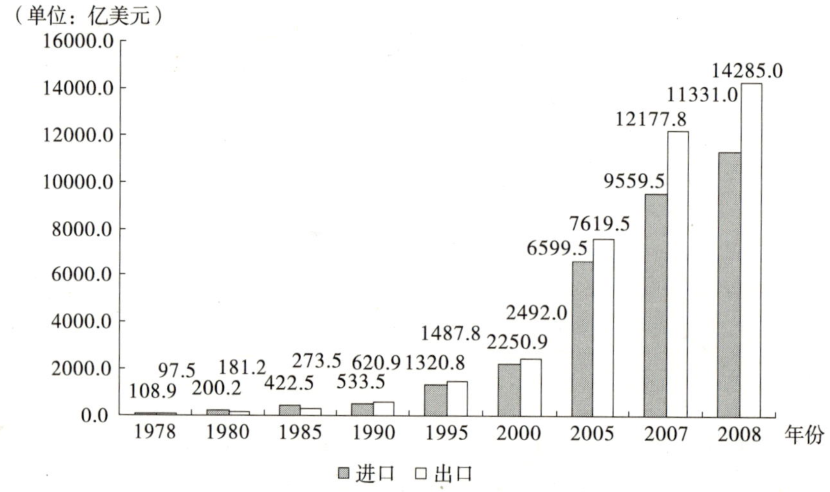


**图10.14　1978～2008年进口和出口总额**

（资料来源：国家统计局：《2008年国民经济和社会发展统计公报》，国家统计局网站，2009－2－26；《中国经济年鉴—2008》，中国统计出版社2008年版，第708页）

① 苏星：《新中国经济史（修订本）》，中共中央党校出版社2007年版，第574页。

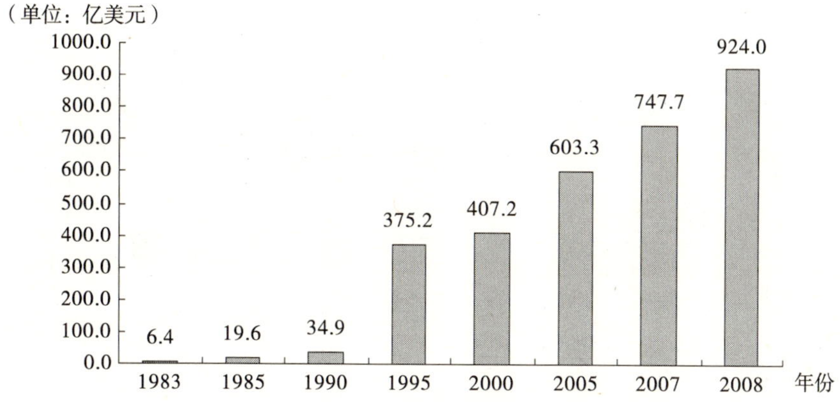


图 10. 15　1983～2008 年实际使用外商直接投资

（资料来源：国家统计局：《2008 年国民经济和社会发展统计公报》，国家统计局网站，2009－2－26；《中国经济年鉴—1990》，中国统计出版社 1990 年版，第 653 页；《中国经济年鉴—2008》，中国统计出版社 2008 年版，第 729 页）

# 第十一章

# 国民经济在体制摩擦中曲折前进

1979～1991年，中国启动了经济体制改革和市场化进程，期间经济发展的主题是“转型”，开始从传统的、封闭的、高度集中的计划经济向现代化、开放型市场化的经济体制转型①。在“有计划的商品经济”的政策和相关理论研究指引下，选择了渐进式的改革方式。我国在财政、金融、投资、价格体制等方面进行改革，开始运用经济杠杆调节经济。伴随经济体制转型过程的推进，一方面，传统计划经济体制开始解体，但是计划经济体制因素在资源配置中依然存在并发挥作用；另一方面，市场因素复苏、成长，在资源配置中发挥越来越大的作用，逐渐成长成为一种独立的经济体制因素。当然，传统的经济体制并不愿退出历史舞台，在新旧经济体制因素之间，必然出现日趋频繁的摩擦。所以，体制改革和经济治理整顿相伴随行，经济在波动中增长。

① 赵凌云在《中国经济通史》第10卷（下册）（湖南人民出版社2002年版）中，提出了经济转型过程“三阶段论”。1979～1984年，是经济转型的准备阶段。在这一阶段，分别提出了经济增长方式和经济体制转型的任务，经济工作以经济调整为主，改革为辅，为经济体制转型和经济增长方式转型准备了历史条件。1985～1988年，是经济转型的起步阶段。在这一阶段，经济体制改革上升为主导，全面的经济体制改革开始展开，经济体制转型启动，经济发展中出现宏观失控等问题，埋下了经济转型出现局部与暂时性逆转的种子。1989～1991年，经济转型遭遇挫折，甚至出现局部逆转和倒退，经济体制改革和经济发展都呈收缩状势，但为经济转型进入新的历史阶段准备了历史条件。

## 第一节　财税、金融和投资体制改革

长久以来，社会主义国家在探索发展过程中，基本上形成了一种固定的观点：社会主义 = 计划经济，资本主义 = 市场经济。计划成为社会主义国家区别于资本主义国家的重要标志，各种生产、生活活动都通过计划受到严格的控制。随着经济体制改革的深化，传统经济体制下高度集中的管理体制成为经济发展的重大障碍，迫切要求对财税、金融、投资等管理体制进行改革，以改变国家对国民经济的直接控制，建立适应发展要求的宏观调控体系。

### 一、从直接控制到间接调控

中共十一届三中全会前，我国依然实行高度集权的计划经济体制。在传统计划经济体制下，国家通过计划、设定各种具体指标对企业和个人进行无所不包的管理。企业从安排生产到产品价格都受国家支配，个人的日常生活用品也都由国家按计划定量配给。计划经济体制强调的是国家对生产、生活的直接管理和控制，国家通过下达各种各样的指令主宰着整个社会的经济运行。但是，这一体制严重阻碍了国民经济的提高和人民生活的改善，改革成为必然趋势。

中共十一届三中全会明确提出，我国经济体制存在权力过于集中的严重缺点，必须加以改革。随后的改革主要是集中在权力的下放上，实践中的包干到户和扩大企业自主权，事实上只是个体为求得发展挣脱国家控制而努力的结果。

陈云曾把“计划和市场”形象地比喻为“笼子和鸟”的关系，指出：“如果说鸟是搞活经济的话，那末，笼子就是国家计划。当然，‘笼子’大小要适当，该多大就多大……但无论如何，总得有个笼子。”① 可见，

①《陈云文选》第3卷，人民出版社1995年版，第320页。

即便是当时支持改革的领导人对于传统体制的认识也只是初步的，认为市场调节必须在国家计划的指导下进行。但这一带有历史局限性的思想也有着重要的积极意义，终归是突破计划的统治开始思考市场的作用了。

1982年中共十二大正式提出了“计划经济为主，市场调节为辅”的原则，正式提出了指令性计划、指导性计划和市场调节三种管理形式，开始打破指令性计划一统天下的局面。

1984年10月，中共十二届三中全会通过了《关于经济体制改革的决定》，指出“社会主义的国家机构必须通过计划和经济的、行政的、法律的手段对企业进行必要的管理、检查、指导和调节”，提出要“建立自觉运用价值规律的计划体制，发展有计划的商品经济”。这是我国正式提出要发展有计划的商品经济。

从1985年开始，我国的经济体制改革从完全的计划经济转向逐步发展商品经济。从缩小指令性计划开始，对财政体制、金融体制、投资体制、价格体制等进行了一系列的改革，探索运用经济手段和法律手段调控经济，逐渐从国家的直接控制走向间接调控，宏观调控体系初步形成。

## 二、财税体制改革

直到1979年以前，在统收统支的财政体制下，我国都实行单一的工商税制。随着发展思路的转变以及改革开放的启动，计划经济体制下高度集中的财政体制和极度单一的税制，严重阻碍了改革的步伐，财税体制改革呼之欲出。

### （一）财政体制改革

长期以来实行的统收统支的财政管理体制越来越不能适应经济发展的需要，为了解决地方在财政上吃国家“大锅饭”的弊端，在1979到1991年间，对财政体制的改革进行了积极的探索，相继实行过以下几种体制，在摸索中不断前进。

#### 1. “划分收支、分级包干”体制

从1976年至1978年，国务院分别在各地进行了“固定比例包干”、

"增收分成、收支挂钩"、"收支包干"等多种体制的改革尝试，虽然在解决中央与地方的财政分配问题上依然没有取得突破性的进展，但这些方式为随后的改革积累了重要的经验。1979 年，国务院以四川省为试点，开始试行"划分收支、分级包干"体制。1980 年 2 月 1 日，国务院颁发了《关于实行"划分收支、分级包干"的财政管理体制的暂行规定》，在全国推行这一体制，从此开始了全面财政改革。

"划分收支、分级包干"体制，通常也被称为"分灶吃饭"体制。这一体制按照经济管理体制规定的隶属关系对中央和地方财政收支范围进行了明确划分，加大了地方的财政权力和责任；规定地方的上交比例或补助数额一定 5 年不变，地方自求平衡。

"分灶吃饭"体制的实行，打破了财政"大锅饭"的局面，使财力分配从"条条"为主变为"块块"为主。在之后的执行过程中，针对各地实际存在的情况，又进行了多次调整。1982 年起对安徽、河北等 8 个调剂收入留成比例较低的省份实行"总额分成"；自 1983 年起，除广东、福建两省外其他地区一律采取"总额分成"的办法。

**2. "划分税种、核定收支、分级包干"体制**

1984 年"划分收支，分级包干"的体制执行到期，同时，为与第二步利改税的改革同步，国务院决定从 1985 年开始实行"划分税种、核定收支、分级包干"的财政管理体制。

改革后的体制的主要内容包括：（1）按照第二步利改税后的税种划分各级财政收入，改变了以往用收入分类划分财政收入的方法，以与利改税改革相配套；（2）调整地方财政收入的核算基数；（3）中央和地方的财政支出仍按隶属关系划分；（4）仍然保持地方收入分成比例或上解、补助数额一定 5 年不变的原则，地方自求平衡；（5）广东、福建两省继续实行财政大包干办法，民族自治地区继续享受原来优惠待遇。

**3. "包干"体制**

1986 年以后，财政收入占国民收入的比重大幅下降，中央财政收入在整个财政收入中的比重也不断下降，导致中央财政持续出现赤字，宏观调控能力减弱。为此，中央决定通过调动地方组织收入的积极性，从地方的财政收入增量中多拿一些的办法，从1988年开始实行“财政大包干”体制。

这种体制下采取的包干的形式主要有收入递增包干、总额分成、总额分成加增长分成、上解额递增包干、定额上解和定额补助六种，区别各地方的具体情况分别适用。此外，包干体制对原有体制所做的调整主要体现在，将城乡个体工商业户所得税及营业税、个人收入调节税、个人所得税、国有企业工资调节税、奖金税（一般称为13种小税）划作地方固定收入，抵顶支出，增长全留。这就大大调动了地方政策的积极性，地方财政收入将大幅增加，能够在一定程度上缓解因中央借款进入包干基数造成的困难。

总的来说，80年代以来对财政体制进行的以包干为主要内容的改革，每一次都在原有的基础上前进了一步，大大改善了原有体制，是突破计划体制下僵化的管理制度的有益探索。财政体制的改革，改变了传统的高度集中的状况，充分调动了地方各级政府发展经济的积极性；财力分配打破了“条条”为主的结构，扩大了地方财政的自主权；此外，一定5年不变的原则，增强了稳定性，有利于地方制定经济发展的长远规划。

同时，也应看到，这一时期财政制度的改革依然存在明显的弊端，只是特定历史条件下过渡阶段的产物。在这三次体制变革过程中，都同时并存着多种不同的体制形式，地区间存在的差异，导致财力分配不合理的现象出现；财政体制缺乏应有的稳定性，期间多次进行调整、修正；连续向地方放权，中央的财政收入比重不断下降，导致中央财政困难，削弱了宏观调控能力。

### （二）税制改革

新中国成立初期，与当时经济体制相适应，我国实行的是“多税种，多次征”的复合税制。然而，后来由于“左”倾思想的影响，片面强调以简并的原则征税，对国有企业只征收工商税，对集体企业只征收工商税和工商所得税。过于单一的税种，影响了税收经济杠杆作用的发挥。

为了适应改革开放的要求，财政部进行了税制改革的积极探索。从1979年开始，在18个省、市、自治区的456个企业中展开了试点工作，积累了大量经验。此后，分别于1983年和1984年进行了两步“利改税”改革。

1983年4月24日，国务院颁发了《关于国营企业利改税试行办法》，决定对国营企业实行“利改税”改革。主要内容是：有盈利的国营大中型企业应根据实现的利润，按55%的税率交纳所得税，税后利润可按不同形式在国家和企业间进行分配；有盈利的国营小型企业应根据实现的利润，按8级超额累进税率交纳所得税，税后企业自负盈亏，即税后利润原则上由企业自行支配。

1984年9月18日，国务院批准了财政部《国营企业第二步利改税试行办法》。第二步改革的主要内容是：将国营企业应当上交的财政收入按11个税种向国家交税，税后利润由企业自行支配；对盈利的国营大中型企业按55%的固定比例税率征税，对税后利润超过原来留利的企业再征收调节税，调节税一户一率；对盈利的国营小型企业按新的8级超额累进税率征税；对工商税制进行改革，将原来的工商税按纳税对象不同，分为产品税、增值税、盐税和营业税。

由于所得税率偏高，税、利界限模糊等不足，使得这两次改革也存在很多弊端。但通过两步改革，改变了企业上缴利润的分配方式，规范了国家与企业之间的分配关系，合理划分了国家与国营企业的分配结构，初步建立起了适应当时经济体制改革要求的税制。

“利改税”的两次改革及随后的一系列措施，对原有单一的工商税制进行了全面的改革和完善。

改革和完善了流转税制度。以前的流转税经过多次简并只剩下工商税一种，1984年9月“利改税”的第二步改革将工商税进一步细分为产品税、增值税、盐税和营业税四种。之后，又对流转税进行了一系列的改进和完善，如1985年1月开始征收城市维护建设税，1989年2月开始征收特别消费税等。主要是对增值税和产品税的征税范围进行了相应调整，规范了增值税的征收制度，并对营业税的相关政策进行了调整，使流转税制度进一步充实和完善。

健全了所得税制度。在第一步改革中，对国营企业全面征收所得税；1985～1988年，相继开征了集体企业所得税、城乡个体工商业户所得税、个人收入调节税、私营企业所得税等。通过建立健全所得税制度，国家、企业和个人之间的分配关系得以规范。

初步建立了涉外税制。新中国成立初期，我国对内对外均采取同一税法。为了适应改革开放的新形势，行使国家的征税权，吸引外资，这一时期初步形成了较为完整的涉外税制。1980年和1981年开征了中外合资企业所得税和外国企业所得税，1991年7月这两个税目被合并为外商投资企业和外国企业所得税。

此外，为了实现税收的某些特殊调节职能，还开征了很多新型的税种。如资源税、建设税、投资方向调节税、筵席税等。经过这些改革，原来的单一税制已经被大大扩充，初步建立了一套以所得税和流转税为主体的多税种、多环节、多层次调节的复税制体系。

## 三、金融体制改革

1979年以前，在高度集权的计划经济体制下，银行的作用仅相当于出纳和会计，只是为国家的计划组织和安排资金，因而有“计委请客，财政点菜，银行买单”的说法。金融业内部实行高度集中的统一管理，机构单一，业务范围狭窄，无法发挥其应有的作用。随着改革开放浪潮的日益逼近，金融业的这种状况越来越不能适应社会的发展，金融体制改革开始逐步展开。

### （一）健全和完善金融组织体系

改革前我国实行的是计划经济体制下“大一统”的银行体制，中国人民银行集中央银行和商业银行的作用于一身，“既是裁判员，又是运动员”的双重身份，使其中央银行的职能无法有效发挥。因此，金融体制改革也就从剥离中国人民银行的具体银行业务、分设专业银行、确立中央银行的地位开始。

1979 年 3 月 13 日，中国农业银行正式恢复成立，作为主管农村金融的专业银行，标志着中国金融体制改革迈出了第一步。此后，中国银行、中国建设银行、中国工商银行相继恢复和设立，中国人民银行的地位和职能得以明确。初步形成了以中国人民银行为核心，以四大专业银行为主体的二元化银行体制。

随着经济体制改革的深化，一大批新型的综合性银行和商业银行应运而生，相继成立了交通银行、招商银行、中信实业银行、深圳发展银行等。城市信用合作社从 1987 年的 1615 家发展到 1991 年的 3518 家；农村信用社到 1988 年年底，已发展到 60897 个，速度惊人。[①] 保险公司、信托投资公司等各种非银行金融机构如雨后春笋般不断涌现。此外，还陆续引进了大批外资金融机构，进一步完善了以人民银行为领导、国有商业银行为主体、多种金融机构并存的金融体系。

（二）改革信贷资金管理体制

从新中国成立初期到金融体制改革前，我国对信贷资金长期实行“统存统贷”的管理制度，严重束缚了基层银行的自主性和积极性。鉴于“统存统贷”存在的弊端，国家决定从 1980 年起取消这一制度，采取“统一计划，分级管理，存贷挂钩，差额控制”的体制。总行对基层银行的管理由存贷款总额指标管理改为存贷款差额指标管理，基层银行有了一定的发放贷款的自主权。

这种体制改变了基层银行在资金管理中的被动地位，扩大了其经营自主权，将各级银行管理资金的权、责、利结合起来，有利于促进信贷资金管理水平的提高，在经济改革初期起到了积极的作用；但因没有形成完整的货币信贷宏观调控机制，仅进行存贷款差额控制，难以对基层银行进行有效的调控。

为了克服信贷差额控制办法的缺陷，加强宏观经济调控，中国人民银

① 中国金融学会编：《中国金融年鉴—1992》，中国金融年鉴编辑部 1992 年版，第 573 页。

行在1984年10月8日发布了《关于信贷资金管理试行办法》。决定自1985年起实行“统一计划、划分资金、实贷实存、相互融通”的管理体制，即中央银行和专业银行的信贷资金全部纳入国家综合信贷计划，由中央银行进行综合平衡；中央银行和专业银行账户分设，资金分开；中央银行对专业银行的资金往来，改变以往计划指标层层下达的管理办法，实行实贷实存的方法；允许资金在各专业银行之间横向流动。

为与“实贷实存”办法相配套，1985年4月，全国联行制度改为各银行“自成联行系统，跨行直接通汇，相互发报移卡，及时清算资金”的办法，把专业银行同中央银行资金分开，基本克服了存贷差额控制存在的问题。

1988年，针对当时经济过热和通货膨胀明显的现象，为控制信贷货币的过快增长，中国人民银行将“实贷实存”的方法改为“限额管理”，核定各专业银行和各地区的贷款增加量的最高限额，规定不经批准，不得超过该限额。

（三）积极培育和发展金融市场

金融市场的发展在1985年以前还处于摸索阶段，发展比较缓慢。主要表现在：国债开始重新发行；商业票据的承兑、贴现业务，企业债券和股票开始出现；银行开始发行金融债券。

进入1985年后，基于政策的支持以及理论界的积极探索，金融市场开始走上快速发展的道路。

同业拆借市场。1986年5月3日，改革开放以来第一家城市信用社之间的资金拆借市场在武汉正式挂牌营业，此后，同业拆借市场迅速发展；到1987年底，全国大部分主要城市都开放和建立了同业拆借市场。

商业票据承兑、贴现市场。人民银行决定从1985年4月起在全国开展商业票据承兑和贴现业务；1986年颁布了《再贴现试行办法》，正式开办对专业银行的再贴现业务。截至1990年，全国共签发商业承兑汇票500多亿元，签发银行承兑汇票1716亿元，银行贴现汇票800多亿元，中央银行对专业银行再贴现180多亿元。

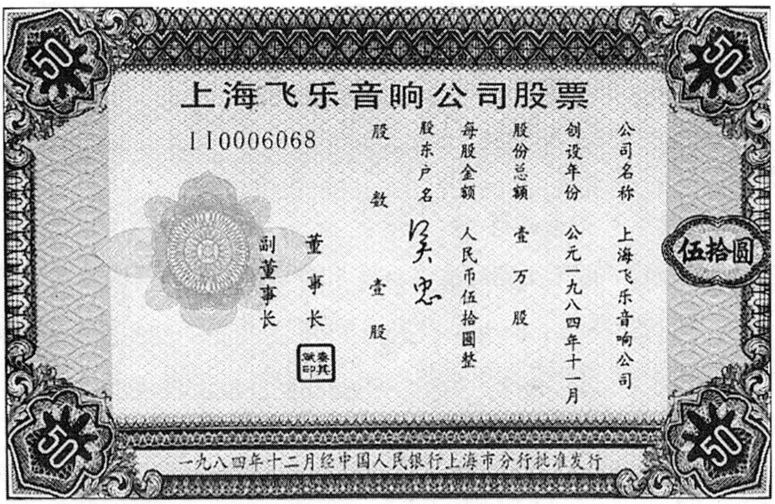


图 11.1　上海飞乐音响公司首次发行的股票

债券、股票市场。债券发行市场的规模迅速扩大。债券种类也不断增多，金融债券的发行始于 1985 年，1987 年企业债券正式开始发行，1988 年其他金融机构也开始发行金融债券。1985 ~ 1988 年，从债券发行总额的构成上看，国债为 429. 87 亿元，占 47%；金融机构债券 280 亿元，占 31%；企业债券 205. 41 亿元，占 22%。如图 11. 2 所示。1983 年股票开始发行，从 1986 年起，公开发行股票的数量大增，1988 年股票发行逐渐走向规范。

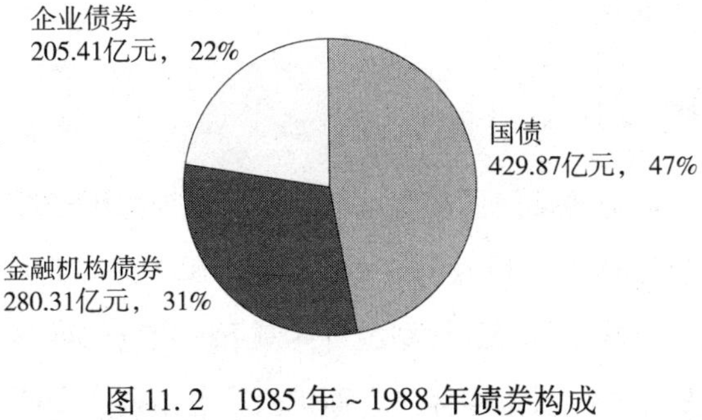


图 11. 2　1985 年 ~ 1988 年债券构成

（资料来源：中国金融学会编：《中国金融年鉴—1992》，中国金融年鉴编辑部 1992 年版，第 498 ~ 500 页）

外汇调剂市场。1985年12月，深圳特区设立了我国第一个外汇调剂中心，正式开办外汇调剂业务；到1988年，全国各省、自治区、直辖市基本都设立了外汇调剂中心；同时，放开了外汇调剂价格，允许外汇调剂价格随供求状况而浮动。我国外汇调剂市场逐步形成。

（四）改革外汇管理体制

1979年以前，我国实施的是“高度集中、计划控制”的外汇管理体制。由于管理过于集中，不利于调动各方面的积极性，也不利于对外经济贸易的扩大，国家对外汇管理体制开始进行改革。

1979年3月，国务院批准设立国家外汇管理总局，赋予其管理全国外汇的职能，改变了外汇多头管理的混乱状况。1979年8月13日，国务院颁发了《关于大力发展对外贸易增加外汇收入若干问题的规定》，开始实行外汇留成办法。1980年12月18日，国务院发布了《外汇管理暂行条例》，打破了外汇集中制。为加强对非银行金融机构经营外汇业务的管理，1987年10月1日，中国人民银行发布了《非银行金融机构外汇管理办法》，随后又出台了一系列外汇管理实施细则及其他外汇管理办法，逐步建立起我国的外汇管理体制。

自1979年金融体制改革起步以来，打破了计划经济体制下一统天下的一元化银行体制，基本建立了以中央银行为领导、国家专业银行为主体、多种金融机构并存的具有中国特色的金融体系，金融市场初具规模，金融对外开放不断深入。

## 四、投资体制改革

随着财税、金融等部门体制改革的展开，作为国民经济重要组成部分的投资体制，也必然进行相应的变革。1979~1991年间，我国的投资体制发生了重大的变化。传统的计划经济体制下的投资体制被完全突破，在投资权限、投资结构、投资主体等方面进行了一系列的变革。

（一）调整投资结构，压缩投资规模

由于“左”倾冒进思想的影响，我国经济领域长期以来一直存在一股“跃进”之风，基本建设投资规模急速膨胀，国民经济比例严重失调。为了调整国民经济比例关系，1979 年 3 月全国基本建设工作会议决定，在随后几年内压缩基本建设投资规模，调整投资方向。但执行效果并不明显。因此，1981 年的国民经济计划把坚决压缩投资规模、调整投资方向作为重要内容。经过三年的调整，投资结构有所改善。之后的几年，又从加强重点项目投资、压缩基本建设投资规模等方面进行了改善。

这一阶段对于投资结构和规模的改革，使我国严重失调的国民经济比例有所改善，但传统的基本建设投资与管理体制并没有得到根本性改变，使得这一改革进行得并不彻底，基本建设投资规模和结构依然存在很多问题。因此，从 1988 年开始，国家又开始采取一些压缩投资规模和调整投资结构的措施，使固定资产投资规模膨胀的趋势得到扭转。

### （二）下放投资审批权限，简化投资审批手续

1984 年 8 月 18 日，国家计委发出《关于简化基本建设项目审批手续的通知》，指出将需要国家审批的基本建设大中型项目的审批手续由原来的五道简化为两道。1984 年 10 月 4 日，国务院批准了国家计委《关于改进计划体制的若干暂行规定》，要求放宽基本建设和技术改造项目的审批权限，放宽对地方、部门自筹投资的计划管理权限。1987 年 3 月 30 日，国务院决定进一步放宽固定资产投资审批权限和简化审批手续。

下放审批权限，简化审批手续，扩大了地方和企业的投资权，有力地调动了地方和企业的积极性，也是国家打破高度集权的计划体制的有益尝试。

### （三）开辟多种融资渠道，增加资金来源

过去的投资资金主要是由财政拨款，单纯地依靠财政预算内的资金来投资，必然制约经济的发展。从 1979 年开始实行将拨款改为贷款的方法。1981 年起根据国务院批准的《关于实行基本建设拨款改贷款的报告》，在小范围内对实行独立核算、有还款能力的企业进行了试点。1980 年至 1984 年间，每年改为贷款的投资约占当年预算内投资的 10%。1984 年 10 月国务院决定，自 1985 年起，预算内基建投资全部改为贷款。1985 年 12

月，国家计委、财政部等部门颁发《调整预算内基本建设拨款改贷款范围等问题的若干规定》，决定从1986年起，对国防科研、行政事业单位、学校等10类没有偿还能力的建设项目，仍然恢复拨款办法，不再实行“拨改贷”。“拨改贷”的改革，破除了企业资金供应上的“大锅饭”，增强了投资者的经济责任，对于投资效益的提高有积极的促进作用。

随着金融市场的建立和发展，国家债券、企业债券、金融债券、股票等相继发行，开始出现各种形式集资活动。基本上形成了以银行信贷为主，多种方式并存，直接融资与间接融资相结合的融资结构，大大拓宽了融资渠道。

（四）改革投资项目管理体制

将责任制引入管理体制，1984年9月开始实行项目投资包干责任制，可分别采用四种形式对项目工程实行五包，即包投资、包工期、包质量、包主材料质量、包形成综合生产能力。到1987年，有160多个重点项目实行了各种形式的投资包干责任制，占当时组织建设重点项目的78%。

引入竞争机制，对建设项目实施招投标制度。1984年11月20日，国家计委和城乡建设部颁发的《建设工程招标投标暂行规定》要求，从1985年起，除国家保密工程和特殊工程外，凡经国家和省、市、自治区批准的建筑安装工程，均可以实行招投标。引入招投标制度，在建设工程中增强了竞争，使承包单位的经营管理方式得到改进。

投资体制的全面改革，改变了传统的投资体制；改善了不合理的投资结构，使投资主体和投资来源多元化，增强了投资决策的科学性。1988年，国务院原则上同意了《关于投资管理体制的近期改革方案》，提出要在加大地方的重点建设责任、扩大企业投资决策权、成立国家和地方投资公司、改进投资计划管理等7个方面进行改革，是一个比较系统、全面的改革方案。但由于我国自1988年下半年起进入了治理整顿时期，很多方面未能得到实施。

# 第二节　价格“双轨制”与价格改革闯关

1984年，中共十二届三中全会《关于经济体制改革的决定》指出：“价格是最有效的调节手段，合理的价格是保证国民经济活而不乱的重要条件，价格体系的改革是整个经济体制改革成败的关键。”可见，价格改革是中国经济体制改革的一个重要内容，推进价格改革是实现经济运行机制转轨的关键。价格改革同所有制改革一起，构成中国经济改革初期的两条主线。中共十二届三中全会以后，中国开始向牵一发而动全身的价格改革宣战。这在当时来说，既是一次前所未有的大胆改革尝试，也是计划经济向市场经济过渡中最为惊险的“一跃”。

## 一、1979～1984年：以调为主的探索性价格改革

中共中央很早就在酝酿价格改革问题了。但由于价格改革的风险太大，中央对此十分谨慎，价格改革的步子一直迈得不大。中国的价格改革最初是从农产品开始的，当时叫“解决工农产品的剪刀差”。通过调整不合理价格体系，为此后较大规模放开价格创造了条件。在这一时期，价格改革的主导思路是“完善计划价格体制”，重点是调整价格结构，对不合理的计划价格进行有升有降的调整；价格改革的方式是调放结合，以调为主。

第一，大幅度提高农产品收购价格。1978年年底，广州迈开农副产品放开价格第一步，率先恢复成立国营广州河鲜货栈，引进鱼货进城，议价成交。1979年，国家提价的有18种农产品，其中粮食和油料超购加价的幅度由30%扩大到50%，平均提价幅度达24.8%。1979～1981年，农副产品价格共提高38.5%，提价刺激了农产品增产和农民收入增加，农

民由此增收204亿元。①

第二，提高8种主要副食品价格。农产品收购价格提高后，从1979年11月起，国家适当地提高了猪肉、牛肉、羊肉、禽、蛋、蔬菜、水产品、牛奶八类主要副食品的零售价格，提价总金额42亿元，提高幅度30%左右。为稳定市场物价，保障职工生活水平，国务院决定给职工发放价格补贴，每人每月5元。

第三，有重点地调整部分生产资料出厂价格和交通运价。平均每吨统配煤厂销价格提高5.07元，同时陆续提高焦炭、钢材等原材料和农业生产资料的价格。1982年8月起，陆续调整了短途铁路运价和水运运价，修订了港口计价方法，逐步改善了运价和计费不合理状况。

第四，有升有降地调整纺织品价格，并降低部分轻工业品价格。1981年11月起降低涤棉布的价格，同时适当提高了部分烟酒价格。1983年，在有升有降、降大于升的方针指导下，再次降低化纤织品价格，适当提高棉纺织品价格。同时，为确保价格总水平的基本稳定，国务院还决定降低部分轻工产品和电子产品的价格。

1979～1984年，国务院先后对农产品、副食品、纺织品等进行六次调价。在调整价格体系的同时，对价格管理体制也进行了探索性的改革。主要是逐步下放价格管理权限，实行灵活多样的价格形式。包括放开部分日用小商品价格②，对部分电子产品和机械产品试行浮动价格，恢复三类农副产品议购议销政策，恢复和发展城乡集市贸易。

这一阶段的价格改革对改善产业和产品结构、提高效率都起到了积极的作用。1979～1984年是我国历史上农业发展最快时期。同1978年相比，1984年农业总产值增长71.5%，年均增长9.4%，其中粮食产量增长33.6%，年均增长5.0%，棉花增长近1.9倍，年均增长19.3%，都创造了历史最高水平。随着农产品和工业产品价值的调整，初步改善了工农产

① 苏星：《新中国经济史（修订本）》，中共中央党校出版社2007年版，第580页。

② 小商品，指那些产值小、品种规格繁多、生产及供应的时空性都很强的消费品，如发卡、针线等。

品交换的比价关系。①

## 二、1985～1986年：以放为主的全面性价格改革

1984年10月，中共十二届三中全会明确提出有计划商品经济理论，并对当时不合理的价格体系和价格管理体制进行了深刻分析，明确指出价格改革是整个经济改革的关键，要求在调整价格的同时，必须改革过分集中的价格管理体制，缩小国家统一定价范围，适当扩大有一定幅度的浮动价格和自由价格的范围。价格改革的重点便进入转换价格形成机制阶段，从调整价格结构为主转为改革过度集中的价格管理体制，从而确立了调放结合、以放为主的改革方式。

第一，放开绝大多数农产品购销价格。1985年初对农产品购销体制进行改革，对粮食取消统派购，实行合同定购和市场收购②。取消棉花统购，改为合同定购。放开城市蔬菜、肉禽等副食品收购价格，绝大部分农产品价格由市场调节。

第二，放开计划外生产资料价格，实行生产资料价格双轨制。1984年5月，国务院下发了《国务院关于进一步扩大国营工业企业自主权的暂行规定》，规定“工业生产资料属于企业自销的完成国家计划后的超产部分，一般不高于或低于20%的幅度内，企业有权自定价格，或由供需双方在规定幅度内协商定价”。从1985年1月起，国家开始取消了企业对超产自销的工业生产资料加价幅度一般不高于国家定价20%的限制，放开了计划外生产资料的价格，正式实行了生产资料由国家定价和市场调节价格并存的价格“双轨制”③。

第三，继续放开消费品价格。1985年，先后放开了缝纫机、手表、

① 根据《中国统计年鉴—1985》，中国统计出版社1985年版，第28、257页数据计算得到。

② 合同定购粮食国家按“倒三七”比例收购，即合同定购量中30%按原统购价，70%按原超购价，合同定购价格总水平比原统购价格高35%。

③ 价格“双轨制”，指同一产品在国家计划内的部分实行国家定价，国家计划外的部分实行市场调节价格。

自行车、收音机、电风扇以及名烟名酒等大部分消费品价格，实行企业定价。1986年9月，又放开了电冰箱、电视机、洗衣机、收录机等工业消费品价格。这样，绝大多数的工业消费品价格由市场形成。

经过1985年和1986年以放为主的价格改革，我国的价格改革取得了实质性的进展，国家定价的商品品种和数量不断减少，出现越来越多的灵活的市场价格形式。在全国零售商品总额中，改变单一国家定价局面，国家定价、国家指导价、市场调节价三种价格形式的比重，1985年分别是47%、19%、34%，而1988年分别是28%、21%、49%。[①]

## 三、1988年：价格改革“闯关”受挫

由于处在新旧体制交替阶段，加上“双轨制”价格体系在社会经济生活中造成很多问题，出现了“倒爷”、“官倒”等腐败现象，加上在投资过热、通货膨胀加剧情况下，物价难以稳定。1985～1987年三年间，全国零售物价上涨指数分别是8.8%、6.0%、7.3%，三年共上涨22.1%。[②]

1988年5月30日至6月1日，中共中央政治局在北京召开第九次全体会议，讨论全国经济体制改革和经济形势问题。会议提出，价格和工资制度改革需要有通盘的考虑和系统的方案。价格和工资制度改革，既要理顺关系、促进生产，又要使大多数群众生活水平逐步有所提高。会议决定要制定价格、工资改革的系统方案。会后，有关机构提出了关于价格、工资改革的初步方案。

经过前几个月的价格改革和物价调整，到7月份，物价上升幅度已达19.3%，创下历史最高纪录。在这种情况下，根据“特优放开、次优少提、一般不提”的原则，国务院又决定从7月28日起，放开中华、云烟等13个牌号的名烟，茅台、五粮液等13种名酒的价格。与此同时，国家

---

① 张宇：《中国模式：改革开放三十年以来的中国经济》，中国经济出版社2008年版，第51页。

② 国家统计局编：《中国统计年鉴—1988》，中国统计出版社1988年版，第777页。

还调整了生产资料价格，对统配煤矿采取若干政策性补助措施，征收了电力建设资金；等等。国家还进行了价格管理体制的改革，将部分商品的价格管理权限由国务院有关部门管理，下放给地方管理。同时，对地方管理的商品价格和劳务收费也进行了一些调整。

1988 年 8 月，中央政治局在北戴河召开扩大会议，讨论通过《关于价格、工资改革的初步方案》，提出价格改革“闯关”方案。会议认为，价格、工资改革实际上是改革的全面深化。价格改革的总方向是：少数重点商品和劳务价格由国家管理，绝大多数商品价格放开，由市场调节，以转换价格形成机制，逐步实现“国家调控市场，市场引导企业”的要求。根据各方面的条件和现实可能，此后五年左右的时间，价格改革的目标是：初步理顺价格关系，即解决对经济发展和市场发育有严重影响、突出不合理的价格问题。

尽管中央一再强调要“采取强有力措施综合治理通货膨胀”，由于物价持续上涨，老百姓已存在通货膨胀预期，中共中央政治局会议通过价格改革方案的消息一经传开，继 4、5 月的抢购风潮之后，各大中城市又掀起了一股更为凶猛的抢购风潮。受抢购风影响，8 月份居民提取储蓄存款 38914 亿元，比上年同期增长 1.3 倍，大大超出储蓄存款增长 70.3% 的幅度。1988 年 8 月末，银行储蓄存款金额比 7 月末减少 26 亿多元。与此同时，物价上涨加快，当年前三个季度全国物价指数上升 16%①，到年底，全国零售物价总指数和职工生活费用价格总指数分别达到 18.5% 和 20.7%。②

针对上述情况，8 月 30 日，国务院召开第 20 次常务会议，重提“稳定经济，深化改革”的方针。会议特别申明：价格改革方案中提到的“少数重要商品和劳务价格由国家管理，绝大多数商品价格放开，由市场调节”，指的是经过五年或更长一点时间的努力才能达到的长远目标。这

① 张卓元：《中国价格改革三十年：成效、历程与展望》，载《经济纵横》2008 年第 12 期。
② 国家统计局编：《中国统计年鉴—1989》，中国统计出版社 1989 年版，第 687 页。

图11.3　1988年9月10日，武汉青山友谊商店，
人们隔着铁栅栏抢购黄金首饰

次会议，为1988年的价格改革闯关画上了句号。虽然价格“闯关”未成，但通过价格的调整和改革，人们认识到不能单纯地调整或放开价格，而是要建立适应生产力发展的价格形成机制和价格调控机制，这为接下来进一步价格改革和建立社会主义市场价格体制奠定了基础。

## 第三节　国民经济高速发展与治理整顿

1984～1991年，我国经济在波动中快速增长。这一时期是通货膨胀最为严重的时期，也是人们的生活水平提高最快的时期。扩权让利、激发生产积极性的经济体制改革使得地方和企业获得了更大的自主权和利益，投资和需求的膨胀带来了经济过热和物价的快速上涨，国家不得不采取包括行政干预在内的一系列治理整顿措施调控经济。

## 一、国民经济的增长与波动

### （一）国民经济运行状况

中共十二届三中全会确定了有计划的商品经济改革方向，开始了全面的经济体制改革，极大地促进了经济建设的高潮，超额完成了“七五”计划，国民经济上了一个新台阶。

1985～1991年是我国经济高速发展的时期。按可比价格计算，1991年与1985年相比，我国国内生产总值增长59.5%，年均增长8.1%；第一产业增长25.6%，年均增长3.9%；第二产业增长84.6%，年均增长10.8%；第三产业增长70.3%，年均增长9.3%。①

1984年经济出现过热，通过财政和货币双紧的政策，经济增长恢复到正常轨道，到1988年又出现新的经济过热，1988年开始进行治理整顿，经济增长幅度又大幅度下降。由1988年的11.3%下降到1989年的4.4%，经历了一段时间的经济低迷和市场疲软，1991年才开始回升进入新的增长期。图11.4给出了我国1985～1991年国内生产总值和增长速度走势情况。

农业生产受到经济波动的影响，但是也实现了较快速度的增长。1991年农业总产值达到8157亿元，按可比价格计算，比1985年增长30.8%，6年年均增长4.6%。主要农产品在20世纪90年代初期都达到了历史最高产量。1991年的粮食产量比1985年增长14.8%，平均每年产量增加936.3万吨。农村养殖由于联产承包责任制得到大力发展，1991年的肉类产量比1985年增加63.2%，平均每年增长产量203万吨。② 表11.1给出了我国1985～1991年主要农产品产量。

---

① 国家统计局编：《新中国五十年统计资料汇编》，中国统计出版社1999年版，第5页。

② 根据《中国经济年鉴—1992》，中国统计出版社1992年版，第47、49页数据计算得到。

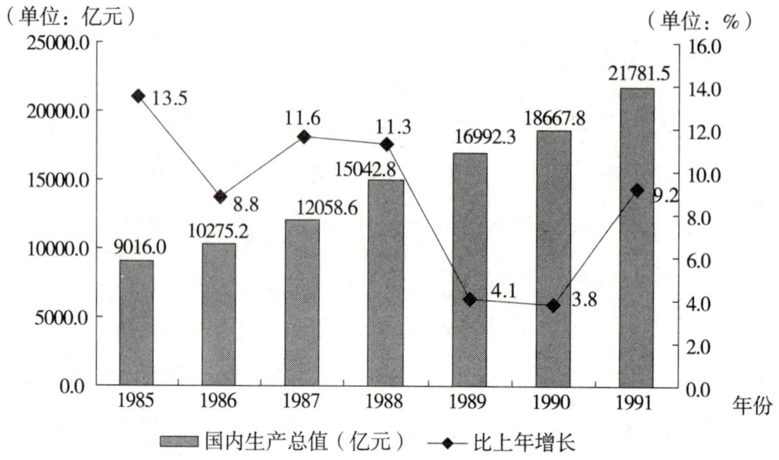


图11.4　1985～1991年国内生产总值及其增长速度

注：国内生产总值的绝对数按现价计算，增长速度按不变价格计算。
（资料来源：《中国统计年鉴—2008》，中国统计出版社2008年版，第37、40页）

表11.1　1985～1991年我国主要农产品产量

（单位：万吨）

| 年份 | 粮食 | 棉花 | 油料 | 甘蔗 | 甜菜 | 肉类 | 奶类 | 水产品 |
|---|---|---|---|---|---|---|---|---|
| 1985 | 37910.8 | 414.7 | 1578.4 | 5154.9 | 891.9 | 1926.5 | 289.4 | 705.2 |
| 1986 | 39151.0 | 354.0 | 1473.8 | 5021.9 | 830.6 | 2112.4 | 332.9 | 823.6 |
| 1987 | 40298.0 | 424.5 | 1527.8 | 4736.3 | 814.0 | 2215.5 | 378.8 | 955.4 |
| 1988 | 39408.0 | 414.9 | 1320.3 | 4906.4 | 1281.0 | 2479.5 | 418.9 | 1060.9 |
| 1989 | 40755.0 | 378.8 | 1295.2 | 4879.5 | 924.3 | 2628.5 | 435.8 | 1151.7 |
| 1990 | 44624.3 | 450.8 | 1613.2 | 5762.0 | 1452.5 | 2857.0 | 475.1 | 1237.0 |
| 1991 | 43529.3 | 567.5 | 1638.3 | 6789.8 | 1628.9 | 3144.4 | 524.3 | 1350.8 |

（资料来源：《中国经济统计—1992》，中国统计出版社1992年版，第358～361、370、375页）

与1985年相比，1991年工业总产值由9716亿元增加到28248亿元，按可比价格计算，年均增长13.4%。轻工业产值1991年达到13801亿元，比1985年增长2.02倍，按可比价格计算，6年年均增长14.2%。人民的生活需要基本得到满足，甚至部分产品开始出现结构性过剩，受消费需求变动的影响，新老轻工业品的需求迥然不同，表现出以家电产品为代表的耐用消费品需求迅速增加。重工业产值 1991 年达到 14447 亿元，比 1985 年增长 1.8 倍，按可比价格计算，年均增长 12.6%。①

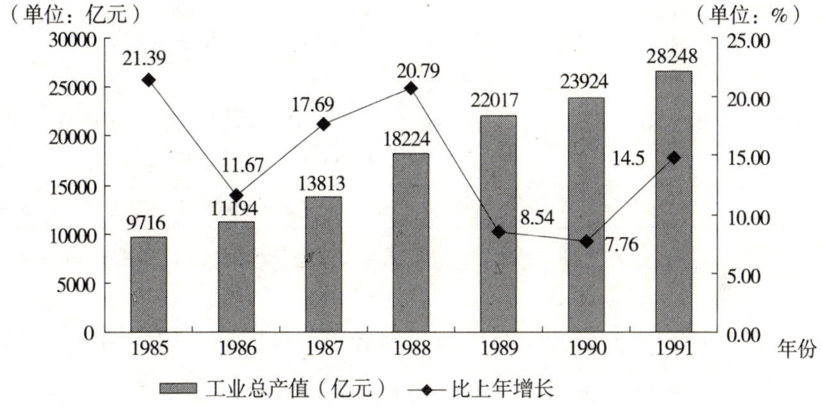


图 11.5　1985～1991 年工业总产值和增长速度

（资料来源：《中国统计年鉴—1992》，中国统计出版社 1992 年版，第 54、56 页）

20 世纪 80 年代中后期，我国钢铁生产进入高速增长期，钢产量 1985 年达到 4679 万吨，1989 年超过 6000 万吨，1991 年超过 7000 万吨，达到 7100 万吨，比 1985 年增长 51.7%，平均每年增长 403.5 万吨。到 90 年代初，我国钢产量已位居世界第四位，钢铁的短缺状况已得到根本性的扭转。汽车等耐用品需求量也开始增大，汽车产量由 1985 年的 43.72 万辆增加到 1991 年的 71.42 万辆，增长 63.4%。可见人们的生活水平在步步提高，对高档耐用品消费需求在增大。②

① 国家统计局编：《中国统计年鉴—1992》，中国统计出版社 1992 年版，第 54、56 页。

② 国家统计局编：《中国统计年鉴—1992》，中国统计出版社 1992 年版，第 441、443 页。

表11.2　1985～1991年我国主要工业品产量

| 年份 | 原煤（亿吨） | 原油（万吨） | 发电量（亿千瓦时） | 钢（万吨） | 水泥（万吨） | 硫酸（万吨） | 化肥（万吨） | 发电设备（万千瓦） | 汽车（万辆） |
|---|---|---|---|---|---|---|---|---|---|
| 1985 | 8.72 | 12490 | 4107 | 4679 | 14595 | 676.4 | 1322.2 | 563.6 | 43.72 |
| 1986 | 8.94 | 13069 | 4495 | 5220. | 16606 | 763.1 | 1359.7 | 722.4 | 36.98 |
| 1987 | 9.28 | 13414 | 4973 | 5628 | 18625 | 983.3 | 1672.2 | 941.1 | 47.18 |
| 1988 | 9.80 | 13705 | 5452 | 5943 | 21014 | 1111.3 | 1740.2 | 1109.3 | 64.47 |
| 1989 | 10.54 | 13764 | 5848 | 6159 | 21029 | 1153.3 | 1802.5 | 1174.0 | 58.35 |
| 1990 | 10.80 | 13831 | 6212 | 6653 | 20971 | 1196.9 | 1879.7 | 1225.4 | 51.40 |
| 1991 | 10.87 | 14099 | 6775 | 7100 | 25261 | 1332.9 | 1979.5 | 1164.2 | 71.42 |

（资料来源：《中国统计年鉴—1992》，中国统计出版社1992年版，第438～443页）

1985～1991年间是我国对外开放发展十分迅速的时期，进出口贸易总额和吸引外资都有很快的发展。按人民币计算，1991年进出口贸易总额达到7225.8亿元，比1985年的2066.7亿元增长2.49倍。我国进出口贸易总额占世界进出口贸易总额的比重，由1985年的1.77%上升到1992年的3.04%。我国的外贸依存度由1985年的24.2%提高到1992年的38%。[①] 出口的增长拉动了国内需求，进口的增长有利于我国产业结构升级和引进先进技术和管理经验。表11.3是1985～1991年我国进出口贸易总额的情况。

这一时期我国实际利用外资也有很大的发展。1979～1984年签订利用外资协议3365个，实际利用外资171.43亿美元，其中外商直接投资30.6亿美元。1985～1992年签订利用外资88178个，实际利用外资816.87亿美元，其中外商直接投资312.95亿美元。[②]

① 董辅礽主编：《中华人民共和国经济史》（下卷），经济科学出版社1999，第299页。
② 国家统计局编：《中国统计年鉴—1993》，中国统计出版社1993年版，第647页。

表 11.3　1985～1991 年我国进出口贸易总额

| 年份 | 按人民币计算（亿元） | | | | 按美元计算（亿美元） | | | |
|---|---|---|---|---|---|---|---|---|
| | 总额 | 出口总额 | 进口总额 | 差额 | 总额 | 出口总额 | 进口总额 | 差额 |
| 1985 | 2066.7 | 808.9 | 1257.8 | -448.9 | 696.0 | 273.5 | 422.5 | -149.0 |
| 1986 | 2580.4 | 1082.1 | 1498.3 | -416.2 | 738.5 | 309.4 | 429.1 | -119.7 |
| 1987 | 3084.2 | 1470.0 | 1614.2 | -144.2 | 826.5 | 394.4 | 432.1 | -37.7 |
| 1988 | 3821.8 | 1766.7 | 2055.1 | -288.4 | 1027.9 | 475.2 | 552.7 | -77.5 |
| 1989 | 4155.9 | 1956.0 | 2199.9 | -243.9 | 1116.8 | 525.4 | 591.4 | -66.0 |
| 1990 | 5560.1 | 2985.8 | 2574.3 | 411.5 | 1154.4 | 620.9 | 533.5 | 87.4 |
| 1991 | 7225.8 | 3827.1 | 3398.7 | 428.4 | 1356.3 | 718.4 | 637.9 | 80.5 |

（资料来源：《中国统计年鉴—1997》，中国统计出版社 1997 年版，第 588 页）

由于我国长期实行的是计划控制的物价政策，改革开放以前的除了 1951 年和 1961 年物价上涨较快外，其他年份物价上涨幅度很小，基本稳定在 2% 左右。1985 年以后物价上涨和波动幅度加快，特别是 1988 年的通货膨胀造成物价同比增长 18.5%，1989 年达到 17.8% 的涨幅，成为新中国成立以来最快的一次涨幅，对我国经济造成了不小影响。

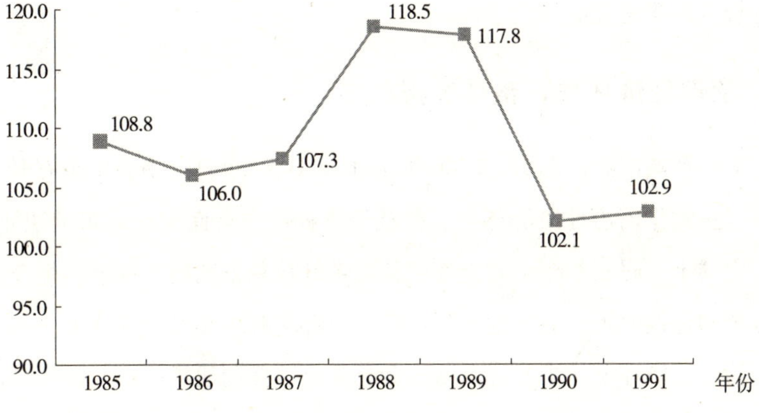


图 11.6　1985～1991 年全国零售物价总指数（上年 =100）
（资料来源：国家统计局编：《中国统计年鉴—1992》，中国统计出版社 1992 年版，第 237 页）

### （二）经济过热和通货膨胀

1984年第四季度我国出现经济过热后，国家曾以“软着陆”的方式缓解经济生活中的供求失衡矛盾，但财政、信贷“双紧”政策仍然没有有效制止通货膨胀，到1988年，整个国民经济处于严重波动状态，最突出的表现是投资和消费需求双膨胀，物价急剧上涨。

1985年，全社会固定资产投资2543.19亿元，比1984年增加710.1亿元，增长了38.7%，到1988年急剧增加到4496.54亿元。由于工业发展过快，全社会固定资产投资过旺，使得信贷和货币投放过多。1985年到1988年，银行各项贷款平均每年增加1533亿元，增长24.3%，货币投放平均每年增加336亿元，增长28.1%。其中光1988年货币投放新增680亿元。[①] 这一时期，居民的人均收入有了显著增长，使得消费需求的各项指标的增长都在两位数以上。

投资需求的膨胀和货币投放的过多，引起消费品和生产原材料供应紧张，导致商品零售物价总指数由2.8%急剧上升到1988年的18.5%。就1988年来说，1月份零售物价总指数涨幅为9.5%，2月份上升到11.2%，到7月份已提高到19.3%，并造成了一度的抢购和挤兑潮。[②] 治理整顿经济环境和秩序势在必行。

## 二、治理经济环境，整顿经济秩序

面对严峻的经济形势，1988年9月15日至21日，中共中央召开工作会议，正式作出治理经济环境、整顿经济秩序、全面深化改革的决定。9月，中共十三届三中全会确定在坚持改革开放总方向的前提下，把今后两年改革和建设的重点突出地放到治理经济环境和整顿经济秩序上来。

治理经济环境，主要是压缩社会总需求，抑制通货膨胀。整顿经济秩序，主要是整顿流通领域中出现的各种混乱现象。把新旧体制转换时期的

---

① 《中国统计年鉴—1992》，中国统计出版社1992年版，第145、656页。
② 苏星：《新中国经济史（修订本）》，中共中央党校出版社2007年版，第589页。

宏观调控结合起来，综合运用经济的、行政的、法律的手段进行宏观调控。

第一，重点压缩社会总需求，缓解社会总供给与总需求的矛盾。首先，压缩全社会固定资产投资，对重点企业采取倾斜政策，合理调节投资结构。1989 年全社会固定资产投资 4410.4 亿元，比 1988 年减少 343.4 亿元。增长速度由 1988 年的 25.4% 猛降到 7.2%。其次，控制消费需求过快增长，特别是压缩社会集团购买力。包括严格审批和掌握专控商品的购买，对机关团体、企事业单位设立的“小金库”① 进行清理和检查，同时控制职工的工资增长幅度。再次，提高利率，开办保值储蓄，鼓励储蓄。储蓄存款有了较大幅度增长，1989 年储蓄存款余额达 5146.9 亿元，净增加 1345.4 亿元，比 1988 年增长 35.4%。

第二，实行财政金融双紧政策。根据国务院发布的《关于整顿税收秩序，加强税收管理的决定》，在全国范围开展清理各项减免税优惠待遇的工作。并且开始征收部分产品的特别消费税，实行紧缩的财政政策。1989 年，金融宏观调控主要目标是紧缩银根，稳定金融。对金融机构贷款实行“限额控制，以存定贷”和“全年亮底、按季监控、按月考核、适时调节”的办法。中央银行还整顿金融机构和金融市场的投融资行为，强化监督和管理。

财政金融的双紧政策取得了一定的效果。1989 年财政收入增长 12.2%，高于 1988 年的增长速度 1.3 个百分点。贷款规模为 12409.27 亿元，比 1988 年增长 17.6%。银行现金收入增长 17.5%，比现金支出高 4.3 个百分点，因而现金投放大大减少，1989 年为 210 亿元，比 1988 年减少 469.5 亿元。②

第三，清理和整顿各类公司，政企分开，官商分开，惩治“官倒”，

---

① 小金库，指违反国家财经法规及其他有关规定，侵占、截留国家和单位收入，化大公为小公、化小公为私有，未在本单位财务会计部门列收列支或未纳入预算管理、私存私放的各种资金。

② 国家统计局编：《中国统计年鉴—1992》，中国统计出版社 1992 年版，第 215、656 页。

加强市场物价监督和管理，对国家管理的价格实行提价特批办法，对消费品和生产资料价格进行整顿。

经过各方面的努力，经济过热和通货膨胀得到有效遏制。1989年国民生产总值增长4.0%，比1988年下降了7.0个百分点，其中工业增长速度从1988年的15.3%下降到1989年的5.1%。社会总供给与总需求的矛盾得到了大大缓解。1989年全国零售物价总水平为17.8%，比1988年下降了0.7个百分点。虽然物价总指数还很高，但是1989年呈现出逐月回落的趋势，稳定了全国人民通货膨胀造成的恐慌心理。①

治理整顿使国民经济摆脱了剧烈波动的困境，促进了经济、社会和政治的稳定。为了解决治理带来的市场疲软和工业生产的低速增长，1990年3月开始，国家决定调整宏观调控方向，实行积极的经济政策，增加社会总需求来启动市场，保持国民经济的持续平稳较快增长。1990年下半年，经济形势开始好转，但是，经济生活中的一些深层次问题并没有得到根本解决，还产生了一些新的问题。

1992年3月，七届全国人大五次会议宣布，“治理整顿的主要任务已经基本完成，作为经济发展的一个特定阶段可以如期结束。这三年治理整顿之所以进行得比较顺利，是同改革开放以来我国经济实力有了很大增强分不开的。改革开放保证了治理整顿任务的顺利完成，治理整顿又为改革开放迈出更大步伐创造了有利条件”②。

---

① 国家统计局编：《中国统计年鉴—1991》，中国统计出版社1991年版，第31、231页。
② 中共中央文献研究室编：《十三大以来重要文献选编》（下），人民出版社1993年版，第1989页。

# 第五篇

## 全面建立市场经济体制时期的中国经济

(1992～2002年)

纵观改革开放,1992 年邓小平的南方谈话和中共十四大是一个里程碑。此前的十四年,我国的改革开放发动与起步、逐步全面展开,在实践中探索,“摸着石头过河”;此后十年是“很不寻常”和“很不平凡”的十年,由于明确了建立社会主义市场经济体制的改革目标,我国经受住了各种困难和风险的考验,国民经济持续快速健康发展,社会主义市场经济体制初步建立。形势逼人,不进则退。我们坚定地站在时代潮流的前头,高举邓小平理论伟大旗帜,承前启后,继往开来,与时俱进,不断开拓创新,沿着中国特色社会主义道路胜利前进,努力实现中华民族的伟大复兴。①

---

①《中国共产党第十七次全国代表大会文件汇编》,人民出版社 2002 年版,第 1 ~ 2 页。

# 第十二章

# 确立社会主义市场经济体制目标

“要发展生产力，经济体制改革是必由之路。”① 我国经济体制改革确定什么样的目标，这是关系整个社会主义现代化建设全局的一个重大问题。这个问题的核心是正确认识和处理计划与市场的关系。长期以来，无论是马克思主义经济学还是西方经济学，一直认为计划经济是社会主义经济制度的基本特征，而市场经济是资本主义经济制度的基本特征。邓小平在总结我国经济发展过程中的经验教训和改革开放实践中的新鲜经验的基础上，对计划经济和市场经济的问题，进行了新的思考，得出了新的结论。社会主义市场经济理论的提出，为建立社会主义市场经济体制奠定了坚实的理论基础。

## 第一节　邓小平南方谈话和中共十四大召开

中共十一届三中全会以来，党领导全国各族人民实行改革开放，进一

---

①《邓小平文选》第3卷，人民出版社1993年版，第138页。

步解放和发展生产力，开辟了社会主义现代化建设的新时期。我们之所以能够取得举世瞩目的巨大成就，根本原因是坚持把马克思主义基本原理同中国具体实际相结合，逐步形成和发展了建设有中国特色社会主义理论，制定和实行了党在社会主义初级阶段的基本路线。邓小平为这一理论和路线的创立作出了历史性的重大贡献。

## 一、姓“资”姓“社”大争论

如今看来理所当然的事情，当年却有过不平常的故事。比如承包、租赁等问题，都要拔到姓“资”还是姓“社”的高度来讨论。所谓的“社”就是指生产资料公有制，所谓的“资”自然是指生产资料私有制。

引发姓“资”姓“社”讨论的是辽宁省的关广梅。在改革之初就出现过“雇工问题”的争论。关广梅的情况与雇工问题有关，也与关广梅个人收入节节升高有关。1987年6月12日，《经济日报》刊登了关广梅的来信：“俺无论如何不能理解：过去微利、亏损，甚至连工资都发不出的企业反而是社会主义，现在有了利润的企业反而是资本主义，真是怪事!”

1987年6月13日，《经济日报》刊出了长篇通讯《关广梅现象》和《本溪市委、市政府的一封吁请信》，文章以“本溪出了个关广梅”开头，既描写了关广梅实行改革过程中取得的种种成绩，更真实地反映了她在改革中面临的阻力和困惑。随后通过多篇深度系列报道，在全国掀起了一场商业企业实行个人承包、租赁和租赁群体的经营方式是社会主义的，还是资本主义的，即所谓姓“社”姓“资”的大讨论。大讨论历时40多天。舆论最终站到了关广梅一边。1987年10月，关广梅被选为中国共产党第十三次全国代表大会代表。

争论并没有结束，仅仅是开始。从1989年下半年起，“左”的思想又回潮了。姓“资”姓“社”的大争论引向了对改革开放的质疑。1989年以后，要计划还是要市场已经成了一个“姓‘资’还是姓‘社’”的问题。一些理论文章要求人们凡事都要问一问姓“资”姓“社”。的确，要承认计划经济的试验失败，需要一种极大的勇气；要改变人们头脑中根深蒂固的观念，需要从狂热和痴迷中冷静下来，深刻反思和解放思想。争论自然在所难免。

在中共十三届七中全会召开前夕的 1990 年 12 月 24 日，邓小平同中央几位负责人谈话，针对国内刚刚掀起的问一问姓“资”姓“社”、反对市场经济的势头，他说：“我们必须从理论上搞懂，资本主义与社会主义的区分不在于是计划还是市场这样的问题。社会主义也有市场经济，资本主义也有计划控制。资本主义就没有控制，就那么自由？最惠国待遇也是控制嘛！不要以为搞点市场经济就是资本主义道路，没有那么回事。计划和市场都得要。不搞市场，连世界上的信息都不知道，是自甘落后。”①

1991 年 1 月 28 日至 2 月 18 日，邓小平视察上海。针对“左”的势力抬头，改革开放声音微弱的情况，邓小平语重心长地对上海市负责同志说：“改革开放还要讲，我们的党还要讲几十年。”邓小平对一些人提出问一问姓“资”姓“社”很不以为然，他说：“当时提出农村实行家庭联产承包，有许多人不同意，家庭承包还算社会主义吗？嘴里不说，心里想不通，行动上就拖，有的顶了两年，我们等待。”邓小平再次提出要在计划与市场的问题上解放思想，他说：“不要以为，一说计划经济就是社会主义，一说市场经济就是资本主义，不是那么回事，两者都是手段，市场也可以为社会主义服务。”“希望上海人民思想更解放一点，胆子更大一点，步子更快一点。”②

时任上海市委书记朱镕基在市委常委会上传达了邓小平讲话精神后，上海《解放日报》社党委书记周瑞金与社报评论部负责人凌河、中共上海市委研究室施芝鸿三人，以“皇甫平”（黄埔江边的评论之

①《邓小平文选》第 3 卷，人民出版社 1993 年版，第 364 页。
②《邓小平文选》第 3 卷，人民出版社 1993 年版，第 367 页。

意）为笔名[①]，于1991年2月15日（大年初一）、3月2日、3月22日、4月22日，分别在《解放日报》发表了《做改革开放的“带头羊”》、《改革开放要有新思路》、《扩大开放的意识要更强些》、《改革开放需要大批德才兼备的干部》四篇评论。

皇甫平写的这四篇文章，围绕解放思想以深化改革、扩大开放这个中心，从锐意推进改革开放，到破除“新的思想僵滞”——姓“资”姓“社”；从发展市场经济，到如何选人用人，相互呼应，由总而分，反复阐明，一再明示，宣传了邓小平的最新思想，形成了一个推进改革的完整舆论先导系列。

## 二、邓小平南方谈话：发展才是硬道理

改革开放以后，我国经济取得了巨大的成就。1990年，国内生产总值（GDP）达到18667.8亿元，是1978年3645.2亿元的5.1倍；财政收入达到2937.10亿元，是1978年1132.26亿元的2.6倍；进出口总额达到1154.4亿美元，是1978年206.4亿美元的5.6倍；全国城乡居民储蓄存款余额达到7119.8亿元，比1978年210.6亿元增长33.8倍。人民生活水平也有了显著提高，城乡居民家庭收入普遍提高。在1978年，农村居民家庭人均纯收入为133.6元，城镇居民家庭人均可支配收入为343.4元；到了1990年，两个数字分别达到686.3元和1510.2元，比1978年分别增长4.14倍和3.40倍。[②]

当然，我们也必须看到，在改革开放的过程中，由于我国经济建设的经验不足，经济领域也出现了一些问题，以致国营企业负担加重，举步维

① 另有一说。何为“皇甫平”？许多人把“皇甫平”解释为“黄浦江评论”的谐音，这并不错。但又不仅仅是这个意思。周瑞金解释说，我之所以取此笔名，是经过深入思考的。这个“皇”字，按照我家乡闽南话的念法，与“奉”字谐音。这个“甫”，不念“浦”，而读“辅”。我选这个“甫”，就是取有辅佐的意思。奉人民之命，辅佐邓小平，这就是“皇甫平”笔名的深层含义。陆幸生：《“皇甫平”文章发表的前前后后——访人民日报原副总编辑周瑞金》，载《南方周末》2003年2月27日第1版。

② 国家统计局编：《中国统计年鉴—2008》，中国统计出版社2008年版，第37、261、708、317页。

艰，农业经济的发展相对迟滞，陷于徘徊不前的局面。经过三年的紧缩、调整和经济衰退之后，进入1992年新春，中国大地又焕发出了改革和发展的新生机。与此同时，国际政治环境也出现了剧烈变动。1989年，东欧国家相继发生巨变。1991年年底，世界第一个社会主义国家苏联宣布解体。苏东巨变，对于社会主义中国来说，是一场前所未有的冲击。中国正在进行的改革，是社会主义的改革，还是资本主义的改革？“左”的思想泛滥一时，人们心头充满了疑云。

思想和理论上的混乱，已经严重影响到改革开放的进程。就在媒体关于姓“资”姓“社”这个问题争得如火如荼之时，1992年1月18日，中国改革开放的总设计师邓小平以88岁高龄，再次踏上了视察南方的路途。1月18日至2月21日，邓小平到武昌、深圳、珠海、上海等地视察，并进行了多次谈话，这些谈话内容被统称为“南方谈话”。

邓小平南方谈话对社会主义现代化建设的一系列理论问题作了全面精辟的阐述。谈话的内容主要有六点：

第一，革命是解放生产力，改革也是解放生产力。要坚持中共十一届三中全会以来的路线、方针、政策，关键是坚持党的“一个中心、两个基本点”。基本路线要管一百年，动摇不得。

第二，要加快改革开放的步伐，不要纠缠于姓“资”还是姓“社”的问题讨论。改革开放的判断标准主要看是否有利于发展社会主义社会的生产力，是否有利于增强社会主义国家的综合国力，是否有利于提高人民的生活水平。中国要警惕右，但主要是防止“左”。计划和市场不是社会主义与资本主义的本质区别。

第三，发展才是硬道理，要抓住有利时机，集中精力把经济建设搞上去。发展经济必须依靠科技和教育，科学技术是第一生产力。

第四，坚持两手抓，两手都要硬。在整个改革开放过程中，必须始终注意坚持四项基本原则，反对资产阶级自由化。

第五，正确的政治路线要靠正确的组织路线来保证，要注意培养人，按照“四化”标准选拔人才进入领导层。要反对形式主义，学马列要精，

图12.1　1992年1月，邓小平视察南方途经武昌站　侯根水摄

要管用。

第六，坚持社会主义信念，社会主义在经历了一个曲折的发展过程后必然代替资本主义，这是社会历史发展不可逆转的总趋势。①

邓小平视察南方的重要谈话分析了当时的国际国内形势，科学地总结了中共十一届三中全会以来改革开放和现代化建设的基本实践和基本经验，进一步阐明了改革开放的重大意义，阐述了建立社会主义市场经济理论的基本原则，从理论上深刻回答了长期困扰和束缚人们思想的许多重大认识问题，是把改革开放和现代化建设推向新阶段的又一个解放思想、实事求是的宣言书。这对我国的改革开放和社会主义现代化建设，对开好中共十四大，都具有重大而深远的意义。

## 三、中共十四大：改革的目标是建立社会主义市场经济体制

1992年10月12日至18日，中共十四大召开。江泽民在政治报告中总结了十一届三中全会以来14年的实践经验，决定抓住机遇，加快发展；确立我国经济体制改革的目标是建立社会主义市场经济体制；提出用邓小平建设有中国特色社会主义理论武装全党，概括了建设有中国特色社会主义理论的主要内容；提出了90年代改革和建设的主要任务。

①《邓小平文选》第3卷，人民出版社1993年版，第370~383页。

十四大报告宣布：我国经济体制改革的目标是建立社会主义市场经济体制。报告明确指出："我们要建立的社会主义市场经济体制，就是要使市场在社会主义国家宏观调控下对资源配置起基础性作用，使经济活动遵循价值规律的要求，适应供求关系的变化；通过价格杠杆和竞争机制的功能，把资源配置到效益较好的环节中去，并给企业以压力和动力，实现优胜劣汰；运用市场对各种经济信号反应比较灵敏的优点，促进生产和需求的及时协调。同时也要看到市场有其自身的弱点和消极方面，必须加强和改善国家对经济的宏观调控。"报告说：在所有制结构上，以公有制包括全民所有制和集体所有制经济为主体，个体经济、私营经济、外资经济为补充，多种经济成分长期共同发展，不同经济成分还可以自愿实行多种形式的联合经营。[①] 这些论述，使我国经济体制改革的目标由十二届三中全会提出的公有制基础上的有计划商品经济，发展为社会主义市场经济，这是理论认识上的又一个飞跃，对我国正在进行的经济体制改革有重大的指导意义。

十四大作出了三项具有深远意义的决策：第一，抓住机遇，加快发展的决策和战略部署。十四大指出，我国经济能不能加快发展，不仅是重大的经济问题，而且是重大的政治问题。因此，十四大对经济发展速度作了大幅度的调整，决定将90年代我国经济的发展速度，由原定的国民生产总值平均每年增长6%调整为增长8%至9%。十四大还对加快经济发展作出了战略部署，提出了必须努力实现关系全局的十个方面的主要任务。

第二，确立社会主义市场经济体制的改革目标。十四大指出，我国经济体制改革确定什么样的目标模式，是关系整个社会主义现代化建设全局的一个重大问题。这个问题的核心，是正确认识和处理计划与市场的关系。十四大在党的历史上第一次明确提出了建立社会主义市场经济体制的目标模式。把社会主义基本制度和市场经济结合起来，建立社会主义市场

---

① 中共中央文献研究室编：《十四大以来重要文献选编》（上），人民出版社1996年版，第19页。

经济体制，是前无古人的创举。

第三，确立了邓小平建设有中国特色社会主义理论在全党的指导地位。这是十四大最突出的特点和最重要的贡献。邓小平同志是我国社会主义改革开放和现代化建设的总设计师，对建设有中国特色社会主义理论的创立，作出了历史性的重大贡献。十四大对建设有中国特色社会主义理论的主要内容作了概括，并将这一理论及以此为基础的党的基本路线写进了党章。

## 第二节 社会主义市场经济理论在实践中发展

1992年邓小平南方谈话以来，中国共产党有关中国社会主义经济理论的探索进一步深化和拓展，中国社会主义经济理论逐渐深化、成熟和完善。中共十六大报告指出："在社会主义条件下发展市场经济，是前无古人的伟大创举，是中国共产党人对马克思主义发展做出的历史性贡献，体现了我们党坚持理论创新、与时俱进的巨大勇气。由计划经济体制向社会主义市场经济体制的转变，实现了改革开放新的历史性突破，打开了我国经济、政治和文化发展的崭新局面。"① 这一科学论断，全面深刻地揭示了建立社会主义市场经济体制的伟大意义。社会主义市场经济理论的提出与形成，是以邓小平、江泽民同志为核心的党的两代中央领导集体艰辛探索的智慧结晶。

### 一、从计划经济到社会主义市场经济的转变

改革开放初期，我们进行经济体制改革的首要任务就是要彻底转变传

---

①《十六大报告辅导读本》，人民出版社2002年版，第5、6页。

统计划经济体制那种统得过多过死，经济缺乏活力，我国经济面临崩溃边缘的严峻局面，所以，我们的改革开放政策首先在“放”字上做文章，逐步走上了一条市场取向的改革之路。中共十二大提出“计划经济为主，市场调节为辅”；十二届三中全会指出商品经济是社会经济发展不可逾越的阶段，我国社会主义经济是公有制基础上的有计划的商品经济；十三大提出社会主义有计划商品经济体制应该是计划与市场内在统一的体制；十三届四中全会后，提出建立适应有计划商品经济发展的计划经济与市场调节相结合的经济体制和运行机制改革目标，等等。

邓小平作为我国改革开放的总设计师，及时总结改革开放实践中创造的新鲜经验和理论探索成果，首先提出了“社会主义也可以搞市场经济”的重要思想，为我国确立社会主义市场经济体制的改革目标作出了重大贡献。1992 年初，邓小平视察南方时进一步指出：“计划多一点还是市场多一点，不是社会主义与资本主义的本质区别。计划经济不等于社会主义，资本主义也有计划；市场经济不等于资本主义，社会主义也有市场。计划和市场都是经济手段。”①

邓小平这一系列科学论断，纠正了把市场经济等同于资本主义，把计划经济等同于社会主义的传统观念，消除了人们对计划和市场姓“资”姓“社”的顾虑，打开了在社会主义条件下发展市场经济的新思路，大大解放了人们的思想，使人们的认识提高到一个新的层次。从 20 世纪 70 年代末到 90 年代初，邓小平多次论述了“社会主义的市场经济”问题，形成了有中国特色的社会主义市场经济理论。这一理论是中国社会主义市场经济实践的指导思想。

### （一）计划和市场都是经济手段

计划和市场的关系，是邓小平从改革开放之初起就一直在思考的重大问题。他说：“社会主义同资本主义比较，它的优越性就在于能做到全国一盘棋，集中力量，保证重点。缺点在于市场运用得不好，经济搞得不

①《邓小平文选》第 3 卷，人民出版社 1993 年版，第 373 页。

活。计划与市场的关系问题如何解决？解决得好，对经济的发展就很有利，解决不好，就会糟。”①

我国在一个很长的时期内照搬苏联模式。所谓苏联模式，就是在斯大林时期，在比较完整的计划经济理论、计划经济思想指导下建立的苏联经济体制。这些对其他社会主义国家产生了广泛而深刻的影响，也包括对我们国家的影响，导致把计划经济看做是社会主义的基本特征，把市场经济与资本主义等同起来，限制和否定市场的作用。我们不能否认，传统计划经济体制，在百废待兴、执政党威望崇高、人民群众的政治热情空前高涨的社会主义建设时期，有利于快速动员社会资源并集中用于关键部门的重点建设，在促进社会主义工业化和推动生产力发展方面发挥了积极作用，使我国的经济发生巨大的变化。但是，随着时间的推移和条件的变化，我们社会主义初期建设任务的完成，我国的经济规模不断扩大，经济联系日益增多，计划经济体制的那种决策高度统一而排斥市场作用，只靠行政命令配置资源，搞平均主义的弊端日益暴露出来，最终导致国民经济停滞不前。

邓小平明确提出，计划和市场都是经济手段。也就是说，在他看来，计划和市场都是资源配置方式，而不是基本经济制度。因此，不应把计划经济等同于社会主义经济，也不应把市场经济等同于资本主义经济。他说：“为什么一谈市场就说是资本主义，只有计划才是社会主义呢？计划和市场都是方法嘛。只要对发展生产力有好处，就可以利用。它为社会主义服务，就是社会主义的；为资本主义服务，就是资本主义的。”又说：“不要以为，一说计划经济就是社会主义，一说市场经济就是资本主义，不是那么回事，两者都是手段，市场也可以为社会主义服务。”②

### （二）社会主义也可以搞市场经济

如果认为市场经济是一种基本经济制度，而不只是一种资源配置方

---

①《邓小平文选》第3卷，人民出版社1993年版，第16～17页。

②《邓小平文选》第3卷，人民出版社1993年版，第203、367页。

式，就必然会认为市场经济与社会主义制度之间存在矛盾。反之，如果认为市场经济只是一种资源配置方式，而不是一种基本经济制度，就必然认为市场经济与社会主义制度之间不存在矛盾。

1986年10月23日，邓小平接见美国时代公司组织的美国高级企业家代表团，在回答该公司总编辑格隆瓦尔德提出的市场经济和社会主义制度之间是否存在矛盾这个问题时，邓小平说："社会主义和市场经济之间不存在根本矛盾。问题是用什么方法才能更有力地发展社会生产力。我们过去一直搞计划经济，但多年的实践证明，在某种意义上说，只搞计划经济会束缚生产力的发展。"①

既然市场经济是一种经济手段，或者说是一种资源配置方式，既然社会主义和市场经济之间不存在矛盾，那么，由此必然会逻辑地得出社会主义也可以搞市场经济的结论。

1979年11月26日，邓小平在接见美国不列颠百科全书出版公司编委会副主席吉布尼和加拿大麦吉尔大学东亚研究所主任林达光时，就提出了"社会主义也可以搞市场经济"这一著名论断。他说："市场经济不能说只是资本主义的。市场经济，在封建社会时期就有了萌芽。社会主义也可以搞市场经济。"②

（三）计划调节和市场调节相结合

在解决了社会主义也可以搞市场经济这个重大问题之后，另一个重大问题是如何处理计划调节与市场调节的关系。邓小平主张把二者结合起来。他说："把计划经济和市场经济结合起来，就更能解放生产力，加速经济发展。"③

在计划和市场的关系问题上，邓小平的思想既有始终不变的部分，又有不断发展变化的部分。

邓小平在计划和市场关系问题上不断发展变化的部分是关于要不要以

---

①《邓小平文选》第3卷，人民出版社1993年版，第148页。
②《邓小平文选》第2卷，人民出版社1994年版，第236页。
③《邓小平文选》第3卷，人民出版社1993年版，第148～149页。

计划经济为主的问题。在1979年11月26日提出“社会主义也可以搞市场经济”这一著名论断时，他说：“我们是计划经济为主，也结合市场经济。”① 在1987年2月6日同几位中央负责同志谈话时，在要不要以计划经济为主这个问题上，邓小平的思想发生了重要变化。他说：“我们以前是学苏联的，搞计划经济。后来又讲计划经济为主，现在不要再讲这个了。”②

在计划经济与市场调节相结合的问题上，从讲以计划经济为主，到不要再讲以计划经济为主，这是一次重大变化，也是一个重大突破。与这一思想变化相适应，1983年第1版《邓小平文选》第2卷中的“在计划经济指导下发挥市场调节的辅助作用”这个提法，在1994年第2版中改为“计划调节和市场调节相结合”。③ 邓小平在计划和市场关系问题上始终不变的部分是，坚持计划经济与市场调节相结合，强调这个不能改，并且强调今后仍要继续坚持。

（四）计划多一点还是市场多一点，不是社会主义与资本主义的本质区别

邓小平关于社会主义也可以搞市场经济的理论，在1992年视察南方的谈话中得到了最系统的论述。在谈话中，邓小平阐述了社会主义的本质，指出计划和市场不是社会主义与资本主义的本质区别。他说：“计划多一点还是市场多一点，不是社会主义与资本主义的本质区别。计划经济不等于社会主义，资本主义也有计划；市场经济不等于资本主义，社会主义也有市场。计划和市场都是经济手段。社会主义的本质，是解放生产力，发展生产力，消灭剥削，消除两极分化，最终达到共同富裕。就是要对大家讲这个道理。”④

邓小平区分了“资本主义的市场经济”和“社会主义的市场经济”。

---

①《邓小平文选》第2卷，人民出版社1994年版，第236页。
②《邓小平文选》第3卷，人民出版社1993年版，第203页。
③《邓小平文选》第2卷，人民出版社1994年版，第247页。
④《邓小平文选》第3卷，人民出版社1993年版，第373页。

他说："说市场经济只存在于资本主义社会，只有资本主义的市场经济，这肯定是不正确的。社会主义为什么不可以搞市场经济，这个不能说是资本主义。我们是计划经济为主，也结合市场经济，但这是社会主义的市场经济。"① 这一段话，既讲到"资本主义的市场经济"，又讲到"社会主义的市场经济"。

邓小平明确认为，"社会主义的市场经济"与"资本主义的市场经济"有相同之处，也有不同之处。相同之处是方法，不同之处是所有制。他说：社会主义的市场经济"虽然方法上基本上和资本主义社会的相似，但也有不同，是全民所有制之间的关系，当然也有同集体所有制之间的关系，也有同外国资本主义的关系，但是归根到底是社会主义的，是社会主义社会的。"②

邓小平提出了判断姓"资"还是姓"社"的标准："应该主要看是否有利于发展社会主义社会的生产力，是否有利于增强社会主义国家的综合国力，是否有利于提高人民的生活水平。"同时，他警告那些拿大帽子吓唬人的理论家和政治家："右可以葬送社会主义，'左'也可以葬送社会主义。中国要警惕右，但主要是防止'左'。……把改革开放说成是引进和发展资本主义，认为和平演变的主要危险来自经济领域，这些就是'左'。"③

邓小平把坚持社会主义的两个根本原则同向共产主义过渡联系起来，强调必须有共产主义理想和信念，强调进行共产主义理想教育的重要性，特别是对下一代下两代进行共产主义理想教育的重要性。他说："总之，一个公有制占主体，一个共同富裕，这是我们所必须坚持的社会主义的根本原则。我们就是要坚决执行和实现这些社会主义的原则。从长远说，最终是过渡到共产主义。……我们这些人的脑子里是有共产主义理想和信念的。要特别教育我们的下一代下两代，一定要树立共产主义的远大理想。

①《邓小平文选》第2卷，人民出版社1994年版，第236页。
②《邓小平文选》第2卷，人民出版社1994年版，第236页。
③《邓小平文选》第3卷，人民出版社1993年版，第372、375页。

一定不能让我们的青少年作资本主义腐朽思想的俘虏，那绝对不行。”①

## 二、中共十四大以来很不寻常的五年

以邓小平南方谈话和中共十四大为标志，中国社会主义改革开放和现代化建设事业进入新的发展阶段。

1993年11月，中共十四届三中全会审议通过了《中共中央关于建立社会主义市场经济体制若干问题的决定》，其基本内容包括：转换国有企业经营机制，建立现代企业制度；培育和发展市场体系；转变政府职能，建立健全宏观经济调控体系；建立合理的个人收入分配和社会保障制度；深化农村经济体制改革；深化对外经济体制改革，进一步扩大对外开放等。《决定》是对十四大提出的建立社会主义市场经济体制的目标和原则的具体化、系统化，它对有关的重大问题作出了明确的原则性规定，把社会主义市场经济的理论和实践大大推进了一步。

十四大以后，党领导全国各族人民解放思想，开拓进取，继续沿着有中国特色社会主义道路阔步前进。在建立社会主义市场经济体制的深刻变革进程中，既实现经济快速增长，又成功地进行宏观调控，在各个领域取得了巨大成就。

为落实抓住机遇，加快发展的决策，国务院调整经济发展计划，作出了加快发展的各项部署。1993年11月，中共十四届三中全会通过《关于建立社会主义市场经济体制若干问题的决定》，将十四大提出的经济体制改革目标和基本原则具体化。决定指出：社会主义市场经济体制是同社会主义基本制度结合在一起的，建立社会主义市场经济体制，就是要使市场在国家宏观调控下对资源配置起基础性作用。为实现这个目标，必须坚持以公有制为主体、多种经济成分共同发展的方针，进一步转换国有企业经营机制，建立适应市场经济要求，产权清晰、权责明确、政企分开、管理科学的现代企业制度。这个决定勾画了社会主义市场经济体制的基本框

① 《邓小平文选》第3卷，人民出版社1993年版，第111页。

架，规定了国有企业改革的基本方向，是20世纪90年代我国经济体制改革的行动纲领。

按照建立社会主义市场经济体制的要求，从1994年起，国有企业改革从以往的放权让利、政策调整进入到转换机制、制度创新阶段。国务院和各地先后选择2700多户国有企业进行建立现代企业制度试点，推行公司制、股份制改革，为建立现代企业制度进行了有益探索，出现了一批在市场竞争中经济效益连年提高的先进典型。

同时，党中央和国务院还大步推进财政、税收、金融、外贸、外汇、计划、投资、价格、流通、住房和社会保障等方面的体制改革。粮、棉、油等主要农产品，钢材等重要生产资料的价格相继放开；中央银行的职能加强，商业银行的企业化改革逐步推进；外贸体制和外汇管理体制改革取得重大进展。国家宏观调控体系逐步健全，市场在资源配置中的基础性作用明显增强，加快经济发展的条件更加具备。广大干部群众热情高涨，中国大地呈现改革开放全面推进、经济建设迅猛发展的蓬勃景象。

在加快改革和经济发展的过程中，由于一些地方和部门对邓小平南方谈话精神理解不够全面，认识上发生偏差，同时由于旧的调控机制逐渐失效，新的宏观调控机制尚未完善，致使一些新的问题出现，影响了国民经济的健康发展。这主要是房地产热、开发区热以及乱集资、乱拆借、乱设金融机构等，投资规模过度扩大，物价上涨和通货膨胀呈现加速之势。党中央及时发现这些问题，果断作出加强宏观调控的决策。

1993年3月，党中央着手解决乱集资、乱拆借和经济过热问题。6月，中央决定加强宏观调控力度，突出抓金融工作，并颁布了一系列加强和改善宏观调控的措施。这主要包括实行适度从紧的财政政策和货币政策，整顿金融秩序和流通环节，控制投资规模，加强价格监督等。这次宏观调控，除采取必要的行政手段和组织措施外，主要着眼于从加快新旧体制转换中找出路，运用经济办法把改进和加强宏观调控、解决经济中的突出问题，变成加快改革、建立社会主义市场经济体制的动力。

在进行宏观调控过程中，党中央牢牢把握“抓住机遇、深化改革、扩大开放、促进发展、保持稳定”的指导方针。1995年9月，中共十四届五中全会通过关于制定国民经济和社会发展第九个五年计划和2010年远景目标的建议，并提出要实现从传统的计划经济体制向社会主义市场经济体制、从粗放型增长方式向集约型增长方式的两个根本转变。江泽民就社会主义现代化建设中若干重大关系问题作了阐述，其中最主要的是正确处理改革、发展、稳定的关系，强调改革是动力，发展是目的，稳定是前提，把改革的力度、发展的速度和社会可承受的程度协调统一起来，做到在政治和社会稳定中推进改革和发展，在改革和发展的推进中实现政治和社会的长期稳定。

从南方谈话到十五大，我国经济领域取得了巨大成就。1992年到1996年，国内生产总值年均增长12.1%，既实现了经济快速增长，又有效抑制了通货膨胀。人民生活水平显著提高，城镇居民人均纯收入年均实际增长18.9%，农村居民人均纯收入年均实际增长18%，是增长最快的时期之一。1990～2000年，全国农村贫困人口减少了3200万。由于投资环境得到了很大改善，我国的对外开放也出现了新的局面，引进外资工作在广度和深度上都有了新的大发展。1996年我国实际利用外资数额为417.25亿美元，比1992年的110.07亿美元增长2.79倍。①

经过三年的努力，宏观调控取得显著成效。过度投资得到控制，金融秩序迅速好转，物价涨幅明显回落，通货膨胀得到抑制。与此同时，依然保持了较高的经济发展速度，实现了从发展过快到“高增长、低通胀”的“软着陆”，避免了大起大落。这在新中国成立以来是没有过的。

与此同时，党中央坚持“两手抓、两手都要硬”的方针，加强思想宣传工作和社会主义精神文明建设，1996年10月，中共十四届六中全会专门就加强社会主义精神文明建设作出决议，对新形势下的精神文明建设做了具体部署和规划，强调要以科学的理论武装人，以正确的舆论引导人，以高尚的精神塑造人，以优秀的作品鼓舞人，培育有理想、有道德、

① 国家统计局编：《中国统计年鉴—2003》，中国统计出版社2003年版，第57、344、671页。

有文化、有纪律的社会主义公民。这个决议的贯彻，使社会主义精神文明建设得到进一步加强，为继续深化改革，加快发展创造了良好氛围。

## 三、很不平凡的五年

十五大以来的五年，中国大事不断，挑战不断。抗御亚洲金融危机，扩大国内需求，中国共产党带领全国人民，经受了一次次新的考验，夺取一次次新的胜利。

1997年9月，中共十五大在北京召开，江泽民向大会作了题为《高举邓小平理论伟大旗帜，把建设有中国特色社会主义事业全面推向二十一世纪》的报告。报告阐述了邓小平理论的历史地位和指导意义，强调它是指导我国整个事业和各项工作的一面旗帜："旗帜问题至关紧要。旗帜就是方向，旗帜就是形象。坚持十一届三中全会以来的路线不动摇，就是高举邓小平理论的旗帜不动摇。"①

报告进一步强调了社会主义初级阶段的基本路线，认为中国正处于社会主义的初级阶段，即"不发达的阶段"，这样的历史阶段至少需要100年时间。这个阶段的根本任务是发展社会生产力，为此就要毫不动摇地坚持党在社会主义初级阶段的基本路线，把以经济建设为中心同四项基本原则、改革开放这两个基本点统一于建设有中国特色社会主义的伟大实践中。

关于经济体制改革和经济发展战略，报告提出了几个具体的内容。第一，调整和完善所有制结构，坚持"公有制为主体、多种所有制经济共同发展"这一基本经济制度，肯定非公有制经济是我国社会主义市场经济的重要组成部分，应继续鼓励引导，使之健康发展。第二，以建立现代企业制度为方向，加快国企改革，要抓大放小，对国有企业实施战略性改组，"以资本为纽带，通过市场形成具有较强竞争力的跨地区、跨行业、跨所有制和跨国经营的大企业集团。采取改组、联合、兼并、租赁、承包经营和股份合作制、出售等形式，加快放开搞活国有小型企业的

---

① 中共中央文献研究室编：《十五大以来重要文献选编》（上），人民出版社2000年版，第1页。

步伐”。[①] 这就突破了以行政为纽带组建企业集团的思路，改变了转让国有中小企业就等于私有化的观念。第三，完善分配结构和分配方式，“坚持按劳分配为主体、多种分配方式并存的制度。把按劳分配和按生产要素分配结合起来，坚持效率优先、兼顾公平，……依法保护合法收入，允许和鼓励一部分人通过诚实劳动和合法经营先富起来，允许和鼓励资本、技术等生产要素参与收益分配”。[②]

中共十五大，将依法治国，建设社会主义法治国家，作为我国政治体制改革的重要目标和内容，第一次写入党的纲领性文件，这是党的领导方式和执政方式的重大完善和发展，具有划时代的意义。

1997年7月1日零时，中华人民共和国国旗和中华人民共和国香港特别行政区区旗在香港升起。零时4分，中华人民共和国主席江泽民庄严宣告：根据中英关于香港问题的联合声明，两国政府如期举行了香港交接仪式，宣告中国对香港恢复行使主权。中华人民共和国香港特别行政区正式成立。同日，中华人民共和国香港特别行政区政府成立，香港特别行政区首任行政长官董建华宣誓就职，《中华人民共和国香港特别行政区基本法》开始实施。

1999年12月20日，中华人民共和国澳门特别行政区成立庆祝大会在澳门举行。何厚铧任澳门特别行政区首任行政长官。

香港和澳门的回归，标志着中国人民雪洗了百年国耻，开创了香港、澳门和祖国内地共同发展的新纪元；标志着中国人民为世界和平、发展与进步事业作出了新的贡献。同时也有力地证明，实现祖国统一是实现民族伟大复兴的坚实基础，“一国两制”是实现祖国统一的唯一正确方针。按照“一国两制”的方针，解决台湾问题，实现祖国的完全统一，同样是毫无疑义的。

2001年12月11日，我国正式加入世界贸易组织（WTO），成为其第

---

① 中共中央文献研究室编：《十五大以来重要文献选编》（上），人民出版社2000年版，第23页。
② 中共中央文献研究室编：《十五大以来重要文献选编》（上），人民出版社2000年版，第24页。

143 个成员。入世进一步促进了我国的改革开放和经济发展，为世界各国提供了更好的贸易条件和投资环境。从入世到 2003 年十六大召开前夕，我国政府严格履行入世承诺，做了大量的工作，包括：加强法制建设，清理法规，加大对外商投资的开放程度，加大市场开放程度，关税总水平由 15.3% 下降到 12%，进一步取消非关税措施；加强对知识产权的保护，加大对盗版行为的处罚力度；加快垄断性行业的改革等。

伴随着“入世”的成功，我国在十五大以后取得了世人瞩目的新的成就，国民经济持续快速健康发展，综合国力进一步增强，实现了人民生活由温饱不足向总体小康的历史性跨越，赢得了我国在国际经济社会影响力和地位的空前提高，中国经济社会的面貌从此发生了历史性的变化。

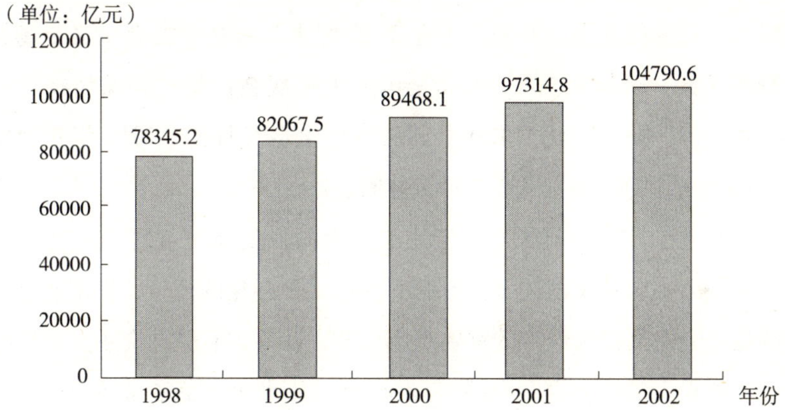


图 12.2 国内生产总值突破 10 万亿元
（资料来源：国家统计局编：《中国统计年鉴—2003》，中国统计出版社 2003 年版，第 55 页）

## 四、中国特色的市场经济理论

江泽民作为党的第三代中央领导集体的核心，在邓小平同志关于社会主义可以搞市场经济的思想基础上，建立和完善了社会主义市场经济理论。1992 年 6 月 9 日，他在中央党校讲话中明确提出：“经过十多年的摸索和总结国内外经验，我们对建立社会主义的新经济体制在理论上、实践上的认识，已经比较成熟了”，“我个人的看法，比较倾向于使用‘社会主义市场经济体制’这个提法”。[1] 首次提出了建立社会主义市场经济体制的思想。

中共十四大总结改革开放以来的经验，明确提出了我国经济体制改革的目标是建立社会主义市场经济体制。这就解决了一个关系社会主义经济建设全局性、方向性的重大问题，我国经济体制改革从此进入了全面走向社会主义市场经济、以制度创新为特点的新阶段。1993 年 10 月，中共十四届三中全会通过的《中共中央关于建立社会主义市场经济体制若干问题的决定》，把十四大确定的建立社会主义市场经济体制的目标和基本原则系统化、具体化，进一步勾画了社会主义市场经济的基本框架，指明了实现这一目标的途径，并提出了在 20 世纪末初步建立社会主义市场经济体制的任务。1993 年 3 月，八届全国人大一次会议将“国家实行社会主义市场经济”写入宪法。中共十四届五中全会又提出，2010 年我国要建立起比较完善的社会主义市场经济体制。

1997 年，中共十五大对社会主义初级阶段的所有制理论进行了创新和发展，第一次系统阐述了公有制实现形式多样化的理论，肯定非公有制经济是社会主义市场经济的重要组成部分，回答了有关社会主义市场经济的一系列重大问题。到 2000 年年底，经过不断的实践探索和理论创新，社会主义市场经济体制作为我国的基本经济制度，已经初步确立，这是我国改革历史上前所未有的伟大成就。

以江泽民为核心的党的第三代中央领导集体在国内外政治风波、经济风险等严峻考验面前，依靠党和人民，捍卫中国特色社会主义事业，创建社会主义市场经济新体制，开创全面改革开放新局面，推进党的建设新的伟大工程，创立“三个代表”重要思想，继续引领我国改革开放的航船沿着正确方向破浪前进。

---

①《江泽民文选》第 1 卷，人民出版社 2006 年版，第 202 页。

捍卫中国特色社会主义，是党的第三代中央领导集体向全世界的庄严宣示。1989年6月24日，江泽民同志在中共十三届四中全会的讲话中这样说道："党的十一届三中全会以来的路线和基本政策没有变，必须继续贯彻执行。在这个最基本的问题上，我要十分明确地讲两句话：一句是坚定不移，毫不动摇；一句是全面执行，一以贯之。"① 面对东欧剧变，苏联解体，世界上一些长期执政的大党老党相继垮台的现实，面对经济全球化浪潮的蔓延席卷以及党自身的巨大变化，中国共产党要想保持先进性，始终走在时代前列，就必须敢于迎接挑战、接受考验，解放思想，实事求是，与时俱进，回答时代提出的新课题。

实践无止境，解放思想无止境。江泽民同志在中共十五大报告中指出，把社会主义与市场经济结合起来，是一个伟大的创举。实现这个结合，需要积极探索，大胆试验，尊重群众的首创精神；需要深化改革，解决体制转变中的深层次矛盾和关键问题。其中，深化国有企业改革成为一个十分突出的问题提到全党面前。江泽民同志指出："股份制是现代企业的一种资本组织形式，有利于所有权和经营权的分离，有利于提高企业和资本的运作效率，资本主义可以用，社会主义也可以用。不能笼统地说股份制是公有还是私有，关键看控股权掌握在谁手中。"②

公有制为主体，多种所有制共同发展，是我国社会主义初级阶段的基本经济制度，必须毫不动摇地巩固和发展公有制经济，毫不动摇地鼓励、支持和引导非公有制经济发展。非公有制经济是社会主义市场经济的重要组成部分。各种所有制经济完全可以在市场竞争中发挥各自优势，相互促进，共同发展。这些新观点、新认识，是解放思想的必然产物。

"三个代表"重要思想创造性地运用马克思列宁主义、毛泽东思想特别是邓小平理论，紧密结合时代发展的新形势、我国广大人民的新要求、

① 中共中央文献研究室编：《十三大以来重要文献选编》（中），人民出版社1991年版，第547页。

② 中共中央文献研究室编：《十五大以来重要文献选编》（上），人民出版社2000年版，第22页。

我国改革开放和现代化建设的新实践继续进行探索，从坚持和完善社会主义公有制为主体、多种所有制经济共同发展的基本经济制度，到坚持和完善按劳分配为主体、多种分配方式并存的分配制度；从建立社会主义市场经济体制，到推进经济结构战略性调整和经济增长方式转变；从推进西部大开发、促进区域协调发展，到实施“引进来”和“走出去”相结合的开放战略；从发展社会主义民主政治，到建设社会主义法治国家；从发展社会主义先进文化，到推动社会主义物质文明、政治文明、精神文明协调发展；从促进世界多极化和国际关系民主化，到正确应对和驾驭经济全球化、促进共同发展，在长期执政、对外开放和发展社会主义市场经济条件下如何加强和改进党的建设等，形成了一系列富有独创性的理论成果，不断回答“什么是社会主义，怎样建设社会主义，建设什么样的党，怎样建设党”等重大问题，将改革开放伟大事业成功推向21世纪。

回顾社会主义市场经济理论的提出及其在改革开放实践中的不断丰富和完善进程，可以看出，以邓小平、江泽民同志为核心的两代中央领导集体，突破了传统思想观念的束缚，坚持解放思想、实事求是、与时俱进，创造性地提出了在社会主义条件下建立和发展市场经济的科学思想，从理论上非常明确地回答了长期困惑人们的一个重大问题，即社会主义能否与市场经济结合的问题，为我国经济体制改革指明了方向，这一划时代的理论创新，为中国特色社会主义伟大事业注入了蓬勃生机和强大活力。

# 第十三章

# 经济建设全面高涨

自邓小平南方谈话、中共十四大胜利召开以来，经济的快速增长使经济总量呈现加速扩张态势，国内生产总值由1978年的3645.2亿元上升到1986年的10275.2亿元用了8年时间，上升到1991年的21781.5亿元用了5年时间，此后10年到2001年平均每年上升近1万亿元，2001年超过10万亿元大关。① 经济飞速发展的同时，也遇到很多困难和问题。1993年经济过热后，我国采取了一系列防止通货膨胀、抑制经济过热的宏观经济政策，实现了"软着陆"。20世纪90年代后期，我国又采取了积极的财政政策和稳健的货币政策，防止通货紧缩，遏制了经济下滑，并且成功抵御了1997年的亚洲金融危机，实现了经济的快速平稳发展。

## 第一节　1993年经济过热与"软着陆"

1992年后，中国经济进入快车道，广大的人民群众在邓小平重要谈话和党的十四大精神鼓舞下，建设热情高涨，各项成绩均有所突破，到处

①《中国经济年鉴—2008》，中国经济年鉴社2008年版，第851页。

一片欣欣向荣的景象。但是，经济过热的现象也随之而来。1993年，党中央针对当时出现的一系列经济过热问题，积极调整宏观经济政策，采取有力措施，成功实现了经济“软着陆”。

## 一、经济过热“三重山”

1993年，随着改革力度的不断加大，基础产品价格调整积累下来的成本压力加快释放，市场和物价管理的滞后使得经济过热现象在我国出现。而企业之间盲目攀比，经济秩序混乱，社会总需求增长过快则是推动经济过热的根本原因。①

而此次经济过热主要体现在“四热、四高、三乱”三方面，可以称得上是压在经济运行上的三座大山。其中“四热”是指开发区热、房地产热、股票热、集资热；“四高”则是指高固定资产投资、高信贷投资、高货币发行、高物价上涨；“三乱”则是指乱集资、乱拆借、乱设金融机构。②

这主要表现在以下方面。货币投放过量：1979年到1992年14年间，除1988年上半年净投放12亿元外，其余各年上半年都是回笼的，但是1993年上半年净投放现金高达528亿元。高固定资产投资：我国1993年GDP增长率13.5%，全社会固定资产投资总额13072.3亿元，比上年增长61.8%③；金融机构违章乱拆借，社会不规范集资面广、量大、利率高，许多地方擅自设立金融机构从事信贷活动，这使得大量银行外资金用于开发区盲目建设，从而导致房地产价格愈炒愈烈。物价大幅上涨：1993年3月，全国物价总水平上涨幅度突破10%，到6月份，达到13.9%，35个大中城市居民消费价格总水平6月比同期上涨21.6%。而被称为经济运行温度计的股市，在1993年2月9日，上海证券交易所综合指数突

① 武力主编：《中华人民共和国经济史》（下册），中国经济出版社1999年版，第1078页。
② 彭森、陈立等：《中国经济体制改革重大事件》（下），中国人民大学出版社2008年版，第433页。
③ 国家统计局编：《中国统计年鉴—2003》，中国统计出版社2003年版，第55、186页。

破 1429 点历史大关。

与此同时，在国内需求供给不足的情况下，为平衡供求，国家减缓出口幅度，使得大量外汇留在企业，从而国家外汇结存率下降。1993 年 6 月，由年初 1 美元兑换 7.4 人民币上涨为兑换 11.8 元人民币。

原商业部副部长张世尧曾对《人民日报》记者说："我搞了多年商业，深知菜篮子关系千家万户切身利益。1993 年全国零售物价上涨 13%，大城市生活物价上涨 22%，群众感到压力很大。"1993 年春节前后，部分大城市牛奶价格上涨 30%，部分蔬菜价格上涨更多。原国家体改委高尚全副主任曾对当时急于上项目表示十分担忧，他担心一些项目完工之际便是项目停产的时候。

盲目扩张项目的同时，金融秩序混乱也使得经济案件的数量猛增。并且多集中在股票、房地产、违法拆借等经济领域，较为典型的数当时的沈太福、李效时集资诈骗案。1993 年 9 月至 12 月，全国检察机关共立案侦查贪污受贿万元以上，挪用公款 5 万元以上的大案要案 8538 件，比 1992 年同期增加 5883 件。①

经济迅速发展是好事，但是宏观调控不能有效地控制经济过热，势必会给经济带来负面影响，甚至破坏经济，引发不稳定因素的产生。上述事实表明，当时的经济形势已经非常严峻，亟须出台有效的宏观经济政策给予必要应对。

## 二、紧锣密鼓治"通胀"

早在 1992 年 11 月，党中央在全面分析经济形势后，便指出经济形势大好，但要防止过热。但是在经济体制改革过程中，在新旧体制转换过程中，中央与地方之间对当时的经济形势看法并不一致，这使得地方在贯彻中央宏观经济政策的过程中大打折扣，且没有引起地方政府的高度重视，

① 彭森、陈立等：《中国经济体制改革重大事件》（下），中国人民大学出版社 2008 年版，第 435 页。

从而影响了宏观经济政策的执行。

1993年第一季度，国民生产总值比1992年同期增长15.1%，但经济运行出现了一些新的矛盾和问题，主要表现在：货币过量投放，金融秩序混乱；投资需求和消费需求都出现膨胀的趋势；财政困难状况加剧；由于工业增长迅速过快，基础设施和基础工业的“瓶颈”制约进一步强化；出口增长乏力，进口增长过快；通货膨胀呈加速之势。面对当时经济过热以及国民经济运行的隐患，党中央、国务院果断采取措施并进行部署，先后出台了一系列加强宏观调控的措施。

1993年4月11日，国务院发出《国务院关于坚决制止乱集资和加强债券发行管理的通知》。《通知》指出：要坚决制止各种违反国家有关规定的集资；加强债券发行管理，严格控制各项债券的年度发行规模、严格按《国务院关于进一步加强证券市场宏观管理的通知》和有关规定予以执行；执行国家规定的有关利率政策；要优先保证国库券和用于国家重点建设债券的发行；各有关部门要积极配合，加强对债券发行和集资活动的宏观控制；对违反规定的要予以追究责任。[①] 并且中央派出7个调研组分别到14个省（市、区）进行调研和检查，从而为今后制定宏观经济政策做好了必要的准备。

1993年4月22日，李鹏总理签署了《股票发行与交易管理暂行条例》，即第112号国务院令，从而为维护股票市场稳定、有序地发展，以及保护投资者的合法权益提供了法律和制度保障。

1993年4月28日，国务院为改善投资环境、治理开发区过热，出台了《国务院关于严格审批和认真清理各类开发区的通知》。《通知》规定，设立各类开发区实行国务院和省、自治区、直辖市人民政府两级审批制度。省、自治区、直辖市以下各级人民政府不得审批设立各类开发区。

1993年5~6月，中央多次召开经济工作会议，针对当时经济高涨，

---

① 中共中央文献研究室编：《十四大以来重要文献选编》（上），人民出版社1996年版，第261~264页。

强调加强宏观经济形势的研究。江泽民先后在上海、西安、大连、广州主持召开了分区域性的四次经济工作座谈会，分别就经济过热问题产生的原因、宏观经济政策的应对等进行了深入的分析。

在此期间，国家体改委、财政部、世界银行于1993年6月10～12日，联合在大连举办了一次中国宏观经济管理研讨会，会议对当时经济判断指出，造成经济过热的直接原因是：过于松弛的货币政策，加剧了固定资产投资规模的迅速扩张，导致总需求的过度膨胀。会议并提出了抑制总需求，加强金融货币的宏观调控等八项措施。

6月24日，出台了《中共中央、国务院关于当前经济情况和加强宏观调控的意见》（简称“国十六条”），拉开了全面宏观调控的序幕。“国十六条”指出：为了保持经济发展的好势头，真正抓住机遇、珍惜机遇、用好机遇，现在必须下决心，解决经济中的突出问题。在解决问题时，需要注意把握以下三点：一要统一思想认识；二要着眼于加快改革步伐；三要主要运用经济办法，也要采取必要的行政手段和组织措施。

针对当时经济生活中存在的问题，党中央、国务院决定采取十六项措施加强和改善宏观调控①：

一是严格控制货币发行，稳定金融形势。要把住基础货币投放这个闸门，严格控制社会需求的过快增长，认真整顿金融秩序，切实加强现金管理。

二是坚决纠正违章拆借资金。人民银行停止对非银行金融机构发放贷款，已经发放的贷款限期收回。建立全国统一的、有序的同业拆借市场，使资金拆借纳入规范化的轨道。

三是灵活运用利率杠杆，大力增加储蓄存款。1993年7月上旬再次提高银行存、贷款利率。同时，对三年、五年和八年期定期储蓄存款实行保值。

---

① 文件的具体规定见中共中央文献研究室编：《十四大以来重要文献选编》（上），人民出版社1996年版，第313～323页。

四是坚决制止各种乱集资。各地区、各部门对1992年以来进行的未经授权部门批准的各种形式集资，进行全面清理，集资利率不得超过国家有关规定。

五是严格控制信贷总规模。强化中央银行对全社会信贷总规模的宏观控制，各家银行和非银行金融机构严格按照人民银行总行下达的年度信贷计划执行，未经批准不得突破，并按季监控，按月考核。

六是专业银行保证对储蓄存款的支付。各专业银行和商业银行建立存款支付责任制，大力组织存款，压缩一般贷款，清理收回不合理贷款和拆借资金，以增强银行的支付能力。各专业银行总行在全国范围内统一调度资金，任何地方、部门不准干扰专业银行为保证支付而进行的资金调度。

七是加快金融改革步伐，强化中央银行的金融宏观调控能力。中国人民银行通过深化改革，真正成为对全国信贷、货币进行宏观调控和统一管理各类金融机构的中央银行。贷款规模的调剂权集中到人民银行总行，取消人民银行省级分行7%的贷款规模调剂权。未经中国人民银行批准，擅自设立的金融机构限期撤销或并入经批准的金融机构。

八是投资体制改革与金融体制改革相结合。从改革投资体制入手，尽快建立政策性银行，逐步实现政策性金融与商业性金融相分离。组建国家长期开发信用银行、出口信贷银行等政策性银行，专门承担政策性投融资和贷款任务。

九是限期完成国库券发行任务。各地区、各部门认真执行《国务院办公厅关于确保完成今年国库券发行任务和做好兑付工作的通知》，规定在1993年7月15日以前完成国库券发行任务。

十是进一步完善有价证券发行和规范市场管理。各地区、各部门必须严格执行国家下达的股票、债券等证券发行计划，不得擅自突破（包括股票发行的试点企业个数）。

十一是改进外汇管理办法，稳定外汇市场价格。在努力扩大外贸出口的同时，加强对出口收汇的监督管理，完善和改进出口收汇核销制度，建立进口付汇核销办法，加强结汇纪律，防止出口不结汇、推迟结汇和境外截留外汇，提高出口结汇率。

十二是加强房地产市场的宏观管理，促进房地产业的健康发展。认真执行《国务院关于发展房地产业若干问题的通知》，由建设部牵头组织土地、工商、税务等部门对各类房地产开发经营机构进行一次全面检查，对注册资金虚假、没有开发能力以及偷税漏税的经营单位，予以查处。金融机构和土地管理部门一律不得开办开发经营房地产的公司，已开办的必须限期脱钩。

十三是强化税收征管，堵住减免税漏洞。税务部门要依法治税，在继续做好国有经济单位税收征管的同时，加强对非国有经济单位各项税收和个人收入调节税、所得税的征管工作。

十四是对在建项目进行审核排队，严格控制新开工项目。对不符合国家产业政策、资金来源不落实、建设条件不具备、市场前景不明的项目，特别是高档宾馆、写字楼、度假村等，勒令停缓建，腾出资金保国家重点建设项目，保计划内项目。所有新开工项目，必须是有正当资金来源、产品有市场销路和经济效益好的项目。

十五是积极稳妥地推进物价改革，抑制物价总水平过快上涨。年内，除按原计划再出台提高铁路货运价和整顿电价外，各地方都不要再出台新的调价项目（包括服务收费项目）。

十六是严格控制社会集团购买力的过快增长。加强集团购买力的控购管理工作。严格控制和精简各种会议，各地区、各部门会议经费要在1993年年初预算基础上压缩20%。严格控制过多过滥的出国活动，控制无实际效益的各种招商活动，停办各种无实际意义的办节活动。

通过认真贯彻和落实《通知》，到1993年11月召开十四届三中全会之时，宏观调控已经初显成效：金融形势趋于稳定，房地产热、开发区热和投资增长过旺的势头受到抑制，国家重点建设项目进度加快，物价上涨得到一定程度的遏制，外汇调剂市场价格回落并趋向基本正常，钢材等主要生产资料价格回落，国家财政收支情况有所改善，城乡人民收入继续增加，整个国民经济运行向着健康方向发展。

## 三、三步实现“软着陆”

为避免经济大起大落引发社会震荡，让过热的经济平稳、缓和地回到正常的状态，从1994年开始到1996年，我国采取了一系列宏观经济调控政策，分三步实现了经济“软着陆”。

### （一）起步阶段

根据国内外实际情况，1994年预计实现宏观调控目标为：GDP增长9%；CPI控制在10%以内。因此，1994年宏观调控的基本任务是保持社会总需求与总供给的大体平衡；着力控制物价总水平上涨等。

“软着陆”的目标并没有在当年内实现。经济总量增速虽比去年有所下降，但是仍处于高位。1994年GDP达45005.8亿元，比上年增长11.8%。当年固定资产投资16370.33亿元，比上年增长31.4%。这一数字虽然比上年固定资产投资增幅有所下降（1993年为35.9%），但规模仍然偏大，结构也不合理。与此同时，物价水平比上年度有更大幅度上升，1994年商品零售价格比上年增加21.7%。[①] 总体而言，国家虽然采取了一定的宏观经济手段，但是这只是“软着陆”的起步阶段。

### （二）深化调整

进入1995年，国家进一步采取积极宏观调控措施：适度从紧的财政政策和货币政策；严格控制固定资产投资和消费基金的过快增长，规范流通秩序，加强对市场价格的调控和监管；努力为深化国有企业改革创造必要的宏观经济环境，进一步完善宏观调控的统一性和有效性等。

由于措施得当、及时，1995年经济“软着陆”迈出重大步伐：GDP达58478.1亿元，比上年增长10.5%，增幅比上年下降2.1%；物价指数大幅下降；商品零售价格、居民消费价格涨幅分别为14.8%、17.1%，比1994年有大幅下降；但全社会固定资产投资为20019.26亿元，反倒比

① 国家统计局编：《中国统计年鉴—1995》，中国统计出版社1995年版，第32、137、233页。

上年增长 17.5%。①

虽然在这一年当中，物价回落，经济适度增长，但是依然没有完全实现全面“软着陆”。

（三）成功实现“软着陆”

进入 1996 年后，国家继续实行的宏观经济政策，从而使得当年经济运行平稳。自贯彻“国十六条”以来，经济“软着陆”的目标在当年基本实现。

第一，经济增幅进一步下降，结构有所改善。当年 GDP 达到 67884.6 亿元，增长率下降为 9.6%。轻工业产值比重由上年的 47.3 上升到 48.1%，重工业比重由 52.7% 下降到 51.9%。第二，严重的通货膨胀已被抑制，物价上涨已低于宏观调控目标，居民消费价格指数已由 1994 年的 124.1 下降到 1997 年的 102.8（见图 13.1）。第三，投资膨胀、经济过热现象已经消除。1996 年全年投资总规模为 22974.03 万元，比上年实际增长 14.8%，房地产开发投资比上年增长 27.5%。第四，财政金融状况逐渐回暖。1996 年，财政收入增幅为 18.7。② 超过国内生产总值的增幅。第五，金融秩序显著好转。1996 年 6 月，全国金融机构各项贷款余额比上年末增加了 900 亿元，增长 23.4%。

对于自 1993 年以来的宏观经济调控的效果，在 1999 年的全国九届人大二次会议上，朱镕基曾给予了高度评价：“1993 年下半年开始采取加强宏观调控的措施，当时正是中国加大改革开放力度，取得巨大成就的时候。与此同时也出现了某种程度的过热，就是在房地产、开发区、股票市场方面出现了过热现象。这种过热导致 1994 年通货膨胀达到 21.7%。当时邓小平同志还在世，在他的支持下，以江泽民同志为核心的党中央决定加强宏观调控，采取了 16 条措施，其中 13 条是经济措施，有 11 条是关于

① 国家统计局编：《中国统计年鉴—2003》，中国统计出版社 2003 年版，第 55、57、186、313 页。

② 国家统计局编：《中国统计年鉴—2003》，中国统计出版社 2003 年版，第 55、57、186、191、281、313 页。

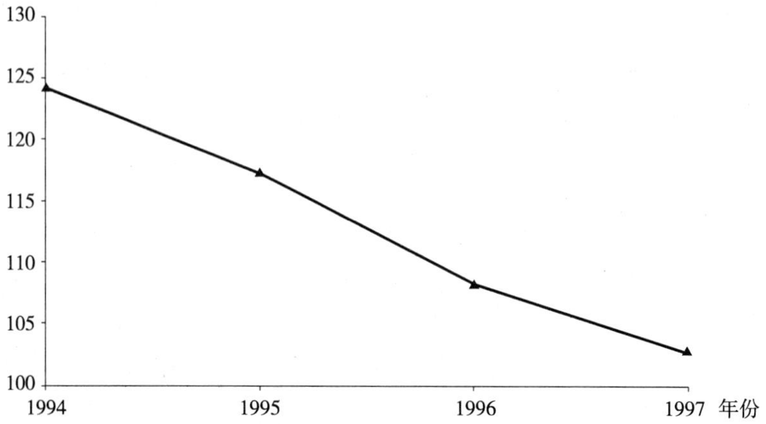


图13.1　1994～1997居民消费价格指数

金融方面的。由于加强了宏观调控，使中国在两年多一点的时间解决了经济过热问题，改革开放和社会主义建设取得了很大成绩。“去年（指2000年）中国之所以能够抵御亚洲金融危机的冲击，就是因为我们在1993年已经发生了这种金融问题，幸好我们在它还未扩大的时候就把它制止住了。我们有了宏观调控的经验，才使我们在去年的亚洲金融危机中站得笔直。”①

## 第二节　应对亚洲金融危机

经历1993年经济过热，国家采取宏观调控措施，实现经济“软着陆”之后，受亚洲金融危机以及1998年南方特大洪涝灾害的影响，我国经济增长速度放缓。为了防止通货紧缩，中央采取了扩大内需、积极的财政政策和稳健的货币政策等宏观调控手段，在反通缩的形势下，保持人民币不贬值，成功应对了亚洲金融危机，抑制了经济下滑并实现了经济回升。

① 朱镕基在九届全国人大二次会议记者招待会上答记者问，新华网，2001年3月15日。

## 一、防止通货紧缩，抑制经济下滑

自1993年以来，我国采取紧缩的宏观经济政策，一直持续到1997年。因为我国对经济过热采取的是“软着陆”，所以并没有立即降低经济增长速度，同时中共十五大以后，我国又启动了新一轮增长。与前几次宏观经济调控不同，此次宏观调控中投资和消费需求增长乏力。① 1998年GDP增长率只达到7.8%，1999年第一季度虽为8.0%，但是到第二季度只达7.0%，远远低于1997年的GDP增长率8.8%。1998年全年零售商品价格指数比上年下降2.6%，居民消费价格指数比上年下降0.8%。② 上述一系列数据表明，通货紧缩现象已经初见端倪。

为了防止经济下滑，抑制通货紧缩，在防止经济过热后又开始采取一系列宏观经济手段防止经济过冷。第一，从1998年开始，适度扩大投资需求，增加基础设施建设、高新技术产业和企业技术改造的投入。1998年全社会固定资产投资达28406.17亿元，比上年增加3465.06亿元。③ 第二，积极开拓国内市场特别是农村市场，促进消费需求的适度增长，扩大工业品的市场空间。第三，积极扩大出口，保持合理进口，坚决打击非法进口与走私。第四，加快产业结构调整与传统工业升级换代，增强企业产品竞争力。第五，促进乡镇企业和中小企业发展。截至1998年，全国乡镇企业总数达2003.9万个，营业总收入达38284亿元人民币。④

上述刺激经济的积极措施使得经济状况稍有好转。但是，金融危机影响不仅没有减弱而且还在进一步影响我国经济，加之1998年的特大洪涝灾害导致我国夏粮减产11%，这在一定程度上也影响了我国GDP的增长，同时由于水灾，我国工业、投资和交通运输也不同程度受到影响。所以通货紧缩现象并未得到根除。

---

① 林毅夫：《通货紧缩的成因》，载《资本市场》2000年第2期。
② 《中国经济年鉴—1999》，中国经济年鉴社1999年版，第30页。
③ 《中国经济年鉴—1999》，中国经济年鉴社1999年版，第898页。
④ 《中国经济年鉴—1999》，中国经济年鉴社1999年版，第929页。

基于此种情况，1998年6月，国务院转发了国家计委《关于今年上半年经济运行情况和下半年工作建议》。《建议》提出实施积极财政政策，增发1000亿元财政债券，并增加1000亿元银行贷款，用于增加基础设施建设。同年7月，朱镕基再次强调要贯彻积极财政政策，加大基础设施建设，扩大内需。

在上述宏观政策指导下，初步遏制了经济下滑，但是到1999年第二季度和第三季度，GDP增长率只达到7.6%和7.4%。[①] 国民经济再次拉响了经济下滑的红色警报。在这个关键时刻，党中央、国务院加大财政政策力度，增发国债，增加居民收入，扩大内需，综合运用宏观调控手段拉动经济增长。1999年下半年，财政部向商业银行增发600亿国债，大幅度增加城镇中低收入者的收入，当年国家财政增收1568.3亿元。[②]

为了进一步遏制经济下滑，2000年，继续推行已有的积极财政政策，同时发挥货币政策的优势。中央银行在坚持稳健经营的原则下，运用多种货币政策，及时调控货币供应总量；合理划分贷款审批权限，及时发放与国债投资相配套的贷款；加大力度解决农民贷款难问题。上述一系列经济政策的实施实现了2000年的经济回升，该年GDP增长达8%，比上年提高了0.9个百分点。[③]

## 二、沉着应对危机，实现经济平稳运行

1997年的金融危机爆发于泰国。由于泡沫经济和金融体系不健全，金融政策失当，泰国自1997年2月起受到泰铢严重抛售的压力，泰国政府被迫于7月2日宣布放弃实行了14年之久的固定汇率，改行浮动汇率，泰铢当天贬值16%。受此影响产生多米诺骨牌效应：金融体系相对健全的新加坡陷入金融危机；中国台湾10月宣布弃守新台币汇率；11月，韩国国内经济形势恶化，人们疯狂抛售韩元，抢购美元；日本也受到牵连，

① 汪海波：《中国现代产业经济史》，山西经济出版社2006年版，第509页。
②《中国经济年鉴—2000》，中国经济年鉴社2000年版，第56、905页。
③ 国家统计局编：《中国统计年鉴—2003》，中国统计出版社2003年版，第57页。

三洋证券公司等金融机构相继破产。1998 年，国际炒家趁国际货币基金组织“拯救方案”出台之机出击印尼，造成危机加深；4 月，大量国际资本从日本流向美国，日元持续大幅贬值，再次引发东亚汇市、股市双跌；8 月，国际炒家对香港发动新一轮大规模狙击；长期经济不景气的俄罗斯则因亚洲金融危机股市一度停盘。①

此次金融危机是 20 世纪 50 年代以来最为严重的全球性金融危机之一。我国作为东南亚各国近邻，与其他国家有着密切的经济联系，因此对我国经济也产生不利影响。1997 年，我国外贸出口增长速度减缓，外资流入也相应减少，并且面临了人民币贬值的压力。恰在此时，1998 年 7 月，我国长江、嫩江、松花江流域又发生了百年一遇的特大洪涝灾害，造成我国直接经济损失 2000 亿元。

面对严峻且复杂的经济局面，中共中央、国务院冷静分析当时国内外经济形势，积极采取稳健的财政政策，千方百计扩大出口、扩大国内需求，坚持人民币不贬值，加强金融监管和整顿等措施，成功应对亚洲金融危机。

首先，就国内而言，采取积极的财政政策，扩大内需。当时国际经济呈现出萎缩趋势，而我国幅员辽阔，国内需求有较大的增长空间，并且储蓄率也相对较高，有利于投资。截至 1998 年，全国储蓄存款达 130888.14 亿元。由于出口拉动 GDP 增长受阻，因此，中央将扩大内需放到了加强固定资产投资方面。1998 年全社会固定资产投资达 28406.2 亿元，增长幅度比上一年多了四个百分点（见图 13.2）。与此同时，国家大力兴修水利和基础设施建设。铁路投资比原计划增加 15.5%，公路投资比原计划投资增加 25%。

除了上述的积极财政政策外，1998 年、1999 年这两年，在其他拉动经济增长方面也采取了相应措施。1998 年停止福利分房，开始采取市场化运作，增加住房信贷，刺激经济；大力推进所有制改革，多方解决中小

① 武力主编：《中华人民共和国经济史》（下），中国经济出版社 1999 年版，第 1155 页。

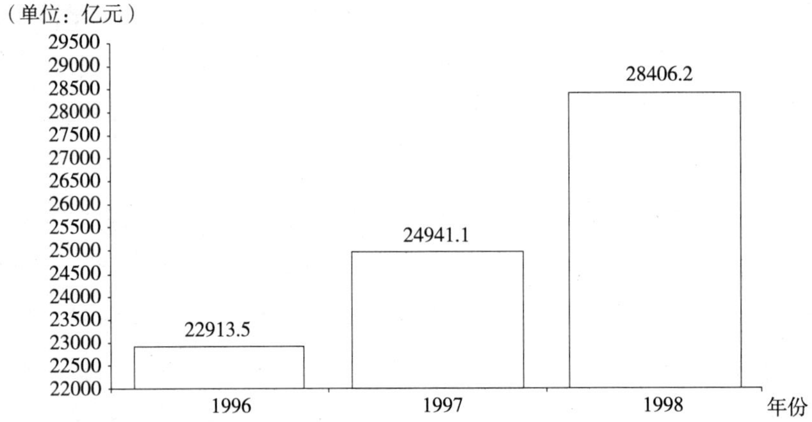


图13.2　1996～1998年全社会固定资产投资总额

（资料来源：国家统计局数据库—指标查询—固定资产投资—年度资料）

企业融资困难的问题；努力开拓农村市场，使得农村购买家电呈现上升趋势。

其次，应对国际经济形势的不利影响，我国在保持国际收支平衡并坚持人民币汇率稳定方面做了大量的工作。

在维护国际收支平衡方面，首先，国家千方百计扩大出口。这主要表现为：提高出口退税率、降低贷款利率；调整出口产品结构，力争以质取胜，以扩大机电和高附加值产品为重点；大力开拓世界市场多元化战略，开拓了拉美、中东和非洲等新兴市场；积极鼓励有条件的企业到境外开拓市场；深化外贸体制改革，进一步扩大企业经营自主权。其次，提高利用外资的质量和水平。这主要表现为：逐步实现外商企业的国民待遇，利用稳定政治环境吸引跨国投资企业来华投资，奖励高新技术、基础产业、农业，稳步推进服务业对外开放。再次，加大外汇管理力度。鉴于东南亚和俄罗斯因本外币兑换盲目与失控，我国采取了一系列严厉措施坚决打击逃汇和外汇市场违法活动，这主要表现为：展开外汇大检查，完善外汇法律法规，加大惩处力度。最后，通过境内外合作，严厉打击走私活动，从而保障国家税收和国内企业得以正常经营。

在坚持人民币稳定方面，我国政府在正确分析并充分估量了危机对人民币汇率的影响下，认为人民币可以而且应该保持稳定。因为人民币一旦贬值，首先影响到的将是我国香港地区。除此之外，贬值将不利于我国国际收支的长远平衡，甚至将损害人们对汇率的货币信心，对稳定国内经济不利。所以，我国政府在多次公开场合宣布人民币不贬值。

面对席卷亚洲，波及世界的金融危机，我国政府采取上述积极举措实现了经济的平稳发展。GDP 增长率 1997 年为 8.8%，1998 年为 7.8%，1999 年为 7.1%①，基本保持了经济的平稳发展。

## 三、从“适度从紧”走向“积极”和“稳健”

我国自 1993 年明确建立社会主义市场经济体制的改革目标以来，我国的改革与发展进入了一个新的阶段。伴随经济高速发展的态势，我国国民经济经历了 1993～1996 的经济过热、通货膨胀，1997 的亚洲金融危机，1999～2000 的通货紧缩等一系列经济问题。由于我国不断深化对市场机制的认识，逐渐改变了以往宏观调控多采用行政命令和计划的手段，转向以经济和法律手段为主，以必要的行政命令方式为辅的宏观调控手段，从而保证了我国经济平稳、健康的发展。

这一时期，针对不同经济形势，我国采取不同的财政和货币政策。因此，在 1993 年到 2003 年的全面建设时期，我国的间接宏观调控手段可以大致分为：适度从紧的财政政策（1993～1996 年）以及积极的财政政策和稳健的货币政策（1998～2003 年）。

适度从紧的财政政策主要是针对 1993 年经济过热提出的。这包括：“国十六条”即是针对经济过热的从紧政策而制定；1994 年分税制改革后，严格控制信贷规模和货币供应量的增长速度；1996 年开始实行从紧的货币政策。经过一系列从紧政策，国民经济实现了“软着陆”，通货膨

① 国家统计局编：《中国统计年鉴—2003》，中国统计出版社 2003 年版，第 57 页。

胀率有所回落。虽然适度从紧对消费和投资有所限制，但不是“急刹车”。[1] 这种做法避免了经济的大起大落。但是，该时期适度从紧的政策主要奉行“简单规则”，虽能面对国内经济过热，但是遇到1997年的亚洲金融危机之时，则显得缺乏应变能力。总体上而言，并没有完全把握好间接宏观经济政策的时滞性。

1997年12月召开的中央经济工作会议，我国依然采取从紧的财政政策。但是到了1998年，通货紧缩现象日益明显。1998年7月，国家采取下调利率、取消贷款限额、调整法定准备金率、恢复中央银行债券回购业务等举措避免经济减速，但效果并不明显。

因此，国家为防止“软着陆”的惯性下滑，开始采取积极的财政政策。在1998年中后期，确立了积极的财政政策与稳健的货币政策相互配合的宏观调控政策取向，当年发行国债5900亿元。国家为采取积极财政政策，强调了以扩大内需为重点。同时，在积极扩大内需过程中强调把握以下原则：一是要以市场为导向，不搞重复建设；二是扩大内需要与调整产业结构相结合；三是扩大内需要与深化改革相结合；四是把握好调控力度，避免引发新的投资过热；五是扩大内需要讲求实效。

但是，通货紧缩问题仍然没有得到根本解决。2001～2002年，GDP增长率始终在7.5%～8%徘徊。为此，在2001年11月召开的经济工作会议上指出，坚持扩大内需的方针不变，继续实施积极的财政政策和稳健的货币政策，并配套实施一系列政策：鼓励民间投资，减轻税负；推进税费改革，减轻企业和农民负担；增加公务员工资；增加社会保障支出等。

在实行积极的财政政策同时，国家采取了稳健的货币政策：较大幅度增加货币供应量，尤其是扩大中央银行基础货币投放量；下调法定存款准备金；下调利率和加快利率市场化相结合。[2] 通过上述一系列间接宏观调控手段，实现了2002年GDP增长率8.0%、物价平稳的良性经济运行态势。

---

① 欧阳日辉：《宏观调控中的中央与地方关系》，中国财政经济出版社2008年版，第113页。

② 李克穆：《中国宏观经济与宏观调控概说》，中国财政经济出版社2007年版，第164页。

1997年后所采取的宏观经济政策，主要是针对我国第一次治理通货紧缩的经济形势而进行的。与此同时，国家采用灵活多样的经济手段，并在认清当前经济形势下，及时从适度从紧的财政政策转向积极的财政政策，从而完善了间接宏观调控体系。客观上来说，此次宏观调控作为反周期政策，持续时间稍长，从而增加了财政负担；并且在促进民间投资和带动居民消费上依旧表现乏力。

1993～2002年，我国的宏观经济在经历了过热和过冷后，经济政策逐渐从滞后经济形势走向紧跟经济形势；同时逐渐完善了以采取经济和法律的手段为主对市场进行调节，而不是像以往那样过分依赖行政命令手段。总之，随着财税、金融、投资体制改革的不断深入，以财政政策和货币政策为核心的间接宏观调控体系逐步建立起来了。

## 第三节　加入WTO与对外开放新格局

1992年以后，社会主义市场经济发展的步伐加快，对外开放的力度明显加大。对外开放地域迅速扩大，对外经贸成绩斐然，利用外资走向成熟，"走出去"和"引进来"成为对外开放的重要内容和途径，加快融入经济全球一体化和地区一体化的进程。经过15年的漫长谈判，2001年11月11日，中国正式加入世界贸易组织，形成了全方位、多层次、宽领域的对外开放格局。

### 一、全方位、多层次、宽领域对外开放格局

进入20世纪90年代以后，我国对外开放的步伐逐步由沿海向沿江及内陆和沿边城市延伸。1990年，决定开发和开放上海浦东；1991年，再批准21个国家高新技术产业开发区；1992年，批准海南省吸收外资开发建设洋浦经济开发区；1994年，批准建设了中外经济技术互利合作的苏

州工业园区。1992年6月，党中央、国务院决定开放长江沿岸的芜湖、九江、岳阳、武汉和重庆5个城市。沿江开放对于带动整个长江流域地区经济的迅速发展，对于我国全方位对外开放新格局的形成起了巨大推动作用。不久，党中央、国务院又批准了合肥、南昌、长沙、成都、郑州、太原、西安、兰州、银川、西宁、乌鲁木齐、贵阳、昆明、南宁、哈尔滨、长春、呼和浩特共17个省会为内陆开放城市。同时，我国还逐步开放内陆边境的沿边城市，从东北、西北到西南地区，有黑河、绥芬河、珲春、满洲里、二连浩特、伊宁、博乐、塔城、普兰、樟木、瑞丽、畹町、河口、凭祥、东兴等。

从1992年到2002年3月，国务院先后3批批准设立了18个、15个和2个国家级经济技术开发区。到2002年，全国共设立了49个国家级经济技术开发区（其中东部沿海地区27个，中部地区10个，西部地区12个）。此外，经国务院批准，全国还建立了53个国家级高新技术产业开发区、15个国家级出口加工区、14个国家级保税区和14个国家级边境经济合作区。经过多年的艰苦创业和积极探索，这些经济、技术开发的特别区域已成为所在地区经济发展的新增长点和吸收外商投资集中的热点地区，并像经济特区一样，在中国扩大开放、发展外向型经济、调整产业结构等方面起到了窗口、辐射、示范和带动的作用。

经过多年对外开放的实践，不断总结经验和完善政策，我国的对外开放由南到北、由东到西层层推进，基本上形成了“经济特区—沿海开放城市—沿海经济开放区—沿江和内陆开放城市—沿边开放城市”这样一个宽领域、多层次、有重点、点线面结合的全方位的对外开放新格局。至此，我国的对外开放城市已遍布全国所有省区。

20世纪90年代，按照统一政策、放开经营、平等竞争、自负盈亏、工贸结合、推行代理制的原则，国家对外贸体制进行了重大改革。建立了有管理的单一浮动汇率制度，实行银行结售汇制度，取消了外汇留成；取消了进出口指令性计划，对部分出口商品配额实行公开招标；逐步放开了外经贸经营权，推进外经贸经营权由审批制向登记制过渡；积极推动外经贸企业转换经营机制，进行股份制试点；完善出口退税政策，运用出口信贷、出口信用保险等国际通行手段支持外经贸发展；改革口岸体制，提高通关效率；加强外经贸中介组织建设，强化服务、协调职能。这一时期，根据国内外形势的变化，先后提出了“以质取胜”战略、“市场多元化”战略、“大经贸”战略、“科技兴贸”战略，我国对外贸易实现了第二次飞跃。1990～1999 年间出口年均增长 14%，1999 年出口在世界的排名跃升至第 9 位。1999～2002 年进出口贸易以年均 13.7% 的速度快速增长，占全球市场的份额由 2.4% 扩大到 5.1%，我国已跻身世界贸易大国之列。

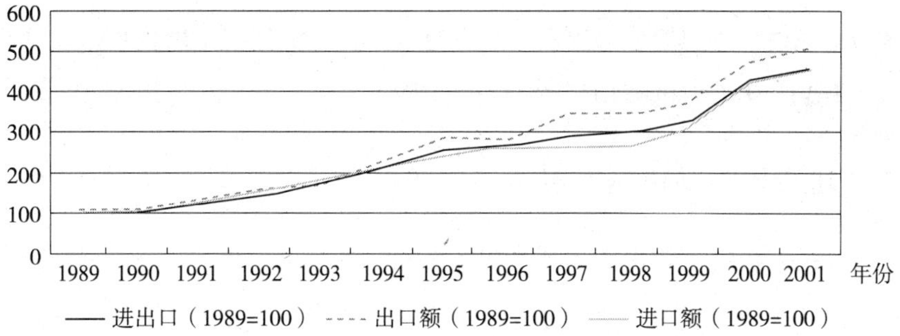


图 13.3　1989～2001 年对外贸易增长速度

（资料来源：《人民日报（海外版）》2002 年 10 月 19 日第 2 版）

1992 年，邓小平南方谈话明确了大胆利用外资是一项全新的事业，吸收外资势头大大加快。1992 年当年全国新批合同外资金额超过前 13 年的总和，1993 年实际吸收外资比 1992 年增长 1.5 倍。此后，中央确定了积极合理有效利用外资的方针，在扩大规模的同时，拓宽利用外资领域，采取更加灵活的方式，引导外资投向基础设施、工业、农业和部分服务业，我国吸收外资进入了高速发展的新时期。1997 年年底，中央召开了全国利用外资工作会议，总结了 20 年来我国吸收外资的经验，提出了进一步扩大对外开放，提高利用外资水平的指导思想。从 1996 年到 2000 年，我国实际吸收外资保持在年均 400 亿美元以上的规模。

改革开放以后，对外开放成为我国产业结构升级和经济增长的主要拉动力量之一。随着我国出口规模的迅速扩大和工业制成品出口的快速增长，出口成为弥补国内需求不足、促进工业增长的重要需求因素，工业品出口占工业总产值的比重从1990年的11.17%上升到2002年的23.23%。分析表明，工业制成品出口每增长1%，会引致工业总产值增长0.667个百分点，重化工业产品出口每增长1%，会引致重工业总产值增长0.506个百分点。进出口贸易规模扩大，通过“出口创汇—投资品进口—投资—工业化与产业结构升级—经济增长”这一过程，促进产业结构升级、加速工业化进程和促进经济增长。分析表明，我国固定资产投资与进口之间存在很强的因果关系。1980~2002年，进口总额、生产资料进口和机械与运输设备进口增速每提高1个百分点，可以分别拉动国内投资增速提高0.8614、0.254和0.1532个百分点。[①]

## 二、起步较晚到快速发展的“走出去”

改革开放前，我国的对外工程承包和劳务输出主要是配合对外援助工作。改革开放为我国企业“走出去”创造了条件。但20世纪80年代初，对外投资规模很小，投资目的地局限于美、日、英、德和中国香港等少数国家和地区，投资领域主要为贸易、海运代理和餐饮等，投资主体基本上是国有外经贸企业，对外工程承包和对外劳务合作的经营主体、业务规模和领域十分有限。

20世纪80年代后半期，我国的对外投资规模有所扩大，领域延伸到工业、工程、渔业等方面，投资地域扩展到主要发达国家、南亚、中东和部分非洲国家，投资主体出现多元化，少数大型国有生产企业开始尝试境外投资，地方政府和国务院各部委纷纷在港澳及欧、美、日设立“窗口”企业；对外承包工程和对外劳务合作业务规模逐步扩大，经营领域日益拓宽。

---

① 国务院发展研究中心课题组：《进出口贸易与我国经济增长》，载《经济日报》2004年7月21日。

20世纪90年代，我国对外承包工程和对外劳务合作业务成倍增长，合作地域遍及180多个国家和地区，合作领域涉及各个行业。1992年10月，中共十四大报告第一次明确提出了“积极扩大我国企业的对外投资和跨国经营”的战略性构想。中共十四届五中全会肯定了跨国经营是实现经济发展的重要方式。1997年，中共十五大报告明确指出，“鼓励能够发挥我国比较优势的对外投资。更好地利用国内国外两个市场、两种资源”，充分体现了中共第三代领导集体的远见卓识。

1999年，党中央根据国内外形势的发展变化，从我国发展全局和战略的高度，明确提出了“走出去”战略，把“引进来”和“走出去”紧密结合起来，更好地利用国内国外两种资源、两个市场。按照中央的部署，各地区、各部门共同努力，加快建立“走出去”战略的促进体系、保障体系、监管体系和服务体系，大力发展境外投资办厂加工装配、境外资源开发、对外工程承包与劳务合作等。

2001年3月，《关于国民经济和社会发展第十个五年计划纲要的报告》中指出：要实施“走出去”战略，“鼓励有比较优势的企业到境外投资，开展加工贸易，合作开发资源，发展国际工程承包，扩大劳务出口等”①。并将“走出去”与对外贸易、利用外资并列为“十五”期间开放型经济发展的三大支柱。2002年中共十六大报告指出，实施“走出去”战略是对外开放新阶段的重大举措。

“走出去”发展迅速。据国家统计局数据，2001年，中国对外经济合作业务和其中对外承包工程、对外劳务合作的完成营业额，分别达121亿美元、68亿美元和29亿美元，分别比1989年增长6.2倍、3.6倍和13.2倍；中国在海外新设境外企业312家，协议投资总额9.7亿美元，其中中方投资额7.9亿美元，分别比上年增长20.7%和26.2%。2001年，中国与135个国家和地区建立了科技合作关系，与154个国家和地区建立了教

① 中共中央文献研究室编：《十五大以来重要文献选编》（中），人民出版社2001年版，第1697页。

育文化交流和合作关系，签订了95份政府间科技合作协议，加入了75个国际学术组织。中国已累计向100多个国家和地区派遣了约40万留学人员，留学的对象国家主要是美国、日本、澳大利亚、英国、加拿大等国，而荷兰、南非等国也正在逐渐受到中国学生的青睐。①

## 三、加入WTO：对外开放进入新阶段

通过改革开放，增强我国社会主义的生机活力，解放和发展社会生产力，改善人民生活。另一方面，从外部环境看，20世纪70年代世界范围内蓬勃兴起的新科技革命推动世界经济以更快的速度向前发展，我国经济实力、科技实力与国际先进水平的差距明显拉大。面临着巨大的国际竞争压力，我们必须通过改革开放，带领人民追赶时代前进潮流。

加快融入经济全球一体化和地区一体化的进程。20世纪90年代以来，中国加入了亚洲及太平洋经济合作组织（APEC）；积极参加亚欧会议；与俄罗斯及中亚三国创建了“上海五国会议”体制；与日本、韩国一起成为东盟对话国之一，形成“10+3”体制，从而为推进亚太地区贸易与投资自由化和亚太、亚欧经济技术合作发挥了积极作用。启动中国与东盟“10+1”和大陆与香港特别行政区两个自由贸易区的谈判。2001年10月，中国成功地在上海举办了APEC领导人会议。

20世纪90年代，尽管中国一再被西方国家所刁难，“复关”和自动成为WTO成员的努力先后受挫，但中国从自身对外开放发展的需要和世界发展的需要出发，坚定不移地做努力，并坚持走社会主义市场经济道路。从1995年起，中国重新启动了与WTO中要求与其进行双边谈判的37个成员的拉锯式谈判。其中，由于美国和欧盟对中国的要价最高因而谈判最困难的中美、中欧谈判分别进行了25轮和15轮，完成与最后一个谈判时间的已是2001年9月13日。

---

① 国家统计局：《迎接十六大之二：对外开放迈向新阶段》，2002-09-29，http://www.stats.gov.cn/tjfx/ztfx/yj16da/t20020929_ 36630.htm。

2001年11月10日，在卡塔尔的多哈，WTO第四届部长级会议以全体一致的方式审议并通过了《关于中国加入世界贸易组织的决定》；11日，中国对外贸易经济合作部部长在多哈签署了中国加入WTO的议定书，并向WTO总干事穆尔递交了中国国家主席江泽民签署的《中国加入世贸组织批准书》；30日后，即12月11日，中国正式成为世贸组织第143个成员。

图13.4　漫画：中国加入WTO五周年

注：2001年12月11日，中国正式成为世贸组织中的一员。加入WTO以来，中国信守当初“入世”的承诺，对外开放的领域越来越多，对外开放的程度也越来越深。中国越来越以一个“负责任”的大国形象，吸引着来自全球的目光。加入WTO五周年之际，WTO总干事拉米称，中国“总的来说，成绩是A+”（中新社发，谢正军摄）。

（资料来源：http://news.xinhuanet.com/fortune/2006-12/26/content_5534334.htm）

加入WTO，标志着中国对外开放进入了一个新的阶段。中国将在更大范围、更广泛的领域参与国际经济合作与竞争。中国将由有限范围和领域内的开放，转变为全方位的开放；由以试点为特征的政策性开放，转变为在法律框架下的制度性开放；由单方面为主的自我开放，转变为与WTO成员国之间的双向开放；由被动接受国际经贸规则，转变为主动参与国际经贸规则制定。

# 第十四章

# 初步建立市场经济体制

建立社会主义市场经济体制是前无古人的开创性伟大事业。中共第三代中央领导集体提出并确立了社会主义市场经济体制的改革目标，并坚信："只要我们坚持正确的政策，把各方面的积极性引导好、保护好、发挥好，就一定能够在我国成功地建立起社会主义市场经济体制，实现国民经济持续快速健康发展。"① 到2002年，我国经济体制改革取得了历史性进展，以公有制为主体、多种所有制经济共同发展的格局基本形成，基本上实现了从计划指令向主要运用经济手段、法律手段和必要的行政手段的转变，商品市场、金融市场和劳动力市场等现代市场体系的核心市场初步形成，社会保障体系初步建立。总之，我国基本实现了计划经济向社会主义市场经济的转变，社会主义市场经济体制初步建立。

---

① 中共中央文献研究室编：《十五大以来重要文献选编》(上)，人民出版社2000年版，第30页。

## 第一节　充满活力的基本经济制度

改革开放以来，我们党立足我国基本国情，围绕完善社会主义初级阶段的所有制结构进行了不懈探索，确立了公有制为主体、多种所有制经济共同发展的基本经济制度。实践证明，公有制经济和非公有制经济的共同发展，为我国经济发展注入了强大的生机和活力，完善基本经济制度和建立社会主义市场经济体制，是我国实现经济持续稳定增长、创造“中国奇迹”最重要的经验之一。

### 一、不断深化国有企业改革

我国国有企业改革从“放权让利”起步，先后经历了“承包经营”、两步“利改税”、“两权”分离、实施《全民所有制企业法》、“税利分流”、股份制试点、企业集团试点、实施“两则”（新的《企业财务通则》和《企业会计准则》）、转换经营机制、建立现代企业制度、抓大放小、三年脱困、国有经济布局和结构的战略性调整、改革国有资产管理体制等历程，在渐进式过程中不断深化和提高。

改革开放以来，国企改革在很长时间是回避产权问题，不触及原有产权制度。直到20世纪80年代中后期提出股份制改革，中共十四届三中全会提出建立现代企业制度，才明确地把产权改革提上日程。

党的十四大后，我国企业改革的中心开始转向股份制，试图从产权制度改革方面搞好国有企业改革。各地通过股份制改造、产权转让、租赁经营、抵押承包、关停、拍卖、兼并、破产等多种形式，转换企业经营机制，盘活了大批国有企业。

1993年11月，中共十四届三中全会通过的《中共中央关于建立社会主义市场经济体制若干问题的决定》指出，要进一步转换国有企业经营机制，建立适应市场经济要求，产权清晰、权责明确、政企分开、管理科学的现代企业制度。

为了推进企业建立起“产权清晰、权责明确、政企分开、管理科学”的现代企业制度，从1994年开始，国务院决定按照“重点突破，整体推进，经过试点，全面推开”的原则，首先在百家企业进行建立现代企业制度试点，并依托城市进行配套改革，为突破企业改革的重点和难点问题创造条件。

为了积极稳妥地推进国有企业改革，需要进行建立现代企业制度的试点。1993年12月，国务院建立了现代企业制度试点工作协调会议制度，由国家经贸委和国家体改委等14个部委、局参加，并由有关部委起草试点方案。到1994年11月初，形成了以《中共中央关于建立社会主义市场经济体制若干问题的决定》和《公司法》为依据的、并经国务院原则同意的《关于选择一批国有大中型企业进行现代企业制度试点的方案（草案）》，就试点的一系列基本问题作了规定。《方案》强调建立现代企业制度应着重解决①：

第一，完善企业法人制度。即国有出资人按照持股比例依法享有股东权利，以出资额为限对企业承担有限责任。企业享有法人财产权，以全部法人财产独立享有民事权利、承担民事责任、依法自主经营、自负盈亏，对出资人承担资产保值责任。

第二，明确试点企业国有资产投资主体。按照政府的社会经济管理职能和国有资产所有者职能分开的原则，国家授权投资的机构或者国家授权的部门是国有资产的投资主体，依法对企业中的国有资产实行股权管理。

第三，确立企业改建为公司的组织形式。生产一般产品的企业可改为股份有限公司，生产特殊产品的企业一般应为国有独资公司。

第四，建立科学、规范的公司内部组织管理机构。股东会、董事会、

① 详见《全国建立现代企业制度试点工作会议文件汇编》，改革出版社1995年版，第120～131页。

经理层和监事会各司其职，有效行使决策、监督和执行权。

第五，改革企业劳动人事工资制度。取消企业管理人员国家干部身份，打破不同所有制职工之间的身份界限，建立企业与职工双向选择的用人制度。

第六，健全企业财务会计制度。全面实行《企业财务通则》和《企业会计准则》及国家有关规定。与此同时，国家进行了转变政府职能、调整企业负债结构、建立社会保障制度、减轻企业办社会的负担、解决企业富余人员、促进存量国有资产优化配置和合理流动、发展和规范各类中介组织等各项配套改革。

以此为标志，国有企业建立公司制度的试点在全国正式推开，在制度创新和提高经济效益等方面都取得了重要进展。截至 1996 年年底，百户试点企业的改革方案都已经批复并开始实施。100 户试点企业，分别按以下 4 种形式进行改制：（1）17 户由工厂制直接改制为多元股东持股的公司制，其中，股份有限公司 11 户，有限责任公司 6 户。（2）有 69 户由工厂制改为国有独资公司。其中，先改制为国有独资公司，再由国有独资公司作为投资主体将生产主体部分改制为股份有限公司或有限责任公司的有 29 户。这样，多元投资主体的已有 46 户。（3）由原行业主管厅局“转体”改制为纯粹控股型国有独资公司的有 10 户。（4）按照先改组后改制的原则进行结构调整实行资产重组改组的有 2 户，即上海无线电三厂解体、淄博化纤总厂被齐鲁石化公司兼并。① 在百户试点企业中有 84 家成立了董事会，有 72 家成立了监事会。

经过几年的改革实践，各地探索出了一些“放小”改革的做法和经验，比如山东诸城、广东顺德、黑龙江宾县、四川宜宾等地的改革经验，相继被政府推广。其中，诸城经验在全国引起了广泛的讨论，各地纷纷到诸城学习取经。同时，诸城以股份制改制为主要形式的做法，牵涉对国有资产的出售，招致各种质疑和非议，被认为是搞私有制，时任市委书记陈

① 《中国经济年鉴—1997》，中国经济年鉴社 1997 年版，第 679 页。

光被称为“陈卖光”，几近谩骂。1996年春，国家体改委、经贸委等9个部门组成联合调查组，对诸城经验进行了调查，认为“县属企业改革探索，阻力大，困难多，诸城市在这种情况下取得成绩，是难能可贵的，为‘放活国有企业’创造了经验。”①

在“抓大放小”过程中，国有小企业按照“三个有利于”的原则走在了改革的前沿，从上到下解放思想，大胆探索，涌现了各种公有制的实现形式，包括“劳动者的劳动联合和劳动者的资本联合”的股份合作制等。1996年6月，国家体改委颁发了《关于加快国有小企业改革的若干意见》，7月国家经贸委颁布《关于放开搞活国有小型企业的意见》，鼓励小企业改革要因地制宜、因行业制宜、因企业制宜，允许企业依据自身特点，选择适合生产力水平的改制形式，不拘一格，大胆实践，不搞一个模式，不一刀切。

中共十五大以来，中央多次提出：用3年左右的时间，力争大多数国有大中型骨干企业初步建立现代企业制度。1997年以来，党和政府在推进政企分开，实现“三改一加强”，鼓励兼并、规范破产、下岗分流、减员增效和再就业工程，加快社会保障制度建设，以及增资减债、降低资产负债率，禁止“三乱”、减轻企业负担等方面，加快了国有大中型企业的改革，3年改制任务基本完成，现代企业制度的基本框架初步建成。

2000年9月，国务院办公厅转发了国家经贸委制定的《国有大中型企业建立现代企业制度和加强管理的基本规范（试行）》，以政府文件的形式对现代企业制度的具体内容作了规范。建立现代企业制度和股份制改革继续推进，中国银行股份有限公司和中国建设银行股份有限公司分别于2004年8月26日和9月21日成立，两家国有独资商业银行整体改制为国家控股的股份制商业银行。

改革的实践之树总是常青的，凡是不容产权变革的理论认识都未能阻

① 王斌、郭玲玲、殷江宏：《陈光开刀国企 招招惊奇》，载香港《文汇报》2003年12月28日。

挡中国产权变革的滚滚浪潮。2003年中共十六届三中全会《中共中央关于完善社会主义市场经济体制若干问题的决定》提出，“建立归属清晰、权责明确、保护严格、流转顺畅的现代产权制度”，并且说，“产权是所有制的核心和主要内容”。这是市场经济发展的必然，是认识上的提高，理论上的突破，实践上的跃进。

## 二、国有企业“脱胎换骨”

国有企业改革是我国经济体制改革的中心内容。随着我国经济改革的不断深入，如何使国有企业走出低谷，让它们焕发出新的活力，成了农村改革基本完成之后我国改革的主旋律。唯有改革，才能使国企走出低谷，再造辉煌。

1998年中共十五届一中全会上，江泽民提出用三年左右的时间，通过改革、改组、改造和加强管理，使大多数国有大中型亏损企业摆脱困境，力争到2000年底大多数国有大中型骨干企业初步建立现代企业制度。

1999年9月22日，中共中央十五届四中全会通过的《关于国有企业改革和发展若干重大问题的决定》。《决定》指出，国有经济应主要分布在以下行业和领域：涉及国家安全的行业、自然垄断性行业、提供重要公共产品和服务的行业以及支柱产业和高新技术产业中的重要骨干企业。根据这一精神，分布在其他领域的国有经济应逐步退出，从而实现国有经济的结构和功能优化。

在随后的三年，围绕实现“三年脱困”目标，着眼于从整体上搞好国有经济，国家采取了一系列力度很大的政策措施，对国有经济布局和国有企业进行战略性调整和改组，应该淘汰的淘汰，能够救活的救活，需要做大的做大，必须提高的提高。各地区、各部门和广大企业认真贯彻落实国家的各项政策措施，把改革、脱困同改组、改造和加强管理紧密结合起来。经过多年的改革与探索，我国的企业在建立现代企业制度方面有了很大进展，涌现出一批具有较强竞争力的大公司大集团，国有大中型企业做大做强。经过多年的国有经济布局调整、资产重组和结构调整，全国规模以上的国有控股企业由1998年的6.5万户减少到2002年的4.3万户，但利润却从736亿上升到了2316亿，增长了2.15倍。其中，2002年税金达到4000亿，占全国工业上缴税金的65.6%，它们中的2/3仍是国有控股的企业。2001年年底，我国基础产业占用国有资产总额为37235.7亿元，比1995年增长1.1倍；国有大型企业占用国有资产总额为45990.7亿元，比1995年年末增长了1.5倍；国有净资产总量比1995年增长91.4%，但国有经济对经济总量（GDP）的贡献率则逐步降低，从1978年占56%降至1997年的42%，这有助于进一步改善所有制结构。

国有企业股份制改革步伐加快。根据国家统计局企业调查总队对全国4371家重点企业的调查，截至2001年年底，已有3322家企业实行了公司制改造，改制面达到76%，其中514家国家重点企业改制面为77.2%。第二次全国基本单位普查资料显示，股份制正在成为我国公司所有制的主要形式。1997～2001年五年间，我国股份制企业（包括有限责任公司和股份有限公司）从7.2万家发展到近30万家，增长了3.2倍。另据统计，到2002年，15.9万户国有控股企业中的50%以上实行了公司制改革。1998～2002年，国有及国有控股企业重组上市的有442家，累计筹集资金7436亿元，其中境外筹资352亿美元。

放开搞活了一大批国有中小企业。1997年以来，各地通过改组、联合、兼并、租赁、承包经营、股份合作、出售等多种形式加大了国有小企业改革的力度，改制面达85%左右。国有小企业通过股份制、股份合作制等吸引外资和民营资本，实现了产权多元化。到2002年年底，全国的中小企业有14.8万户，比1995年少了14.5万户。1999年以前，全国的国有中小企业连续6年亏损，2000年、2001年、2002年全国国有中小企业分别实现利润73亿元、109.8亿元、286.9亿元。

国有经济质量和效益不断提高。到2002年年底，我国国有资产总量达到11.83万亿元，其中经营性国有资产7.69万亿元，占65%；非经营性国有资产4.14万亿元，占35%。15.9万户国有及国有控股企业的资产总额达18.02万亿元，实现利润3786.3亿元，上交税金6794.1亿元。

1995~2002年，国有及国有控股工业企业户数从7.76万户减少到4.19万户，下降了46%，实现利润从838.1亿元提高到2209.3亿元，上升了163.6%。国有中小企业户数从24.5万户减少到14.9万户，下降了39.2%，1997年国有小企业盈亏相抵后净亏损额达502亿元，2002年盈亏相抵后实现利润286.9亿元。

经过“重生”之后的国企和国有控股企业，重新焕发出了新的活力，在新一轮的经济发展中展现出新的优势，创造出新的辉煌。

## 三、非公有制经济蓬勃发展

改革开放以后，变化最大、成就最大的是什么？当推非公有制经济的突起和发展。中国经济增长的奇迹，在相当大的程度上得益于所有制结构调整，是非公有制经济这个“火车头”拉动了中国经济的飞速发展。海内外公认中国经济体制改革成功地走了一条“渐进式”的道路，即“新体制增量式改革”的道路，这里“新体制增量”的物质内容就是非公有制经济。

非公有制经济在我国的发展道路是十分曲折的，最早的历史可以追溯到新中国成立初期。1949年9月29日颁布的《中国人民政治协商会议共同纲领》第四章第二十六条规定，对中国的国营经济、合作社经济、农民和手工业者的个体经济、私人资本主义经济和国家资本主义经济，实行“以公私兼顾、劳资两利、城乡互助、内外交流的政策，达到发展生产、繁荣经济之目的”的方针。

由于实行了在国营经济领导下多种经济成分并存的所有制制度，调动了各种经济成分的积极性，中国国民经济在极其困难和复杂的情况下得到了迅速的恢复和发展。经过资本主义工商业的社会主义改造，我国的私人经济基本消失，仅存的一些个体经济，由于人数与规模甚小，对国民经济的影响已微乎其微。这种状况在中共十一届三中全会后有了改变，非公有制经济开始得到恢复和发展。

1979年“上山下乡”运动基本结束，返城“知识青年”的就业问题成为城市的头号社会问题。现实问题迫使决策者突破计划经济的惯性思维，鼓励和扶持城镇个体经济的发展，广开就业门路。1979年1月17日，人民大会堂福建厅举行的“五老火锅宴”，打开了个体、私营经济的“禁区”，理发、修鞋、磨刀、卖小吃等第一批城市个体户在街头诞生，饱受歧视和摧折的中国私营经济破土而出。

1992年邓小平南方谈话，消除了人们思想认识上的疑虑，私营企业主在心里感觉着一种前所未有的轻松，摆脱了长期以来姓“资”姓“社”的困扰，非公有制经济获得了空前发展。

邓小平南方谈话之后召开的中共十四大，提出建立“以公有制包括全民所有制和集体所有制经济为主体，个体经济、私营经济、外资经济为补充、多种经济成分长期共同发展”的社会主义市场经济体制。至此，非公有制的经济地位得到了认可。1993年，宪法修正案明确了非公有制经济的地位和作用。下海经商风起云涌，一批批人从体制内移身商海。各种所有制经济形式如雨后春笋般涌现，在商潮中各显其能，为我国的经济建设添砖加瓦，并开创了无数个至今都被人津津乐道的标志性丰碑。

乘着新一轮改革开放的东风，1993年中国私营企业发展迎来了第二个春天。1993年，私营企业迅速地超过1988年的水平，达23.7万家；1994年，大举增至43.2万家。1989～1990年，私营企业的注册资金几乎没有增加；1991～1995年，增加了大约20倍，达到2400多亿元。1995年12月，国家工商总局列出中国30家最大的私营企业，它们的年销售收入全部超过1亿元，位居第一的是希望集团有限公司，年销售收入16亿元。①

到1997年年底，我国非公经济在全国工业总产值中的比重已经上升到了36%，接近1992年的2.6倍，年均增幅达21%，经济地位得到了极大的提高，也为我国的经济建设作出了重要贡献，而且在就业岗位创造、

① 邹东涛主编：《改革开放30年（1978～2008）》，社会科学文献出版社2008年版，第183～184页。

劳动力价值提高、固定资产投入方面均有建树，成为我国经济迅速发展不可或缺的力量。

中共十五大之后，进一步明确了非公经济的合法地位。1999 年 3 月 15 日，九届全国人大二次会议通过《中华人民共和国宪法修正案》，以宪法的形式肯定了“国家在社会主义初级阶段，坚持公有制为主体、多种所有制经济共同发展的基本经济制度”；“在法律规定范围内的个体经济、私营经济等非公有制经济，是社会主义市场经济的重要组成部分”，“国家保护个体经济、私营经济的合法的权利和利益。国家对个体经济、私营经济实行引导、监督和管理”。个体、私营经济的法律地位大为提升，取得了“尚方宝剑”。

中共十五大之后，非公有制经济迅速发展。截至 2002 年年底，我国个体工商户已发展到 2377.5 万户，从业人员 4743 万人，比 1992 年分别增长 59% 和 92%。私营经济发展尤其迅速，2002 年已发展到 243 万户，从业人员 3409 万人，分别比 1992 年增长 16.5 倍和 13.7 倍，平均每年增长 33% 和 31%。

非公有制经济对中国国民经济总量的贡献份额呈逐步上升趋势，在中国经济增长中的作用已经超过国有经济。1992 ~ 2001 年，非国有经济创造的增加值占 GDP 的比重由 53.6% 提高到 62.32%，年均增长 1.69%。1992 ~ 2001 年，非国有工业总产值占全部工业总产值的比重由 48.5% 增至 78.3%，年均增长 5.47%。1992 ~ 2001 年，在工业总产值中，集体工业产值所占比重从 35.1% 下降至 30.1%，而个体和私营工业产值所占比重则由 5.8% 上升到 17.2%，包括外商投资企业在内的其他工业产值所占比重则由 7.6% 上升到 29.5%。①

非公有制经济的发展还带动了一批新兴产业和行业的发展，特别是一些高新技术产业，非公有制经济占了很大比重，为提高我国国民经济的整

① 邹东涛主编：《改革开放 30 年（1978 ~ 2008）》，社会科学文献出版社 2008 年版，第 185 ~ 186 页。

体水平和竞争力发挥了重要作用。改革开放特别是1992年以来，民营科技企业迅速发展。民营科技企业实现技工贸总收入和上缴税金平均以30%多的速度增长。到2001年，全国民营科技企业已发展到10万户，企业员工644万，技工贸总收入18470亿元，企业资产总额超过24800亿元，出口创汇319亿美元。与发展初期的1992年相比，企业数增长了3倍，技工贸总收入增长了61.2倍，已成为我国国民经济中一个显著的亮点。①

2002年，中共十六大报告提出和论述了小康社会建设的历史任务，提出了“两个毫不动摇”，即“毫不动摇地坚持以公有制经济为主体，毫不动摇地鼓励、支持和引导非公有制经济发展”，并作出了建设更具活力、更加开放的经济体系的战略部署，这使我国的制度创新达到了一个新的高度。

## 第二节　现代市场体系初步形成

现代市场体系是现代市场经济体系的重要组成部分；构建一个体系完整、机制健全、统一开放、竞争有序的现代市场体系，是建立社会主义市场经济体制的重要内容。商品市场是现代市场体系的基础，要素市场的培育和发展是现代市场体系成熟和完善的重要标志。一般而言，商品市场、金融市场和劳动力市场是现代市场体系的核心。20世纪90年代以后，在工业生产资料价格“双轨制”合并为市场价格单轨制的基础上，进一步放开消费品价格和服务价格，大部分商品和服务的价格均由市场形成，资本市场和劳动力市场初步形成。

---

① 胡康生：《毫不动摇地发展非公有制经济》，载《人民日报》2004年4月6日第9版。

## 一、极大丰富的商品市场

1992年，以邓小平南方谈话特别是中共十四大将经济体制改革的目标模式定位于社会主义市场经济为标志，改革进入了整体配套、重点突破和全面攻坚的新阶段。在这一时期，农村经济改革迈出了重大步伐并取得了很大的进展和突破。如粮价的放开，标志着中国价格改革特别棘手的一关已经基本闯过。各种市场的建立使商品流通从“小流通”走向“大流通”，为商品交换提供了便利条件。

随着计划流通体制向市场流通体制的转变，适应我国社会主义市场经济要求的市场体系初步形成。全国已基本形成了包括生产资料和生活资料在内的、有形市场和无形市场相结合、期货市场和现货市场相结合、以批发市场为主导零售市场为主体的多层次、多门类、多形态的较为完整的市场体系；形成了多种经济成分、多种市场流通渠道、多种经营方式并存的商品市场格局；形成了遍布城乡的商品流通网络体系，比较完备的商业网点基础设施。

我国商品市场在国民经济发展中发挥着越来越重要的作用。改革开放促进了生产和经济的发展，市场繁荣、商品供应丰富。20世纪末，商品市场的供求关系发生了重大变化，市场供需态势逐渐从以商品短缺为主要特征的“卖方市场”转变为绝大多数商品供大于求的“买方市场”。市场的培育和发展，适应了消费者消费行为、消费需求、消费结构的变化，不断满足着市场的即期消费需求，挖掘着潜在消费需求，创造着崭新消费需求。

随着国民经济总量不断增长和城乡居民消费结构的快速升级，国内市场规模和市场需求持续扩大。2002年，我国有各类商品市场8.9万多家，成交额34772亿元，相当于GDP的33.95%，相当于社会消费品零售总额40911亿元的84.99%。①

---

① 洪涛：《中国商品交易市场的现状及其特点》，载《中国市场》2004年第1期。

农副产品流通领域经过多年的发展，也已经初步形成了期货市场和中心批发市场为龙头，区域批发市场为骨干，集贸市场和各类超市等业态为基础的中国特色的三级农副产品市场体系。1998年，农副产品交易额突破1万亿元大关，超过了工业品市场交易额，先后于1999年、2000年、2002年跨过1.1万亿元、1.2万亿元、1.3万亿元大关。至2002年年底，我国农产品市场形成了肉禽蛋奶类、蔬菜类、水产品类、粮油类、干鲜果品类五大支柱的26万多个农副产品市场，其中农副产品批发市场有4150个。①

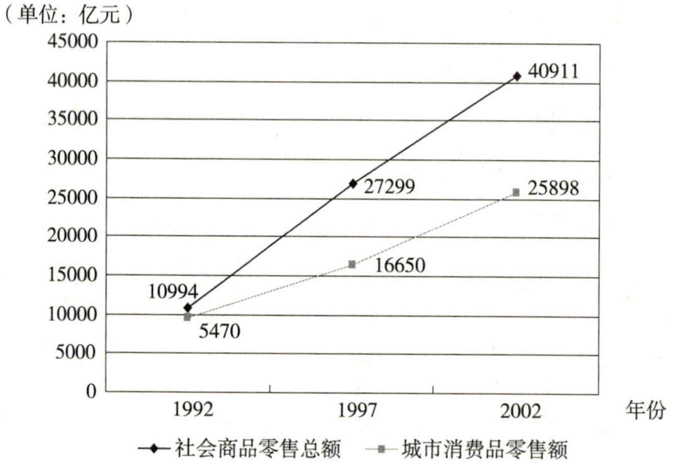


图14.1　全社会商品零售总额和城市消费品零售额

（资料来源：国家统计局编：《中国统计年鉴—2003》，中国统计出版社2003年版，第618页）

政府定价和政府指导定价比例呈下降趋势，市场调节价比重则相应提高。随着市场化改革的逐步深入，除了少数涉及国计民生的重要商品仍然实行指令性计划外，绝大多数商品已经放开，价格由市场供求决定，市场在资源配置中的基础作用得到初步发挥。农产品生产的指令性计划已全部取消，工业品生产的指令性计划只局限于木材、黄金、卷烟、食盐和天然

① 洪涛：《中国商品交易市场的现状及其特点》，载《中国市场》2004年第1期。

气5种，其中木材、天然气和黄金只是在某些环节或部分产品实行指令性计划，逐步建立起比较完整的以市场调节为主的价格形成机制，见表14.1。就价格形成市场化程度来说，与发达市场经济国家相比，中国的市场价格形成市场化程度也不低，见表14.2。

表14.1　1979～2001年中国三种价格形式的比重

（单位:%）

| 年份 | 消费品零售总额 | | | 农副产品收购总额 | | | 生产资料销售总额 | | |
|---|---|---|---|---|---|---|---|---|---|
| | 政府定价 | 政府指导定价 | 市场调节价 | 政府定价 | 政府指导定价 | 市场调节价 | 政府定价 | 政府指导定价 | 市场调节价 |
| 1979 | 97.0 | 0 | 3.0 | 92.6 | 0 | 7.4 | 100.0 | 0 | 0 |
| 1990 | 29.8 | 17.2 | 53.0 | 25.0 | 23.4 | 51.6 | 44.6 | 19.0 | 36.4 |
| 1991 | 20.9 | 10.3 | 68.8 | 22.2 | 20.0 | 57.8 | 36.0 | 18.3 | 45.7 |
| 1992 | 5.9 | 1.1 | 93.0 | 12.5 | 5.7 | 81.8 | 18.7 | 7.5 | 73.8 |
| 1993 | 4.8 | 1.4 | 93.8 | 10.4 | 2.1 | 87.5 | 13.8 | 5.1 | 81.1 |
| 1994 | 7.2 | 2.4 | 90.4 | 16.6 | 4.1 | 79.3 | 14.7 | 5.3 | 80.0 |
| 1995 | 8.8 | 2.4 | 88.8 | 17.0 | 4.4 | 78.6 | 15.6 | 6.5 | 77.9 |
| 1999 | 3.7 | 1.5 | 94.8 | 6.7 | 2.9 | 90.4 | 9.6 | 4.8 | 85.6 |
| 2000 | 3.2 | 1.0 | 95.8 | 4.7 | 2.8 | 92.5 | 8.4 | 4.2 | 87.4 |
| 2001 | 2.7 | 1.3 | 96.0 | 2.7 | 3.4 | 93.9 | 9.5 | 2.9 | 87.6 |

注：1994年缺内蒙古、贵州、西藏的资料；1995年缺海南、西藏的资料。
（资料来源：1979～1995年数据来源于陈宗胜、吴浙、谢思全等：《中国经济体制市场化进程研究》，上海人民出版社1999年版，第118～119页；1999～2001年数据来源于北京师范大学经济与资源管理研究所：《2003中国市场经济发展报告》，中国对外经济贸易出版社2003年版，第118～119页）

表14.2　发达市场经济国家价格形成市场化的程度

（单位:%）

| 国别 | 美国 | 日本 | 德国 | 意大利 | 法国 | 英国 |
|---|---|---|---|---|---|---|
| 市场度 | 90～95 | 82 | 90 | 75.9 | 80～85 | 91.5 |
| 管制度 | 5～10 | 18 | 10 | 24.1 | 15～20 | 8.5 |

（资料来源：陈宗胜、吴浙、谢思全等：《中国经济体制市场化进程研究》，上海人民出版社1999年版，第144页）

市场环境不断改善。一大批年交易额上百亿元的现代化商品交易市场，成为沟通产销、衔接城乡的重要渠道。商品市场的现代化步伐明显加快，电子商务、连锁经营和现代物流配送日益受到重视和推广，商品的单品管理、条形码的普及、自动销售管理系统（POS）的应用、现代物流配送设施建设都取得了较快发展。发达国家探索了一二百年形成的现代流通组织形式和经营业态，我国不到20年就都发展起来了。与此同时，市场法规逐步健全，市场监督机构和认证机构逐步完善，地区封锁和行业垄断逐渐消除，基本上形成公开、公平的市场竞争秩序。

进入新世纪，2002年，中共十六大报告指出，要健全现代市场体系。中共十六届三中全会通过的《中共中央关于完善社会主义市场经济体制若干问题的决定》中，再次强调完善社会主义市场经济体制的主要任务之一是建设统一开放、竞争有序的现代市场体系。

## 二、从起步到初步发展的资本市场

改革开放以后，我国资本市场萌生于经济转轨过程中企业的内生需求。在过去的十多年间，我国资本市场从无到有，从小到大，从区域到全国，得到了迅速的发展，在很多方面走过了一些成熟市场几十年甚至是上百年的道路。

20世纪80年代初，城市一些小型国有和集体企业开始进行了多种多样的股份制尝试，最初的股票开始出现。1981年7月，我国重新开始发行国债。1982年和1984年，最初的企业债和金融债开始出现。1986年8月，沈阳市信托投资公司率先开办了代客买卖股票和债券及企业债券抵押业务。同年9月，中国工商银行上海市信托投资公司静安业务部率先对其代理发行的飞乐音响公司和延中实业公司的股票开展柜台挂牌交易，标志着股票二级市场的初步形成。

1990年，国家允许在有条件的大城市建立证券交易所，上海证券交易所、深圳证券交易所于1990年12月先后营业。伴随着一、二级市场的初步形成，证券经营机构的雏形开始出现。1987年9月，中国第一家专业证券公司——深圳特区证券公司成立。1988 年，为适应国库券转让在全国范围内的推广，中国人民银行下拨资金，在各省组建了 33 家证券公司，同时，财政系统也成立了一批证券公司。1990 年 10 月，郑州粮食批发市场开业并引入期货交易机制，成为中国期货交易的开端。1992 年 10 月，深圳有色金属交易所推出了中国第一个标准化期货合约——特级铝期货标准合同，实现了由远期合同向期货交易过渡。

1992 年，邓小平南方谈话后①，中国掀起了新一轮改革开放的高潮，同年，中共十四大确立了“建立社会主义市场经济体制”的经济体制改革目标，股份制成为国有企业改革的方向，更多的国有企业实行股份制改革并试图在证券市场融资。1993 年，股票发行试点正式由上海、深圳推广至全国，打开了资本市场进一步发展的空间。

1992 年深圳“8·10”事件促使中央政府下决心在证券市场设立专门监管机构。1992 年 10 月，国务院证券管理委员会和中国证监会成立，12 月，国务院发布《关于进一步加强证券市场宏观管理的通知》，明确了中央政府对证券市场的统一管理体制，标志着中国证券市场开始逐步纳入全国统一监管框架，资本市场从早期的区域性市场开始走向全国性统一市场。

1997 年 11 月，中国金融体系进一步确定了银行业、证券业、保险业分业经营、分业管理的原则。1998 年 4 月，国务院证券管理委员会撤销，中国证监会成为全国证券期货市场的监管部门，建立了集中统一的证券期货市场监管体制。

中国证监会成立后，推动了《股票发行与交易管理暂行条例》、《公开发行股票公司信息披露实施细则》、《禁止证券欺诈行为暂行办法》、《关于严禁操纵证券市场行为的通知》等一系列证券期货市场法规和规章

---

① 1992 年 1 月 22 日，在深圳视察的邓小平谈话指出：“证券、股市，这些东西究竟好不好，有没有危险，是不是资本主义独有的东西，社会主义能不能用？允许看，但要坚决地试。看对了，搞一两年对了，放开；错了，纠正，关了就是了。关也可以快关，也可以慢关，也可以留一点尾巴。怕什么，坚持这种态度就不要紧，就不会犯大错误。”参见《邓小平文选》第 3 卷，人民出版社 1993 年版，第 373 页。

的建设，资本市场法规体系初步形成，使资本市场的发展走上规范化轨道，为相关制度的进一步完善奠定了基础。《证券法》于1998年12月颁布并于1999年7月实施，是新中国成立后第一部规范证券发行与交易行为的法律，并由此确认了资本市场的法律地位。为了适应经济和金融体制改革不断深化及资本市场发展的需要，2005年10月修订后的《证券法》和《公司法》颁布，2006年1月1日起实施。《证券法》的实施及随后的修订，标志着我国资本市场在法制化建设方面迈出了重要的步伐，资本市场走向更高程度的规范发展，对资本市场的法规体系建设产生了深远的影响。

伴随着全国性市场的形成和扩大，证券中介机构也随之增加。经过清理整顿，到1998年年底，全国有证券公司90家，证券营业部2412家。从1991年开始，出现了一批投资于证券、期货、房地产等市场的基金（统称为"老基金"）。1997年11月，《证券投资基金管理暂行办法》颁布，规范证券投资基金的发展。同时，对外开放进一步扩大，推出了人民币特种股票（B股），境内企业逐渐开始在香港、纽约、伦敦和新加坡等海外市场上市。

表14.3　1993～2002年股票市场情况一览

| 年份 | A股筹资（亿元） | 投资者开户数（万户） | 股票市价总值（亿元） | 股票流通市值（亿元） | 股票成交金额（亿元） |
|---|---|---|---|---|---|
| 1993 | 276.41 | 835.17 | 3541.52 | 861.62 | 3627.20 |
| 1994 | 99.78 | 1107.76 | 3690.61 | 968.90 | 8127.62 |
| 1995 | 85.51 | 1294.19 | 3474.27 | 938.21 | 4036.45 |
| 1996 | 294.34 | 2422.08 | 9842.38 | 2867.04 | 21332.17 |
| 1997 | 825.92 | 3480.26 | 17529.23 | 5204.42 | 30721.83 |
| 1998 | 778.02 | 4259.88 | 19521.81 | 5745.37 | 23527.31 |
| 1999 | 893.6 | 4810.6 | 26471.2 | 8214.0 | 31319.6 |
| 2000 | 1527.0 | 6154.5 | 48091.0 | 16087.5 | 60826.7 |
| 2001 | 1182.1 | 6965.9 | 43522.2 | 14463.2 | 38305.2 |
| 2002 | 779.8 | 7202.2 | 38329.1 | 12484.6 | 27990.5 |

注：投资者开户数含A股、B股和基金。

（资料来源：中国证券监督管理委员会：《中国资本市场发展报告》，中国金融出版社2008年版，第26页）

期货市场得到初步发展。1993 年年底，我国开始清理整顿期货市场。1995 年“3·27”国债期货风波之后，期货市场进一步健全制度，规范交易行为，加强市场风险控制，防范过度投机。1998 年，重组调整后的期货交易所为上海期货交易所、大连商品交易所和郑州商品交易所 3 家，其余均撤销或改组为证券公司或期货交易厅。同时，清理整顿了期货经纪公司，压缩了期货交易品种。2000 年 12 月，中国期货业协会在北京成立。从 2001 年开始，我国期货市场走出低谷，呈现恢复性增长态势，期货交易量逐步回升，市场规模不断扩大。2003 年，期货市场全面推行期货交易保证金封闭运行，严格执行期货交易结算规则，防范和化解期货交易结算和交割风险。

债券市场得到初步发展。中国债券市场规模有所增加，市场交易规则逐步完善，债券托管体系和交易系统等基础建设不断加快。交易所债券市场的债券品种和市场规模持续增长，交易方式不断完善；1997 年建立的银行间债券市场逐步完善，市场品种和规模不断扩大；2002 年设立的面向个人投资者和中小企业从事国债零售业务的商业银行柜台市场的网点快速增长，投资者数量和交易结算量有一定的增长。

自 1998 年建立了集中统一监管体制后，为适应市场发展的需要，证券期货监管体制不断完善，实施了“属地监管、职责明确、责任到人、相互配合”的辖区监管责任制，并初步建立了与地方政府协作的综合监管体系。与此同时，执法体系逐步完善。中国证监会在各证监局设立了稽查分支机构，2002 年增设了专司操纵市场和内幕交易查处的机构。一批大案的及时查办对防范和化解市场风险、规范市场参与者行为起到了重要作用。中国证监会不断加强稽查执法基础性工作，严格依法履行监管职责，集中力量查办了“琼民源”、“银广夏”、“中科创业”、“德隆”、“科龙”、“南方证券”、“闽发证券”等一批大案要案，坚决打击各类违法违规行为，切实保护广大投资者的合法权益，维护“公平、公正、公开”的市场秩序。

为了积极推进资本市场改革开放和稳定发展，国务院于 2004 年 1 月发布了《关于推进资本市场改革开放和稳定发展的若干意见》。此后，中国资本市场进行了一系列的改革，完善了各项基础性制度，主要包括实施股权分置改革、提高上市公司质量、对证券公司综合治理、大力发展机构投资者、改革发行制度等。经过这些改革，投资者信心得到恢复，资本市场出现转折性变化。

## 三、逐步完善的劳动力市场

劳动力市场是社会主义市场体系中不可或缺的一个组成部分，也是生产要素市场中的重要内容。在市场经济条件下，劳动力市场是在价值规律和竞争规律作用下，通过劳动力供求双方自愿进行劳动力流动，对劳动力这一生产性资源进行有效配置的机制。其主要特征是：劳动力自由流动，价值规律对劳动力市场发挥调节作用，劳动报酬将主要由劳动生产率和劳动力市场供求关系决定。劳动力流动市场化、劳动就业契约化、就业机会均等化、人力资本产权明晰化、劳动保障社会化是劳动力市场制度的核心要素。

计划经济体制中，劳动力资源不是按市场经济规律进行配置，而是按政府的制度对劳动力进行统一的行政计划调剂和调配。1978年以后，我国经济体制改革逐步展开，统包统配的就业制度开始有了改变，劳动部门就业、自愿组织起来就业和自谋职业相结合等方针的实行，使我国的劳动力市场开始产生。这一阶段，统包统配制度仍占主导地位，但劳动力市场的供求机制和流动机制开始在小范围内发挥微弱的作用。

1983年，中共中央一号文件肯定了家庭联产承包责任制符合社会主义方向，农村经营体制改革全面铺开，农户有了劳动力自由使用和劳动时间的自主支配权力，由于生产效率的提高，劳动力剩余和劳动时间的剩余使农民寻求发展多种经营和第二和三产业，出现劳动力向非农产业转移；同时，我国政府允许农民从事长途运输和在本地市场之外销售其产品，中国农民第一次拥有合法的权利在其家乡以外的地方进行商业活动。1984年以前，劳动力转移主要以就地就业和省内转移为主；1984年政府进一步放宽了管制，鼓励农民去附近的小型城镇打工。1985年以后，农村劳动力跨区域流动开始逐步发展壮大，出现了全国农民工转移的第一个高潮，乡镇企业成为劳动力转移的主渠道。

1992 年，国务院颁布《全民所有制工业企业转换经营机制条例》，规定国有工业企业“自主决定招工的时间、条件、方式、数量”，进一步推动了国有企业用工进入劳动力市场。1993 年，在中共十四届三中全会《中共中央关于建立社会主义市场经济体制若干问题的决定》中，第一次明确提出要培育和发展“劳动力市场”。其后，国有企业职工下岗制度使得员工的薪酬也可以随着市场供求决定的劳动力价格而调整。市场机制在劳动力资源开发利用和配置中的基础性作用开始逐步显现，劳动部也明确提出要在“九五”期末基本形成现代劳动力市场的雏形。

20 世纪 90 年代后期以来，中国劳动力就业遇到了新的挑战：产业结构调整和国有企业改革推进带来大量职业下岗，这一过程又伴随着城市化加速的必然趋势——农村劳动力大量流向城市，尤其是中国新增经济活动人口压力一直居高不下，使得世纪之交的中国面临严重的就业“冲击波”。1998 年 6 月，中央提出了“劳动者自主择业、市场调节就业、政府促进就业”的新时期就业方针。在实施“再就业工程”和构筑“三条保障线”的基础上，中共中央、国务院于 2002 年 9 月下发了《关于进一步做好下岗失业人员再就业工作的通知》，重点围绕解决国有企业下岗失业人员再就业问题，推出一系列促进就业再就业的政策，确立了积极就业政策的基本框架。

1998 年以后，政府注重培育和发展劳动力市场，各类职业咨询网络基本形成，城市劳动力职业的选择趋于多样化，劳动力市场供求机制和自由流动机制发挥了更大作用，社会保障制度的逐步建立和完善为劳动力市场的进一步发展奠定了基础。经过多年改革，就业双向选择机制、劳动力流动与竞争机制、失业机制、社会保险机制等劳动力市场机制与政府对劳动力市场的宏观调控机制也开始逐步完善，劳动力流动开始突破城乡、地区之间的分割，市场导向在劳动力资源配置中的作用得到体现和加强，我国城乡劳动力市场都已经初步确立。

值得注意的是，由于户籍制度及一系列在户籍制度基础上制定的政策措施仍然广泛存在，我国城乡间、行业间的劳动力市场迄今为止仍然没有形成一个统一的竞争性市场。整合劳动力市场，统一城乡分割、行业分割、部门分割的劳动力市场，积极正确引导劳动力资源的正常、有序、合理流动，仍然是我国深入推进劳动力市场发展的基本路径。

表14.4　1992～2002年就业总量和结构变化情况

（单位：万人）

| 年份 | 就业总量 | 城镇就业 | 乡村就业 | 城镇登记失业率（%） |
|---|---|---|---|---|
| 1992 | 66152 | 17861 | 48291 | 2.3 |
| 1994 | 67455 | 18653 | 48802 | 2.8 |
| 1996 | 68950 | 19922 | 49028 | 3.0 |
| 1997 | 69820 | 20781 | 49039 | 3.1 |
| 1998 | 70637 | 21616 | 49021 | 3.1 |
| 1999 | 71394 | 22412 | 48982 | 3.1 |
| 2000 | 72085 | 23151 | 48934 | 3.1 |
| 2001 | 73025 | 23940 | 49085 | 3.6 |
| 2002 | 73740 | 24780 | 48960 | 4.0 |

（资料来源：国家统计局编：《中国统计年鉴—2003》，中国统计出版社2003年版，第126页；国家统计局人口和社会科技统计司、劳动和社会保障部规划财务司编：《中国劳动统计年鉴—2003》，中国统计出版社2003年版，第128页）

## 第三节　积极探索新型宏观调节体系

自20世纪90年代以来，我国经历了一场经济体制的大变革。按照现代市场经济规律，中央银行宏观调节职能得到加强，金融分业监管体制逐步完善；公共财政框架初步建立，分税制改革进一步深化。宏观调节由主要依靠计划指令和信贷规模控制等直接手段，转向综合运用发展规划、货币政策和财政政策等间接手段。宏观调节重点由干预微观经济转向调节市场供求总量变动，由追求速度、数量扩张转向提高质量、效益和优化结构，注重实现经济和社会协调发展。中央政府根据国内外经济形势变化，适时调整宏观经济政策取向和力度，积累了治理通货膨胀和应对通货紧缩趋势的经验。

## 一、稳步推进财税体制改革

中共十四大确立了建立社会主义市场经济体制的目标，但是财政包干体制却表现出与市场经济发展明显的不相适应性，财政包干体制过于强调地方组织收入的积极性，在收入增量分配方面向地方倾斜过多，使得中央财政收入在整个财政收入增量中所占的份额越来越少，造成国家财力过于分散，中央财政收入占全部财政收入的比重不断下降。加之原有体制中“基数比例法”并非处理政府间财力分配的规范做法，于是借鉴市场经济国家的通行做法，在1994年启动了分税制财政体制改革。

此次分税制改革主要内容是工商税制改革。它包括：全面改革流转税；对内资企业实行统一的企业所得税；统一个人所得税；调整、撤并和开征其他一些税种。并在1994年后又逐步取消农业税，并对车辆购置税、车船使用税、城镇土地使用税等其他税制进行改革。

自1994年进行分税制改革后，不仅使国家财政实力大大增强，同时也极大地支持了经济社会的发展。国家税收增加更为重要的是，增强了中央政府宏观调控能力。截至2003年，全国各项税收达到20017.31亿元。国家财政实力的提高，为宏观调控提供了强有力的资金保障。预算、税收、公债和政府间转移支付等政策工具的日臻完善，更是极大丰富了宏观调控的手段。并且自1993年以来，国家先后在应对经济过热、亚洲金融危机、通货紧缩等国民经济问题时，运用了相应且得当的财政政策，从而保持国民经济总量基本平衡、经济良性发展的局面。

随着1994年分税制改革的成功，中央与地方的财权、事权相继得到明晰。为了进一步完善间接宏观调控的经济政策，1998年启动了公共财政体制改革。自2000年开始，实行部门预算改革：即一个部门一本预算，由基层开始预算编制，逐级上报、审核、汇总，经财政部门审核，经政府同意交人大立法机关。2001年年底，国务院办公厅转发了《财政部关于深化收支两条线改革，进一步加强财政管理意见的通知》，以综合预算编制为出发点，以预算外资金管理为重点和难点，以强调收支脱钩为中心，以国库管理制度改革为保障，明确提出进一步深化“收支两条线”的改革目标。同期，国库单一账户和财政资金集中收付制度也逐渐在我国确立。并且为加强政府支出的管理，2003年1月，《政府采购法》正式实施。

财税体制改革，不仅划清了政府与企业的利益分配关系，同时也走向与市场经济相符合的道路。不仅提高了自身国力，同时也为完善社会主义宏观调控奠定了良好的基础。

## 二、不断完善金融体制改革

党中央在十四大明确提出要建立社会主义市场经济体制，而金融体制改革也进入了全面深化的阶段。在这一时期，初步建立了与社会主义市场相协调的金融体系，主要表现为：

第一，中央银行职能转变，加强中央银行监管。1993年11月14日，中共十四届三中全会通过《中共中央关于建立社会主义市场经济体制若干问题的决定》，明确提出金融体制改革的重要目标就是建立一个能够对经济运行有效调控、具有权威的中央银行体系。同年12月25日，国务院通过了《国务院关于金融体制改革的决定》，明确提出深化金融体制改革，首要任务是把中国人民银行办成真正的中央银行，同时明确人民银行各级机构的职责，转换人民银行职能。① 1995年3月正式颁布《中国人民银行法》。而后，2003年对该法又进行修改完善，从而更加明确了中央银行的地位与职责。自1998年年底开始，人民银行在全国设置了九大跨省

① 中共中央文献研究室编：《十四大以来重要文献选编》（上），人民出版社1996年版，第593页。

市分行（外加两个营业管理部）。

第二，政策性银行相继建立，完善了宏观调控金融手段。按照政策金融与商业金融相分离的原则，国家组建了国家开发银行、中国进出口银行和中国农业发展银行三家政策性银行。国家开发银行主要以支持国家基础设施、基础产业、支柱产业和高新技术等领域的发展和国家重点项目建设为主；进出口银行主要职责是为扩大我国机电产品、成套设备和高新技术产品出口，推动有比较优势的企业开展对外承包工程和境外投资，促进对外关系发展和国际经贸合作，提供政策性金融支持；农业发展银行主要是承担国家规定的农业政策性金融业务，代理财政支农资金的拨付，为农业和农村经济发展服务。政策性银行的设立，将政策性贷款从中央银行和专业银行的业务中剥离，使人民银行宏观调控职能更加清晰。

第三，货币市场发展与货币间接调控能力不断增强。首先，1996 年 1 月 3 日，全国统一的银行间同业拆借市场交易网络系统在上海联网运行，4 月 1 日正式运行，实现了同业拆借的统一报价、统一交易、统一结算。全国统一的同业市场拆借利率（CHIBOR）开始形成。其次，商业票据贴现和再贴现市场得到了较快发展，再贴现手段真正作为货币政策工具发挥作用。再次，证券回购业务。此举为中央银行公开市场业务，减少金融风险创造了条件。最后，中国人民银行于 1994 年缩小了信贷规模控制范围，对商业银行实行贷款限额控制下的资产负债比例管理。1997 年建立了货币政策委员会，从而使得货币政策的制定更加科学化、民主化。亚洲金融危机后，公开市场业务逐渐成为中央银行货币政策的主要工具。

第四，多元化金融组织机构大力发展。首先，为方便基层人民生活，吸收社会剩余资金，从而发展了一批非银行金融机构，包括农村信用社、城市信用社，以及城市商业银行。其次，重新组建了一批全国和区域性质的保险公司。中国太平洋保险公司、中国平安保险公司两家全国性保险公司相继设立；新疆建设兵团农牧业保险公司、上海大众保险有限责任公司等区域性保险公司也随之成立。1995 年成立了中国人民保险公司，下设中保财产保险有限公司、中保人寿保险有限公司、中保再保险有限公司三个子公司。再次，证券、信托业快速崛起。深圳、上海两个证券交易所分别于1990年和1991成立；2002年，中国国际信托投资公司正式更名为中国中信集团公司。

第五，分业监管体系不断完善。1992年10月，国务院决定成立国务院证券委员会（简称证券委）和证券监督管理委员会（简称证监会）。1998年，国务院撤销了证券委，其工作改由证监会承担，同时，中国人民银行也将其对证券市场的监管职责全部移交给证监会，形成了以证监会为主的集中统一的证券监管体系。1998年11月，中国保险监督管理委员会（简称保监会）成立，保险监管从中国人民银行金融监管体系中独立出来。2003年4月28日，中国银行业监督管理委员会（简称银监会）挂牌成立。至此，我国金融业由银监会、证监会、保监会共同监管的局面正式形成。

第六，外汇管理体制改革进一步深化。1994年4月4日，中国外汇交易总中心在上海成立，银行间外汇市场正式运行。1996年6月20日，外商投资企业纳入银行结售汇体系后，各地的调剂中心改造成为外汇市场的分中心。在汇率制度上，1994年1月，实现汇率并轨，实行以市场供求为基础的、单一的、有管理的浮动汇率制。1996年年底，实现了人民币经常项目兑换。1997年亚洲金融危机爆发后，中国保证了人民币币值的稳定。

第七，完善我国金融宏观调控法律体系。继《中国人民银行法》颁布之后，1995年5月10日，《商业银行法》随之颁布，这是国家第一次以立法的形式明确了商业银行的性质和地位，是调整商业银行的组织及业务经营的基本法律。与此同时，《票据法》也随之公布。同年6月30日，全国人民代表大会常务委员会作出了《关于惩治破坏金融秩序犯罪的决定》；10月30日，全国人民代表大会常务委员会又作出了《关于惩治虚开、伪造和非法出售增值税专用发票犯罪的决定》。1997年9月，中国人民银行先后发布《城市信用合作社管理办法》、《农村信用社合作管理规定》、《农村信用合作社县级联合社管理规定》等一系列规章，表明通过立法对非银行业金融机构的规范化管理，从而保证健康、有序的发展。至此形成了以《中国人民银行法》、《商业银行法》、《票据法》、《保险法》等基本法律为基石，以《关于惩治破坏金融秩序犯罪的决定》、《关于惩治虚开、伪造和非法出售增值税专用发票犯罪的决定》等其他法律法规为配套的多层次的金融法律框架。

## 三、深化推进投资体制改革

中共十四大确立了社会主义市场经济体制改革目标，为深化投资体制指明了方向。而投资体制以改革高度集中的投资决策权、投资资源配置权为主线，以发挥市场配置投资资源基础性作用和加强改善政府投资调控为重点相继展开。为了改进投资管理体制，中共十四届三中全会进一步提出把投资项目分为公益性、基础性和竞争性三类；公益性项目由政府投资建设；基础性项目以政府投资为主，并广泛吸引企业和外资参与投资；竞争性项目由企业投资建设。由此拉开了深化投资体制改革的新一轮序幕。

1994年3月，国务院批准发布了《90年代国家产业政策纲要》，这是指导企业投资方向的重要政策文件，也是我国第一部完整的产业政策文件。4月，国家计委颁布了《工程咨询业管理暂行办法》，对工程咨询业的发展和管理进行了规范。

1995年7月，审计署发布《关于内部审计工作规定》，要求国家大型建设项目的建设单位要设立独立的内部审计机构。

1996年8月，国务院颁布了《关于固定资产投资项目试行资本金制度的通知》，规范了经营性投资项目的资金使用；4月，国家计委发布了《关于实行建设项目法人责任制的暂行规定》，明确规定了对投资项目由项目法人全过程管理。

1997年3月，国家计委颁布《关于基本建设大中型项目开工条件的规定》，对资本金、监理、开工和准备工作等条件作了严格规定。8月，颁布了《国家基本建设大中型项目实行招标投标的暂行规定》，对国有大中型项目要实现全过程招标，确立了项目法人在招标过程中的主导地位。

1998年，国家计委将《深化投资体制改革方案》上报国务院，并发布《国家重点鼓励发展的产业、产品和技术目录》，指导企业投资。同时，国家计委设立“国家重大项目稽察特派员办公室”，对国债项目和国家大型项目进行稽察。

1999年4月，国家计委发布《重大项目违规问题举报办法》，要求各有关单位和广大群众如果发现重大项目在建设过程中有违反国家法规，可向国家计委举报。

2000年1月1日，《中华人民共和国招标投标法》正式实施。

2001年，国家计委将《深化投资体制改革方案》修改稿上报国务院。12月，发布了《促进和引导民间投资若干意见》，鼓励民间投资参与基础设施和公用事业建设，为公共服务民营化创造公平竞争环境，依法保护民间投资者的合法权益。

2002年2月，国家计委颁布《国家重大建设项目招标投标监督暂行办法》，对重大建设项目的招投标监督作了具体规定。

2003年10月，中共十六届三中全会审议通过的《中共中央关于完善社会主义市场经济体制若干问题的决定》指出：深化投资体制改革的方向是，进一步确立企业的投资主体地位，实行谁投资、谁决策、谁收益、谁承担风险。国家只审批关系经济安全、影响环境资源、涉及整体布局的重大项目和政府投资项目及限制类项目，其他项目由审批制改为备案制，由投资主体自行决策，依法办理用地、资源、环保、安全等许可手续。对必须审批的项目，要合理划分中央和地方权限，扩大大型企业集团投资决策权，完善咨询论证制度，减少环节，提高效率。健全政府投资决策和项目法人约束机制。国家主要通过规划和政策指导、信息发布以及规范市场准入，引导社会投资方向，抑制无序竞争和盲目重复建设。① 与此同时，对政府机构进行改革，取消原来的计划委员会，成立国家发展和改革委员

---

① 中共中央文献研究室编：《十六大以来重要文献选编》（上），中央文献出版社1996年版，第472页。

会，负责投资体制改革事宜。

2003年12月31日，国务院原则上通过《深化投资体制改革方案》，从而为下一步投资体制改革奠定了良好的基础。国家通过一系列法律、规章制度的颁布，改变了以往高度集中的投资决策权，充分发挥市场机制，并辅之以宏观投资政策。由此，我国完善了间接宏观调控的手段。

与经济体制转轨同步，财税、金融和投资作为宏观调控政策的工具，也随体制的改革不断推进。财政由资源配置的主要工具向公共财政方向转变；金融由出纳向市场主体转变；投资由高度集中向企业是投资主体转变。这一系列转变不仅是基于对计划和市场的认识不断加深，更是适应社会主义市场经济发展要求的宏观调控手段的完善的重要方面。

## 第四节　建立社会保障体系

改革开放以来，中国社会保障事业得到了突飞猛进的发展，社会保障制度框架基本形成。在城镇，我国已经基本建立了养老、医疗、失业、工伤和生育保险五项社会保险制度，并且已经全面实施了最低生活保障制度；在农村，我国正在全面推进最低生活保障制度，努力探索养老保险制度，不断加快新型合作医疗改革试点的步伐。中国社会保险覆盖范围不断扩大，筹资渠道逐步拓宽，基金支撑能力显著增强，享受社会保障待遇的人数迅速增加。①

### 一、1978～1991年恢复性改革和发展阶段

中国养老保障制度建立于1951年，主要覆盖城镇企业职工。根据当

① 本小节参考邹东涛主编：《中国改革开放30年（1978～2008）》，社会科学文献出版社2008年版，第637～641页。

时的《中华人民共和国劳动保险条例》，社会保险经办机构按职工工资总额的3%提取劳动保险基金，并在全国范围内调剂使用。1955年，国家建立了机关、事业单位工作人员的养老保险制度。1958年，国家根据当时的实际情况，将企业和机关事业单位的两个养老保险制度在适当放宽养老条件和提高待遇标准的基础上作了统一规定，并一直沿用到1978年，1978年被《国务院关于工人退休、退职的暂行办法》和《国务院关于安置老弱病残干部的暂行办法》所取代。

这个历史阶段的社会保险的特点是，所有的个人福利与生老病死都由企业负担。从这个意义上讲，这个阶段的保险是“企业保险”，而不是“社会保险”。这种保险制度既为社会主义建设作出了巨大的贡献，但同时也存在着比较严重的问题，它显然不能适应改革开放的形势和经济转型的需要。总的看来，1978年以前“传统社会保障制度”既是国际共产运动的一个合理延续，也是中国特殊历史条件下特殊经济体制的产物，是计划经济体制下不可避免的、具有保障支持作用的“子制度”，为新中国的工业化发展立下了汗马功劳。①

1966年开始的十年“文化大革命”，对当时的社会保障制度造成了严重冲击。1978年召开的十一届三中全会扭转了我国社会经济的混乱局面，为社会保障制度改革提供了宽松的政治、社会条件。自1978年中国进行经济体制改革以后，政府针对养老保险制度存在的弊端进行了一系列改革，主要是实行了养老保险费用社会统筹，建立劳动合同制工人养老保险制度，养老保险基金实行国家、企业和个人三方负担，引入个人缴纳养老保险费机制，探索建立国家基本养老保险、企业补充养老保险和个人储蓄性养老保险多层次的养老保险体系。

总之，1978年以前我国社会保障制度的典型特征是“企业保险”，而1978～1991年这一阶段主要是维持、巩固和完善这种制度模式，因此这

---

① 马杰、郑秉文：《计划经济条件下新中国社会保障制度的再评价》，载《马克思主义研究》2005年第1期。

一阶段的主要目的还是为了解决历史遗留问题和恢复被“文化大革命”破坏的养老保障制度。① 与此同时，这一阶段的一些改革措施也积极促进了“企业保险”向“社会保险”的转变。例如，从1984年开始，中国开始尝试养老保险费用的社会统筹，其目的是“还原”社会养老保险的基本职能，并在江苏省泰州市、广东省东莞市、湖北省江门市、辽宁省黑山县等地开始试行退休人员的退休费社会统筹。

在统筹方面，自1986年起首先实现了全国县、市一级的养老保险费社会统筹，进而又推进省一级的统筹工作。至1994年，全国先后有北京、天津、上海、吉林、河北、山西、青海、江西、湖南、福建、宁夏、陕西、四川13个省、自治区、直辖市实现了省级统筹。铁道、煤炭、水利、电力、邮电、中国建筑工程总公司、交通、人行、民航总局、石油天然气总公司、有色金属总公司在内的11个行业实行了养老保险的系统统筹。

## 二、1991～2000年探索性改革和发展阶段

1991～2000年这10年是中国社会保障制度的探索性改革阶段，也是我国社会保障制度框架形成的重要时期。在这个时期，中国社会保障制度的形成主要由以下4个重要法规文件构成：

第一，1991年6月，国务院发布《国务院关于企业职工养老保险制度改革的决定》，开始尝试性的社会养老保险结构的改革实践。在养老保险的筹资方面，确定社会养老保险费用由国家、企业和职工三方共同筹资，职工个人按本人工资的3%缴纳养老保险费。在制度结构上，确定探索建立国家基本养老保险、企业补充养老保险和个人储蓄性养老保险相结合的多层次养老保险体系。

在这个多层次的养老保险体制中，第一个层次是基本社会养老保险，它是核心，由国家立法，在全国统一强制实施，适用于城镇各类职工。第二个层次是由用人单位依据自己的经济情况自主决定量力举办的企业补充

① 郑功成：《中国社会保障制度变迁与评估》，中国人民大学出版社2002年版，第7页。

养老保险，它对第一层次具有补充作用，是多层次养老保险体系的重要组成部分。第三个层次是职工个人储蓄性养老保险，个人根据经济能力和不同需求自愿实施。当时制定这个制度模式的目的是想通过企业补充养老保险和个人储蓄性养老保险的方式调动多方面的积极性，适当分散国家的经济负担，并能够适当积累起一定的基金，促进经济发展。

第二，1993年中共十四届三中全会通过的《中共中央关于建立社会主义市场经济体制若干问题的决定》正式决定实行社会统筹和个人账户相结合，其中，一个最重大的突破是关于个人账户的设置；“社会统筹和个人账户相结合”实际上就是社会统筹和积累制的结合。另一个突破是要求建立统一的社会保障管理机构，社会保障行政管理和社会保险基金经营要分开，社会保障管理机构主要是行使行政管理职能；社会保险基金经办机构，在保证基金正常支付的安全性和流动性的前提下，可依法把社会保险基金主要用于购买国家债券，确保社会保险基金的保值增值。

第三，1995年3月，国务院发布的《关于深化企业职工养老保险制度改革的通知》具体确定“社会统筹与个人账户相结合”的实施方案，确定“统账结合”是中国城镇企业职工基本养老保险制度改革的方向。通知提出到本世纪末，基本建立适应社会主义市场经济体制要求，适用城镇各类企业职工和个体劳动者，资本来源多渠道，保障方式多层次，社会统筹与个人账户相结合、权利与义务相对应，管理服务社会化的养老保险体系。

在实际运行中，由于对探索建立一种新社会保障制度存在认识上的差异，同时也由于在具体操作中遇到了地方与中央、行业与地方，不同省份各市、县之间利益不一致，形成了城镇职工养老保险制度的多种方案并存的破碎局面。结果导致了在全国产生了上百种改革方案，也导致了地区之间养老金水平相互攀比，中央难以管理、调控，职工跨地区流动困难等问题。这些现象在一定程度上暴露出中国养老保险改革的深层次矛盾和改革的复杂性。

第四，1997年7月，国务院颁布《关于建立统一的企业职工基本养老保险制度的决定》，为解决养老保险制度多种方案并存的破碎局面，采取果断的措施：（1）在养老保险费的筹集方面，按职工工资的11%建立养老保险个人账户，其中个人缴费最终上升到8%，企业缴费划入的部分最终降低到3%。（2）在企业缴费的控制方面，企业缴费（含划入个人账户部分）的费率不得超过工资总额的20%。（3）养老金的构成由基础养老金和个人账户两部分组成。（4）将11个行业统筹划归地方社会保险机构管理。至1997年年末，11个参加行业统筹的在职职工人数为1400万人，占国有企业职工总数的15.8%，离退休人员360万人，占参加统筹企业离退休人数的13.2%。（5）为了加速养老保险制度改革，国务院还决定在行业统筹移交地方统一管理的同时，加大推进省级养老保险统筹的力度，确立了基本养老保险基金省级调剂金制度的推进计划。确定到2000年，在省、区、市范围内，要基本实现统一企业缴纳基本养老保险费比例，统一管理和调度使用基本养老保险基金，对社会保险经办机构实行省级垂直管理。

## 三、2000年以后“做实”试点阶段

在“社会统筹和个人账户相结合”的制度模型下，由于改革前退休的“老人”，以及改革前参与工作、改革后才退休的“中人”缺乏积累，这造成统筹账户存在巨大支付缺口，各地社保部门均调用个人账户资金用于当期支付，个人账户有名无实，长年“空转”。挪用个人账户造成的新债，加之远未偿还的“隐性负债”旧债，一起将偿付责任推向了未来。个人账户的长期空转不仅严重打击了个人缴交的积极性，而且背离了统账结合的改革方向。

2000年，国务院决定选择辽宁省进行完善城镇社会保障体系试点，颁布了《国务院关于印发完善城镇社会保障体系试点方案的通知》，决定从2001年7月开始在辽宁省进行完善城镇社会保障体系试点工作。试点的内容主要有三个方面：第一，将个人账户的规模从11%降到8%；第二，逐渐将个人账户由个人全部“做实”，到2003年11月底，全省参加

企业基本社会养老保险人数687万人，累计征收做实个人账户资金83.6亿元，个人账户计清率为99.9%。[①]

辽宁试点的核心内容是将一直“空账”运行的个人账户“做实”，实行真正的“半积累制”。辽宁试点的其他内容还包括：完善城镇企业职工的基本养老保险；解决下岗职工的安置、结束旧的劳动关系，完成再就业中心向失业保险并轨工作的历史使命；实施城镇居民最低生活保障；推进城镇企业职工的基本医疗保险；探索社会保障筹资的途径和管理方法；推进社会保险的社会化管理。目标是建立独立于企业和事业之外、资金来源多元化、保障制度规范化、管理服务社会化的社会保障体系。

---

① 王慎十、张晓龙：《做实个人账户的实践和思考》，载《中国社会保障》2004年第2期。

# 第六篇

## 完善市场经济体制时期的中国经济

（2003 年至今）

经过25年的实践和探索，我国初步建立起社会主义市场经济体制，波澜壮阔的中国经济体制改革又处在新的起点上。国内外环境的新变化，使我国经济体制改革面临着前所未有的挑战和千载难逢的机遇。疾风知劲草，迎难抓机遇。中国共产党带领人民从新的历史起点出发，“高举中国特色社会主义伟大旗帜，以邓小平理论和‘三个代表’重要思想为指导，深入贯彻落实科学发展观，继续解放思想，坚持改革开放，推动科学发展，促进社会和谐”[①]，勇敢面对挑战，抓住和用好重要战略机遇期，求真务实，锐意进取，齐心协力，扎实工作，奋力把改革开放和社会主义现代化建设事业推向前进。

---

①《中国共产党第十七次全国代表大会文件汇编》，人民出版社2007年版，第1页。

# 第十五章

# 向完善社会主义市场经济体制跨越

2002 年召开的中共十六大把完善社会主义市场经济体制列为 21 世纪头 20 年我国经济建设和改革的主要任务之一。2003 年中共十六届三中全会“完善社会主义市场经济体制”的主题，正好与十年前的中共十四届三中全会“建立社会主义市场经济体制”遥相呼应，中国经济体制改革驶入新干线。2003 年以来，中央围绕消除影响经济社会发展的体制机制障碍，出台了多年想改却难度很大的改革措施，一些重点领域和关键环节的改革取得新突破。经济体制改革向纵深挺进，基本经济制度不断完善，中国的财税体制改革不断深化，金融改革不断规范化运行，国有资产管理体制不断创新，社会保障覆盖面不断扩大。

## 第一节　坚持和完善基本经济制度

2002 年中共十六大以来，我们毫不动摇地巩固和发展公有制经济、发挥国有经济主导作用，积极推行公有制多种有效实现形式，增强国有经济活力、控制力、影响力，同时又毫不动摇地鼓励、支持、引导非公有制经济发展，形成各种所有制经济平等竞争、相互促进的新格局。

## 一、公有制经济：从数量优势到质量优势

改革开放之前，公有制经济包括国有经济、集体经济和各种形式的合作经济，其中国有经济在公有制经济中占有最大比重。经过30年的改革，由于非公有制经济飞速发展，公有制经济的增长速度相对较慢，因此，国有经济虽然获得了巨大的发展，但是在整个国民经济中的比重呈现下降的趋势。可喜的是，国有企业的管理体制和运行机制发生了根本性的变化，国有经济的运行质量和发展速度有了显著提高，国有经济的控制力和影响力大大增强。①

国有企业数量明显下降，实力进一步向大型企业集中。2002～2006年，全国国有企业户数从158712户减少到119254户，年均减少9865户。1998～2006年，全国国有及国有控股工业企业户数占全国工业企业的比重从39.22%下降到8.27%。2006年，国有大型企业户数只占规模以上国有企业的2.31%，但资产总额、主营业务收入和实现利润所占比重分别达到35.91%、61.54%和63.25%。2007年，国务院国资委监管的中央企业资产总额超过千亿元的43家，销售收入超过千亿元的26家，利润超过百亿元的19家，分别比2002年增加32家、20家和13家。在2009年公布的《财富》世界500强中，中国石化集团位列第9位，中国公司首次进入世界500强前十名行列；共有43家企业榜上有名，比2008年增加了5家；其中国务院国资委管理的中央企业有24家，比2008年增加了5家。

国有经济布局和结构不断优化。国有经济分布范围适度收缩，国有资本逐步向关系国家安全和国民经济命脉的重要行业和关键领域集中。中央

---

① 以下数据资料和观点来自李荣融：《继续调整国有经济布局和结构　推进中国国有企业更多地参与国际竞争与合作——在并购重组国际高峰论坛上的发言》，2003年11月19日；李荣融：《关于国有企业改革发展的报告》，载《学习时报》2008年4月21日第1版；李荣融：《宏大的工程　宝贵的经验——记国有企业改革发展30年》，载《求是》2008年第16期。

企业82.8%的资产集中在石油石化、电力、国防、通信、运输、矿业、冶金、机械行业，承担着我国几乎全部的原油、天然气和乙烯生产，提供了全部的基础电信服务和大部分增值服务，发电量约占全国的55%，民航运输总周转量占全国的82%，水运货物周转量占全国的89%，汽车产量占全国的48%，生产的高附加值钢材约占全国的60%，生产的水电设备占全国的70%，火电设备占75%。在国民经济重要行业和关键领域的中央企业户数占全部中央企业的25%，资产总额占75%，实现利润占到80%。在石油石化、航空航天、电力、电信、交通运输、国防工业、重要资源开发、重大装备制造等关系国家安全和国民经济命脉的重要行业和关键领域，国有经济占据着主导地位。

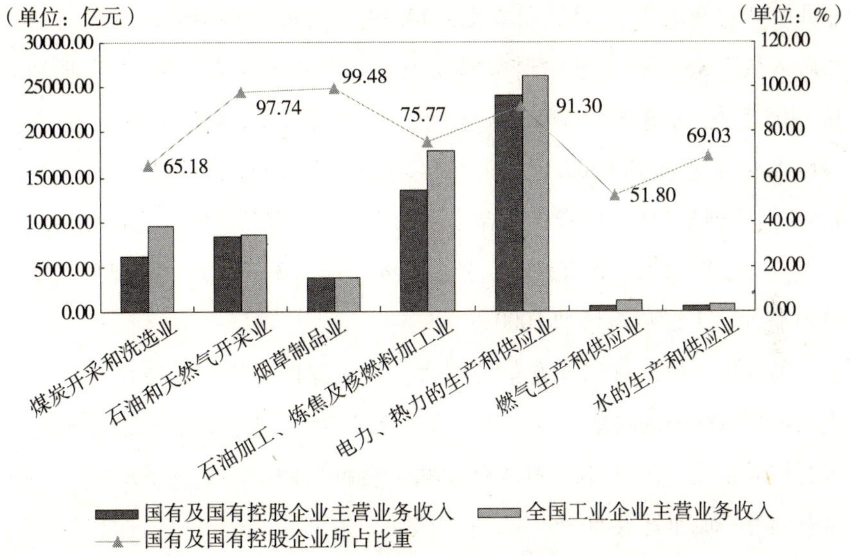


图15.1　2007年主要行业国有及国有控股企业主营业务收入所占比重

国有企业运行质量和经济效益显著提高。2002～2007年，全国国有企业销售收入从8.53万亿元增长到18万亿元，年均增长16.1%；实现利润从3786亿元增长到16200亿元，年均增长33.7%；上缴税金从6794亿元增长到15700亿元，年均增长18.2%。国务院国资委监管的中央企业资产总额从7.13万亿元增加到14.79万亿元，年均增长15.71%；销售收入从3.36万亿元增加到9.84万亿元，年均增长23.97%；实现利润从2405.5亿元增加到9968.5亿元，年均增长32.89%；上缴税金从2914.8亿元增加到8303.2亿元，年均增长23.29%；总资产报酬率从4.9%提高到8.3%，净资产收益率从4.3%提高到11.9%。这5年，中央企业平均每年资产总额增加1.5万亿元，销售收入增加1.3万亿元，实现利润增加1500亿元，上缴税金增加1000亿元。

1998～2006年，全国国有及国有控股工业企业资产总额从7.49万亿元增加到13.52万亿元，主营业务收入从3.36万亿元增加到10.14万亿元，利润总额从525.14亿元增加到8485.46亿元。2002～2007年，中央企业资产总额从7.13万亿元增长到14.79万亿元，年均增长15.71%；销售收入从3.36万亿元增加到9.84万亿元，年均增长23.97%；实现利润从2405.5亿元增加到9968.5亿元，年均增长32.89%；上缴税金从2914.8亿元增加到8303.2亿元，年均增长23.29%；总资产报酬率从4.9%提高到8.3%，净资产收益率从4.3%提高到11.9%。这5年，平均每年资产总额增加1.5万亿元，销售收入增加1.3万亿元，实现利润增加1500亿元，上缴税金增加1000亿元。

涌现出一批具有较强竞争力的大公司大集团。1997～2002年，中国进入世界500强的内地企业由3家上升到11家，这些企业全部是国有及国有控股企业。2003年，中国企业联合会推出的中国企业500强中，国有及国有控股企业共有368家，占总数的73.6%，资产占总数的96.4%，利润占总数的85.4%。2007年，中央企业资产总额上千亿元的43家，销售收入上千亿元的26家，利润总额上百亿元的19家，分别比2002年增加32家、20家和13家。2007年有22家内地企业进入世界500强，全都是国有企业，其中国资委监管的中央企业16家，比2002年增加9家。新进入500强的中央企业大多是处于竞争性领域的企业，如宝钢、一汽集团、中远集团、中国五矿、中国建筑、中国中铁、中国铁建、中国海油等。这几年中央企业的盈利结构发生了很大的变化，盈利大户的分布从石油石化、电力、电信扩大到船舶、汽车、航运、冶金等行业。2007 年，交通运输、冶金、汽车、设备制造、商贸等竞争性企业的增利额达到 681.1 亿元，占中央企业总增利额的 30.8%。

在国际市场上，一批国有大型企业尤其是中央企业已经成长为与跨国公司竞争的重要力量。建筑行业，中交集团、中冶集团、中国建筑、中国中铁、中国铁建都是国内龙头企业，销售收入都在 1000 亿元以上。中交集团在 2007 年全球最大 225 家承包商中排名第 14 位，居中资企业第一。煤炭行业两家企业的规模和实力都是世界一流水平，神华集团 2007 年煤炭产量超过 2 亿吨，销量超过 2.6 亿吨，均居世界第一；百万吨死亡率低于美国等发达国家的水平。航运业，中远集团船队规模居世界第二，经济效益在全球同行业中名列前茅。造船业，中船集团、中船重工 2007 年新接订单、手持订单均居世界前列。设备制造业，东方电气集团发电设备产量连续三年排名世界第一，2007 年超过 3000 万千瓦。中粮集团生产的金龙鱼食用油、长城葡萄酒、金帝巧克力都是国内的知名品牌。港中旅、华侨城都处于竞争性很强的旅游行业，他们开拓创新，形成了自己的特色，在国内有很强的知名度。

国有企业的企业形态发生了深刻变化。1998 年之后，国有企业股份制改革步伐加快。到 2002 年，15.9 万户国有控股企业中的 50% 以上实行了公司制改革；各地通过改组、联合、兼并、租赁、承包经营、股份合作、出售等多种形式加大了国有小企业改革的力度，改制面达 85% 左右。中央企业及其下属子企业的公司制股份制改制面由 2002 年的 30.4% 提高到 2007 年的 64.2%。一批大型国有企业先后在境内外资本市场上市，1998～2002 年，国有及国有控股企业重组上市的有 442 家，累计筹集资金 7436 亿元，其中境外筹资 352 亿美元；截至 2007 年年底，在 A 股市场的 1500 多家上市公司中，含有国有股份的上市公司有 1100 多家，在香港、纽约、新加坡等境外资本市场上市的中央企业控股的上市公司达 78 家。国有企业上市，不仅筹集了大量发展资金，推动了国有企业现代企业制度建设，同时也促进了国有企业内部产权结构的调整和优化，法人治理结构逐步完善，股东会、董事会、监事会、经理层各负其责、协调运转、有效制衡的机制正在形成。国有小企业通过股份制、股份合作制等吸引外资和民营资本，实现了产权多元化。

国有企业的运行机制发生了深刻变化。国有企业普遍实行了全员劳动合同制、全员竞争上岗和以岗位工资为主的工资制度，一些企业还探索了工资集体协商制度、企业经营者年薪制和股权期权激励制度，初步建立起管理者能上能下、职工能进能出、工资能升能降的新机制。中央企业通过市场化方式选用的各级经营管理人才约占总数的30%。一批企业建立了比较完善有效的面向社会公开招聘和全体员工竞争上岗、量化考核、收入分配与业绩挂钩的机制。

## 二、非公有制经济快速稳步发展

2002年中共十六大，提出用两个“毫不动摇”坚持和完善基本经济制度；2003年中共十六届三中全会，提出大力发展混合所有制经济，允许非公有资本进入法律法规未禁入的基础设施、公用事业及其他行业和领域；2004年《宪法修正案》和2007年《物权法》，完善对私有财产的保护；2005年《国务院关于鼓励支持和引导个体私营等非公有制经济发展的若干意见》出台；2007年中共十七大提出“坚持平等保护物权，形成各种所有制经济平等竞争、相互促进新格局”。十六大以来，非公有制经济已经成为社会主义市场经济建设中的一支重要力量，是社会主义市场经济的重要组成部分，成为构建和谐社会的重要力量。

### 1. 非公有制经济持续快速增长

截至2008年，登记注册的全国私营企业达到657.42万户，比2002年年底增长了149.18%；注册资金总额为11.74万亿元，增长了373.39%。2008年年底，私营企业户数排在前5名的省市为：江苏省81.64万户、广东省73.2万户、上海市58.76万户、浙江省51.79万户、山东省42.21万户，5省市共计307.6万户。经过了1999～2004年的调整后，个体工商户的数量从 1978 年底的 15 万户发展到 2008 年年底的 2917.3 万户，从业人员 5776.4 万人，注册资金 9006 亿元。见表 15.1。

表 15.1　全国个体私营经济发展基本情况

| 年份 | 户数（万户） | | 人数（万人） | | 注册资金（万亿元） | |
|---|---|---|---|---|---|---|
| | 个体工商 | 私营企业 | 个体工商 | 私营企业 | 个体工商 | 私营企业 |
| 1992 | 1533.9 | 13.9 | 2467.7 | 231.9 | 0.0601 | 0.02 |
| 1997 | 2850.9 | 96.1 | 5441.9 | 1349.3 | 0.2574 | 0.51 |
| 2002 | 2377.5 | 263.83 | 4742.9 | 3247.5 | 0.3782 | 2.48 |
| 2003 | 2353.2 | 328.72 | 4299.1 | 4299.1 | 0.4187 | 3.53 |
| 2004 | 2350.5 | 402.41 | 4587.1 | 5017.3 | 0.5058 | 4.79 |
| 2005 | 2463.9 | 471.95 | 4900.5 | 5824.1 | 0.5810 | 6.13 |
| 2006 | 2595.6 | 544.14 | 5159.7 | 6586.3 | 0.6469 | 7.60 |
| 2007 | 2741.5 | 603.05 | 5496.2 | 7253.1 | 0.7351 | 9.39 |
| 2008 | 2917.3 | 657.42 | 5776.4 | 7904.0 | 0.9006 | 11.74 |

（资料来源：黄孟复主编：《中国民营经济发展报告 No.4（2006～2007）》，社会科学文献出版社 2007 年版，第 73、77 页；黄孟复主编：《中国民营经济发展报告 No.6（2008～2009）》，社会科学文献出版社 2009 年版，第 3、4、12 页）

### 2. 非公有制经济的利润和税收快速增长

据国家统计局统计，2008 年 1 月至 11 月，全国规模以上各类工业企业实现利润总额 24066 亿元，同比增长 4.9%。其中，私营工业企业完成利润 5495 亿元，同比增长 36.6%，高于全国 31.7 个百分点。而同期规模以上国有及其控股工业企业，外商及港澳台投资工业企业利润同比则分别下降 14.5 个和 3.1 个百分点。如表 15.2 所示。2008 年，私营经济完成税收总额 5873.68 亿元，同比增长 23.1%，高于全国 6.1 个百分点，在全部税收中的比重达到 10.2%，较 2007 年提高 0.6 个百分点；个体经济完成税收总额 1988.68 亿元，同比增长 34%，高于全国 17 个百分点，在全部税收中的比重达到 3.4%，较 2007 年提高 0.4 个百分点。见表 15.3。

表15.2　规模以上各类工业企业利润及比重

（单位：亿元）

| 项目＼年份 | 2000年 | | 2005年 | | 2008年1～11月 | |
|---|---|---|---|---|---|---|
| | 企业利润 | 比重（%） | 企业利润 | 比重（%） | 企业利润 | 比重（%） |
| 全国工业企业 | 4393.5 | 100.0 | 14802.54 | 100.0 | 24066 | 100.0 |
| 国有及国有控股 | 2408.3 | 54.8 | 6519.75 | 44.0 | 7985 | 33.2 |
| 外商及港澳台 | 1282.5 | 29.2 | 4140.81 | 28.0 | 6374 | 26.5 |
| 内资民营工业 | 702.7 | 16.0 | 4141.98 | 28.0 | 9707 | 40.3 |
| 私营工业 | 189.7 | 4.3 | 2120.65 | 14.3 | 5495 | 22.8 |

（资料来源：黄孟复主编：《中国民营经济发展报告No.6（2008～2009）》，社会科学文献出版社2009年版，第10页）

表15.3　2000～2009年各种经济成分税收总额及增长率

（单位：亿元,%）

| 指标 | 2000年 | 2005年 | 5年平均增长率 | 2006年 | 2007年 | 2008年 | 2009年第一季度 |
|---|---|---|---|---|---|---|---|
| 国有企业 | 5399.9 | 7487.9 | | 8061.7 | 9512.1 | 10000.98 | 2323.13 |
| 增长率 | — | 9.3 | 6.8 | 7.7 | 18.0 | 5.1 | −16.9 |
| 内资民营 | 5049.1 | 17029.4 | | 21624.2 | 30031.4 | 33772.19 | 8646.54 |
| 增长率 | — | 31.2 | 27.5 | 27.0 | 38.9 | 12.5 | −5.9 |
| 私营企业 | 419.7 | 2715.9 | | 3505.2 | 4771.5 | 5873.68 | 1441.82 |
| 增长率 | — | 36.1 | 45.3 | 28.6 | 36.1 | 23.1 | −3.8 |
| 个体 | 762.7 | 1385.7 | | 1194.7 | 1484.2 | 1988.68 | 477.13 |
| 增长率 | — | 14.3 | 12.7 | — | 24.2 | 34 | −9.1 |
| 外资企业 | 2216.7 | 6348.5 | | 7950.4 | 9905.8 | 11960.85 | 3094.23 |
| 增长率 | — | 18.5 | 23.4 | 25.2 | 24.6 | 20.7 | −0.8 |
| 全国 | 12665.8 | 30865.8 | | 37636.3 | 49449.3 | 57862.39 | 14063.9 |
| 增长率 | — | 20.0 | 19.5 | 21.9 | 31.4 | 17.0 | −6.9 |

注：2006年个体经营税中不含利息所得税，统计口径与前期不同，因此无法与前期数据进行比较；根据国家税务总局资料计算整理和笔者的计算；2009年第一季度增长率为同期比较。

（资料来源：黄孟复主编：《中国民营经济发展报告No.6（2008～2009）》，社会科学文献出版社2009年版，第11页）

### 3. 非公有制经济已经成为经济增长的主要来源

20世纪90年代中期以来，民营经济保持了持续快速发展的势头，民营经济已经成为国民经济的重要组成部分，成为我国经济增长的最大动力来源。截至2008年年底，全国社会固定资产投资累计完成17.23万亿元，同比增长3.5万亿元，增长25.46%。其中，外资企业完成1.41万亿元，同比增加739亿元，增长5.53%；民营企业完成11.18万亿元，同比增加2.65万亿元，增长31.07%，较国有经济和外资企业增幅分别高出11.07个和25.54个百分点。① 2008年全国总计完成城镇固定资产投资14.82万亿元，同比增长26.1%。其中，个体私营经济完成2.84万亿元，同比增长32.4%。个体私营经济城镇固定资产投资增长率较全国和国有经济分别高出了6.3个和7.8个百分点。见表15.4。

表15.4　2006～2008年按登记注册类型分城镇固定资产投资情况

（单位：亿元，%）

| 登记注册类型 | 投资完成额 | | | 上年增长 |
|---|---|---|---|---|
| | 2006年 | 2007年 | 2008年 | |
| 国民经济 | 34753.2 | 40646.9 | 50651.1 | 24.6 |
| 民营经济 | 58615.5 | 76817.6 | 97516.1 | 26.9 |
| 个体私营经济 | 14635.1 | 21476.2 | 28431.8 | 32.4 |
| 全国总计 | 93368.7 | 117464.5 | 148167.2 | 26.1 |

注：根据《中国统计摘要（2009）》计算整理；国有经济包括国有、国有联营、国有独资三部分；民营经济为全国减去国有经济部分。

（资料来源：黄孟复主编：《中国民营经济发展报告No.6（2008～2009）》，社会科学文献出版社2009年版，第6页）

“十五”期间，规模以上工业增加值增速为23.2%，其中，国有及国有控股工业企业、外商及港澳台工业企业、内资民营经济工业企业和私营工业企业的工业增加值增长速度分别为14.6%、27.4%、34.7%和57.7%。截至2008年年底，全国规模以上工业企业增加值同比增长12.9%，其中私营工业企业增加值同比增长20.4%，高于全国7.5个百分

① 黄孟复主编：《中国民营经济发展报告No.6（2008～2009）》，社会科学文献出版社2009年版，第5～7页。

点，高于国有及国有控股企业11.3个百分点。① 除国有及国有控股经济以外的广义民营经济已经占GDP的65%左右，其中个体私营经济已经占40%左右；中国经济发展中的增量部分，70%~80%来源于民营经济。

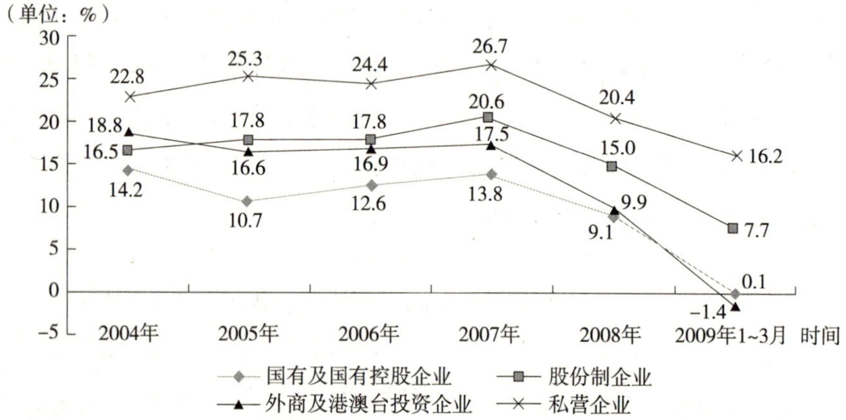


图15.2　2004~2009年第一季度规模以上工业企业增加值增速

（资料来源：黄孟复主编：《中国民营经济发展报告No.6（2008~2009）》，社会科学文献出版社2009年版，第7页）

非公有制经济的进出口总额高速增长。据国家海关统计，截至2008年年底，私营企业进出口总额为4564.8亿美元，同比增长31.3%，其中出口总额为3260.3亿美元，同比增长31.7%，均明显高于全国平均水平。截至2008年，私营企业进出口总额占全国进出口总额比重较2007年增加了1.8个百分点，进出口总额增长率高出全国13.5个百分点②，但受金融危机的影响，私营企业进出口总额增长率有所下降，其中出口总额下降13.3个百分点，降幅远高于全国平均降幅。见表15.5。

① 黄孟复主编：《中国民营经济发展报告No.6（2008~2009）》，社会科学文献出版社2009年版，第5~7页。

② 黄孟复主编：《中国民营经济发展报告No.6（2008~2009）》，社会科学文献出版社2009年版，第8页。

表 15.5　2001～2008 年各类企业出口走势

（单位：亿美元）

| 年份＼企业类型 | 国有企业 | | 外资企业 | | 民营企业 | |
|---|---|---|---|---|---|---|
| | 出口额 | 比重（%） | 出口额 | 比重（%） | 出口额 | 比重（%） |
| 2001 | 1132.3 | 42.5 | 1332.4 | 50.1 | 196.9 | 7.4 |
| 2002 | 1228.6 | 37.7 | 1699.4 | 52.2 | 327.7 | 10.1 |
| 2003 | 1380.3 | 31.5 | 2403.4 | 54.8 | 600.0 | 13.7 |
| 2004 | 1535.9 | 25.9 | 3386.1 | 57.1 | 1011.7 | 17.0 |
| 2005 | 1688.1 | 22.2 | 4442.1 | 58.3 | 1489.8 | 19.5 |
| 2006 | 1913.4 | 19.7 | 5638.3 | 58.2 | 2139.3 | 22.1 |
| 2007 | 2248.1 | 18.5 | 6955.2 | 57.1 | 2976.8 | 24.4 |
| 2008 | 2572.3 | 18.0 | 7906.2 | 55.3 | 3807.0 | 26.7 |

（资料来源：黄孟复主编：《中国民营经济发展报告 No.6（2008～2009）》，社会科学文献出版社 2009 年版，第 9 页）

## 三、各种所有制经济呈现共同发展的“新格局”

中共十六大报告指出：“坚持公有制为主体，促进非公有制经济发展，统一于社会主义现代化建设的进程中，不能把这两者对立起来。各种所有制经济完全可以在市场竞争中发挥各自优势，相互促进，共同发展。”①

在传统的计划经济条件下，是依靠自上而下无所不包的经济计划和高度集中的行政权力推动经济运行的，生产资料的所有权表现为以行政权力为纽带的控制和被控制权，企业只是被动地接受和执行上级的指令，没有什么独立性和自主权可言，也勿需什么自主权。这种体制必然要求公有一元化的所有制结构与之相适应。所以，改革开放以前，国有经济遍布各个行业、各个领域。1978 年，国有工业企业资产总额占全部工业企业资产总额的 92%。

① 《中国共产党第十六次全国代表大会文件汇编》，人民出版社 2002 年版，第 25 页。

经过30年改革，国有企业实行了所有权与经营管理权的分离，并推行了股份制改革，企业产权已经多元化，个体、私营经济分布领域不断拓宽，外资企业逐步进入。目前，相当部分的国有经济已经变为国有控股的混合所有制经济。而农村和城镇集体企业，过去是集体所有、集体经营，目前大都已经改为私营企业或股份合作制企业。从近年的实践看，国有经济与民营、外资等其他所有制经济实现了在平等竞争中相互促进、共同发展，多种所有制经济并存的局面开始形成。①

图15.3　坚持基本经济制度体现两个“毫不动摇”

（资料来源：http://mz.wuhua.gov.cn/sifa/News_ View.asp?NewsID=37）

经过30年改革，国有企业一是实行了所有权与经营管理权的分离，企业拥有了完全的经营管理自主权。二是已经将工厂制改为公司制，企业从过去的计划管理下的单纯生产者，变为市场经济中独立的商品生产经营

① 以下观点参阅黄孟复：《构建民营企业新型劳动关系　促进形成各种所有制经济新格局》，搜狐财经2008-02-02；陈永杰：《各种所有制经济的“新格局”》，载《浙江经济》2008年第1期。

者。三是推行了股份制改革，多数企业的产权已经多元化，国有企业变为国有控股的多元投资企业。四是企业产权多元化，特别是国有企业成为国内外证券市场的上市公司后，已经有大量的私人资本、外商资本和非国有非集体的社会资本、公众资本进入其中。目前，国有经济的实现形式已经发生根本变化，有相当部分的国有经济变为国有控股的混合所有制经济。

我国的集体经济主要有二类：农业集体经济、农村集体企业；城镇集体企业。农业集体经济，由于实行了土地承包制，目前除土地所有权仍保留集体所有性质外，土地的使用权、经营权已经完全个体化、私营化。农村集体企业，过去是集体所有、集体经营，目前大半企业已经改为私营企业，其余的多数已经改为股份合作制企业，或有私人参股的企业，产权已经多元化，经营管理已经独立化、市场化和非集体化，相当大部分已经基本成为混合所有制经济。城镇集体企业，过去实行的是财产权为一定范围内的群众集体共同共有，目前多数城镇集体企业已经改制为私营企业，其余的大都改制为股份合作制企业，或有私人参股的企业，产权已经多元化，财产权由共同共有改为按份共有，相当大部分已经基本成为混合所有制经济。

中国的私营经济主要包括个体经济、私营企业和私营为主的公司。目前的个体经济与传统意义的个体经济没有多少变化，仍为个人所有、个人经营。当前的私营企业，指工商注册登记为私营的企业，特点是主要投资者为自然人，是直接的个人。这类私营企业大多数规模较小，与传统的私营企业内涵没有多大区别，为一人或少数几个人所有和经营。但这类私营企业中的大中型企业，已经成为私营有限责任公司和股份有限公司，股权已经多元化，有的甚至有国有、集体和外资资本参股，也在相当大程度上是一种混合所有制经济，与传统私营企业有很大甚至根本的区别。还有一类私营公司，主要投资人或控制人不是直接的个人、自然人，而是作为法人的私营企业、私营机构。这类私营公司，均为有限责任公司和股份有限公司，股权也是多元化的，许多也有国有、集体、外资、社会公众、社会机构参股，在很大程度上也是一种混合所有制经济。据全国经济普查数据，在规模以上私营工业企业实收资本中，个人资本占72.6%，国家资本占0.1%，集体资本占1.1%，法人资本占25.4%，外商资本占0.6%。

中国的外资经济，除外商独资企业外，外商合资与合作企业中的中方合资合作人，或为国有，或为集体，或为私人，或为社会机构，或为多种成分混合。其中许多合资企业，外资并不占控股地位。这类外资经济也是一种混合所有制经济，并非单纯的国外私人经济。另外，外商独资企业、外商合资企业中的外资，许多也不是国外的纯私营机构，而是国外的社会公众机构如基金管理公司、养老金管理机构等，是该国的一种社会资本、公众资本。据全国经济普查数据，在外商投资工业企业实收资本中，外商资本占73.3%，国家资本占5.7%，集体资本占1.1%，法人资本占18%，个人资本占2%。据国家工商总局数据，2006年外商投资企业注册资本金中，外商出资占78%，内资占22%。

20世纪90年代以来，大量出现了由社会团体、事业单位、中介组织、基金公司、投资机构投资举办或参与组建经营的企业公司和社会组织。这类经济社会组织既非国有，也非集体，既非私营，也非外资，有的从事生产经营和投资活动，有的从事社会服务和公益活动，其对经济社会发展的影响与作用越来越大。如目前全国就有50多家此类基金管理公司，管理着300多只基金，基金投资人达8000多万，基金投资总规模超过万亿元，拥有的证券资产市值达3万多亿元，已经成为中国证券市场的最大社会投资主体。这类经济社会组织，多数的产权或最终产权是多元的、公众的，管理经营是社会的、独立的、自主的，是一种新兴的社会经济、公众经济。它具有很大的公有制性质，其公有的程度远远超过集体经济和地方国有经济；它也具有相当程度的私有性质，多数组织经营管理的最终目的是为个人投资者或参与者服务和谋利益。可以将这类组织的经济属性确认为社会所有制或公众所有制，它们在很大程度上是公有经济，是一种新兴的和新型的公有经济。

中国各种所有制经济平等竞争、相互促进的局面将进一步形成、发展和完善，所有制结构的多元化，形成各种所有制经济共同发展的新格局。

## 第二节　完善财税体制和深化金融改革

财税金融体制改革是建立和完善社会主义市场经济体制的重要组成部分。2002 年以来，我们站在新的历史起点上，按照中共十六届三中全会决定和十六届五中全会对新阶段改革开放的规划和部署，围绕“十一五”规划纲要，以深化财税金融体制改革为重点，加快完善社会主义市场经济体制。

### 一、完善公共财政体制

在 30 年经济体制改革的历史画卷中，财政体制改革作为整个经济体制改革的突破口，谱写了极富华彩的一章。在市场经济条件下，市场机制发挥资源配置的基础性作用，但是，仅靠市场机制来完全配置社会资源是远远不够的，市场机制也存在失灵。解决市场机制失灵，必须建立政府配置资源的机制——公共财政，向社会提供公共产品和公共服务，以满足社会的共同需要。在完善社会主义市场经济体制过程中，我国财税体制改革进一步深化，取得了巨大成就。

第一，稳步推进财政体制改革。根据经济社会发展的客观需要，适时调整财政政策的取向和力度，由积极的财政政策转向稳健的财政政策，2008 年又调整为积极的财政政策，促进国民经济持续快速协调健康发展；进一步建立和完善财政收入稳定增长机制，财政收入连年大幅度增长，占国内生产总值的比重进一步提高；财政支出结构进一步优化，有力地支持了各项改革和重点事业发展；预算管理制度改革不断深化，部门预算、收支两条线、国库集中收付制度改革逐步深入；政府采购规模不断扩大，财政法制建设和财政监督管理得到加强；完善政府间转移支付制度，为配合实施中央宏观政策目标和推动重大改革的要求，新增了一些专项转移支付项目，如对农村税费改革、天然林保护工程、社会保障制度建设专项补助等，初步建立了比较规范的专项转移支付体系。

第二，顺利实施税制改革。建立了“四免除、四补贴”的强农惠农制度，即免除农业税、牧业税、特产税、屠宰税，对种粮、良种、农机购置、农资综合实行补贴，减轻了农民负担，促进了农村经济发展；调整和完善了出口退税政策，建立了中央和地方共同、合理负担的出口退税新机制，促进外贸发展；实施了所得税收入分享改革；推进了增值税转型改革试点，2009年1月1日起在全国所有地区、所有行业全面实施增值税转型改革；对消费税税目和税率进行了大规模的调整，强化了税收对节约资源、保护环境、引导消费和调节收入分配的促进作用；实施所得税收入分享改革，按市场经济原则将企业所得税由按企业隶属关系划分改为中央、地方统一按比例分享；外资企业和其他国资企业的所得税统一按25%交纳企业所得税；提高个人所得税工薪所得费用扣除标准和内资企业所得税计税工资税前扣除标准，2008年提高到2000元/人月。

第三，加快公共财政体系建设。按照公共性、市场化和引导性原则，明确政府支出范围，进一步调整财政支出结构，财政支出向农业和农村基础设施建设、教育、科技、卫生、社会保障等方面倾斜，不断加大社会保障制度建设力度，建立并不断完善城镇最低生活保障制度，建立了农村低保制度、新型农村合作医疗制度，建立健全了农村义务教育经费保障机制。2008年，中央财政用于“三农”的投入5955亿元，比上年增加1637亿元，增长37.9%，其中粮食直补、农资综合补贴、良种补贴、农机具购置补贴资金达1030亿元，比上年增长一倍；中央财政科技投入1163亿元，增长16.4%；全面实行城乡免费义务教育，对所有农村义务教育阶段学生免费提供教科书；国家财政安排32.5亿元帮助解决北方农村中小学取暖问题；企业退休人员养老金人均每月新增110元。截至2009年4月底，中央财政当年已累计下达地震灾后恢复重建基金预算近850亿元，占全年预算安排1300亿元的65%。

第四，中央政府宏观调控能力不断增强。实行分税制以来，我国财政实力不断增强，全国财政收入从1993年的4348.95亿元增加到2007年的51304亿元，年均增长率达到19.3%。其中，中央财政收入从957.51亿元增加到27738.99亿元，年均增长27.2%；地方财政收入从3391.44亿元增加到23565.04亿元，年均增长14.8%，中央和地方在财政改革发展过程中实现了“双赢”。同期，全国财政收入占国内生产总值的比重显著提高，由1994年的10.8%上升到2007年的20.8%。1993～2007年，中央财政收入占全国财政收入的比重显著提高，从22%上升到54%。财力的适度集中大大强化了中央政府的宏观调控能力。1993年以来，根据国民经济运行态势，国家财政相机抉择，保证了我国经济的持续、快速、稳定增长。同时，中央政府通过建立以转移支付为主的地区间收入再分配机制，大幅度地缩小了东、中、西部的财力差距，促进了地区协调发展。①

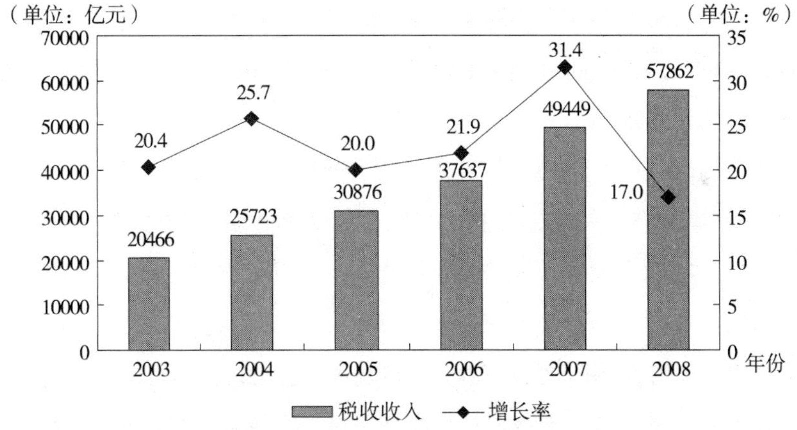


图15.4　2003～2008年我国税收收入及其增长速度

注：2008年税收收入57862亿元（不包括关税、耕地占用税和契税），比上年增加8413亿元，增长17.0%。

（资料来源：国家统计局：《2008年国民经济和社会发展统计公报》，2009年2月26日）

① 王保安：《30年回顾与展望：我国财政体制改革的经验成就与目标诉求》，载《财政研究》2008年第11期。

## 二、金融业持续健康安全发展

中共十六大以来，我国金融业在改革创新中不断发展壮大，金融宏观调控体系逐步完善，利率市场化进程取得了较大进展，货币政策工具不断改进，人民币汇率形成机制改革取得重要突破；金融市场体系初步建成，货币市场、证券市场、股票市场、保险市场和外汇市场都得到长足发展；金融监管体系进一步完善，防范和化解金融风险的能力不断提高；国有独资商业银行股份制改造取得积极进展；金融机构和从业人员数量大幅增加，金融规模明显扩大；等等。金融业的不断发展壮大对优化资源配置、支持经济改革、促进经济平稳快速发展和维护社会稳定方面发挥了重要作用。

### （一）强化央行货币政策制定和执行的职能

修改后的《中国人民银行法》将中国人民银行的职责调整为制定和执行货币政策、维护金融稳定、提供金融服务三个方面。中国人民银行不再履行银行、证券和保险业的金融监管职责，更加专注于制定和执行货币政策，在宏观调控和防范与化解金融风险中的作用得到进一步发挥，金融服务得到进一步加强。

再贷款的管理。自2004年起,人民银行对再贷款实行分类管理,将再贷款划分为以下三类:一是流动性再贷款,包括短期再贷款和对农村信用社再贷款;二是专项政策性再贷款,包括对中国农业发展银行再贷款、对金融资产管理公司再贷款、对国有商业银行再贷款;三是金融稳定再贷款,包括地方政府向中央专项借款,用于处置证券公司等高风险金融机构的再贷款。

再贴现政策。基于宏观调控需要和市场资金供求状况影响，人民银行办理票据再贴现数量大幅度下降。2000年年末再贴现余额曾创下1256亿元的历史高位，2004年年末再贴现余额仅为33亿元，2007年年末再贴现余额为57.4亿元。①

存款准备金政策。从2004年4月25日起，金融机构适用的存款准备

① 吴晓灵主编：《中国金融体制改革30年回顾与展望》，人民出版社2008年版，第17、18页。

金率与其资本充足率、资产质量状况等指标挂钩，实行差别存款准备金制度。自2003年9月至2008年6月，为减轻对冲外汇占款的压力，适度控制金融机构信贷扩张，中国人民银行先后19次提高存款准备金率，由6%调至17.5%。2008年9月至2009年6月，为了应对金融危机，遏制我国增长速度下滑趋势，中国人民银行先后4次降低存款准备金率。中国人民银行搭配使用央行票据和存款准备金率两种对冲工具管理银行体系流动性，有利于中央银行及时、主动地调整政策取向，从而为国民经济平稳较快发展提供适当的货币政策环境。

利率市场化推进。我国存贷款利率市场化大体按照“先外币、后本币；先贷款、后存款；先长期、大额，后短期、小额”的顺序进行，在改革进程中不断简化利率管理、扩大利率浮动区间，1996年至2007年间累计放开、归并和取消本外币利率管理种类120种。2004年10月29日，人民银行决定允许金融机构人民币存款利率下浮，实行“放开下限、管住上限”，有利于金融机构加强主动负债管理，协调直接融资和间接融资的关系。[①] 上海银行间同业拆放利率从2007年1月4日开始正式运行，标志着中国货币市场基准利率培育工作全面启动。

### （二）国有商业银行股份制改造加快

2002年召开的全国金融工作会议决定对国有商业银行进行股份制改造。通过对国有商业银行的财务重组和公司内部治理机构的改革，2005年6月24日，交通银行在香港联合交易所上市，成为首家在境外资本市场上市的中国内地商业银行；2005年10月，中国建设银行在香港联合交易所正式挂牌上市，2006年在我国A股市场上市；2006年6月和7月，中国银行也先后在香港H股和境内A股成功上市；2006年10月，中国工商银行在香港和内地资本市场同时上市。2008年10月21日，国务院常务会议审议并原则通过《农业银行股份制改革实施总体方案》。通过股份改

---

① 吴晓灵主编：《中国金融体制改革30年回顾与展望》，人民出版社2008年版，第21、24页。

造后，我国股改的大型银行的总资产净回报率、股本净回报率、成本收入比、不良贷款比例、资本充足率、大额风险集中度、拨备覆盖率等经营绩效、资产质量、审慎经营考核指标大大改善。

（三）保险业取得历史性跨越

我国已逐步成长为新兴的保险大国，整体实力显著增强。截至2009年5月底，保险行业总资产达到36195.6亿元，比2002年底的6320亿元增长5.72倍。2008年，保险行业原保险保费收入为9784.1亿元，比2002年3053.1增长2.2倍。保险行业服务能力全面提升，为经济社会提供保障力度不断加大。2002年以来，保险业累计赔款与给付7000多亿元。面对2003年的“非典”疫情和历次重大自然灾害，保险业勇担责任，为民分忧，较好地发挥了经济补偿功能。专业养老保险公司受托管理企业年金业务150亿元，占全部法人受托业务的90%。在支持国家“走出去”战略方面，出口信用保险累计支持对外贸易与投资1000多亿美元，为5000多家企业提供了风险保障服务。①

（四）积极培育和发展外汇市场

2005年7月21日，我国宣布开始实行以市场供求为基础、参考“一篮子货币”进行调节、有管理的浮动汇率制度。人民币不再钉住单一美元，而是按照我国对外经济发展的实际情况，选择若干种主要货币，赋予相应的权重，组成一个货币篮子。人民币汇率形成机制改革坚持了主动性、可控性和渐进性的原则，加快外汇市场发展，增加市场交易主体，在银行间市场引进美元做市商制度和询价交易机制，增加外汇避险工具，改革挂牌汇价管理，允许一日多价。汇改以来至2009年6月，新的人民币汇率形成机制运行平稳，人民币汇率弹性增强，外汇市场供求的基础性作用进一步发挥，人民币汇率总体走升，有利于促进经济结构调整、产业优化升级和经济增长方式的转变。②

---

① 国家统计局综合司：《改革开放30年报告之十一：金融业在改革创新中不断发展壮大》，国家统计局网站，2008—11—10。

② 吴晓灵主编：《中国金融体制改革30年回顾与展望》，人民出版社2008年版，第28、29页。

### （五）我国金融业迅速发展壮大

2003 年以来，金融机构体系、市场体系和服务体系不断发展，规模大幅增加，资产质量明显提高。

截至 2009 年 4 月末，中国银行业金融机构总资产超过 70.5 万亿元人民币，比 2002 年 23.7 万亿元增长了近两倍，银行业资本充足率普遍达标，杠杆率得到有效控制。截至 2009 年第一季度，资本充足率达标商业银行共 208 家，占商业银行总数的 98%，达标资产占比 99.9%。截至 2009 年 4 月末，主要商业银行贷款损失准备充足率超过 157%；商业银行拨备覆盖率超过 128%。17 家主要商业银行中有 14 家拨备覆盖率达到 130% 的水平。

2008 年末广义货币供应量（M2）余额为 47.5 万亿元，比上年末增长 17.8%；狭义货币供应量（M1）余额为 16.6 万亿元，增长 9.1%；流通中现金（M0）余额为 3.4 万亿元，增长 12.7%。2008 年年末全部金融机构本外币各项存款余额 47.8 万亿元，增长 19.3%；全部金融机构本外币各项贷款余额 32.0 万亿元，增长 17.9%。

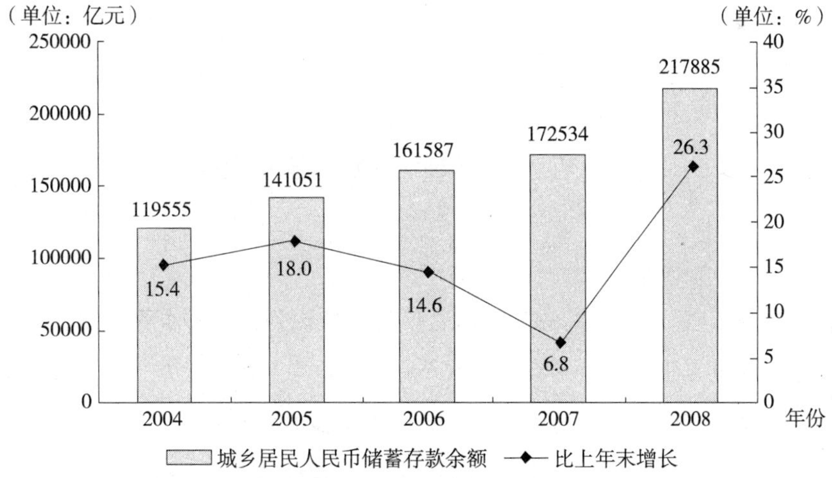


图 15.5　2004～2008 年我国城乡居民人民币储蓄存款余额及其增长速度
（资料来源：国家统计局：《2008 年国民经济和社会发展统计公报》，2009 年 2 月 26 日）

截至2008年年底，我国证券业总资产达到11912.20亿元，净资产3584.81亿元，净资本2887.40亿元，实现利润总额597.01亿元。我国基金公司基金净值总额为18770.14亿元。2008年上市公司通过境内市场累计筹资3396亿元，比上年减少3947亿元。2008年企业共发行债券20520亿元，比上年增加3437亿元。

2008年保险公司原保险保费收入9784亿元，比上年增长39.1%，其中寿险业务原保险保费收入6658亿元；健康险和意外伤害险业务原保险保费收入789亿元；财产险业务原保险保费收入2337亿元。支付各类赔款及给付2971亿元，其中寿险业务给付1315亿元；健康险和意外伤害险赔款及给付238亿元；财产险业务赔款1418亿元。

外汇储备不断增长，国际收支平衡状况不断改善。2008年年末，国家外汇储备19460亿美元，比上年末增加4178亿美元。2008年年末人民币汇率为1美元兑6.8346元人民币，比上年末升值6.9%。截至2009年6月末，我国国家外汇储备余额一举突破2万亿美元大关，达到21316亿美元。

这些说明，我国金融业整体实力和抗风险能力大为增强，金融业发展上了一个新台阶，有力地维护了国内金融体系的稳定。

## 第三节　完善国有资产管理体制

经过30年波澜壮阔的改革历程，我们认识到，国有企业改革仅有现代企业制度是不够的，国有企业改革的重中之重、难中之难，集中在国有资产管理体制改革。没有国有资产管理体制改革的成功，便不可能有国有企业改革的成功，否则“下动上不动，越改越被动”。

## 一、国有资产管理体制全面创新

截至2002年年底，全国国有资产（净资产，不包括资源性国有资产）总量共计11.83万亿元，其中经营性国有资产为7.69万亿元，占65%；非经营性国有资产为4.14万亿元，占35%；中央占用国有资产5.66万亿元，占48%，地方占用国有资产6.17万亿元，占52%。① 管好用好这些国有资产，关系到我国基本经济制度的坚持和完善，关系到全面建设小康社会目标的实现。

我国的国有资产管理体制，在传统的计划经济体制下就经历了多次变革。我国国有资产管理体制面向社会主义市场经济的改革进程，是以深圳市1987年成立全国第一个专门的国有资产管理机构和1988年国家国有资产管理局的成立为标志。

1988年以后，我国国有资产管理体制改革实践中的具体做法，大体上可以归结为三种具有代表性的模式，即深圳、上海最先试行并持续至今的“深沪”模式（辽宁省“两委”归一模式、吉林省“决策会议”模式、珠海市“一委两局”模式与“深沪”模式相似）；国内其他地区和1994～1998年中央政府所采取的“一体两翼”模式；1998年国务院机构改革后形成的“98”模式。②

“深沪”模式采用国有资产管理委员会、国有资产经营公司和国有资产控股、参股企业“三个层次”的国有资产管理体制。设立国资委，实现了政府代理国有资产所有权职能的机构与社会经济管理职能的机构分离；设立国有资产经营公司，实现了国有资产的运营职能与国有资产的监管职能的分离。

全国较大部分省区市，包括中央政府，在1998年前的国有资产管理体制，基本上都是实行“一体两翼”的模式，即以财政部门为主体，国

---

① 郭凤琳：《加大并购重组力度 优化国有经济布局——访国务院国有资产监督管理委员会主任李荣融》，载《中国证券报》2003年11月19日。

② 王宝库：《中外国有资产管理模式比较研究》，载《经济学动态》2003年第3期。

有资产管理局和税务局作为其“两翼”，归口财政部门管理。比较“一体两翼”模式和“深沪”模式，虽然都已走出了传统的计划经济体制，但从社会主义市场经济的角度看，“一体两翼”模式带有明显的计划经济色彩，而“深沪”模式则更具有社会主义市场经济的特征。

1998 年，伴随着国务院机构改革中国家国有资产管理局的撤并，我国国有资产管理采用“98”模式。“98”模式将国有资产的出资者所有权分别由不同的政府部门行使，财政部（地方财政厅局）兼司国有资本金基础管理职能，行使收益及产权变更管理职能；经贸委对国有企业行使重大投资、技改投资的审批及产业政策的制定、国有企业的破产管理、兼并、改制等监管职能；国家计委则行使基本建设投资管理职能；由组织部、大企业工委行使选择经营者的职能；劳动部掌管企业工资额的审批。这就是“五龙治水”的国有资产管理体制。

“五龙治水”的国有资产管理体制的弊端主要有：国有资产总的质量不高、运营效率低下、产权转让不规范、资产流失损失。究其原因在于，国有资产管理体制改革滞后，突出表现在出资人没有真正到位和对国有资产多头管理。一方面，政府的公共管理职能与出资人职能没有分开，在内设机构和分工上既行使公共管理职能，又行使国有资产出资人职能。另一方面，监督国有资产的职能分散在多个部门，权利、义务和责任不统一，管资产和管人、管事脱节。

国有企业改革到深处是产权，改革国有资产管理体制成为深化国有企业改革的关键。建立健全国有资产管理、运营和监督体制，有利于实现政企分开，使国有企业真正成为市场主体和法人主体；有利于形成规范的公司法人治理结构，加快现代企业制度建设；有利于形成有效的激励和约束机制，落实国有资产保值增值责任。在总结国家体改委和全国学者们进行的很多探索和各种方案的基础上，改革有了更明确的方向，改革思路有了实质性突破，管理模式有了重大创新。

正是适应国有企业改革的实际需要，中共十六大提出了国有资产管理体制改革的总体思路，国家制定法律法规，建立中央政府和地方政府分别代表国家履行出资人职能，享受所有者权益，权利、义务和责任相统一，管资产和管人、管事相结合的资产管理体制。中共十六届二中全会明确了国有资产监管机构的性质、职能、监管范围和与企业的关系等一系列重要问题。2003 年，国务院成立了国有资产监督管理委员会（简称国资委），颁布了《企业国有资产监督管理暂行条例》，第一次在政府层面上真正做到了政府的公共管理职能与出资人职能的分离，实现了管资产和管人、管事相结合。

中共十六届三中全会着重强调：要坚持政资分开；要依法履行出资人职责；要维护所有者权益。全会对今后的工作作了部署：建立国有资本经营预算制度和企业经营业绩考核体系；积极探索国有资产监管和经营的有效形式，完善授权经营制度；健全产权交易规则和监管制度，推动产权有序流转；建立健全国有金融资产、非金融资产和自然资源性资产等的监管办法。中共十七大报告提出，要优化国有经济布局和结构，增强国有经济活力、控制力、影响力；要加快建设国有资本经营预算制度，完善各类国有资产管理体制和制度。

完善国有资产管理的攻坚战打响了，新型的国有资产管理体制在摸索中逐步建立起来。新型国有资产管理体制从构建行使出资人职责的机构入手，在坚持国家统一所有的基础上，分级行使出资人职责，委托专门机构管理经营，探索建立权责明确的国有资产管理新体制。

第一，坚持国家统一所有。依据现有的法律法规，国有资产属于全体人民，归国家统一所有。由国家制定法律法规，政府代表国家统一行使国有资产所有权，必要时有权统一配置资源。国资委代表国家拥有完整意义上的国有资产所有权，把分散在 9 个党政部门中所有国有产权的权能全部集中，代表国家履行所有者职能，并且必须对国有资产的经营结果承担相关责任，解决“一个和尚挑水喝，两个和尚抬水喝，三个和尚没水喝”的问题。

第二，分级行使出资人职责。通过逐级授权，明确管理国有资产的范围，中央和地方政府分级行使出资人职责，负责所辖国有资产的管理、收益和处置等。中央政府和省、市（地）政府国有资产管理机构分别代表国家履行出资人职责，对本级政府负责。其他国有及国有控股、国有参股企业，由省、市（地）国有资产监督管理机构代表国家履行出资人职责。国资委必须既管资产，又管人和事。

第三，委托专门机构管理经营。政府行政管理部门与行使出资人职责的机构分设，各级政府成立的国资委只履行出资人职能，从政府的行政系列中脱离出来，以国有资产的保值与增值为己任。由国资委授权具备条件的大型企业集团公司作为国有资产营运主体，具体行使所投资企业的出资人职责。在新国资委与股份公司之间建立平等的产权关系。国有企业不再隶属于政府部门，只要合法经营，政府就无权干预国有企业的经营活动，从而实现真正的政企分开。

出资人机构对受托运营国有资本，拥有占有、使用、处分、收益的权利；以产权为纽带，承担投资企业的改革和重组、优化国有资本布局和垄断性企业的改革重组责任。出资人机构对同级政府负责：实现政府政策目标，承担国有资产保值增值责任，接受政府的审计监督。

总之，新型国有资产管理体制的特点，归纳起来就是："三分开、三统一、三结合。""三分开"：政企分开，政府授权国有资产监督管理机构对企业国有资产履行出资人职责，不直接管理国有企业；政资分开，国有资产监督管理机构不行使政府的社会公共管理职能，政府其他机构、部门不履行企业国有资产出资人职责；所有权与经营权分开，国有资产监督管理机构不得直接干预企业的生产经营活动。"三统一"：权利、义务和责任相统一。"三结合"：管资产和管人、管事相结合。新的国有资产管理体制极大地激发了国有企业活力，促进了国有企业改革和发展。

## 二、2003年后完善国有资产管理的主要实践

2003年4月，国务院国有资产监督管理委员会成立，第一次在中央政府层面上做到了政府的公共管理职能与国有资产出资人职能的分离，为新国有资产管理体制的运行提供了组织保障，表明国有资产管理体制创新

进入实质运作阶段。国资委成立后，围绕出资人的不错位、不缺位、不越位出台了一系列措施，进行了一系列国有资产管理的改革尝试，主要是①：

**1. 积极推进国有资产监管组织体系建设**

国务院国资委成立后，组建和完善了自身的机构设置，机构组建工作重点从思想建设、组织建设和制度建设等方面推进。加强了对省级国有资产监管机构组建工作的指导，截至2004年6月底，31个省、自治区、直辖市国资委全部建立。加强对市（地）国有资产监管机构组建工作的调研和指导，在通过对14个市（地）和10个县进行调研的基础上，起草了《关于设立市（地）级人民政府国有资产监督管理机构指导意见》，2004年11月26日由国务院办公厅转发（国办发［2004］84号）。截至2005年，全国431个地市级（盟、州、地区）（含直辖市辖区县、兵团所属师级农场）中，282个已组建国资委，约占总数的65.43%。

**2. 建立健全国有资产监管法律体系**

建立健全国有资产监管法律体系是做好国有资产监管工作的重要基础，也是中国法制建设的一项重要内容。国资委配合国务院法制办起草了《企业国有资产监督管理暂行条例》，2003年5月由国务院正式发布实施。抓紧制定企业国有资产监管规章及规范性文件。以《企业国有资产监督管理暂行条例》为基础，共制定发布了企业改制、产权转让、资产评估、业绩考核等16个规章和80余件规范性文件。地方国资委制定了1200多件规范性文件，涵盖国资监管各个方面的法规体系基本形成。另外，为保证国有资产管理法规的统一性，2003～2004年对现行涉及国有资产管理的200多件法规和规章进行了全面系统的清理。

抓紧研究起草的一些重要的法律规章具体有：一是中央企业重要子企业重大事项管理办法，二是企业国有资本经营预算管理办法，三是中央企

① 郑海航：《中国国有资产管理体制改革三十年的理论与实践》，载《经济与管理研究》2008年第11期。

业授权经营管理办法，四是企业国有资产监管机构重大事项报告制度，五是企业负责人管理办法，六是企业职工收入分配调控办法，七是企业国有资产收益监缴办法。

加强企业法律风险防范机制建设。积极推进以总法律顾问制度为核心的企业法律顾问制度，进一步完善中央企业重大法律纠纷案件管理制度，加强了企业内部法律风险控制机制的建设。

**3. 建立国有资产监管责任体系**

认真开展了清产核资工作，推动中央企业全面执行《企业会计制度》。按照《企业国有资产监督管理暂行条例》赋予国务院国资委的职责，逐步建立了相应的业绩考核工作机制，2003年下半年，负责起草的《中央企业负责人业绩考核暂行办法》正式颁布执行。规范了薪酬分配制度，主要是：加强薪酬管理，2004年制定了《中央企业负责人薪酬管理暂行办法》；规范收入分配，印发了《关于加强人工成本控制、规范收入分配有关问题的通知》；积极探索股权激励试点，2004年会同科技部联合下发《关于高新技术中央企业开展股权激励试点工作的通知》，分别研究拟定了《国有控股上市公司（境外）实施股权激励试行办法》、《国有控股上市公司（境内）实施股权激励试行办法》。

**4. 探索国有资产监管的有效形式**

通过建立完善出资人财务监督制度体系、规范财务决算管理、开展经济责任审计、加强财务决算审计监督、建立财务预算报告制度，加强了财务审计监督；监事会制度继承了稽查特派员制度行之有效的一些做法，几年来，监事会向国务院报送的监督检查报告和专项报告，比较全面、客观地提供了中央企业的信息，已经成为出资人了解企业情况的重要渠道；加强重大投融资项目管理，开始建立企业重大投融资监管体制和管理体系，着重对企业决策程序、投资规模、投资结构和投资回报率进行审查，规避投资风险，保证了国有资产的保值增值；通过加强对中央企业财务状况的动态分析、逐步展开企业财务预算管理、加强和完善企业财务决算管理、组织开展全国企业国有资产统计工作、加强产权管理以及组织开展资产评估活动,加强了国有资产基础管理工作;此外,通过建立健全国有企业改制和国有产权转让的规章制度、加强对国有企业和国有产权转让的监督检查、加快形成规范的产权交易平台等手段,规范了国有企业改制和国有产权转让。

**5. 完善国有企业经营者选拔机制**

坚持党管干部原则与市场化选聘企业经营管理者相结合，逐步建立和完善适应现代企业制度要求的选人用人新机制，是国务院国资委一直探索的工作。几年来的实践，改进了干部选拔任用方法，扩大了选人的视野和范围，更加重视经历和业绩，改革了传统的人才考核办法，更加重视素质能力与岗位的匹配，体现了公开、平等、竞争、择优的原则，进一步增强了中央企业对人才的吸引力，改善了中央企业经营管理者队伍的年龄、知识和专业结构。

**6. 建立国有资本经营预算制度**

随着我国国有资产管理体制的改革深化，国有资本经营预算正式提到议事日程。1958 年，我国曾实行国有企业利润留成制度。早在 1993 年，中共十四届三中全会就提出了“建立政府公共预算和国有资产经营预算”，1994 年颁布的《预算法》中就提出要实行包括国有资本经营预算在内的复式预算。1998 年，上海市率先进行国有资本经营预算试点。2003 年，国资委的设立使得国有资本经营预算进入操作层面。此后，北京、深圳、长沙等地进行了国有资本经营预算试点。2006 年开始，由财政部负责编制总的国有资本经营预算，国资委负责编制所监管的 165 户中央企业国有资本经营预算，提出了试行国有资本经营预算的具体意见。2007 年 5 月 30 日，温家宝总理主持召开国务院常务会议，研究部署了试行国有资本经营预算工作。

**7. 加快推进国有企业的各项改革**

国务院国资委成立以来，在推进国有企业改革方面做了大量工作，主要包括推进国有企业股份制改革、国有独资公司建立、完善董事会、推进国有经济布局结构调整、规范国有企业改制和产权转让、推进企业分离办社会职能和主辅分离辅业改制、继续做好政策性关闭破产工作等。

#### 8. 积极推进中央企业布局结构调整

研究提出了中央企业布局结构调整的总体思路，明确了中央企业布局和结构战略性调整的指导思想、目标、原则、方向、重点和途径，明确了“五个优化”（优化国有资本在有关行业或领域的分布、优化在产业内部的分布、优化在区域间的分布、优化在企业间的分布和优化企业内部分布）和“四个集中”（将国有资本更多地向国家需要重点振兴和国有经济必须保持控制力的行业和领域集中、向国有经济具有竞争优势的行业和未来可能形成主导产业的领域集中、向具有较强国际竞争力的大公司大企业集团集中、向企业主业集中）的工作指导思想；引导中央企业明确发展战略，进一步突出主业；推进中央企业调整重组；推进了中央企业技术创新工作并取得很大进展。

## 第四节　加快完善现代市场体系

完善现代市场体系是完善社会主义市场经济体制的基础。2003 年以来，在国家一系列扩大内需、促进消费的宏观调控措施的积极作用下，商品市场供应充裕，消费规模不断扩大，新型流通方式快速发展，国内市场呈现持续、稳定、快速增长的态势，保持着繁荣活跃的景象。生产要素价格的市场化改革也取得了明显进展，资本、产权、土地、技术、劳动力等要素的价格形成逐步由市场决定，通过市场价格引导和调节资源流动，增强了市场在资源配置中的基础性作用。随着我国现代市场体系建设全面展开，国民经济市场化程度进一步提高，市场在资源配置中的基础性作用明显增强。

### 一、商品市场全面发展

经过 20 多年的改革开放，我国已经建立起比较成熟的商品市场，现货商品市场已有了相当规模，商品交易市场体系基本形成。批发、零售对内充分开放，对外逐步扩大准入范围。

各类现货商品交易市场发展迅速，商品市场规模不断扩大，从业人员大量增加，商业网点遍及全国。据统计，2007 年年底，全国批发零售贸易业产业活动单位达到 15.7 万个，从业人员达到 604.9 万人；住宿和餐饮业产业活动单位 3.7 万个，从业人员 341.8 万人。

经过多年的培育和发展，商品交易市场已成为日用消费品和生产资料的重要集散地，在活跃商品流通、方便居民生活、扩大城乡就业、推动国民经济发展等方面发挥了积极的作用。2007 年年底，全国亿元以上商品交易市场数量达 4121 个，比 2002 年增加 863 个。

消费品交易市场蓬勃发展。2007 年年底，全国拥有各类消费品交易市场 61913 个，其中城市消费品交易市场 24150 个，占 39%；农村消费品交易市场 37763 个，占 61%。

## 二、资本市场进一步规范和发展

围绕完善社会主义市场经济体制和全面建设小康社会，中国证监会推出了一系列旨在完善市场基本制度和恢复市场功能的改革措施。随着经济体制改革的深入，国有和非国有股份公司不断进入资本市场，中国加入世界贸易组织，中国经济走向全面开放，金融改革不断深化，资本市场的深度和广度日益扩大。

《关于推进资本市场改革开放和稳定发展的若干意见》的发布。国务院于 2004 年 1 月 31 日发布《关于推进资本市场改革开放和稳定发展的若干意见》，将发展中国资本市场提升到国家战略任务的高度，提出了九个方面的纲领性意见（见图 15.5），为资本市场的进一步改革与发展奠定了坚实的基础。

股权分置改革。解决股权分置问题，本质上是实现机制上的转换，即通过非流通股股东和流通股股东之间的利益平衡协商机制，消除 A 股市场股份转让的制度性差异。2005 年 4 月，我国启动股权分置改革。在整个改革过程中，市场各方遵循了“统一组织、分散决策”的工作原则与

“试点先行、协调推进、分步解决”的操作思路。截至2007年年底，沪、深两市共1298家上市公司完成或者已进入股改程序，占应股改公司的98%；未进入股改程序的上市公司仅33家，股权分置改革在两年的时间里基本完成。①

图15.6　《若干意见》的主要内容

全面提高上市公司质量。十多年来，受体制、机制、环境等因素影响，相当一批上市公司法人治理结构不完善、运作不规范、质量不高，严重影响了投资者的信心，制约了资本市场的健康稳定发展。2005年11月，国务院批转了中国证监会《关于提高上市公司质量的意见》。从2006年3月起，中国证监会开展了旨在进一步促进上市公司规范运作、加强上市公司治理、提高上市公司质量的专项活动：完善上市公司监管体制，强化信息披露，规范公司治理，清欠违规占用上市公司资金，建立股权激励机制的规章制度，推动市场化并购重组。

综合治理证券公司。2004年前后，证券公司长期积累的问题充分暴

① 中国证券监督管理委员会：《中国资本市场发展报告》，中国金融出版社2008年版，第53页。

露，风险集中爆发，全行业生存与发展遭遇严峻的挑战。中国证监会按照风险处置、日常监管和推进行业发展三管齐下，防治结合，以防为主，标本兼治，形成机制的总体思路，对证券公司实施综合治理。按照“试点先行、逐步放开”的原则，支持优质公司推出新产品、试办新业务，拓展业务空间、改善盈利模式，取得了良好的示范效应。2007 年 7 月，中国证监会以证券公司风险管理能力为基础，结合公司市场影响力对证券公司进行了重新分类，支持优质证券公司做大做强。2007 年 8 月底，证券公司综合治理工作成功结束，实现了各项主要目标。

改革发行制度。为了进一步提高发行效率、充分发挥资本市场的功能，对发行审核制度仍需进一步深化改革。2003 年 12 月，中国证监会公布《股票发行审核委员会暂行办法》；2004 年年末，取消了发审委委员身份保密的规定。2004 年 2 月，发行上市主承销商推荐制（实行通道限制）过渡到保荐制度，建立了保荐机构和保荐代表人问责机制。2006 年，《上市公司证券发行管理办法》、《首次公开发行股票并上市管理办法》、《证券发行与承销管理办法》及相应配套规则体系先后推出，形成了全流通模式下的新股发行体制。中国证监会于 2004 年底对股票发行价格取消核准，实行询价制。2006 年 9 月发布的《证券发行与承销管理办法》进一步重点规范了首次公开发行股票的询价、定价以及股票配售等环节。

推动基金业和机构投资者发展。2002 年，监管部门简化审批程序，引入专家评审制度，使基金产品的审批过程渐趋制度化、透明化、专业化和规范化。2006 年，全年新募集基金 4028 亿元，接近以往 8 年新募基金规模总和，2007 年基金资产规模总和达 3.1 万亿。对外开放稳步推进，推动形成有效竞争格局。2002 年 7 月，《外资参股基金管理公司设立规则》开始施行，截至 2007 年年底，59 家基金管理公司中有 28 家合资基金管理公司，内资公司、合资公司和 QFII 形成机构投资者间有效竞争的格局。保险、社保基金以及企业年金等机构投资者逐步进入资本市场，初步改善了资本市场的投资者结构及各类机构投资者发展不平衡的局面。截至 2008 年年末，各类机构投资者持有的已上市 A 股流通市值占比为

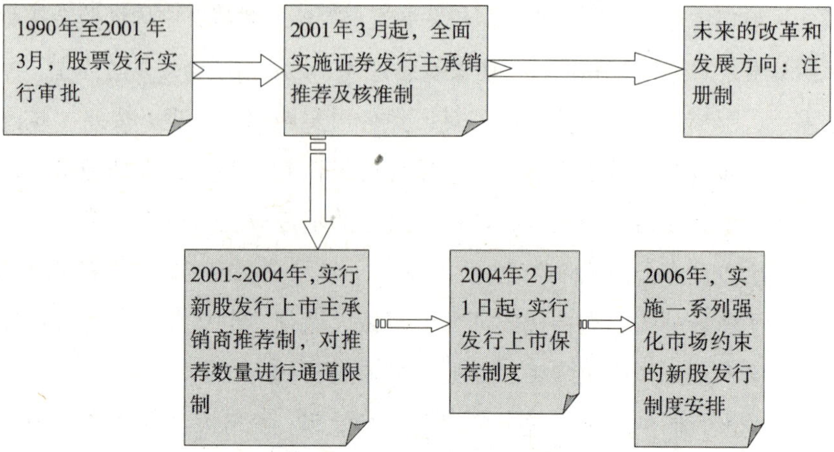


图15.7　发行制度改革进程

（资料来源：中国证券监督管理委员会：《中国资本市场发展报告》，中国金融出版社2008年版，第64页）

54.62%，是有统计以来机构投资者持有量首次超过五成。

资本市场法律体系逐步完善。2005年10月，全国人大修订了《公司法》和《证券法》（简称“两法”），并于2006年1月1日开始实施。与“两法”的修订相适应，全国人大、国务院各部委对相关法律法规和部门规章进行了梳理和调整，基本形成了与“两法”配套的规章体系。

在众多历史遗留问题得到妥善解决、机构投资者迅速壮大、法律体系逐步完善的基础上，中国资本市场出现了一系列积极而深刻的变化，市场规模迅速扩张，交易日趋活跃。截至2007年年底，沪、深两个市场共有上市公司1550家，总市值达32.7万亿，相当于国民生产总值的140%，位列全球资本市场第三，新兴市场第一。2007年首次公开发行股票融资4595.79亿元，位列全球第一。日均交易量1903亿，成为全球最为活跃的市场之一。在市场规模和交易量成倍增长的情况下，交易结算系统和监管体系基本保持了平稳运行，未发生影响市场正常运行的异常事件。①

① 中国证券监督管理委员会：《中国资本市场发展报告》，中国金融出版社2008年版，第77页。

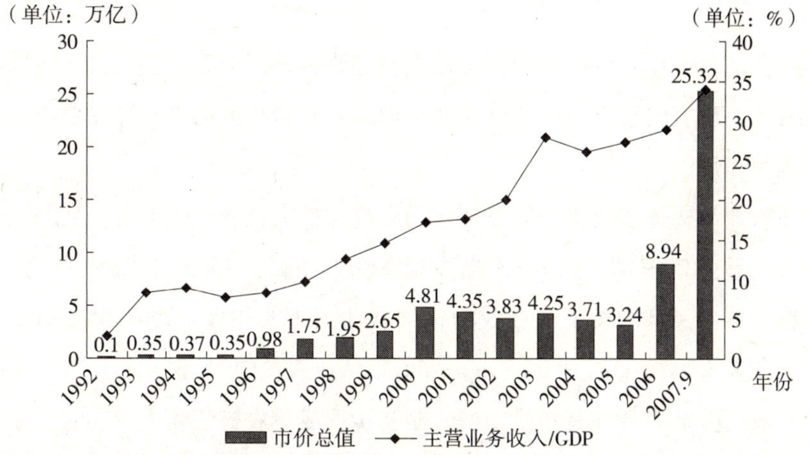


图 15.8　1992～2007.9 上市公司总市值与主营业务收入总和占 GDP 比变化图

注：2007.9 为上市公司主营业务收入为三季报披露数据，GDP 为国家统计局初步核算数据。

（资料来源：中国证券监督管理委员会：《中国资本市场发展报告》，中国金融出版社 2008 年版，第 37 页）

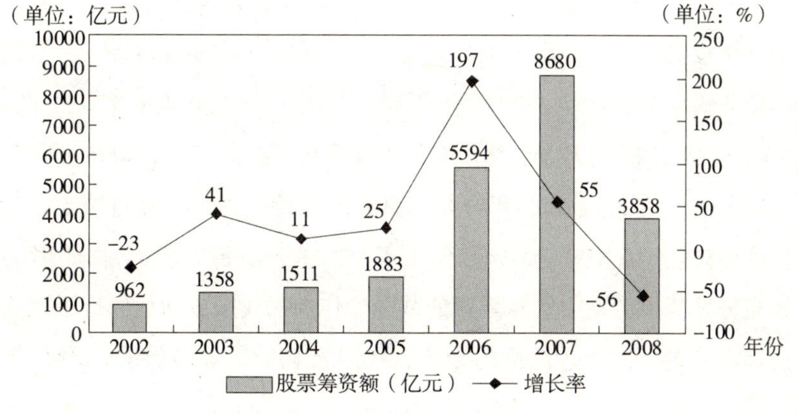


图 15.9　2002～2008 年股票筹资额

（资料来源：国家统计局编：《中国统计年鉴—2008》，中国统计出版社 2008 年版，表 19－15）

## 三、劳动力市场快速发展

劳动力市场发育的市场环境得到明显改善，劳动者自主就业、市场调节就业、政府促进就业的新机制初步形成，开始在劳动力资源配置中发挥基础性作用。

就业结构逐步改善。第三产业已经成为扩大就业的主渠道，从业人员所占比重由2003年的29.3%提高到2007年的32.4%，增加3108万人。多种所有制经济的发展正在成为扩大就业的重要领域。2007年城镇私营个体从业人员为4581万人，占全部城镇从业人员的15.6%。

农村劳动力合理有序流动的机制初步形成。农村劳动力向非农产业转移速度加快。到2007年为止，乡镇企业从业人员已达1.5亿人，进入城市就业的农村劳动力在8000万人以上。农民外出务工收入成为农民增收的重要渠道。据测算，全国进城务工农村劳动者每年寄回家的劳务款在4000亿元至6000亿元。对农村富余劳动力的转移和就业，在加强信息引导和劳务协作的同时，实行“公平对待、合理引导、完善管理、搞好服务”的方针，加强就业管理和服务，加大监督检查工作力度，保障农民工的合法权益。农民外出务工收入成为农民增收的重要渠道。

就业规模不断扩大。2007年年底，我国从业人员规模为7.4亿人，比2003年增加2558万人。城镇登记失业率得到有效控制，2003～2007年均为4.16%左右，从2003年开始，就业压力持续加大，经过努力，2007年年底城镇登记失业率为4%，低于4.5%的计划控制目标。由于劳动力市场充分发挥了劳动力资源配置的基础性作用，我国成功地保持了就业局势的基本稳定。受金融危机的影响，我国宏观经济增长放缓，2009年的就业压力也相当大。

## 四、完善住房市场体系

随着城镇住房制度改革的深化，特别是停止住房实物分配、实行住房货币化购买这一历史性突破，加速了住房市场化进程。1999年以来，国家逐步完善职工已购公房和经济适用住房进入市场交易的相关政策，允许并鼓励存量住房进入市场交易。初步形成了存量与增量联动、买卖与租赁并举的局面，基本形成统一的房地产市场体系。

加强房地产市场调控，抑制住房价格过快增长。2003 年以后，房地产投资快速增长，房地产价格大幅上涨，住房供应结构不合理的矛盾突出，房地产市场秩序比较混乱，政府频繁出台了许多政策措施对房地产市场进行调控。从 2003 年下半年开始，政府从严把土地、信贷两个闸门入手控制房地产投资过快增长。从 2005 年开始，政府强调做好供需双向调节，着力采取有关政策措施稳定房价。

面向中低收入家庭的经济适用住房供应体系初步建立，完善了住房市场体系。2007 年 8 月，国务院发布《关于解决城市低收入家庭住房困难的若干意见》（简称 24 号文），指出“住房问题是重要的民生问题”，要切实加大解决城市低收入家庭住房困难工作力度。24 号文被认为是房地产市场宏观调控重心的转移，标志着政府开始把抑制房地产价格过快上涨与解决城市低收入家庭住房困难区分开来。根据 24 号文，绝大多数城市进一步建立健全了廉租住房制度，改进和规范了经济适用住房制度，廉租住房保障资金逐步得到落实，廉租住房和经济适用住房建设用地的供应有了保证。截至 2007 年 11 月底，全国累计投入的廉租住房资金为 154 亿元。其中，2007 年 1 月至 11 月就投入了 83.2 亿元，超过了 2006 年以前累计投入资金总额的 70.8 亿元。[①] 通过政府新建、收购、改建等多个渠道，2007 年廉租住房房源也得到很大程度的增加。面向中低收入家庭的经济适用住房供应体系初步建立，完善了住房市场体系。

---

① 邹东涛主编：《中国改革开放 30 年（1978～2008）》，社会科学文献出版社 2008 年版，第 566 页。

## 第五节　深化分配制度改革和完善社会保障制度

建立社会主义市场经济体制，必须改革和完善我国的分配制度和社会保障制度。经过30年的改革，我国初步建立起了以按劳分配为主、多种分配方式并存，建立起了把按劳分配与按生产要素分配相结合的收入分配体制，建立了与社会主义市场经济体制相适应的覆盖城乡居民的多层次的社会保障体系。随着改革的深入，深化分配制度改革和完善社会保障制度，已经成了一个不容忽视、迫在眉睫的重中之重。

### 一、效率优先、兼顾公平：完善分配制度

计划经济条件下由公有制作为唯一所有制形式所决定的按劳分配的分配体制是一种高度集中的计划分配制度。长期存在平均主义分配倾向，严重地压抑了劳动者的生产积极性，阻碍了我国社会生产力的发展。中共十一届三中全会开启了我国对内改革、对外开放的进程。我国的对内改革主要是改革阻碍我国经济和社会发展的计划经济体制。由于收入分配制度直接关系到广大人民的切身利益，直接关系到广大人民的生产积极性，所以我国的经济体制改革以收入分配体制作为整个改革的切入点。收入分配体制改革的重点是克服原有收入分配体制中存在的严重的平均主义倾向，激发广大人民群众的生产积极性。

我国农村收入分配体制改革的主要措施是建立家庭联产承包责任制。承包户根据承包合同规定的权限，独立作出经营决策，并在完成国家和集体任务的前提下分享经营成果。在农村进行的以家庭联产承包责任制为核心的改革取得成功之后，我国决定把收入分配体制改革推广到城市。城市收入分配体制改革以职工工资制度的改革为重点。20世纪80年代的工资

调整和改革，不仅增加了职工的工资，更重要的是调动了职工的工作积极性，对于鼓励职工“各尽所能”、提高企业经济效益发挥了很大的作用。

随着对社会主义建设规律认识的不断加深，收入分配体制的改革不断深入。中共十三大报告提出：“我们的分配政策，既要有利于善于经营的企业和诚实劳动的人先富起来，合理搞好收入差距，又要防止贫富悬殊，坚持共同富裕的方向，在促进效率提高的前提下体现社会公平。”中共十四大报告强调：“在分配制度上，以按劳分配为主体其他分配方式为补充，兼顾效率与公平。”中共十四届三中全会通过的《关于建立社会主义市场经济体制若干问题的决定》进一步明确指出：“个人收入分配要坚持以按劳分配为主体、多种分配方式并存的制度，体现效率优先、兼顾公平的原则。”

中共十五大提出，要完善分配结构和分配方式，在坚持按劳分配为主，多种分配方式并存的前提条件下，要把按劳分配与按生产要素分配结合起来。同时，要取缔非法收入，整顿不合理收入，通过税收手段调节过高收入。这一提法与中共十三大报告相比，对社会主义初级阶段的分配关系作出了更加具体和清晰的描述，而经济学家在按生产要素分配这一点上，也基本取得了共识。

以按劳分配为主体、多种分配形式并存，按劳分配与按生产要素分配相结合的收入分配体制极大地提高了广大劳动者的生产积极性，促进了我国经济和社会的快速发展。2002 年，中国的基尼系数上升到 0.447，属于“差距偏大”的情况。中国要防范像某些拉美国家一样出现因为贫富悬殊过大而导致严重的社会和经济问题，这就需要党和政府从各方面积极“创造条件”，让财富覆盖更多的普通百姓，抹平横亘在人们收入之间的鸿沟，缩小贫富差距。

2002 年中共十六大召开后，在分配理论上主要是对按生产要素分配的明确界定以及指出了如何贯彻“效率优先、兼顾公平”的“两个注重”原则。一是明确了劳动、资本、技术和管理是基本的生产要素，同时也没有否认知识、资源、信息等生产要素在财富创造中的积极作用；二是明确了生产要素按贡献分配；三是对效率与公平的关系作出了清晰的回答。中共十六届六中全会作出的《中共中央关于构建社会主义和谐社会若干重大问题的决定》提出要完善我国的收入分配制度，规范收入分配秩序。中共十七大把各类生产要素按贡献参与分配由确立原则上升为健全制度，是对社会主义市场经济条件下的收入分配制度的完善，是经济领域深入贯彻落实科学发展观、完善社会主义市场经济体制的客观要求。

改革开放30年来，中国是世界上经济增长率最高的国家之一，从温饱实现了总体小康，呈现了历史上少有的持续经济繁荣。我们坚持“提低、扩中、调高”：初次分配注重效率，再分配注重公平；以共同富裕为目标，扩大中等收入者比重，提高低收入者收入水平。收入分配体制改革，是新时期经济体制改革的一个关键环节。“提低”和“调高”都是收入分配体制改革的手段，但“扩中”则是收入分配体制改革的一个重要目标。

一是提高“两个比重”，即“逐步提高居民收入在国民收入分配中的比重，提高劳动报酬在初次分配中的比重”。“两个比重”的逐年下降，已经成为国民收入分配中一个十分突出的问题。2006年中国居民收入占GDP的比重已经由改革以来最高时的56%下降到45%，工资总额占GDP的比重由最高时的17%下降为11%；与此形成巨大反差的则是财政收入和企业利润连年大幅度增长。这说明在初次分配中，并没有真正实现劳动、资本、技术、管理等生产要素按贡献参与分配，资本挤占劳动所得，利润侵蚀工资。只有逐步扭转这种状况，提高“两个比重”，才能为建立公平合理的收入分配关系奠定基础，并为扩大内需提供支撑。

二是逐步提高职工工资和居民收入水平。这是提高“两个比重”的进一步展开和具体化。人工成本低固然是一种优势，但人为压低人工成本也会带来副作用，它会抑制劳动者的消费水平，不利于扩大内需，应当在经济发展基础上逐步提高工资收入水平。当前的重点是着力提高低收入者收入，逐步提高扶贫标准和最低工资标准，建立企业职工工资正常增长机制和支付保障机制。

三是“创造条件让更多群众拥有财产性收入”。这是扩大中等收入者比例的关键措施。居民财产性收入的增长，有赖于投资渠道的拓宽、资本市场容量的扩大。中共十七大提出要“创造条件让更多群众拥有财产性收入”。中共十六大以来，我国城镇居民财产性收入进入快速增长期。2007 年工资性收入占全部收入的比重为 68.6%，比 2000 年降低了 2.5 个百分点；而财产性收入比重有所上升，由 2000 年的 2.1% 上升到 2007 年的 2.3%，上升 0.2 个百分点。①

四是进一步规范收入分配秩序，保护合法收入，调节过高收入，取缔非法收入。同时，要规范和调控垄断行业收入分配。关键是要打破垄断或缩小垄断范围，消除市场“壁垒”，发挥市场在工资分配中的决定作用，抑制垄断行业收入的快速增长，逐步缩小行业间收入差距。

实践证明，我们坚持从社会主义初级阶段的基本国情出发，充分认识到分配制度必须适应发展社会主义市场经济和全面建设小康社会的要求，开拓创新、与时俱进，制定的有关分配方针政策是完全正确的，符合客观实际，是中国特色社会主义理论体系的不可或缺的组成部分。②

## 二、试点到全覆盖：逐步建立完善的社会保障体系

国民财富的再分配主要依靠两个工具：一个是税收和转移支付，一个是社会保障。税收的功能主要是调高，社会保障的作用则主要是保低。当然，税收同时又是社会保障资金的来源之一，社会保障同时也有调节收入差距的作用。社会保障则以促进社会公平为第一目标，在这一前提下，通过合理的制度设计促进效率。

中共十六大报告指出：建立健全同经济发展水平相适应的社会保障体系，是社会稳定和国家长治久安的重要保证。坚持社会统筹和个人账户相结合，完善城镇职工基本养老保险制度和基本医疗保险制度。健全失业保

① 冯琦：《论我国收入分配制度的改革之路》，载：《当代经济》2008 年第 12 期。
② 沈伟基、张文斌：《深化收入分配制度改革的对策建议》，载《经济问题探索》2009 年第 1 期。

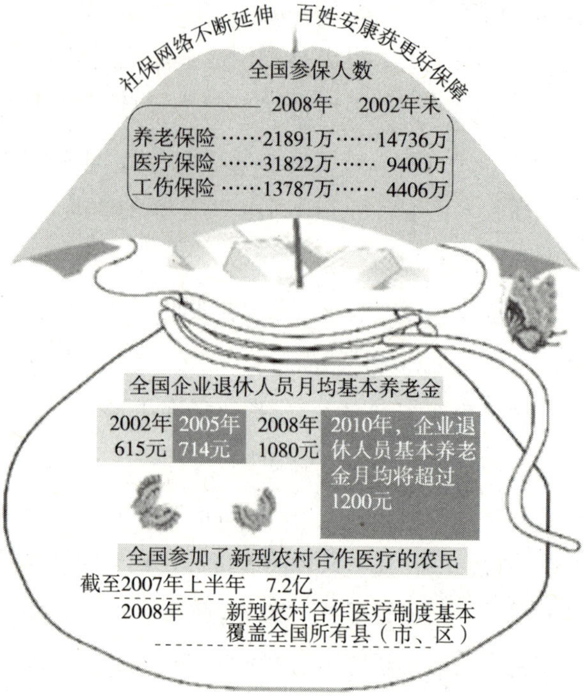


图 15.10　我国社会保障框架体系已经基本建立

险制度和城市居民最低生活保障制度。多渠道筹集和积累社会保障基金。各地要根据实际情况合理确定社会保障的标准和水平。发展城乡社会救济和社会福利事业。有条件的地方，探索建立农村养老、医疗保险和最低生活保障制度。

各项社会保障覆盖范围和参保人数继续扩大。2003 以来，中国的社会保障事业进入了快速发展期，社会保障制度框架基本建立。在城镇，基本建立了养老、医疗、事业、工伤和生育保险五项社会保险制度，并且已经全面实施了最低生活保障制度；在农村，全面推进最低生活保障制度，努力探索养老保险制度，不断加快新型合作医疗改革试点的步伐。2008 年年底，全国参加城镇基本养老保险人数为 21891 万人，参加基本养老保险的农民工人数为 2416 万人；参加农村养老保险人数为 5595 万人，参加城镇基本医疗保险人数为 31822 万人；参加医疗保险的农民工人数为 4266 万人；参加失业保险人数为 12400 万人；参加工伤保险人数为 13787 万人；参加生育保险人数为 9254 万人。[①] 如图 15. 11 所示。

社会保障制度不断完善。2003 年，党中央、国务院决定，在黑龙江和吉林两省进行扩大完善城镇社会保障体系试点工作，提出在总结辽宁省试点经验的基础上，通过两省的试点，为完善我国城镇社会保障体系进一步积累经验。2005 年 12 月，国务院发布《关于完善企业职工基本养老保险制度的决定》，从 2006 年起又将试点改革扩大到除东三省之外的八个省区市，包括天津、上海、山东、山西、湖北、湖南、河南和新疆。[②]

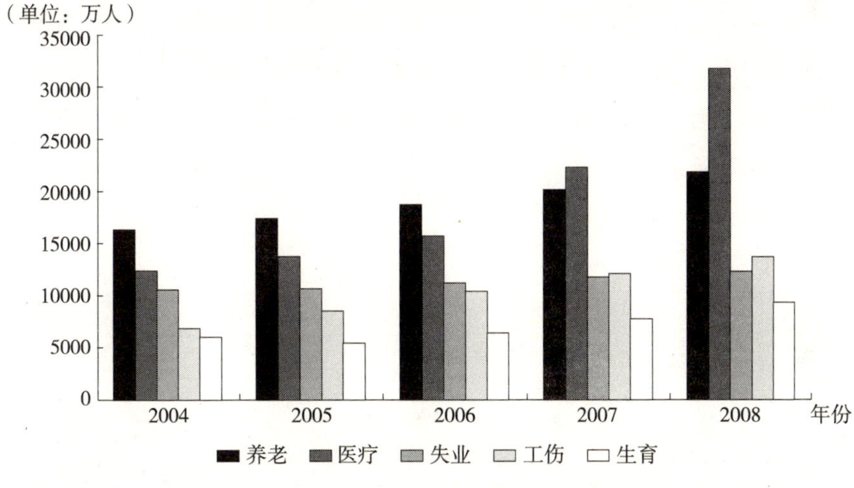


图 15. 11　2004～2008 年社会保险参保人数

（资料来源：人力资源社会保障部、国家统计局：《2008 年度人力资源和社会保障事业发展统计公报》，国家统计局网站，2009－5－19）

① 人力资源社会保障部、国家统计局：《2008 年度人力资源和社会保障事业发展统计公报》，国家统计局网站，2009－5－19。

② 邹东涛主编：《中国改革开放 30 年（1978～2008）》，社会科学文献出版社 2008 年版，第 640 页。

2006年中共十六届六中全会明确提出，到2020年建立覆盖全民的社会保障体系。2007年中共十七大报告再次提出，加快建立覆盖城乡居民的社会保障体系；要以社会保险、社会救助、社会福利为基础，以基本养老、基本医疗、最低生活保障制度为重点，以慈善事业、商业保险为补充，加快完善社会保障体系。按照中共十七大精神，我国社会保障是一个多层次体系，包括社会保险、社会救助、社会福利三个核心部分。建立老有所养，病有所医，生活有“兜底”，解除生活后顾之忧的全民保障，不仅是中国人民的福音，也是对世界养老保障制度的一个重大贡献。

2007年年底，《中华人民共和国社会保险法（草案）》提交全国人大常委会审议，草案确定了“广覆盖、保基本、多层次、可持续”的方针，明确了我国社会保障制度的基本框架，对社会保险的覆盖范围、社会保险征收、社会保险待遇的享受、社会保险基金的管理和运营、社会保险经办机构的职责、社会保险监督以及法律责任等方面作了规定。《社会保险法》的出台有助于推动中国社会保障事业的法制化，增强社会保障制度的权威性和稳定性。

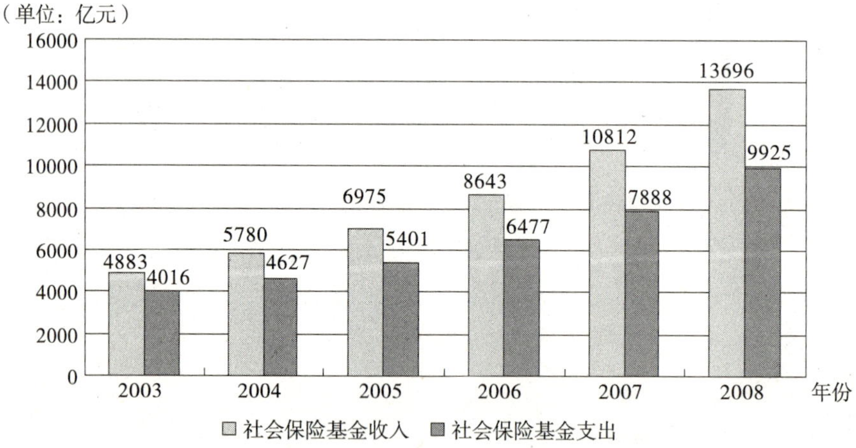


图15.12　2003～2008年社会保险基金收支情况

社会保险基金规模持续增长。2008 年，全国社会保障基金收入 13696 亿元，比 2003 年增加 8813 亿元，年均增长率为 30.1%，社会保障基金支出 9925 亿元，比 2003 年增加 5909 亿元，年均增长率为 24.5%（见图 15.11）。截至 2008 年年底，全国参加城镇基本养老保险、城镇基本医疗保险、失业保险、工伤保险、生育保险人数分别为 21891 万人、31822 万人、12400 万人、13787 万人和 9254 万人，比上年末分别增加 1754 万人、9511 万人、755 万人、1614 万人和 1479 万人。城镇基本养老保险、城镇基本医疗保险、失业保险、工伤保险、生育保险基金收入分别为 9740 亿元、3040 亿元、585 亿元、217 亿元和 114 亿元。[①]

城乡社会救助体系基本建立。城市居民最低生活保障制度不断完善，保障标准和补助水平逐步提高。全面加强城乡居民最低生活保障制度建设，2007 年救助人数达到 6619 万人。2007 年全国农村全面建立最低生活保障制度，3451.9 万农村居民纳入保障范围。这是保障城乡困难群众基本生活的一项根本性制度建设。社会福利、优抚安置、慈善和残疾人事业取得新进展。及时增加对低收入群体和大学生的生活补贴。大幅度提高重点优抚对象的抚恤优待标准。加大保障性住房建设和棚户区改造力度，低收入群众住房困难问题得到一定程度缓解。解决 4800 多万农村人口的饮水安全问题。抗灾救灾工作全面加强，中央财政五年支出 551 亿元，受灾群众生产生活得到妥善安排。

启动事业单位基本养老保险制度改革试点，城镇职工基本养老保险制度不断完善。2008 年年底，辽宁、吉林、黑龙江、天津、山西、上海、江苏、浙江、山东、河南、湖北、湖南、新疆 13 个做实企业职工基本养老保险个人账户试点省份共积累基本养老保险个人账户基金 1100 多亿元。全国已有 18 个省份和新疆生产建设兵团出台了养老保险省级统筹制度。在山西、上海、浙江、广东、重庆 5 个省市开展了事业单位工作人员养老

① 人力资源社会保障部、国家统计局：《2008 年度人力资源和社会保障事业发展统计公报》，国家统计局网站，2009－5－19。

保险制度改革试点准备工作。2008年，城镇基本养老保险基金总收入9740亿元，比上年增长24.3%，其中征缴收入8016亿元，比上年增长23.4%。各级财政补贴基本养老保险基金1437亿元。全年基金总支出7390亿元，比上年增长23.9%。年末基本养老保险基金累计结存9931亿元。从2005年开始连续三年提高企业退休人员基本养老金标准，企业退休人员养老金人均每月新增110元。

医药卫生改革发展稳步推进。截至2008年年底，城镇居民基本医疗保险试点城市增加到317个①，全国参加城镇基本医疗保险人数为31822万人，比上年末增加9511万人。其中，参加城镇职工基本医疗保险人数19996万人，比上年末增加1976万人；参加城镇居民基本医疗保险人数为11826万人，比上年末增加7535万人。在职工基本医疗保险参保人数中，参保职工14988万人，参保退休人员5008万人，分别比上年末增加1568万人和408万人。年末参加医疗保险的农民工人数为4266万人，比上年末增加1135万人。2008年城市医疗救助513万人次，比上年增长16.0%。农村医疗救助936万人次，增长148.0%。民政部门资助农村合作医疗的人数达2780万人次。②

积极探索建立新型农村社会养老保险制度，农民工、被征地农民社会保障工作稳步推进。2008年，2729个县（市、区）开展了新型农村合作医疗工作，新型农村合作医疗基金累计支出总额为429亿元，累积受益3.7亿人次，参加新型农村合作医疗的人口达到8.14亿，新型农村合作医疗参合率91.5%。2009年，在全国10%的县（市、区）开展新型农村社会养老保险试点。新型农村社会养老保险制度的基本原则是“保基本、广覆盖、有弹性、可持续”，采取社会统筹与个人账户相结合的基本模式和个人缴费、集体补助、政府补贴相结合的筹资方式。年满16周岁、不

---

① 温家宝：《政府工作报告——2009年3月5日在第十一届全国人民代表大会第二次会议上》，载《人民日报》2009年3月14日。

② 人力资源社会保障部、国家统计局：《2008年度人力资源和社会保障事业发展统计公报》，国家统计局网站，2009－5－19。

是在校学生、未参加城镇职工基本养老保险的农村居民均可参加新型农村社会养老保险，年满 60 周岁、符合相关条件的参保农民可领取基本养老金。

# 第十六章 中国经济持续健康协调发展

2002 年中共十六大以来，是中国经济体制改革“啃硬骨头”的攻坚时期，是全面建设小康社会承前启后的关键时期。这个时期中国经济经历了股市的疯狂、房价的暴涨、奥运经济的考验、金融危机的冲击，中国共产党人坚持中国特色社会主义道路，坚持社会主义市场经济的改革方向，总体上都保持了“高增长，低通胀”的发展态势，经济社会发展各项指标有了很大提高，中国的经济实力、综合国力、人民生活水平都跃上了新台阶。改革开放以来，中国经济持续高速增长，被誉为世界经济发展史上的“中国奇迹”。

## 第一节 从“又快又好”到“又好又快”

2006 年年底，中央经济工作会议首次引人注目地提出：努力实现国民经济又好又快发展，又好又快发展是全面落实科学发展观的本质要求。2007 年 3 月十届全国人大五次会议上的《政府工作报告》再次强调：实现经济又好又快发展。从“又快又好”到“又好又快”，“好”在“快”

前凸显了中国经济发展的新理念。“又好又快”是一个有机统一的整体，“好”字放在首位，决不是不要“快”，而是要好中求快，使“快”更能持久。①

自20世纪90年代初期中国建设社会主义市场经济以来，便有了促进“又快又好”发展的说法。十多年来，“快”总在“好”之前。“快”是中国经济发展的显著特征。但是，在中国经济“快”的背后，中国经济为“粗放型”的增长方式付出了代价，高耗能、高污染，我国的生态遭到了严重破坏，制约经济社会协调发展。有鉴于此，才有了中央经济工作会议对“又好又快”的强调，“快”强调的是经济发展的速度，“好”是对经济社会发展质量和效益的要求。

## 一、2003～2008年的宏观经济形势及其宏观经济政策②

1998～2002年，我国的GDP增长率一直在8%左右徘徊，2003年我国经济增长开始加速，GDP增长率达到10.0%，2004年保持了2003年的增长趋势，GDP增长率为10.1%，经济发展状况良好。但是经济中深层次的结构性矛盾也开始显现：一是部分行业固定资产投资规模偏大，在建和新开工项目较多，投资盲目扩张的冲动仍较强，导致煤电油运等物资供应紧张；二是农业发展滞后，粮食减产，农业的基础地位亟待加强；三是居民消费价格水平波动较大，生产资料价格持续攀升、涨幅较大。针对以上情况，2003～2004年宏观调控政策主要是通过临时性的行政手段规范经济主体的行为，通过积极的财政政策调节经济结构，通过货币政策调整信贷结构和加强信贷资金的安全。

2005年GDP增长率为10.4%，CPI比上年上涨1.8%，生产资料价格也有一定程度的回落。为进一步巩固宏观调控的成果，2005年将积极的财政政策调整为稳健的财政政策，并继续实行稳健的货币政策。针对

① 刘树成：《论又好又快发展》，载《经济研究》2007年第6期。
② 参考张璐：《我国宏观调控政策的回顾及启示》，载《商业时代》2009年第6期。

2004年粮食价格和房地产价格大幅上涨的问题，免征农业税、加大对农民的补贴；集中出台了一些加强房地产市场调节的措施。

2006～2007年国民经济总体情况较好，但前期经济中的结构性问题又以新的形式逐步显现：一是固定资产投资规模过大、增长过快；二是外贸顺差过大；三是信贷规模过大、货币投放过多；四是价格出现结构性上涨，通货膨胀压力加大。针对经济中出现的这些问题，2005～2007年，政府采取了一系列措施进行局部微调。首先，对产能过剩行业进行结构性调整，控制这些行业盲目投资和低水平扩张，从而抑制固定资产投资的过快增长。另外，搞好土地供应和管理，制定住房规划和政策，调整住房供应结构等，抑制房屋价格的过快上涨。其次，针对外贸顺差过大、流动性过剩和物价上涨问题，一方面，降低“两高一资”产品的出口退税率，扩大加工贸易禁止类和限制类商品范围，对进口商品实行优惠政策。另一方面，在2005年7月改革汇率机制的基础上，继续完善人民币汇率机制，对人民币升值。与此同时，货币政策也频繁出台，两年内提高金融机构存款准备金率13次，提高存贷款基准利率8次。通过从紧的货币政策来抑制投资、回笼货币、缓解通胀压力。

2006～2007年，宏观调控政策倾向于各种政策的组合使用，主要是通过政策组合、手段组合、工具组合来对经济中外贸顺差过大、经济结构不合理的问题进行调节，提高市场对资源的配置效率，保证经济的稳定增长。财政政策着重于调整经济结构，货币政策以预防性为主，有效引导市场主体的行为。

2008年经济形势却发生了巨大的转变。2008年2月份我国CPI涨幅高达8.7%，全国规模以上工业企业增加值增幅达到15.4%，经济过热和通货膨胀的压力进一步加大。进入下半年，随着世界金融危机的影响，出口增长速度大幅度回落；8、9、10月的CPI涨幅依次为4.7%、4.6%、4.0%；前三季度我国国内生产总值为201631亿元，按可比价格计算，同比增长9.9%，比上年同期回落2.3个百分点。因此，2008年的宏观调控经历了“双防”、“一保一控”和“保增长、扩内需、调结构”的重大转向。

2003年以来我国的宏观调控，特别是金融危机发生以来果断采取的宏观调控政策为2003～2008年经济的平稳协调发展立下了汗马功劳。

## 二、经济发展取得不平凡的成就

2003年以来，我国经济尽管受到石油价格大幅上涨、突如其来的“非典”疫情以及“汶川大地震”等严重自然灾害的不利影响，中国共产党和中国政府全面落实科学发展观，加快推进和深化各项改革，积极扩大对外开放，不断加强和改善宏观调控，切实转变经济增长方式，经济社会发展取得了举世瞩目的新成就。

第一，经济持续平稳快速增长，人均国民收入步入了中等收入国家水平。2003年以来，国民经济不仅增长速度快，而且持续时间长、稳定性好，经济总量和人均水平均有了大跨越，为国民经济社会发展第三步战略目标奠定了坚实的基础。国民经济连续5年保持10%以上的增长速度。由于金融危机的影响，2008年的经济增长速度显著下降，为9.0%，2009年第一季度国内生产总值为65745亿元，比去年同期增长6.1%。这期间除2008年、2009年一季度经济出现大的下降幅度外，2003～2007年经济增长平稳，最高增幅与最低增幅仅相差1.4个百分点，详见图16.1。

随着总量的增加，人均国民总收入翻了近一番，步入了中等收入国家行列。继2002年中国人均国民总收入首次超过1000美元，达到1100美元后，在短短的五年内于2006年又超过2000美元，达到2010美元。这标志着我国在向全面建设小康社会的进程中又迈出了坚实的一步。详见图16.2。

第二，经济运行质量进一步提高，节能减排取得初步成效。在节能方面，尽管2006年、2007年全国单位GDP能耗同比下降1.79%、3.66%，均未完成节能任务，但2008年全国单位GDP能耗同比下降4.59%，超额完成了“十一五”规划确定的每一年平均分配4%的节能任务。在主要污染物的减排方面，尽管2006年全国二氧化硫排放总量、污水中废弃物化学需氧量（COD）排放总量同比分别上涨1.5%、1.0%，但是2007年取

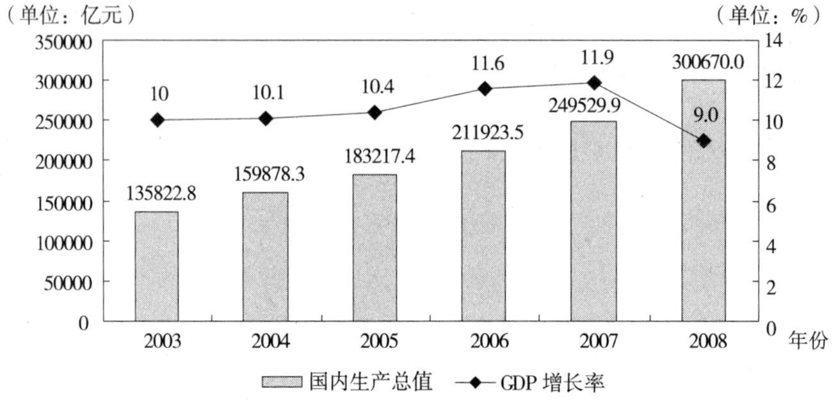


图 16.1 2003～2008 年中国国内生产总值及其增长速度

注：2008 年 1 月 14 日，国家统计局调整了 2007 年中国 GDP，最终核实数据为 GDP 257306 亿元，比上年增长 13.0%。新华网：《我国 2007 年 GDP 增速最终核实为 13.0%》，2009－1－14。

（资料来源：2003～2007 年数据来自《中国统计年鉴—2008》，中国统计出版社 2008 年版；2008 年数据来自中国统计局《2008 年国民经济和社会发展统计公报》）

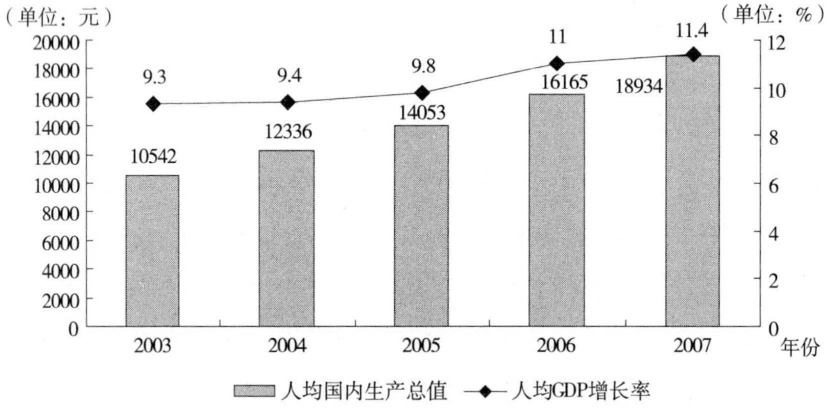


图 16.2 2003～2007 年中国人均国内生产总值及其增长速度

（资料来源：《中国统计年鉴—2008》，中国统计出版社 2008 年版，第 373 页）

得了重大转折，以上两个指标分别下降了 4.66%、3.14%，2008 年继续承接了 2007 年以来“双下降”的趋势，全国二氧化硫排放总量同比减少 4.42%，COD 排放同比减少 5.95%，取得了良好成绩。节能减排取得初步成效，说明了我国经济运行质量有了进一步的提高，详见图 16.3。

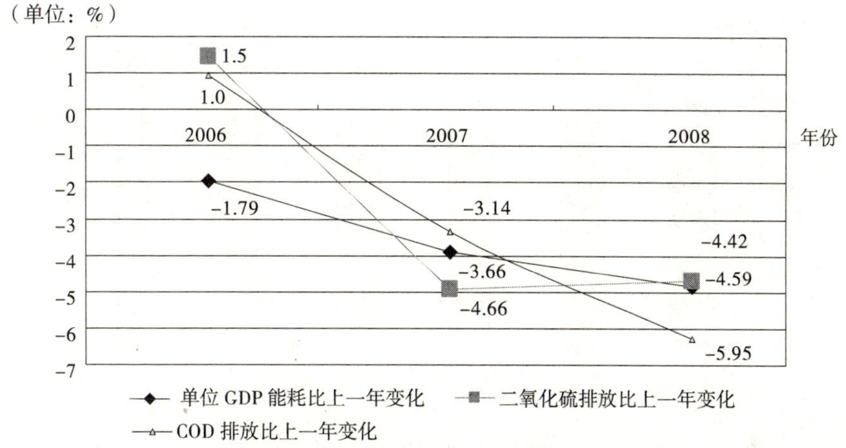


图 16.3　2006～2008 年中国节能减排完成情况

注：单位 GDP 能耗根据 2006 年全国 GDP 修正后的数据进行修正，比原公布结果略高。
（资料来源：主要污染物减排数据取自《2006 年中国环境状况公报》和《2007 年中国环境状况公报》；2008 年数据来自国家统计局统计公报）

国家财政收入在五年内翻了一番多，从 2003 年的 21715.25 亿元增加到 2007 年的 51321.78 亿元。财政收入的增长速度在过去分别为 14.9%、21.6%、19.9%、22.5%、32.4%，[①] 财政收入增长潜力很大，财政收入的快速增长为经济社会的稳步协调发展提供了坚实的物质保障。2008 年税收收入 57862 亿元（不包括关税、耕地占用税和契税），比上年增加 8413 亿元，增长 17.0%。

第三，农业生产进一步增长，工业生产发展迅速。中共十六大以来，围绕着“工业反哺农业、城市支持农村”以及建设社会主义新农村，建立了解决“三农”全新政策体系，农业生产呈现了稳步增长的态势。粮食产量从 2003 年的历史低点逐年增加，2004 年达 46947 万吨，扭转了 1998 年后连续 5 年下降的局面。2005 年以后连续增长，2008 年粮食产量

---

① 国家统计局编：《中国统计年鉴—2008》，中国统计出版社 2008 年版，第 261 页。

达到了52850.0万吨，详见图16.4。

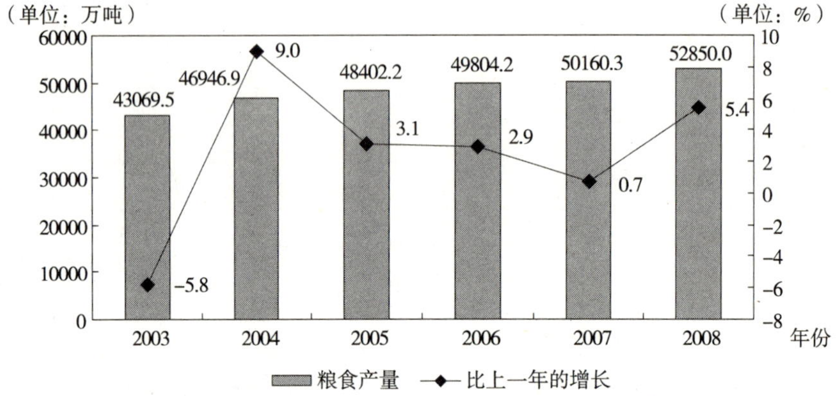


图16.4　2003～2008年粮食产量及其增长率

（资料来源：2003～2007年粮食产量数据来自《中国统计年鉴—2008》，中国统计出版社2008年版，第462页；2008年粮食产量数据来自国家统计局统计公报，其他数据计算所得）

全部工业增加值增长迅速，2003～2008年连续增长，工业增加值从2003年的54956亿元开始逐年增加，详见图16.5。2008年，规模以上工业增加值增长12.9%，其中国有及国有控股企业增长9.1%；集体企业增长8.1%，股份制企业增长15.0%，外商及港澳台商投资企业增长9.9%；私营企业增长20.4%。分轻重工业看，轻工业增长12.3%，重工业增长13.2%。

农业生产的稳步增长，为工业的迅速发展提供了牢固的基础，工业迅速发展反过来又进一步促进农业的发展，进入良性循环。

第四，人民生活水平得到了切实提高，共享发展和改革成果。随着国民经济的平稳运行，社会保障和救助制度的不断建立和完善，人民群众得享更多的发展和改革成果，城乡居民的生活水平进一步提高，生活质量进一步改善，向全面建设小康社会迈进了重要一步。城乡居民收入水平保持快速增长，城市居民家庭人均可支配收入增长率连续5年均在10%以上，2003年城镇居民家庭可支配收入为8472.2元，到了2007年，增长为

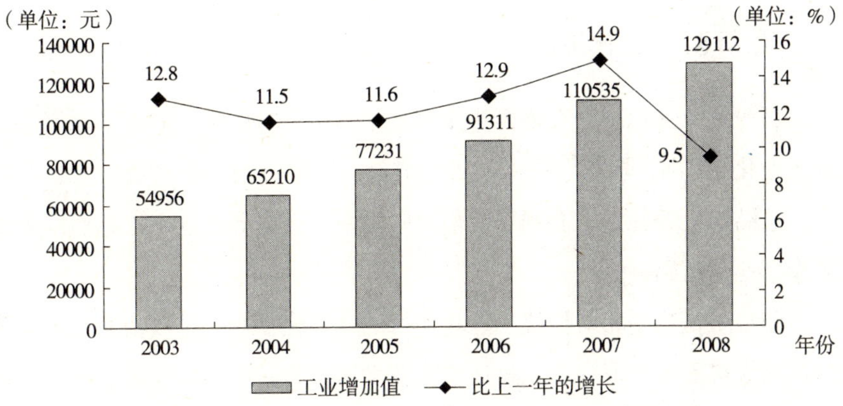


图 16.5　2003 ~2008 年中国工业增加值及其增长速度

（资料来源：相关年份的《中华人民共和国国民经济和社会发展统计公报》）

13785.8 元；农村居民家庭可支配收入及其增长速度和城镇相比，绝对量少、速度慢，但是 2003 ~2007 年中国农村和居民人均纯收入从 2622 元增加到了 4140 元，详见图 16.6。

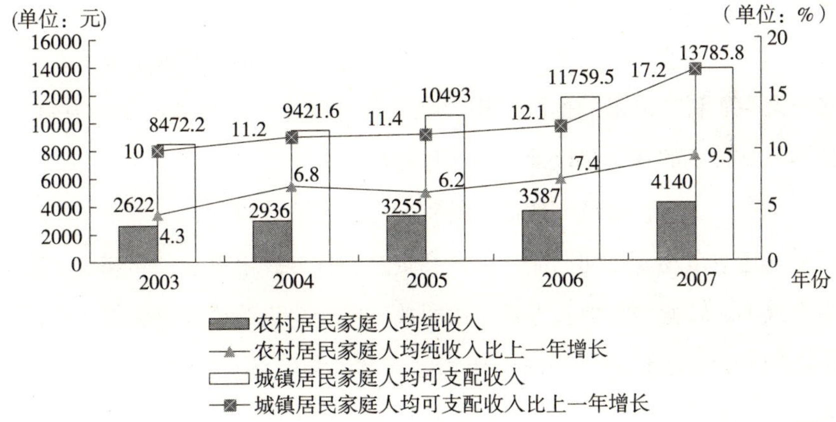


图 16.6　2003 ~2007 年中国农村和城镇居民人均纯收入及其增长速度

（资料来源：农村居民人均纯收入及其增长速度数据来自相关年份的《中华人民共和国国民经济和社会发展统计公报》；城镇居民人均纯收入及其增长速度数据来自《中国统计年鉴—2008》）

## 三、走新型工业化道路

新中国成立以来，在横跨半个多世纪的历史时空里，掀起了波澜壮阔的工业化[①]浪潮，取得了举世瞩目的成就。回顾过去，既有成就，也有教训，总结历史经验，将有利于我们放眼未来，更好地推进本世纪初以来的新型工业化道路。

新型工业化是相对传统工业化而言的。传统工业化是以物质资本为载体的用大机器生产取代手工生产的工业发展过程，即由农业社会向工业社会的转变过程。新型工业化，就是在人类迎来知识经济时代的今天，在以信息化为代表的新科技革命背景下，以创新为动力，使信息化与工业化结合，投入产出低耗高效，人力资源优势充分发挥，人与环境协调，国民生活质量不断提高的经济和社会快速、可持续发展的工业化模式。[②]

对比传统工业化，中国新型工业化应有如下基本特征[③]：

第一，工业化是以信息化带动的工业化。所谓信息化，就是在工业化过程中，加快信息高科技发展及其产业化，以此推动经济和社会发展前进。

第二，工业化是科技含量高的工业化。科技含量高，就是要加快科技进步及先进科技成果的推广应用，把经济发展建立在科技进步的基础上，提高科学技术的转化率以及对经济增长的贡献率。

第三，工业化是经济效益高的工业化。经济效益好，就是要生产出高质量的适应市场变化的产品，以提高资金的投入产出率和周转速度，降低生产成本。转变经济增长方式，由粗放型经营向集约型经营转变，由量的扩张转变为质的提高，提高全要素生产率，提高国民经济的整体素质和效益。

---

① 工业化有多种定义，普遍的观点是，经济资源由农业部门向工业部门转移的结构性变迁过程。参见陈晓律：《世界各国工业化模式》，南京出版社1998年版，第6页。

② 张志勇：《中国的新型工业化与创新》，载《理论学刊》2007年第5期。

③ 杨芳：《和谐社会视野下的新型工业化道路》，载《商业视角》2007年第5期。

第四，工业化是实施可持续发展战略的工业化。不能重蹈发达国家已经走过的老路——“先污染，后治理”即“末端治理”的模式，减少资源消耗和环境污染，实现可持续发展。

第五，工业化是充分发挥人力资源优势的工业化。充分发挥人力资源优势就是要提高劳动者素质和利用我国劳动力成本低廉的条件，提高经济竞争力，并妥善处理好工业化过程中提高劳动生产率和扩大就业的关系，不断增加就业，促进社会的稳定、有序。

中共十六大以来，主要以节能减排助推新型工业化。“十一五”规划提出的单位 GDP 能源消耗降低 20% 和污染排放总量下降 10% 的约束性目标，表明了政府重视资源节约和环境保护，改变经济粗放型增长方式，走新型工业化发展道路的决心。① 按照这两个指标要求，到 2010 年，我国单位能耗要从 2005 年的 1.22 吨标准煤降低到 1.0 吨左右，二氧化硫排放量以及 COD 排放量要分别从 2005 年的 2549 万吨和 1414 万吨降低到 2295 万吨和 1273 万吨。这是贯彻落实科学发展观，构建社会主义和谐社会的重大举措；是建设资源节约型、环境友好型社会的必然选择；是推进经济结构调整，转变增长方式的必由之路；是发展新型工业化的关键环节。

2006～2008 年，我国经济高速增长，节能减排也取得了很大成绩，见图 16.7。

在节能方面，2008 年全国单位 GDP 能耗同比下降 4.59%，超额完成“十一五”规划确定的每一年平均分配的节能任务。但是，由于 2006 年、2007 年全国单位 GDP 能耗同比下降 1.79%、3.66%，均未完成节能任务。这样一来，到 2008 年年末，全国单位 GDP 能耗相比 2005 年只下降了 9.73%，按照单位 GDP 能耗降低 20% 左右的目标计算，节能任务勉强完成近半。要完成全部任务，2009～2010 年每年平均需继续降低 5.14%。在技术节能潜力相对减小、新一轮经济刺激下，要使节能速度从过去三年的每年不足 4% 进一步加速到 5.14%，面临的困难极大。

---

① 齐建国：《中国经济高速增长与节能减排目标分析》，载《财贸经济》2007 年第 10 期。

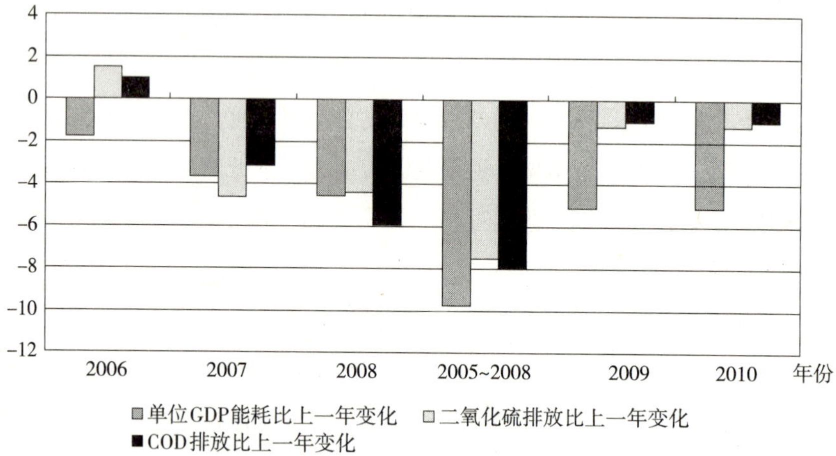


图16.7　2006～2008年中国节能减排完成情况与2009～2010年的任务

注：单位GDP能耗根据2006年全国GDP修正后的数据进行修正，比原公布结果略高。

（资料来源：主要污染物减排数据取自《2006年中国环境状况公报》和《2007年中国环境状况公报》；2008年数据来自于国家统计局统计公报）

主要污染物的减排形势较为乐观。尽管2006年全国二氧化硫排放总量、COD排放总量同比分别上涨1.5%、1.0%，但是2007年取得了重大转折，以上两个指标分别下降了4.66%、3.14%，2008年继续承接了2007年以来“双下降”的趋势，全国二氧化硫排放总量同比减少4.42%，COD排放同比减少5.95%，取得了良好成绩。要完成“十一五”规划中主要污染物排放量下降10%的目标，2009～2010年，二氧化硫排放量年均只需同比降低1.25%，COD排放量年均只需同比降低1.01%，远低于2007年、2008年所取得的污染物减排成绩，完成减排任务是完全可以实现的。

## 四、建设社会主义新农村

中国什么问题最大？农民问题最大。读不懂农民，就读不懂中国。农民什么问题最大？发展问题最大。解决不了温饱后的亿万农民的发展问题，全面建设小康社会的宏伟蓝图终将是一句空话。农业、农村和农民问题，始终是关系我国经济和社会发展全局的重大问题。

“三农”问题的出路到底在哪里？中共十六大以来，以胡锦涛为总书记的新一届中央领导集体始终把解决好“三农”问题作为全党工作的重中之重，不断加大对“三农”的支持力度，坚持实施“多予、少取、放活”的方针，连续5年出台指导农村工作的一号文件。一系列惠农政策落到实处，一桩桩重农举措初见成效。

我国已进入工业化中期阶段，为工业反哺农业、城市支持农村创造了有利条件。中共十六届五中全会公报中提出，“建设社会主义新农村是我国现代化进程中的重大历史任务”。2006年，国务院颁发了《关于推进社会主义新农村建设的若干意见》，对统筹城乡经济社会发展，扎实推进社会主义新农村建设做了全面部署，并提出了新农村建设的总体要求。

2007年2月22日，在国务院新闻办公室举行的新闻发布会上，时任中央财经领导小组办公室副主任陈锡文详细介绍了推进新农村建设的有关情况，并从以下五个方面对新农村建设内容做了概括①：

第一，新农村建设是一个完整的、系统的内容体系。中共十六届五中全会所提出的“生产发展、生活宽裕、乡风文明、村容整洁、管理民主”新农村建设总的要求，涉及农村经济的发展，农民素质、收入和生活质量的提高，农村整体面貌、环境的变化，农村的民主管理制度等方面的内容。

第二，要协调推进经济建设、政治建设、文化建设、社会建设和农村基层党组织建设五个方面的建设，使农村基层的党组织真正成为带领农民建设新农村的主力。

第三，要明确五大原则。即：坚持以经济建设为中心，增加经济实力，进而改变农村面貌；坚持以农村家庭经营承包为基础的经营制度和统

---

① 杨伟英：《对建设社会主义新农村的思考》，载《安徽农业科学》2007年第34期。

分结合的方针；以人为本，解决农民的实际所需，如农村道路、用电、教育和卫生等问题；从实际出发，制定好科学的规划；坚持动员社会各方面的力量，推进新农村的建设。

第四，必须做到“五要五不要”。要追求实效，不搞形式主义；要从农民的实际承受能力出发，不盲目攀比；建设新农村要因地制宜，并体现农村的特点，而不是建设新城市；要和农民进行充分的协商，不能靠强迫命令；要引导和扶持，不要包办代替。

第五，要实现的五大目标。农村生产力要得到发展；农民生活水平要得到提高；农村基础设施要得到改善；农村社会事业要得到发展；基层的民主政治建设要推向前进。

2008年10月，中共十七届三中全会在北京召开，会议的主要议程是研究推进农村改革发展问题。30年前，中国波澜壮阔的改革画卷从农村开始。30年后，农村的改革发展再一次站在新的历史起点上。“多予、少取、放活”，“工业反哺农业、城市支持农村”，“统筹城乡发展”等具有鲜明时代特征的政策措施，给亿万农民带来实惠，不断续写着社会主义新农村建设新篇章。

## 第二节　新时期新阶段下的对外开放新局面

经济全球化时代的到来对我国的对外开放提出了新的要求。中共十七大报告提出，要拓展对外开放广度和深度，提高开放型经济水平。报告特别强调，要“完善内外联动、互利共赢、安全高效的开放型经济体系，形成经济全球化条件下参与国际经济合作和竞争新优势”。传统的对外开放格局已经不能适应时代发展的需要，因此构建适应经济全球化的对外开放新格局尤为重要。

## 一、对外贸易实现了跨越式发展

对外开放水平进一步提高，进出口贸易额增长迅速。中共十六大以来，是加入世界贸易组织过渡期，是改革开放以来中国对外经济发展最快的时期，中国进出口贸易迅速发展，贸易依存度逐年增加，对外开放的水平进一步提高。

2003 年以来，中国对外贸易每年跨入一个新的台阶。2002 年、2003 年中国货物进出口贸易额分别为 6207.7 亿美元、8509.9 亿美元，2007 年增加到 21737.3 亿美元。虽然 2005 年、2006 年、2007 年进出口增长率出现了明显下降，但仍然高于 23% 的水平，2002 ~ 2007 年，进出口对外贸易年均增长 27.5%，6 年累计实现贸易顺差 6292.7 亿美元，详见图 16.8、图 16.9。

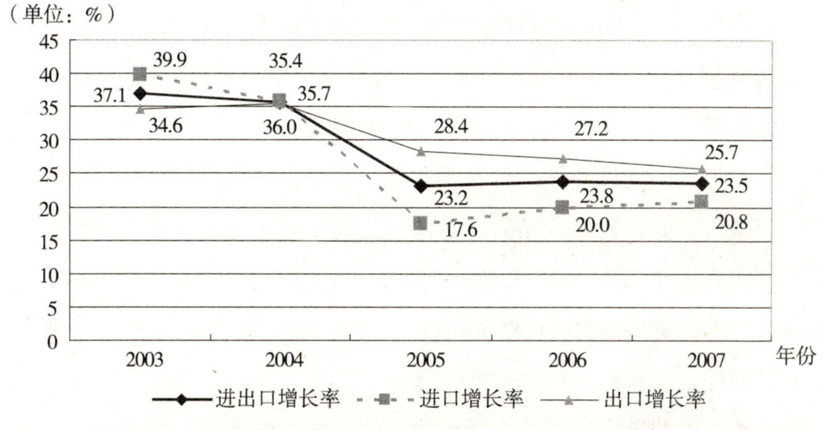


图 16.8　2003 ~ 2007 年对外贸易进出口、进口及出口增长率

改革开放三十年来，中国的对外贸易迅速发展，规模不断扩大，在世界上的贸易地位不断上升，特别是对外贸易结构也趋向优化。1978 年，中国的进出口总额仅为 206.4 亿美元，到 2008 年，中国的进出口总额达到 25616 亿美元。尤其是 2001 年入世以来，中国的对外贸易每年跨入一

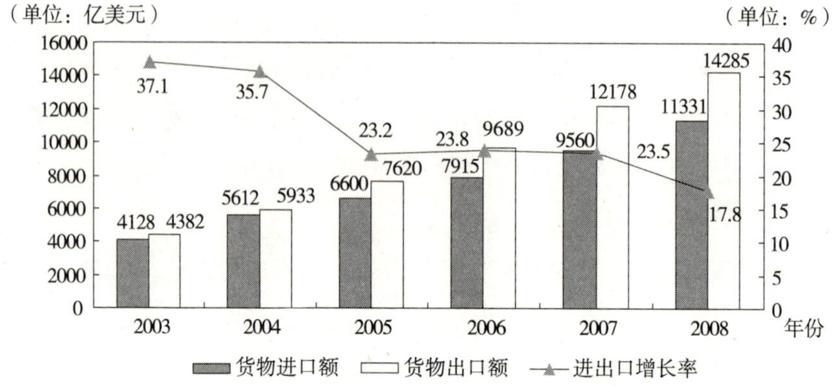


图 16.9　2003～2008 年货物进出口贸易总额及其增长率

个新台阶。在我国的对外贸易规模取得了巨大发展的同时，我国的对外贸易结构也有了进一步的优化。

在进口方面，初级产品的进口比例呈现不断上升的趋势，初级产品占进口总额的比重由 2001 年的 18.8% 上升到 2007 年 25.4%。与此相应，工业品进口的比例由 2001 年的 81.2% 下降到 2007 年的 74.6%，呈现不断下降的趋势，进口产品结构有所优化。

在出口方面，初级产品的出口比例呈现不断下降趋势，初级产品占出口总额的比重由 2001 年的 9.9% 下降到 2007 年的 5.1%。与此相应，工业品出口的比例由 2001 年的 90.1% 上升到 2007 年的 94.9%，呈现不断上升的趋势，出口产品结构有所优化。

虽然我国的进出口产品有所优化，但更应该看到其中的问题。以出口来说，2007 年工业制成品的比例高达 94.9%，但在工业制成品当中，出口商品附加值、自主品牌的比重并不高，科技含量及竞争力都有待提高，促进出口商品由以数量、规模扩张为主向以质量、效益提高为主的转变，并使之持续发展。另外，进口商品结构中资源性产品比重持续上升，应注意防范风险。

## 二、进一步提高利用外资质量

对外开放三十年来，我国吸收外商直接投资（FDI）持续增长。我国实际利用外资从开放初期的几千万美元，增加到2008年的923.95亿美元，特别是2003年以来，增长尤为迅速。见图16.10。

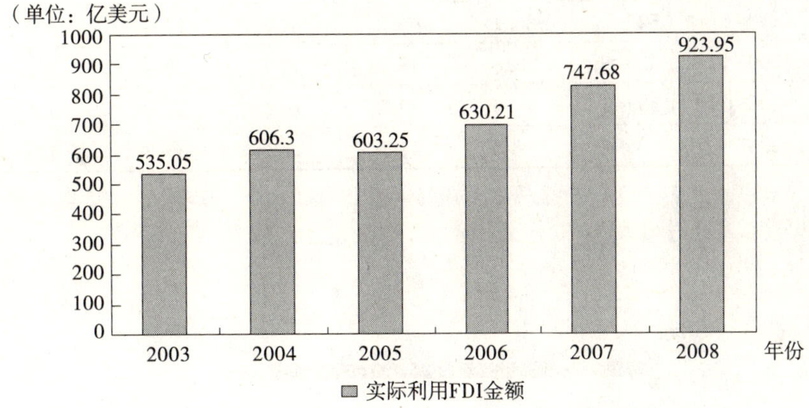


图16.10　2003～2008年实际利用FDI变化图

（资料来源：国家统计局编：《中国统计年鉴—2008》，中国统计出版社2008年版，第729页）

从外商投资的区域分布来看，我国吸收外商直接投资主要集中在东部地区。2007年，东、中、西部实际吸收外商直接投资分别为656.4亿美元、54.5亿美元及36.8亿美元，分别占总额的87.8%、7.3%及4.9%，东部地区吸收的外资远远高于中西部地区。而且不同时期变化不明显，2006年东部地区所占比重最高为90.3%，2004年中部地区所占比重最高仅为11.0%，2007年西部地区所占比重最高仅为4.9%，见表16.1。

表16.1　东、中、西部地区实际吸收外商直接投资情况

（单位：亿美元,%）

| 年度 | 东部 | | 中部 | | 西部 | |
|---|---|---|---|---|---|---|
| | 金额 | 比重 | 金额 | 比重 | 金额 | 比重 |
| 1999 | 354.3 | 87.9 | 37.5 | 9.3 | 11.4 | 2.8 |
| 2000 | 357.9 | 87.9 | 37.0 | 9.1 | 12.3 | 3.0 |
| 2004 | 522.1 | 86.1 | 66.8 | 11.0 | 17.4 | 2.9 |
| 2005 | 535.6 | 88.8 | 48.3 | 8.0 | 19.4 | 3.2 |
| 2006 | 569.2 | 90.3 | 39.2 | 6.2 | 21.8 | 3.5 |
| 2007 | 656.4 | 87.8 | 54.5 | 7.3 | 36.8 | 4.9 |

注：表中外商直接投资数据采用全口径（含银行、保险、证券），2005年数据为2005年1~11月的数据。

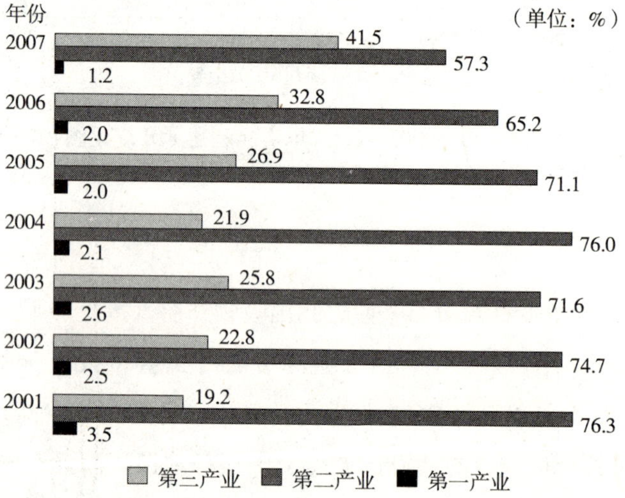


图16.11　2001~2007年按行业分外商直接投资比例图

注：图中所用数据采用以下口径：第一产业包括农林牧渔业；第二产业包括采掘业、制造业、电力煤气及水的生产和供应业以及建筑业；第三产业包括地质勘察业、水利管理业及所有其他行业。

从吸收的FDI的产业分布来看，我国吸收的FDI产业结构的基本格局

是：第一产业中的FDI比重很小，投向第二产业的投资占据主导地位，投向第三产业的投资迅速上升的趋势。2007年我国实际使用的FDI在三次产业的分布情况为：第一产业的比重只为1.2%，第二产业的比重为57.3%，第三产业的比重为41.5%，见图16.11。

中共十七大报告中明确指出，要“创新利用外资方式，优化利用外资结构，发挥利用外资在推动自主创新、产业升级、区域协调发展等方面的积极作用”。针对当前利用外资中在投资产业、投资区域等问题上存在的结构不合理问题，调整产业政策，加强对投向第一、三产业特别是高新技术产业、现代服务业、现代农业的外商投资项目的鼓励；鼓励部分发展成熟的劳动或资源密集型产业向中西部梯度转移，进一步扩大中西部地区和东北等老工业基地对外开放的领域和范围。从宏观而言，要注重经济、环境和社会的动态平衡与和谐发展，处理好这三者之间的结构问题，进一步提高利用外资质量。

## 三、“走出去”战略推动了开放型经济的发展

“走出去”的规模逐步扩大。2008年我国对外直接投资突破500亿美元，达到521.5亿美元。截至2008年年底，我国对外承包工程累计完成营业额2630亿美元，国内有49家企业进入世界最大的225家国际承包商行列，比1989年多46家；对外劳务合作累计完成营业额559亿美元；累计派出各类劳务人员462万人，我国劳务人员广泛分布在五大洲160多个国家和地区；对外设计咨询累计完成营业额26.7亿美元。目前，我国境外中资企业（非金融类）的资产总额约3000亿美元，雇用员工为63万人（其中外籍26.8万人），每年境外纳税约30亿美元，境内投资主体通过境外企业实现的进出口额约1000亿美元。

“走出去”的领域不断拓宽。已由初期简单从事进出口贸易、航运和餐饮等少数领域，逐步拓展到生产加工、资源开发、工程承包、农业合作和研究开发等众多领域。我国已在50多个国家和地区参与油气、矿产、林业、渔业等资源合作开发项目200多个。通过对非洲、中亚、东南亚等

地的投资开发，我国初步建立了稳定的石油资源基地。我国在境外承包的工程，已涉及交通、建筑、电力、石化、冶金、煤炭、通信、航天、地质勘探、航道疏浚、油气管道、港口设施等各个行业，其中不乏大型总承包和交钥匙工程项目，如，伊朗德黑兰地铁项目、印度西库巴火电厂项目、苏丹输油管道项目、尼日利亚铁路修复项目、俄罗斯联邦大厦（欧洲第一高楼）项目等。我国派出的劳务人员，从最初的普工、技工、农民发展到医生、护士、工程师、会计师、律师、教师、空乘人员、海员等专业人员，以及工程设计、咨询、监理、飞机维修、企业管理、计算机软件开发等高科技与经营管理方面的人才。

“走出去”的层次不断提升。对外投资已由早期的建点开办“窗口”，发展到投资办厂带动国产设备材料出口、跨国购并、股权置换、境外上市、设立境外研发中心、创办境外工业园区、建立国际营销网络和战略合作关系等多种形式；对外工程承包的经营方式，从初期的土建分包逐步向总承包、项目管理承包、交钥匙工程、BOT等方式发展；“走出去”的主体，从初期的国有外经贸专业公司和工贸公司，转变为现在的国有大型企业集团、优秀的民营企业等各类企业。

## 四、多双边经贸关系和区域经济合作全面发展

与各国经贸关系长足发展。2008年，我国与欧、美、日三大经济体的贸易规模突破1万亿美元，占全部进出口总额的40%，见图16.12。欧盟自2004年起跃居中国第一大贸易伙伴，中国也稳居欧盟第二大贸易伙伴地位，同时，欧盟还是中国吸收外资的重要来源地和技术引进第一大来源地；美国是中国第二大贸易伙伴、第二大出口市场，中国也成为美国第二大贸易伙伴、第三大出口市场；伴随改革开放，中日经贸关系从恢复与发展到快速发展，双方互为重要经贸合作伙伴，中国是日本第一大贸易伙伴和日企海外投资的重要对象国，日本是中国第三大贸易伙伴、利用外资第二大来源地。中美、中日、中欧等经贸关系继续发展，给经贸双方均带来了很大的实际利益，促进了我与大国关系的稳定发展。与周边国家的经

贸合作不断深化，东盟在近几年与我国的经贸关系迅速发展，已经成为我国第四大贸易伙伴，2007 年双边贸易达到 2025 亿美元，占我国对外贸易比重的 9.3%。

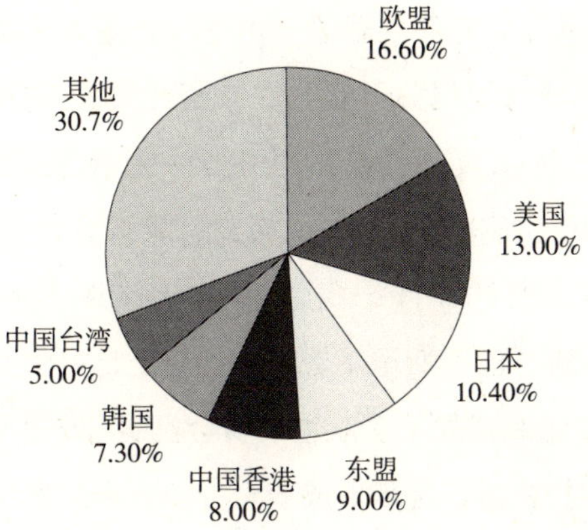


图 16.12　2008 年我国同部分主要贸易伙伴贸易额占比情况

与周边国家和地区的经贸合作不断深化。在我国前 10 大贸易伙伴中，周边国家和地区占了 7 个。我国对外贸易的 50% 以上发生在周边地区，吸收外资的 70% 来自周边地区，周边地区也是我国开展对外承包工程与劳务合作的重要市场。近年来，我国与周边地区的经贸合作迅速发展，营造了更加和平稳定的周边环境。

与港澳台地区的经贸合作不断加强。《内地与香港关于建立更紧密经贸关系的安排》和《内地与澳门关于建立更紧密经贸关系的安排》以及四个补充协议的实施，加强了内地与港澳的经贸联系与合作，推动了港澳经济的发展，为保持港澳地区繁荣稳定发挥了重要作用。2007 年，内地与港澳的贸易额 1972.5 亿美元，香港地区在内地出口份额比重达到 15.1%。海峡两岸经济融合程度不断加深，台湾省是大陆第七大贸易伙伴，第九大引资来源地，大陆是台湾省最大的出口市场和最大贸易顺差来源地。两岸经贸关系的发展，加深了台胞对祖国大陆的了解，对推动两岸

“三通”，促进和平统一大业产生了积极的影响。

区域经济合作不断深化。我国已连续12次参与亚太经合组织会议，并于2001年在中国成功举办了APEC中国年活动；启动了上海合作组织贸易投资便利化谈判；2002年，与东盟签署了《中国—东盟全面经济合作框架协议》；2003年，先后签署了《内地与香港关于建立更紧密经贸关系的安排》和《内地与澳门关于建立更紧密经贸关系的安排》；2003年，签署了第一个双边优惠贸易安排即《中国—巴基斯坦优惠贸易安排》；2004年，我国还相继与南部非洲关税同盟、海湾合作委员会等启动了自由贸易区谈判。截止到2007年，我国相继同香港特别行政区、澳门特别行政区、智利、东盟、巴基斯坦签署实施了6个自由贸易协定，与129个国家和地区、13个组织建立了多双边联委会机制180多个，与123个国家签订了双边投资保护协定，逐步形成了全方位、多层次、有侧重的区域经济合作格局。

## 五、倡导共同建设和谐世界

2005年4月，胡锦涛总书记参加亚非峰会时第一次提出这一理念；2005年7月，胡锦涛出访莫斯科，“和谐世界”被写入《中俄关于21世纪国际秩序的联合声明》；2005年9月，胡锦涛在联合国成立60周年首脑会议上发表《努力建设持久和平、共同繁荣的和谐世界》的讲话，全面阐述了中国将努力推动建设和谐世界的主张。2006年4月，胡锦涛在沙特阿拉伯王国协商会议上，发表了题为《促进中东和平、建设和谐世界》的重要演讲，从政治、经济和文明三个方面阐述了如何建立和谐世界的问题。

中共十七大更是从“共同分享发展机遇，共同应对各种挑战，推进人类和平与发展的崇高事业，事关各国人民的根本利益，也是各国人民的共同心愿”的高度，把“各国人民携手努力，推动建设持久和平、共同繁荣的和谐世界”的主张作为我们党的重大战略决策。推动建设持久和平、共同繁荣的和谐世界是指导新时期我国对外工作和处理国际关系的新方针。①

改革开放以来，中国的迅速发展和经济科技实力的与日俱增使很多国家特别是中国周边国家感到压力。推动建设和谐世界，是我们的郑重回答和庄严承诺。回顾世界近代史可以看到，后起大国的崛起大都走上了通过对外扩张争夺世界资源的道路，导致国际格局和世界秩序的急剧变动，甚至引发了世界大战。

近年来，既有人在热议“北京共识”、“中国机遇”，也有人在炒作“中国崩溃论”、“中国威胁论”。我们提出建设和谐世界，就是要向世界表明：一方面，中国将坚定不移地走和平发展道路，不会妨碍和威胁其他任何国家。中国现在不称霸，将来即使强大了也永远不会称霸。中国的发展对世界来说是机遇不是威胁，是和平之福而非冲突之患；另一方面，随着中国的发展，我们将承担更多的国际责任，为促进世界的和平与发展作出更多的贡献。

## 第三节　区域经济协调发展

我国幅员辽阔，各地区由于历史发展、地理自然条件等因素的影响，发展层次分明，格局迥异。统筹区域发展，不仅是重大的经济问题，也是重大的政治问题，不仅关系到现代化建设的全局，也关系到社会稳定和国家的长治久安。因此，统筹区域发展，形成东、中、西、东北地区相互促进、优势互补、共同发展的新格局是十分必要的。深入贯彻科学发展观，全面落实区域发展总体战略，对不同区域提出差别化的发展要求，实施针对性的政策投入，取得了明显的政策效应。

---

① 董亚平、赵琼：《始终不渝走和平发展道路，推动和谐世界建设》，载《求是》2009 年第 2 期。

## 一、“两个大局”思想：统筹区域经济发展

1985年3月，邓小平同志指出：“我们提倡一部分地区先富裕起来，是为了激励和带动其他地区也富裕起来，并且使先富起来的地区帮助落后的地区更好地发展。”1988年9月，邓小平同志又强调说：“沿海地区要加快对外开放，使这个拥有两亿人口的广大地带较快地先发展起来，从而带动内地更好地发展，这是一个事关大局的问题。内地要顾全这个大局。反过来发展到一定的时候，又要求沿海拿出更多力量来帮助内地发展，这也是个大局。那时沿海也要服从这个大局。”① 这里，邓小平从空间维度，对疆域广袤的中国如何实现社会主义现代化，就宏观经济布局和区域经济关联做了重要的战略部署，明确提出了“两个大局”的思想。在1992年南方谈话中，小平同志进一步对东西部共同发展、共同富裕问题作了系统阐述。“什么时候突出地提出和解决这个问题，在什么基础上提出和解决这个问题，要研究。可以设想，在本世纪末小康水平的时候，就要突出地提出和解决这个问题。”②

按照“两个大局”，第一个大局就是要加快沿海地区对外开放，以开放促进沿海地区发展和改革。从20世纪80年初开始，经过近10年对外开放，逐渐形成了珠三角、长三角、环渤海三大经济增长极，成为拉动整个国民经济快速前行的三驾马车，带动了广大中西部地区的发展和沿（长）江、沿（陆地）边（境）与内陆省会城市的对外开放，全方位、多层次、宽领域的对外开放格局在梯次推进中逐步形成。

20世纪80年代，内地经济亦有较快发展，特别是中、西部众多的能源、原材料基地，对支持东部沿海地区加快发展和整个国民经济的运转发挥了重要作用。但终因区位、自然和历史基础条件与沿海地区的差距，通过经济体制转轨和差别政策的双重放大，到90年代初期，东、中、西部

---

①《邓小平文选》第3卷，人民出版社1993年版，第277～278页。

②《邓小平文选》第3卷，人民出版社1993年版，第374页。

地区的发展差距、城乡居民收入差距都有所扩大。

根据小平同志上述深邃的思想，1995 年中共十四届五中全会在《中共中央关于制定国民经济和社会发展“九五”计划和 2010 年远景目标的建议》中，将“坚持区域经济协调发展，逐步缩小地区发展差距”作为国民经济和社会发展的重要指导方针之一，并制定了相应举措。到世纪之交，第一步、第二步战略目标相继提前实现，中共第三代中央领导集体为了贯彻和实施“两个大局”的思想，适时提出了“西部大开发战略”。中共十六大以后，新一代中央领导集体在继续实施“西部大开发战略”的同时，相继又提出了“振兴东北老工业基地”、“促进中部地区崛起”及“鼓励东部地区率先发展”。

## 二、深入推进西部大开发战略

西部大开发战略与邓小平“两个大局”的思想之间有着紧密的内在联系，既一脉相承，又与时俱进，是对邓小平“两个大局”的具体实施与发展。

从国家颁布的西部大开发优惠政策的受益范围看，中国的西部除了包括西南的四川、云南、贵州、西藏、重庆和位于西北的陕西、甘肃、青海、新疆、宁夏上述 10 个省市区外，还包括内蒙古、广西两个自治区，以及紧贴西部的湖南省湘西土家族苗族自治州、湖北省恩施土家族苗族自治州和紧贴边境的吉林省延边朝鲜族自治州。其中，重庆、四川、贵州、云南、西藏、陕西、甘肃、青海、宁夏、新疆、内蒙古、广西 12 个省、市、区，面积685 万平方公里，占全国陆地国土总面积的71.4%；人口约3.65 亿，占全国总人口的 29%。①

西部大开发十年来，在中央政府的大力支持和东、中部地区的通力配合下，西部地区通过不断的努力发展，取得了很大的成就。从西部地区国民生产总值（GDP）来看，1999 年经济增长率为 7.3%，推进实施西部大

① 李周：《西部大开发与中国的发展》，载《开发研究》2009 年第 1 期。

开发战略之后，这一增长率呈不断上升的态势，直至2006年已达到13.2%的增长率，明显大于开发前，与全国和东部地区的增长幅度之间的差距，亦呈收敛态势。在经济发展、社会进步的同时，西部地区城乡居民的收入和生活水平也都得到了不断提高。此外，2003～2006年西部地区全社会固定资产投资年均增长26.8%，2007年比上一年增长28.2%，基础设施和生态环境建设取得了实质性进展。在新的起点下，西部大开发正深入推进①：

第一，进一步完善综合交通运输网络，加强重点水利设施和农村中小型水利设施建设，推进信息基础设施建设，抓好生态建设和环境保护，着力于将资源优势向产业优势、经济优势的转化，培育包括煤炭、电力、石油和天然气开采与加工、煤化工、可再生能源、有色金属、稀土与钢铁的开采和加工，钾、磷开采与钾肥、磷肥和磷化工，以及一系列特色农、畜、果产品加工的特色优势产业；进一步振兴和提升西部大中城市的装备制造业和高技术产业。充分利用西部的自然景观、多彩的民族风情、深厚的文化积淀，大力发展旅游产业，培育旅游品牌。

第二，在开发的空间布局上，支持成渝经济区、关中—天水经济区、广西北部湾经济区、呼（和浩特）包（头）鄂（尔多斯）银（川）兰（州）产业带和各省会（自治区首府）城市、地区中心城市及其周边，重要资源富集区与大型水能开发区、重点口岸城镇优先开发。

第三，据中国社科院学者对截至2005年相关数据测评，西部12个省（市、区）中，除内蒙古、宁夏和重庆3市（区）已进入工业化中期，其余9省（区）尚未走出工业化初期阶段，构建东中西联动机制，是今后加快推进西部地区工业化、城镇化的重要战略举措。新世纪以来，东部地区到西部投资经营的企业新增了20万家，投资总额接近15000亿元。西南、西北还分别利用中国—东盟自由贸易区建设和上海合作组织的架构与机遇，扩大对外开放，吸引东中部的优强企业，共同建设边境口岸城镇，

---

① 陈栋生：《改革开放30年的中国区域经济》，载《新视野》2008年第6期。

推进与毗邻国家的商贸往来和经济技术合作。

第四，按照巩固发展、平等团结、互助和谐的社会主义民族关系，实现各民族共同繁荣发展的方针，内蒙古、宁夏、新疆、广西、西藏5个自治区和云南、贵州、青海3个多民族省份，是国家政策扶持的重点，2000～2007年，中央财政对上述民族地区的财政转移支付总额达8785亿元，年均转移支付超过千亿元，既用于提高民族地区基本公共服务的供给能力，又帮助民族地区培育内生自增长能力，加快经济发展。2000～2006年期间，民族地区生产总值年均增长率达13.2%。

## 三、全面振兴东北老工业基地

东北地区是我国近代工业起步较早的地区之一，亦是20世纪五六十年代我国工业的重点，“一五”计划的156项重大工业项目中，有52项在东北，是新中国工业的摇篮。东北老工业基地在全国经济发展中起着十分重要的作用，为国家发展及安全作出过历史性的重大贡献。然而改革开放以来，尤其是20世纪90年代以来，由于体制性和结构性矛盾日趋显现，企业设备老化，竞争力下降，就业矛盾突出，资源性城市主导产业衰退，东北老工业基地的经济发展遇到了前所未有的困难，与沿海发达地区的差距在不断扩大。

为了及时扭转相对衰退的“东北现象”，党和国家不失时机地开始实施振兴东北等老工业基地的战略。2002年11月，中共十六大报告明确指出，支持东北地区等老工业基地加快调整和改造，支持以资源开采为主的城市和地区发展接续产业。2003年10月，中共十六届三中全会通过《中共中央关于完善社会主义市场经济体制若干问题的决定》，从政策、资金和项目上，给予了有针对性的支持。此后不久，又下发了《中共中央关于实施东北地区等老工业基地振兴战略的若干意见》，并决定成立国务院振兴东北地区等老工业基地领导小组。2007年8月公布了《东北地区振兴规划》，更具体地勾勒了包括东北三省和内蒙古东部三市二盟（呼伦贝尔市、通辽市、赤峰市、兴安盟、锡林郭勒盟）145万平方公里广袤地域通过加快改革开放、走向全面振兴之路的美好图景。

实施东北老工业基地振兴战略以来，东北三省经济持续快速增长，体制改革和对外开放不断深入，发展机制创新步伐加快。2004～2006年，东北三省地区生产总值分别为1.51万亿元、1.71万亿元和1.97万亿元，同比增长12.3%、12.0%和13.5%，高出全国当年的增速；三年中GDP年平均增速为12.6%，比实施振兴战略前三年（2001～2003年）增速提高了2.6个百分点。[①] 2007年，东北三省地区生产总值超过2.3万亿元，辽宁成为东北第一个地区生产总值超万亿元的省，达11021.7亿元。[②] 招商引资吸引力增强，2004～2006年，东北三省实际利用外商直接投资同比增长51.7%、89.5%和48.3%，吸引国内外投资的“洼地”效应正在显现。国企改制重组加快，非公经济快速发展，一批国有重点老企业的技术装备水平、生产制造能力和产品质量都有了显著提高，新的产业聚集区逐步形成。

面向新的发展，结合已经实施、正在实施和可能实施的重要政策举措，全面振兴东北等老工业基地，以下十个方面不容忽视，限于篇幅不展开论述。第一，调整产业结构，促进产业振兴。第二，调整所有制结构，大力发展民营经济。第三，调整国有经济结构，深化国有企业改革。第四，切实加强企业技术改造，这是振兴东北老工业基地的重要环节。第五，积极培育、扶持和发展接续产业。第六，促进东北老工业基地积极参与东北亚地区的经济技术合作，促使东北地区成为我国新的开放地带。第七，建立东北地区区域经济合作框架和协调机制，推进区域经济一体化进程。第八，多渠道筹集振兴东北老工业基地所需要的资金。第九，积极搞好就业和社会保障体系建设，这是振兴东北老工业基地的重要保证。第

---

① 邹东涛主编：《中国改革开放30年（1978～2008）》，社会科学文献出版社2008年版，第380页。

② 戚本超等主编：《中国区域经济发展报告（2008—2009）》，社会科学文献出版社2009年版，第63页。

十，完善振兴东北老工业基地的支持政策。①

## 四、奋力促进中部地区崛起

中部地区包括山西、河南、湖北、湖南、安徽和江西6个省份，面积占全国的10.7%，人口占全国的28.1%，地区生产总值占近19%，人均地区生产总值相当于全国平均值的70%，不足东部发达地区的45%。中部6省在区位、资源和人才方面均具有优势。从地理区位看，中部地区位于我国东西交汇、南北接应的中心腹地，承东启西，贯通南北，是我国重要的交通枢纽和承东启西的桥梁。中部地区自然资源优势十分明显，晋豫皖三省是国家的重要煤炭基地，提供了全国煤产量的40%，特别是山西省煤炭产量占全国的四分之一，省际煤炭调出量占全国的四分之三；按可能实现的价值计算，中部地区的矿产资源占全国的40%左右，在这些资源中，尤以煤炭、铝、铁矿、稀土、钨、珍珠岩、天然碱最为突出。中部地区位于我国经济技术梯度的第二梯度，发展基础较为雄厚，一直是我国重要的基础原材料生产区和农业战略重点地带。中部地区人口多、人口密集度高、经济总量达到了相当规模，但人均水平低，6省城镇居民和农民的人均收入都低于全国平均值。

统筹区域经济协调发展，在实施西部大开发战略和振兴东北地区等老工业基地战略的同时，还要求加快中部地区的经济发展。2004年3月，十届人大二次会议的《政府工作报告》明确提出，统筹区域经济协调发展的重要方面，是加快中部地区发展、促进中部地区崛起。2005年10月，中共十六届五中全会通过《中共中央关于制定国民经济和社会发展第十一个五年规划的建议》，进一步明确提出，中部地区要抓好粮食主产区建设，发展有比较优势的能源和制造业，加强基础设施建设，加快建立现代市场体系，在发挥承东启西和产业发展优势中崛起。2006年4月颁

---

① 邹东涛主编：《中国改革开放30年（1978～2008）》，社会科学文献出版社2008年版，第381页。

发的《中共中央国务院关于促进中部地区崛起的若干意见》，提出了中部崛起的总体要求和战略定位，既努力把中部地区建设成为全国重要的粮食生产基地、能量材料基地、现代装备制造及高新技术产业基地和连接东西、纵贯南北的综合交通运输枢纽。随着《意见》的贯彻，中部崛起已初见端倪。2007 年中部地区投资增长幅度达 33.3%，领先全国。2006 年、2007 年中部地区生产总值年增速分别达到 13.1%、14.2%，6 省 2007 年的 GDP 总额突破 5 万亿元（51864 亿元），河南省 GDP 达 15058 亿元，成为中部第一个 GDP 破万亿的经济大省。①

中部 6 省作为工业有相当基础、结构升级任务繁重的农业大省、人口大省，正按照“三基地、一枢纽”的定位，全面落实科学发展观，朝农业强省、工业强省和经济强省的目标前进。面向新的发展，为了更好地进一步促进中部地区的崛起，需要重视以下几个方面：

第一，坚持把农业放在发展区域经济的基础地位，加快建设全国重要粮食生产基地。全面落实党中央、国务院各项强农惠农政策，加大对农业、农村政策和资金投入力度，改善农村生产生活条件，加强农业科技推广、农村劳动力培训，完善农业支撑体系，实施优质良种、畜禽良种和动植物保护防疫等工程，推进农业产业化经营，发展农畜土特产品的加工基地，构建重农抓粮的长效机制，提高粮食等大宗农产品的综合生产能力和农畜产品加工转化增值能力，形成农业增效、农民增收并进的新格局。

加大金融支农力度，增加支持农业和农村发展的中长期贷款，引导商业银行加大对农业产业化、农业基础设施、农村公共服务设施等领域的金融服务力度，培育和发展农村竞争性金融市场，支持在中部地区进行政策性农业保险试点，引导和支持外资银行、国内股份制金融机构到中部地区设立机构。

第二，通过城市联盟，构建城市群（带、圈），壮大核心区，提升引

① 戚本超等主编：《中国区域经济发展报告（2008—2009）》，社会科学文献出版社 2009 年版，第 64 页。

领、带动全省经济社会发展的龙头作用。湖北省构建以武汉市为中心的城市圈。湖南在长株潭的基础上，将邻近长株潭的岳阳、益阳、常德、娄底和衡阳5市纳入，组成3+5的城市群，实现“以三带五、以五促湘”的发展战略。早在2003年，河南省就从郑（州）汴（开封）一体化破题，着手构建中原城市群。安徽陆续推出了以合肥为中心的省会经济圈和依托淮南、淮北、蚌埠等地丰富矿藏资源，建设沿淮产业密集带。江西新近提出构建以南昌为中心，包括鄱阳湖周边的九江、鹰潭、景德镇、上饶和抚州1+5组成的环鄱阳湖生态经济区。山西省亦提出了构建太原经济圈。

第三，承东启西，充分发挥综合区位优势。一方面，要承接东部经济发达区域的辐射作用。努力培育外向型经济，选取部分劳动密集型及资金密集型产品有重点地发展，逐渐形成外向型优势产业。引进资金、技术和先进的管理经验，建立各种不同类型的商品基地，调整和优化产业结构。另一方面，凭借毗邻西部、交通相对便利的区位优势，加快公路、铁路、水路等跨区域基础设施建设，完善路网体系，拓展与西部、东部的运输通道，开拓西部市场，加强与西部地区的经济联合协作，通过参与西部大开发加快自身的发展。

## 五、鼓励东部地区率先发展

东部地区，包括北京、天津、河北、上海、江苏、浙江、福建、山东、广东和海南10省市。东部地区地理位置优越，自然条件好，处于我国大陆的东部，东邻太平洋，有漫长的海岸线和众多优良港口，对外联系方便，有利于同世界上许多国家进行经济技术交流。到2007年，GDP超过万亿元的已有粤、鲁、苏、浙、沪、冀6省（市），其中广东省GDP已超过3万亿元；10省（市）面积不足全国十分之一，人口占全国三分之一，却提供了一半以上的国内生产总值（占55.2%），城市化率也比全国平均值高10多个百分点（55.35%）。

进入新世纪以后，鼓励东部地区率先发展仍然是统筹区域经济协调发展的极其重要的方面，东部地区率先发展继续保持良好态势，继续保持着支撑国民经济增长的战略重心地位。以长三角、珠三角和京津冀为核心的三大都市圈已成为带动全国经济发展的重要核心区和增长极，成为拉动我国经济持续快速发展的引擎。但也要看到，多年来的快速发展和高投入、高消耗、重污染，使东部地区一些城市与地区的土地、水等资源和环境容量已难负其重，近年受人民币升值、退税率降低、要素成本上扬等综合作用，东部一些代工、贴牌生产的劳动密集型企业已举步维艰。在金融危机继续蔓延的情况下，加快发展方式和外贸增长方式的转变，就成为东部经济继续保持快速增长、继续发挥引领国家经济发展引擎作用的必然选择。

统筹区域经济协调发展，在深入推进西部大开发、振兴东北等老工业基地和促进中部地区崛起的同时，还要继续支持东部地区率先发展，保持东部地区的经济增长优势，带动整个国民经济又好又快增长。支持、鼓励东部地区继续率先发展，应重视以下方面①：

第一，积极推进产业结构优化升级。发挥东部地区产业配套好和科技水平高的基础优势，优先发展先进制造业、高技术产业和现代服务业，特别是鼓励发展以电子信息、生物医药、新材料等为代表的高技术产业，着力发展精深加工及高端服务和产品。要以中心城市为重点，以高新技术园区和经济技术开发区等为载体，形成一批对经济发展有重大带动作用的高技术产业群。

第二，全面提升外向型经济水平。提高利用外资质量，促进加工贸易升级，积极承接高技术产业和现代服务业转移，增强国际竞争力。充分利用国内外两种资源、两个市场，在更大空间、更广领域优化配置资源，进一步拓宽经济发展空间。大力提高“走出去”的竞争力，密切关注国际经济形势的发展变化，积极应对可能给我国发展带来的风险，努力做到趋利避害。珠江三角洲、长江三角洲、环渤海地区，要继续发挥改革开放和对内地积极发展的带动和辐射作用，加强区内城市的分工协作和优势互

① 范恒山：《进一步推动区域协调发展主体内容之四——“鼓励东部地区率先发展”》，国家发改委地区经济司，http://dqs.ndrc.gov.cn/gzdt/t20070429_133191.htm。

补，增强城市群的整体竞争力。

第三，加快完善区域创新体系。发挥东部地区的人才、技术优势，努力提高自主创新能力和国际竞争力。鼓励和支持企业成为技术创新和科技投入的主体，引导企业增加研究开发投入，切实增强企业技术创新的动力和活力，推动企业特别是大企业建立研发机构。聚集高等院校、科研院所等相关力量，依托国家工程实验室和行业工程中心，促进企业之间、企业与高等院校和科研院所之间的人员流动和技术转移。要大力实施品牌战略，加强知识产权保护，加快培育更多的国际知名企业和品牌。

第四，高度重视资源节约和生态环境保护。大力发展循环经济，鼓励节能、节水、节材、节地，努力形成低投入、高产出、低消耗、少排放、能循环的可持续经济体系，遏制耕地过度消耗和环境污染加剧的趋势，改善人居环境，增强可持续发展能力，实现人与自然的和谐。继续实施海河、淮河等重点流域污染治理，组织编制并实施渤海环境保护总体规划，恢复近海海洋生态功能，加强海岸带、海岛等重要生态功能区的生态保护与管理。

第五，要积极发挥改革开放先行区的优势。继续推进体制改革和创新，加强经济密集区的优化整合，继续发挥经济特区的带动作用，组织落实天津滨海新区开发开放的相关政策措施。继续协调推进上海浦东新区国家综合配套改革试点。支持海峡西岸和其他台商投资相对集中地区的经济发展，带动区域经济发展。积极促进海洋经济的发展，努力促进海陆统筹发展。

# 第十七章

# 中国经济发展的机遇与挑战

2007年以来，国际金融市场风起云涌，当今世界正在经历自1929年经济大萧条以来最为严重的一次金融危机乃至经济危机。当前，国际形势继续发生深刻变化，我国改革发展进入关键阶段。新形势下，我们既要在“危”中寻找机遇，也要在经济全球化背景下认识到自己面临的挑战。2008年12月18日，胡锦涛在纪念中共十一届三中全会召开30周年大会上表示：“决不走封闭僵化的老路，也决不走改旗易帜的邪路，而是坚定不移地走中国特色社会主义道路。”在改革开放30周年的庆典激情过去之后，“我们要切实实施好进一步扩大内需、促进经济增长的各项措施，妥善应对国际金融危机以及来自国际经济环境的各种风险，全力保持经济平稳较快发展。”① 实践永无止境，改革未有穷期。中国未来的发展必须靠改革开放。站在新的历史起点上，我们坚定信心，扎实工作，抓住机遇，应对挑战，中国将再扬改革开放的风帆，再创发展繁荣的新辉煌。

---

① 胡锦涛：《在纪念党的十一届三中全会召开30周年大会上的讲话》，载《人民日报》2008年12月19日第1版。

## 第一节　金融海啸与中国经济发展的机遇

次贷危机打破了华尔街神话，贝尔斯登“中弹”倒下，百年老店“雷曼兄弟”轰然倒塌，美洲银行收购美林集团，AIG集团陷入危机，美国通用宣布破产……国际金融市场掀起的滔天巨浪仍在持续。面对来势汹汹的金融海啸，中国经济不可能“独善其身”。2008年，中国GDP的增速，从一季度的10.6%，二季度的10.1%，三季度的9.0%，四季度的6.8%；2009年一季度的6.1%，第二季度回升到7.9%。此时，我们不仅要看到当前我国经济发展面临的挑战，更要看到我国所面临的机遇，以机遇为突破口促进我国经济良性发展。

### 一、有助于进一步深化经济体制改革

当今时代是急剧变革的时代，此次金融危机更是证明了“华盛顿共识”并不是所有国家发展的最好模式，从而严重冲击了人们对“华盛顿共识”的固有认识、信任和崇拜，资本主义放任自由的市场经济存在着不用争辩的缺陷。近来兴起的“北京共识”在这次金融危机中显得更安全、稳定，国家控制的自由市场或“北京共识”也许更适应当前和今后全球化背景下世界经济发展的内在需求。但是，作为从计划经济体制向社会主义市场经济过渡的转轨经济体，中国自身也存在需要进一步改革的地方。就我国而言，解决深层次的经济结构问题，必须致力于解决政府职能定位、官员管理与评估体系、公共财政及金融体制等问题，即必须深化改革。不改革，无法转变经济发展方式，而转变经济发展方式亦需要改革的联动。改革开放是中国发展的根本动力，是解决民生问题的根本措施。金融危机“倒逼”中国不得不改革，改革没有回头路。我们应当从这样的高度把握当前改革的新机遇，进一步完善市场经济体制，积极进行政治体

制改革，全面规划，抓住重点，有所突破。

## 二、有助于提高国际货币体系中的话语权

金融风暴爆发后，西方经济遭受沉重打击，陷入衰退。首先，金融危机使美国、欧洲经济遭遇重创，企业财务告急，失业人数剧增，政府和企业急需大量资金救市。同时，金融危机导致美国不少盟国，如冰岛、乌克兰、韩国等陷入困境，急需欧美大国给予援助。国际货币基金组织和世界银行等国际组织救援资金十分紧缺，杯水车薪，对全球救市显得力不从心，特别需要增加资金来源。中国在增加国际组织资金份额上，目前比欧美具有更大的选择空间，迫于对救市资金的需求，欧美大国不得不在国际控制权利分享上，让出部分权益给中国，以换取中国对全球救市的支持。央行数据显示，截至2009年上半年，我国国家外汇储备突破了2万亿美元关口，这一数字已是全球第二大外汇储备国日本的两倍，我们有能力要求加快国际金融体系的改革，重构国际金融体系，增大中国的发言权。另外，中国在锻造金融竞争力、强化金融体系的稳健过程中，应该建立多元化的外汇储备体系，积极推动人民币的国际化步伐，积极进行人民币的国际结算业务和人民币的国际债券业务，最终形成美元、欧元、人民币为基轴的国际货币体系，形成相互制衡的全球金融稳定三极。

## 三、有助于低价引进原料和能源

金融危机爆发后，出于对未来全球经济衰退的预期，国际原材料价格大降。如WTI（West Texas Intermediate）原油期货收盘价格从2008年7月3日的最高价格145.29美元/桶，急速下降到2009年6月16日的69.44美元/桶，我国作为国际石油市场上新兴的消费大国，50%的用量需要依靠进口。除石油外，一些大宗商品如铜、铁矿石等价格也大幅调整，降低了我国进口相关商品的成本，这些都有助于我国抓住有利时机储备资源。

我们应该要看到，当代社会资源的稀缺性表现得尤为明显，尤其是一

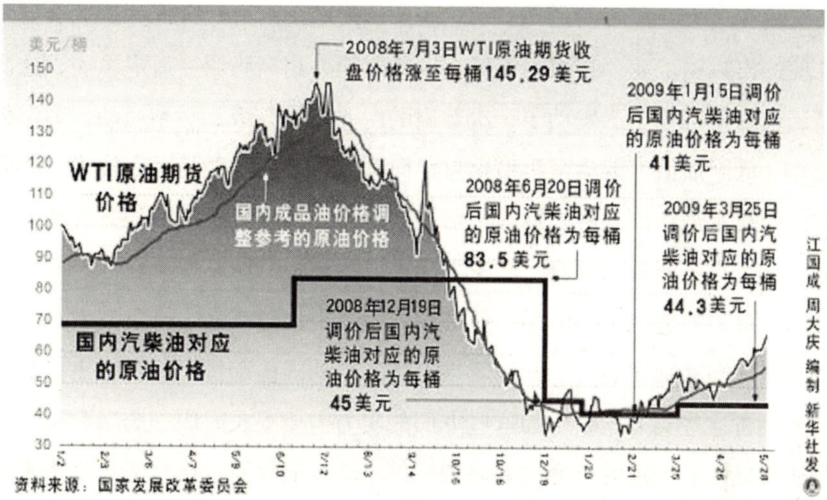


图 17.1　2008 年以来国际国内油价比较

（资料来源：新华网：http://news.xinhuanet.com/fortune/2009—06/16/xin_212060601181215605481.jpg）

些我国依靠大量进口的战略性资源的价格，从长期来看会不断走高，像石油、铁矿石等，给我国经济的持续发展带来很大的压力。伴随着金融危机的到来，世界对未来实体经济的发展缺乏信心导致能源的价格出现快速大幅走低，中国可以充分利用目前丰富的外汇储备，积极稳妥地抓住储备资源的有利时机，为中国工业化积累廉价资源的储备。还可以通过收购国外能源企业的股份，在世界能源市场上抢占一席之地，改变我国是世界上大的能源需求者却在价格制定上无话语权的尴尬局面，为未来中国经济的持续发展打下坚实的能源基础。

## 四、有助于调整产业结构

美国金融危机重挫了中国沿海地区劳动密集型出口加工工业，倒闭了部分企业。有调查数据显示，目前广东 95% 的中小企业缺乏资金，资金缺口或达 1.2 万亿元。缺乏资金一方面源于订单的减少，另一个原因是整个产业链的“惨淡”让货款也难以及时到位。在这种情况下，珠三角和长三角在过去一段时间出现了一轮企业倒闭潮。沿海地区这些低端、低附加值的出口加工业，在国际市场上抗风险能力相当脆弱。痛定思痛，这次美国金融危机相当于发动了一次普遍的产业结构升级、转型运动，即由低成本、低附加值、劳动密集型出口导向型经济转向低能耗、高技术、高附加值的技术创新型经济。目前，加快中国产业结构、经济增长方式转型升级，已经在投资者、政府、职工之间形成共识。

在目前的危机下，中小企业必须研发高附加值产品、升级技术、改善设计和提高品牌知名度，开拓新兴市场、启动国内销售；但我国出口企业很少具备这些实力，且增加这些方面的实力需要很长时间，金融危机为这个战略提供了一定的机会。如果把握得好，就能够通过从欧洲、日本和北美等发达国家和地区低价购买技术和品牌，快速实现产业结构升级。政府在权衡风险的前提下，有选择性地应给予更多的政策扶持，以促进产业调整，甚至可以将外汇借给出口企业，让它们去买国外优质的品牌、技术甚至并购。

## 五、有助于扩大内需在经济增长中的地位

出口、投资、内需是经济增长的三驾马车，长期以来我国经济的快速增长是靠出口和投资来拉动的，二者的作用功不可没，但长期以来，在我国国民经济中，也一直存在消费率偏低、外贸依存度偏高等失衡问题。据国际货币基金组织统计显示，发达国家最终消费支出占GDP的比例平均在80%左右，发展中国家平均约70%以上，而我国改革开放后，由于经济增长快，投资率较高，消费率出现稳步下降的趋势，在55%～65%的区间波动。从2001年至今，消费率一直处在60%以下。消费在国民经济中所占比重大大低于国际平均水平，影响人民生活水平的进一步提高。在内需不足的情况下，由于产能不断扩大，使得我国的经济发展不得不日益依赖外需，进而推动了外贸的高速增长。1980～2007年，我国外贸依存度从12.5%上升到66.2%，高于美、日20%左右的水平，但低于发展中

国家82%的水平；2008年由于人民币升值等因素，我国外贸依存度下降了约6个百分点①。这说明我国经济发展对外贸的依赖程度偏高。过度依赖国外市场容易受到国际上各种危机和突发事件的影响，有损于国家的经济安全。针对这些问题，必须抓住时机，下决心通过扩大内需，有效提高消费率，切实调整内需、外需比例，逐步降低对外贸易依存度，把我国经济增长动力置于百姓消费增长的基础上，依靠国内市场繁荣带动经济增长，构建大国经济发展模式，从而有效减少国际经济波动对国内经济的冲击程度。这既是学习实践科学发展观的要求，也是促进我国经济结构和比例关系更加协调、健康，保持经济平稳较快发展长久后劲的重要条件，对我国长远发展具有战略意义。

## 六、有助于吸纳国际市场高端金融人才

这次危机首先从美国的金融行业开始，继而波及欧洲金融行业。截至2008年9月，美国金融业当年已裁员近10.3万人，市场上充斥着失业的高级人才，而伦敦金融业2008年、2009年两年也预计裁员6.2万人。我国可利用这次机会，以相对低廉的价格吸纳我们所需要的国际化的高级金融人才。眼下，上海正在紧锣密鼓地抓紧国际金融中心建设，但也一直为人才的紧缺而苦恼。上海目前虽有金融业从业人员16～17万，但相对需求而言，这个群体的规模还远远不够。目前，上海已组建了“上海市赴英美招聘高层次金融人才工作团”，远赴欧洲，1000多个职位虚拟以待。同时，引进人才要谨慎、要量才适用，还要有科学的测评程序，减少人才的“水土不服”，关键要能够以全球视野站在中国金融体系的立场上提出和解决问题。

面对百年一遇的国际金融危机的冲击，在严峻国内外金融经济形势面前，只要我们坚定信心、携手努力，“危”中寻“机”，努力抢抓机遇，为今后长远发展夯实基础，多灾多难的中华民族就一定能抚平这个寒冷

---

① 陈德铭：《关于国内外贸易的几个认识问题》，载《求是》2009年第7期。

“冬天”的创痕，迎接更加美好的明天。

## 第二节 经济全球化背景下中国经济面临的挑战

改革开放以来，中国与世界经济更加融合在一起，经济全球化已成为政府、企业、社会的共识。而经济全球化是一把“双刃剑”，它在为广大发展中国家带来机遇的同时，又不可避免地对发展中国家的经济安全提出了新的挑战，产生了许多负面的影响。中国作为发展中国家的一员，应该切实采取符合本国实际的开放步骤和措施，积极应对经济全球化的挑战，更好地融入经济全球化的大潮。

### 一、我国国家主权面临的挑战

随着世界经济的发展，传统意义上的“国家安全”概念被拓展，它不仅仅指国防安全和军事安全，还包括经济安全、社会安全、环境安全等新的内容。在全球化背景下，市场力量逐渐取代政治和军事力量，成为维护国家利益的重要手段，经济利益的争夺成为各个国家利益竞争的核心。而经济全球化是在以发达国家为主导制定的国际经济规则、制度下展开的，发达国家借助市场力量不仅维护了本国的经济安全，而且往往为了求得自己的最大利益，从主观上忽视甚至牺牲发展中国家的利益，而发展中国家由于技术落后，经济发展水平较低，在世界市场上占有的份额很低，处于劣势地位，经济安全受到严重威胁。在我国，受到安全影响的对象包括国内产业、市场、资源、环境和体制等。

另一方面，随着经济全球化的发展，客观上要求国际经济组织不断创立和发展。这些组织在协调国际经济关系中新问题和制定国际经济活动规则中发挥了重要作用，适应了经济全球化发展的需要，同时也要求各国对本国经济运行规则、事务管理方式符合共同制定的规范，从而对传统意义上的国家主权提出了挑战。特别是各国需要从本国经济发展要求出发来制定适合本国经济发展特点的制度和规则，实施符合本国经济发展需要的政策，但国际规范却要求实行和遵守统一规则。国际经济协调功能正在不断地向政治意义上的国家主权延伸，发展中国家在参与经济全球化进程中，国家主权也同样受到挑战。

## 二、我国资源和环境面临严峻挑战

虽然不能把资源和环境的恶化责任简单地全部推到经济全球化的头上，但是经济全球化的发展确实在一定的程度上使得我们“家园问题”变得越来越严重。据绿色和平组织的报告，发达国家以每年5000万吨的规模向发展中国家转移有毒或有害垃圾，一些发展中国家已经成为发达国家的“垃圾场”。与此同时，市场化中的资源过度消耗与扩张，城市化的不协调发展，全球化进程中的财富的不合理分配，以及富国的过度消费及其消费模式的“传染”与“普及”效应，也是发展中国家环境恶化的重要原因之一。

经济全球化意味着世界产业分工和布局的大转移，发达国家把污染重、附加值低的产业通过各种途径向发展中国家转移，自己专注于高附加值非污染的高新技术产业。

经济全球化使发达国家加快、加大对我国的投资力度，使我国劳动和资源密集型产业得到较大发展，但发达国家在转移劳动和资源密集型产业的同时，将一些高能耗、污染严重的产业转移过来，在中国成为“世界工厂”的背后是资源的严重浪费和突出的环境问题。目前，中国的能源利用率为30%，而发达国家一般为40%～80%。中国单位国民生产总值的能耗为日本的7.2倍、美国的3.52倍、印度的1.18倍、全球的3.28倍。[①] 12种主要原材料的物耗比发达国家高5～10倍以上。2006年中国

① 陈卫东、王家强：《未来两年中国经济将与全球同步放缓》，载《中国证券报》2008年1月15日。

GDP总量占到世界总量的5.5%左右，但是中国为此消耗的标准煤、钢材、水泥，分别约占全世界消耗量的15%、30%、54%。高耗能、高污染的粗放型增长方式使我国的能源和生态环境受到严重破坏，自然灾害频发，影响我国的经济社会可持续发展。

## 三、我国区域发展面临差距拉大的挑战

从我国改革开放的进程来看，是由东到西、由南到北、由沿海到内陆、由经济特区到全方位开放的梯度开放发展模式。走在改革开放前面的东部地区，享受到政府在资金、技术、人才等方面的支持，经济发展的进程大大加快，经济建设取得了良好的成绩。而在中西部地区、东北老工业地区，由于自然条件差、生存环境恶劣、交通不便、技术落后、信息不灵、人才缺乏等多方面因素的制约，经济发展落后，人民生活水平较低，和东部地区之间形成了巨大的反差。2009年北京市社会科学院区域经济研究课题组公布了我国区域经济发展之间的差距，2007年东、中、西、东北部地区国内生产总值分别为152346.38亿元、63597.83亿元、36307.22亿元、23373.18亿元，分别占全国的55.28%、23.07%、13.17%、8.48%。其中，西部地区不足东部地区的1/4，中部地区不足东部地区的1/2，东北地区仅占全国GDP的8.48%。西部地区人均国内生产总值12044元，分别比东部地区32089元、中部地区15345元和东北地区18934元低200445元、3301元和6890元。①

也正是我国东部地区在投资环境、基础设施、技术水平、人力资源和地理条件等各方面都强于中、西部及东北地区，在经济全球化进程加快的今天，东部地区仍是吸引外商开发、投资的主要地区。中、西部及东北地区虽然也会在某些方面吸引外商的注意力，但其吸引力远远小于东部地区。因此，经济全球化对东部地区更有利，相反处于弱势的中、西部及东

① 戚本超、量体华主编：《中国区域经济发展报告（2008—2009）》，社会科学文献出版社2009年版，1～3页。

北地区同东部地区的差距可能会进一步拉大。

## 四、我国金融市场面对巨大风险的挑战

对于中国等发展中国家来说，进行经济建设，需要引进外资，同时又要避免资金的外流，才能保证经济增长的资金供给。然而在经济全球化背景下，一方面，国内资本流出的可能性增大，影响经济建设；同时，资本的过度流入也会造成对外国资本的过度依赖，进而对经济发展产生不利影响。另一方面，国际金融市场规模不断扩大，资本流速不断加快，与之相伴生的是金融风险也越来越大，特别是经济全球化条件下各国经济相互传递障碍减少，互动性加强，一旦因某种情况影响造成外资大规模撤出，就会对国内经济带来灾难性影响。

此外，随着经济全球化进一步发展，全球金融交易网络的形成，使得短期投机资本的投机炒作和大进大出对各国金融体系和全球金融市场的稳定不断形成冲击，金融动荡和经济危机的风险增大。当外部经济的金融波动传导到国内时，就会对中国的外贸、外资乃至经济增长和就业等产生冲击。

## 五、我国企业生存和发展面临的挑战

经济全球化条件下，发展中国家企业将面临国内市场国际化，国际竞争国内化的市场环境，竞争压力空前增大。由于发达国家在技术、资金、组织、管理等方面的比较优势，而发展中国家民族工业基础薄弱，发展缓慢，相当一部分企业技术落后，管理不善。在目前的全球分工格局中，中国等发展中国家主要从事技术含量和增加值低的劳动密集型产业和加工制造环节，而发达国家则致力于发展收益高的高技术产业、服务业和高增值部分的加工制造环节。发达国家的跨国公司凭借其资金、技术优势和在全球分工格局中的主动地位，不仅以资本和技术收益的形式合理地拿走大量全球化红利，而且利用发展中国家之间为获得这些资本和技术而展开的激烈竞争，迫使发展中国家最大限度地开放国内市场和提供许多优惠的政策

条件，使得中国等发展中国家的本土企业面临国内市场开放带来的激烈竞争，企业的生存和发展受到严峻的挑战。

### 六、我国面临人才流失的挑战

世界各国经济竞争的实质是人才的竞争。在当今知识经济时代，作为知识载体的高素质、高智力的优秀人才尤其具有决定性的作用。经济全球化必然引发全球性的人才大流动，而问题在于目前的人才流动呈现出南北极不对称的特征。以美、日为首的发达国家通过放宽移民、重金聘用、资金支持、科学考察等各种手段，吸引和网罗全球人才。而发展中国家由于受经济发展水平低，人才工作条件差，收入待遇与发达国家相比差距大等因素的影响，流失大量有着知识载体的高素质、高智力的优秀人才。有统计数字表明，2003年度我国各类留学回国人员首次突破两万，达到2.01万人。2004～2007年，各类留学回国人员总数分别达到2.5万人、3.5万人、4.2万人和4.4万人，逐年上升。但从1978年到2007年年底来看，各类出国留学人员总数达121.17万人，留学回国人员总数达31.97万人，回国总数占出国总数的比例仍只有26.4%，明显偏低，而且目前每年仍有大量的优秀毕业生流向国外。

## 第三节　中国经济的未来

回顾20世纪，中国经济从废墟中崛起；展望未来，中国经济将从崛起中奔腾。我们通过不断探索适合中国国情的社会主义道路，总结正反两方面的历史经验，抓住了社会主义的本质，确立了社会主义市场经济体制，取得了举世瞩目的伟大成就。60年来所开创的新局面，将对未来产生深远影响。中国经济的发展正在进入一个崭新的历史时期。完善社会主义市场经济体制，对中国人民而言是一种福音，对中国社会来说是重大变革，对中国经济则是千载难逢的发展机遇。机遇是公平的，也是无情的。未来中国经济要大发展，就要抓住机遇而不可丧失机会，走科学、持续、稳定的发展道路。

## 一、中国经济发展长期趋势依然向好

中国经济发展的良好态势是多方面因素共同作用的结果。从长期看，中国经济增长趋势依然向好，支撑经济发展的基本条件依然存在。

第一，中国存在巨大的内需。一方面，中国巨大的人口数量决定了中国有着巨大的实际需求，尤其是改革开放三十年来中国经济的持续增长使居民的收入大幅度增加，加之国家对分配制度强调公平的政策导向，为中国形成有支付能力的巨大需求提供了物质基础和制度条件。中国正处在工业化、城市化的中后期，国际经验表明，在这个时期，由于产业升级和城市人口规模扩大，会产生巨大的有效需求，经济一般都会加速发展。预计未来二三十年，中国将有2亿~3亿人从农村转移到城镇，在初次分配更加注重公平的政策引导下，仅仅这一转移，就会使中国的消费总量得到扩大，消费结构得到升级。另一方面，我们正在努力构建完备的社会保障体系。向落后地区支付养老金、失业和生活保险，减免农村的税收，扩大对农村公共事业的投资，建立农村的医疗和社会保障体系，加大农民工的福利，这为维护社会稳定、调整结构和刺激内需、促进发展，提供了有力保障。

第二，丰富的人力资源比较优势依然存在。一方面，中国是世界上劳动力资源最丰富的国家，也是劳动参与率最高的国家之一。中国不仅一般劳动力供给充裕，劳动力成本低廉，而且劳动者素质也在逐步提高，具有明显的人口红利效应。另一方面，人力资本在人类步入工业文明以后，已成为经济发展的主要内生变量，因为它是促进技术进步的源泉。今后中国经济发展中，对知识和技术的需求会越来越强烈，人力资本的提升需以教育为支撑。因此，国家一直在加大力度，加快教育发展，实施科教兴国战略。

第三，改革开放三十年来，中国已由一个资金短缺的经济体转变成一个民间储蓄不断增加、财政收入大幅增长、外汇储备高居世界榜首、资本积累持续提高的资金充裕型经济体。伴随着巨大的中国市场和稳定的国内政治和社会环境，中国成为世界上投资最安全和最有收益前景的地区，外国资本大量进入也是中国未来经济增长的有力推动因素。

第四，国际市场有色金属和石油等资源品价格跌落，对于人均资源短缺而需求快速增长的中国经济而言，提供了一个增加稀缺生产要素储备、缓解工业基础性资源瓶颈约束的难得机遇。因此，即使目前世界经济低迷，中国经济也不会就此立刻进入下降通道。只要中国应对世界经济危机的战略和策略正确，中国的经济将独立寒秋，独领风骚，甚至有可能在促使世界经济走出低谷中发挥重要作用。

第五，逐渐形成了一套科学完备的宏观调控体系。进入21世纪特别是科学发展观的提出，为我国的宏观调控体系提供了科学的指导思想和新的方法论。表现在：完善了宏观调控的决策机制，提高了宏观调控的及时性、前瞻性和科学性。科学把握宏观调控的目标排序和政策重心，注意最终目标与中间目标兼顾，需求管理与供给管理并重，总量调节与结构调整相结合。积极探索行之有效的调控工具和手段，在充分运用财政、货币政策等常规经济手段的同时，注意适当运用行政和法律等必要的辅助手段，注重与微观管制相结合。不断改进调控方式，在保持政策稳定性、连续性同时，适时适度进行渐进式的“微调”、“预调”，提高调控政策的灵活性、应变性。

第六，从东亚一些国家和地区经济增长的经验来看，结构转型在城市化水平达到35%～55%，人均GDP在1000～3000美元阶段，仍然处于高速增长阶段。① 目前中国经济的结构转型特征和人均GDP水平，仍处于这样一个经济高速增长的时期。

总之，我国正处在经济迅速扩张时期。政府的励精图治，体制的改

---

① 周天勇：《中国未来经济增长的潜力和前景》，载《光明日报》2004年2月12日。

革，科学技术的进步，产业结构的调整和升级，城乡基础设施建设的开展，都构成了我国经济未来发展的有利因素。人民生活从温饱进入小康，城乡居民收入的增加，消费结构升级和消费水平的提高，也会成为新的经济增长的强大动力源。经济全球化和对外开放的不断扩大，也为我们提供了广阔的国际发展空间。中国经济拥有巨大的增长潜力和美好的未来。

## 二、中国经济的未来："中国奇迹"将延续

60年的经济建设历程释放了人们的创造精神，迸发出巨大的能量，取得了举世瞩目的成就，引起了全球的广泛关注。发展是硬道理，未来的中国经济不仅面临挑战与机遇，更需积极地登上世界舞台。针对社会需求的变化，以人的全面发展为目标引领中国经济未来的发展方向。只要注重科学发展，转变经济发展方式，解决好发展中的问题，中国经济必将呈现出更美好的未来，更广阔的前景。

当前的国际金融危机，中国作为一个负责任的大国，通过国内的经济刺激方案和产业振兴规划，走出经济低谷，即便世界经济出现放缓的形势，中国依然是世界上增长最快的经济体之一。中国已成为引领全球经济增长的主导力量。由于中国日益增长的政治影响力、经济实力，世界各国友人和国内学者都看好中国经济的发展前景，认为"中国奇迹"将延续。

世界经济论坛创始人克劳斯·施瓦布2009年曾谈到：随着中国现代化的进程，中国应当担当起全球化"领导的角色"。美国经济学家罗斯托在其《世界经济：历史与未来》中预测中国经济实力何时能够赶上美国时，按购买力平价计算，1987年中国GDP相当于美国的23%，到1995年上升为52%，2000年为60.6%，进而在2015年左右超过美国。[①] 美国国家安全委员会的报告更是认为目前按购买力平价计算中国的经济规模达到6万亿美元，按此推论，中国GDP在20年内将超过美国。麦迪森预测，"中国可以在2015年前超过美国成为世界上最大的经济体；到2030年时，

---

① 钱伟：《中国经济未来20年》，天益网，http://www.tecn.cn/data/5522.html。

它的经济总量相当于世界GDP的1/4”[①]。普华永道2008年3月发表的报告称，中国将于2025年超越美国，问鼎全球最大经济体，到2050年时中国GDP将是美国的1.29倍。[②] 虽然不同的预测结果具有差异，但总体来看，都一致认为未来30年内中国很可能成为全球最大的经济体。

中国的经济学家就未来中国经济增长也作出了种种预测。林毅夫认为，美国能长期维持3%的增长速度已经是相当不错，而中国经济则可以再维持30年左右的8%～10%的快速增长。[③] 21世纪中叶前中国经济完全有可能超过美国成为全世界最大、最有实力的经济体。许宪春认为，未来中国经济增长大致可以分为三个阶段：第一阶段是2010～2030年，经济增长保持在平均7.5%的水平；第二阶段是2030～2050年，经济增长维持在平均4%～5%的水平上，2050年以后，年均增长3.0%。[④] 周天勇认为，未来十几年中，中国的经济还将会在7%～8%的速度间增长，到2020年，按不变价格计算，GDP总量将达到38万亿，人均GDP将达到26000元。[⑤] 李京文则认为，到2050年，中国GDP总量可能达到150万亿元左右，人均约10万元，经济总规模居世界第二位（仅次于美国）。[⑥] 到那时，我国科学技术水平达到或接近国际先进水平，若干领域保持领先地位，国民经济将全面信息化，生态环境大大改善，人民生活水平达到中等发达国家的水平。

这些预测的前提都是建立在我们还需保持着8%～9%的GDP增长率的假设的基础上，即关键在于我们如何保持中国经济持续、稳定、健康发展，延续中国经济增长的劲头。

在讨论如何保持我国经济长期稳健发展和目前经济转型的关键时期，

---

① 〔英〕安格斯·麦迪森著，武晓鹰、马德斌译：《中国经济的长期表现——公元960—2030年》，上海人民出版社2008年版，第21页。

② 普华永道：《中国有望2025年超越美成全球最大经济体》，中国新闻网，2008年3月5日。

③ 《林毅夫谈关于“‘后发’之争”》，载《天天新报》2008年6月14日第30版。

④ 许宪春：《中国未来经济增长及其国际经济地位展望》，载《经济研究》2002年第3期。

⑤ 周天勇：《中国未来经济增长的潜力和前景》，载《光明日报》2004年2月12日。

⑥ 李京文：《21世纪中国经济发展趋势》，载《中国宏观经济信息网》2001年8月28日。

党中央审时度势，继承和发展党的三代中央领导集体关于发展的重要思想，提出科学发展观，为未来我国经济的发展保驾护航，具体体现在：(1) 改变地方政府领导人的发展观，将社会、民生的稳定和环境保护纳入其中。(2) 打破二元制社会结构，缩小城乡差距。(3) 改变产业结构，扩大第三产业的比重，促进产业结构升级。(4) 为实现可持续发展，改变过去资源消耗大、环境污染严重的经济发展道路，将环境成本反映到经济发展当中，追求减少公害、节省能源的经济结构。①

研究一个国家经济的长期发展，最主要是看三个方面：第一是要素增加的速度；第二是产业结构优化的程度；第三是科技水平。要提升这三方面的层次，未来中国经济的发展主要趋于以下几个方向：一是城市化。城市化是扩大内需作为经济长期发展的基本立足点的另一重要依据。城市化会对基础设施、建筑业和服务业产生巨大而持久的需求，这将是今后长期保持高速增长的重要动力源泉。② 二是市场化。市场化是深化改革的最终目标，是追求效益和公平的根本途径。三是全球化。全球化既是中国对外开放的结果，也是与国际接轨，引进外资和先进技术，促进我国产业结构升级的前提之一。四是技术水平和制度创新。技术水平和科技、文化息息相关。我国拥有着五千多年的悠久历史，具有灿烂的优秀文化，我们必须立足于建设有中国特色社会主义实践，继承和发扬一切优秀的文化，着眼于世界科学文化发展的前沿，鼓励科技研发与创新。重视教育，把教育当作贯彻以经济建设为中心的基本路线的重点，把教育深入到现代化建设的方方面面。

60 周年，一个轮回过去了，但追求富强的心，追逐幸福的步伐，还在不断前行。中国经济的未来发展，要抓住一切有利因素，大胆地探索前进。抓住世界和平与发展的有利时机，努力发展大经贸。抓住国内政治经济稳定的有利形势，加快改革开放步伐，促进经济有效增长。抓住祖国统

---

① 〔日〕津上俊哉：《中国经济的未来与世界》，载《国外书刊信息》2008 年第 11－12 期。
② 郭树清：《影响中国经济未来发展的几个决定性因素》，载《经济社会体制比较》2002 年第 2 期。

一的有利条件，加强大陆与港澳台的经济合作，发挥各自经济优势，互相补充，并驾齐驱。

“我们取得的成就已经载入史册，新的更加艰巨繁重的任务正摆在我们面前。我们的事业崇高而神圣，我们的前景光明而美好，我们的责任重大而光荣。”① 岁月过一甲子，人间何其多姿。60年一甲子，对中国人来说有着特殊的意义。60年的经济建设让我们触摸到社会前进的脉搏，60年的经济建设惠及每一个国人的生活，我们以持续的高速发展和伟大的建设成就，走上了世界舞台。继往开来，面对危机和难题，中国将以持续不断的发展去赢得世界的理解与尊重。放眼世界，展望未来，我们更加需要凝聚经济社会发展的共识、力量、智慧和信心，循着中国经济建设60年的道路，传承历史，擦拭尘埃，勇往直前，开创历史新纪元，把我国建设成为公平正义、民主法治、民富国强的社会主义现代化国家。

① 胡锦涛：《在纪念党的十一届三中全会召开30周年大会上的讲话》，载《人民日报》2008年12月19日第1版。

# 主要参考文献


1.《毛泽东选集》第1~4卷，人民出版社1991年版。

2.《毛泽东文集》第4~8卷，人民出版社1999年版。

3.《邓小平文选》第1~3卷，人民出版社1993、1994年版。

4.《刘少奇选集》(下卷)，人民出版社1985年版。

5.《陈云文选》第3卷，人民出版社1995年版。

6. 薄一波：《若干重大决策与事件的回顾（修订本)》，人民出版社1997年版。

7.〔美〕麦克法夸尔、费正清编，谢亮生等译：《剑桥中华人民共和国史（上卷）(革命的中国的兴起1949—1965年)》，中国社会科学出版社1990年版。

8.〔美〕麦克法夸尔、费正清编，俞金尧等译：《剑桥中华人民共和国史（下卷）（中国革命内部的革命1966—1982年)》，中国社会科学出版社1992年版。

9.〔美〕约瑟夫·E·斯蒂格利茨著，周立群等译：《社会主义向何处去：经济体制转型的理论与证据》，吉林人民出版社1998年版。

10.〔美〕约瑟夫·熊彼特著，朱泱等译：《经济分析史》第1卷，商务印书馆2001年版。

11.〔英〕安格斯·麦迪森，武晓鹰、马德斌译：《中国经济的长期表现——公元960—2030年》，上海人民出版社2008年版。

12. 白和金主编：《中华人民共和国经济大事辑要（1978—2001)》，中国计划出版社2002年版。

13. 柏福临主编：《中华人民共和国经济史》，黑龙江教育出版社1989年版。

14. 陈昌智主编：《中华人民共和国经济简史》，四川大学出版社1990年4月第1版。

15. 陈佳贵主编：《中国经济前景分析——2009年春季报告》，社会科学文献出版社2009年版。

16. 陈真、姚洛合编：《中国近代工业史资料》第4辑，三联书店1961年版。

17. 丛树海、张桁主编：《新中国经济发展史（1949—1998）》（上），上海财经大学出版社1999年版。

18. 董辅礽主编：《中华人民共和国经济史》（上、下卷），经济科学出版社1999年版。

19. 董志凯主编：《1949—1952年中国经济分析》，中国社会科学出版社1996年版。

20. 董志凯、吴江：《新中国工业的奠基石——156项建设研究（1950—2000）》，广东经济出版社2004年版。

21. 冯开文、李军主编：《中国农业经济史纲要》，中国农业大学出版社2008年版。

22. 郭瑞楚：《恢复时期的中国经济》，三联书店1953年版。

23. 郝梦笔、段浩然主编：《中国共产党六十年》，解放军出版社1984年版。

24. 胡绳主编：《中国共产党的七十年》，中共党史出版社1991年版。

25. 蒋家俊等编著：《中华人民共和国经济史》，陕西人民出版社1989年版。

26. 李克穆：《中国宏观经济与宏观调控概说》，中国财政经济出版社2007年版。

27. 李宗植、张润君编著：《中华人民共和国经济史（1949—1999）》，兰州大学出版社1999年版。

28. 林毅夫、蔡昉、李周：《中国的奇迹：发展战略与经济改革（增订版）》，上海三联书店、上海人民出版社 1999 年第 2 版。

29. 李德彬编写：《中华人民共和国经济史简编（1949—1985）》，湖南人民出版社 1987 年版。

30. 柳随年、吴群敢主编：《中国社会主义经济简史（1949—1983）》，黑龙江人民出版社 1985 年版。

31. 房维中等主编：《中华人民共和国经济大事记（1949—1980 年）》，中国社会科学出版社 1984 年版。

32. 戚本超、景体华主编：《中国区域经济发展报告（2008 ~ 2009）》，社会科学文献出版社 2009 年版。

33. 苏星：《新中国经济史（修订本）》，中共中央党校出版社 2007 年版。

34. 孙健编：《中华人民共和国经济史稿（1949—1957 年）》，吉林人民出版社 1980 年版。

35. 孙健编著：《中华人民共和国经济史（1949—90 年代初）》，中国人民大学出版社 1992 年版。

36. 孙翊刚、王文素主编：《中国财政史》，中国社会科学出版社 2007 年版。

37. 汪海波：《新中国工业经济史（1949. 10—1957）》，经济管理出版社 1994 年版。

38. 汪海波：《中华人民共和国工业经济史（1949. 10—1998）》，山西经济出版社 1998 年版。

39. 汪海波：《中国现代产业经济史》，山西经济出版社 2006 年版。

40. 汪海波：《中国经济发展 30 年（1978—2008）》，中国社会科学出版社 2008 年。

41. 王洪模等：《改革开放的历程》，河南人民出版社 1989 年版。

42. 魏礼群主编：《中国经济体制改革 30 年回顾与展望》，人民出版社 2008 年版。

43. 巫宝三主编：《中国国民所得》（上册），中华书局 1947 年版。

44. 吴承明、董志凯主编：《中华人民共和国经济史·第一卷（1949—

1952)》，中国财政经济出版社2001年版。

45. 武力：《中国共产党与当代中国经济发展研究（1949—2006）》，中共党史出版社2008年版。

46. 武力主编：《中华人民共和国经济简史》，中国社会科学出版社2008年版。

47. 武力主编：《中华人民共和国经济史（1949—1999）》，中国经济出版社1999年版。

48. 项怀诚主编：《中国财政通史·当代卷》，中国财政经济出版社2006年版。

49. 萧国亮主编：《中华人民共和国经济史》，华文出版社2004年版。

50. 张宇主编：《中国模式：改革开放三十年以来的中国经济》，中国经济出版社2008年版。

51. 赵德馨主编：《中华人民共和国经济史（1949—1966）》，河南人民出版社1988年版。

52. 赵德馨主编：《中华人民共和国经济史（1967—1984）》，河南人民出版社1989年版。

53. 赵德馨主编：《中国经济通史·第十卷》，湖南出版社2002年版。

54. 赵德馨主编：《中华人民共和国经济史纲要》，湖北人民出版社1988年版。

55. 赵德馨：《中国近现代经济史（1949—1991）》，河南人民出版社2003年版。

56. 朱培民编著：《中华人民共和国经济简史》，中共中央党校出版社1994年版。

57. 中共中央党史研究室：《中国共产党简史》，中共党史出版社2001年版。

58. 中共中央党史研究室：《中国共产党新时期简史》，中共党史出版社2009年版。

59. 中央财经领导小组办公室编：《中国经济发展五十年大事记（1949.

10—1999．10)》，人民出版社、中共中央党校出版社 1999 年版。

60. 中央工商行政管理局、中国社会科学院经济研究所资本主义经济改造研究室编：《中国资本主义工商业的社会主义改造》，人民出版社 1962 年版。

61. 中国证券监督管理委员会：《中国资本市场发展报告》，中国金融出版社 2008 年版。

62. 周太和主编：《当代中国的经济体制改革》，中国社会科学出版社 1984 年版。

63. 邹东涛主编：《中国经济发展和体制改革报告 No. 1——中国改革开放 30 年（1978～2008)》，社会科学文献出版社 2008 年版。

64. 邹东涛等：《中国经济体制改革基本经验》，中国人民大学出版社 2008 年版。

65. 邹东涛、欧阳日辉：《中国所有制改革（1978～2008)》，社会科学文献出版社 2008 年版。

# 后　记

本书是中宣部、国家新闻出版总署规划的“庆祝新中国成立60周年百种重点图书”的一种，也是2007年度国家社会科学基金重点项目“贯彻落实科学发展观与完善社会主义市场经济体制”（07AJL007）的阶段性成果之一。

## 一

六十年，一个轮回，值得回味的太多。

从鸦片战争开始，无数中华儿女前赴后继，抛头颅、洒热血，力图探索出一条引领中华民族实现民族独立、人民解放、国家繁荣富强、人民共同富裕的康庄大道，这一理想贯穿中国近现代历史的始终。

改革开放是强国之路，是我们党、我们国家发展进步的活力源泉。改革开放有着重要的历史基础。这就是，以毛泽东为核心的党的第一代中央领导集体带领全党全国各族人民建立新中国，取得了社会主义革命和建设的伟大成就，艰辛探索社会主义建设规律并取得了宝贵经验。中共十一届三中全会以来，党的第二代和第三代中央领导集体根据时代发展和中国现代化发展的客观要求，带领全国人民开辟了市场取向改革的波澜壮阔的发展道路。经过二十多年的奋斗，我国初步建立了社会主义市场经济体制，党的新一代中央领导集体正引领我们向完善社会主义市场经济体制跨越。尽管经历了经济体制的变迁，但是新中国60年经济发展史是一脉相承的，中国改革开放成功与毛泽东时代的探索是紧密联系的，具有历史连续性。

新中国60年谱写了中华民族自强不息、顽强奋进的壮丽史诗。“今天，13亿中国人民大踏步赶上了时代潮流，稳步走上了奔向富裕安康的广阔道路，中国特色社会主义充满蓬勃生机，为人类文明进步作出重大贡献的中华民族以前所未有的雄姿巍然屹立在世界东方。”①

## 二

历史是极其重要的。经济学大师熊彼特认为，“经济学的内容，实质上是历史长河中的一个独特过程。如果一个人不掌握历史事实，不具备适当的历史感或所谓历史经验，他就不可能理解任何时代（包括当前）的经济现象。……历史的叙述不可能是纯经济的，它必然要反映那些不属于纯经济的‘制度方面的’事实：因此历史提供了最好的方法让我们了解经济与非经济的事实是怎样联系在一起的，以及各种社会科学应该怎样联系在一起。……经济分析中所犯的根本性错误，大部分是由于缺乏历史的经验，而经济学家在其他条件方面的欠缺倒是次要的”②。

对于总结新中国成立60周年的发展道路来说，这种重视历史、分析现实和设计未来的分析方式依然十分有效。正如毛泽东在《实践论》中所指出的那样，“感觉到了的东西，我们不能立刻理解它，只有理解了的东西才更深刻地感觉它。感觉只能解决现象问题，理论才能解决本质问题”③。我们如何在今后的经济发展中做到速度更快、效果更好？除了要努力学习借鉴国际先进经验、理论、技术外，我们更要对过去经济发展的历史加以总结，透过历史现象，用理论来解决本质问题，以避免出现“似曾相识”的回归。

为了清晰地展现中华人民共和国60周年的经济成就，本书的写作设计了两条线索：以经济发展历程和成就为主线，以制度建设和制度变迁为

---

① 胡锦涛：《在纪念党的十一届三中全会召开30周年大会上的讲话（2008年12月18日）》，载《人民日报》2008年12月19日第1版。

② 熊彼特：《经济分析史》第1卷，商务印书馆2002年，第31～32页。

③ 毛泽东：《实践论》，载《毛泽东选集》第1卷，人民出版社1991年版，第286页。

辅线。书稿以时间先后顺序，介绍新中国成立以来国民经济的恢复、发展，社会主义经济建设的初步探索，“文化大革命”期间的破坏、调整、恢复，改革开放以后对建立社会主义市场经济体制的艰辛探索，建立市场经济体制之后的持续健康协调发展。就内容而言，涉及农业、工业、制造、建筑、运输、外贸、财政、投资、金融、保险、证券期货、房地产、劳动就业、收入分配、居民消费、社会保障等。在制度建设和制度变迁方面，阐述了中国从新民主主义经济体制到计划经济体制，再由计划经济体制向社会主义市场经济体制转型的发展历程。

本书是集体智慧的结晶。中央财经大学中国发展和改革研究院邹东涛教授和欧阳日辉副教授牵头组织了写作班子，中央财经大学中国发展和改革研究院、经济学院、财政学院、科研处、组织部的部分同志参与了该项课题研究。邹东涛教授带领课题组经过三次讨论，确定了时期划分和写作提纲。欧阳日辉具体安排和布置了写作任务，参与撰写的同志如下（按照章节顺序排列，参与多章写作不重复罗列）：邹东涛、欧阳日辉、兰日旭、汤翠、宋媛、高姗、李俭、周葛子、李永权、李佳、马骁、陈钰、蒋旭东。蒋旭东做了大量组织工作，并对书稿进行了合并、编排和简单的加工；李永权重新制作了部分图形；中国发展和改革研究院2009级全体博士和硕士研究生参与了书稿引文和数据的核对工作；欧阳日辉进行了统稿，并重写了部分章节；邹东涛教授最后定稿。

## 三

在书稿的写作过程中，我们参考了大量的中国近现代经济史文献和前人的研究成果。在此，我们对前人的辛勤劳动表示感谢。书稿中有一些数据没有注明出处，都是引自国家统计局等有关部门的资料，有来自《中国统计年鉴》的，也有来自《国民经济和社会发展统计公报》的，还有来自国家统计局、国家发改委、财政部、中国人民银行等经济部门网站上的资料。随着电子政务的推行，国家部委网站上的材料越来越丰富，而且比较可信和准确。所以，在写作过程中，我们就没有繁琐地使用脚注一一注明了。为了增强可读性，书稿中使用了一些人物图片，都是公开发表的，对图片的原作者表示感谢。

新中国60年，是中华民族伟大复兴征程中光彩夺目的篇章，未来征途上还将有关山万重、几多考验。我们一定会进一步把我们自己的事情办好，在发展中国特色社会主义的历史画卷上描绘出更新更美的图画。

最后，祝愿我们的祖国繁荣昌盛，祝愿我们的人民幸福安康！

欧阳日辉

2009年8月1日

责任编辑:詹素娟
版式设计:曹 春
责任校对:史 伟

**图书在版编目(CIP)数据**

新中国经济发展60年(1949—2009)/邹东涛 欧阳日辉 等著.
-北京:人民出版社,2009.9
(庆祝新中国成立60周年百种重点图书)
ISBN 978-7-01-008237-0

Ⅰ.新… Ⅱ.邹… Ⅲ.经济发展-成就-中国-1949~2009 Ⅳ.F124

中国版本图书馆CIP数据核字(2009)第164579号

**新中国经济发展60年(1949—2009)**
XINZHONGGUO JINGJI FAZHAN 60 NIAN(1949—2009)

邹东涛 欧阳日辉 等著

人民出版社 出版发行
(100706 北京朝阳门内大街166号)

北京中科印刷有限公司印刷 新华书店经销

2009年9月第1版 2009年9月北京第1次印刷
开本:700毫米×1000毫米 1/16 印张:34
字数:490千字 印数:0,001-5,000册

ISBN 978-7-01-008237-0 定价:58.00元

邮购地址 100706 北京朝阳门内大街166号
人民东方图书销售中心 电话 (010)65250042 65289539